Peter Brandt
Reiner Braun
Michael Müller (Hrsg.)

Frieden!
Jetzt! Überall!
Ein Aufruf

»Ich möchte, dass wir von diesem Wahnsinn
des Wettrüstens wegkommen.«
(Willy Brandt)

WESTEND

Mehr über unsere Autoren und Bücher:
www.westendverlag.de

Die Deutsche Nationalbibliothek verzeichnet diese Publikation in
der Deutschen Nationalbibliografie; detaillierte bibliografische Daten
sind im Internet über http://dnb.d-nb.de abrufbar.

**Ihren persönlichen Download-Code zum erweiterten E-Book finden Sie auf
der Innenseite des Umschlags am Buchende.**

MIX
Papier aus verantwor-
tungsvollen Quellen
FSC® C083411

ISBN 978-3-86489-249-3
© Westend Verlag GmbH, Frankfurt/Main 2019
Umschlaggestaltung: © Jasmin Zitter, ZitterCraft, Mannheim
Satz: Publikations Atelier, Dreieich
Druck und Bindung: CPI – Clausen & Bosse, Leck
Printed in Germany

Inhalt

TEIL I: FÜR EINE NEUE ENTSPANNUNGSPOLITIK

TEIL II: FELDER DER FRIEDENSPOLITIK

I. ALTE UND NEUE KRIEGSGEFAHREN

II. ABRÜSTUNG JETZT!

III. DIE KRISE UM DEN INF-VERTRAG

TEIL I:
FÜR EINE NEUE
ENTSPANNUNGSPOLITIK

ZWEI AUFRUFE ZUR FRIEDENSPOLITIK

Reiner Braun, Peter Brandt, Michael Müller

Wir melden uns zu Wort

Wenn es um den Frieden geht, hat jeder das Recht, mitzureden. Wir melden uns zu Wort, weil wir den Frieden bedroht sehen. Unsere Einmischung ist auch die Aufforderung zu einem anderen Denken und Handeln. Wir bezweifeln nicht die Zuständigkeit politisch legitimierter Gremien. Die alleinige Kompetenz indes, für den Frieden tätig zu sein, haben sie nicht. In der Demokratie gibt es kein Monopol auf politische Willensbildung. Im Gegenteil: Die Demokratie braucht eine starke Zivilgesellschaft.

Bei dem Kulturphilosoph Antonio Gramsci heißt es: »Alles hat ein Innen und ein Außen, die Macht der Herrschenden ist immer auch die Ohnmacht der Beherrschten.«[1] In der Demokratie sind wir nicht ohnmächtig, auch nicht in der internationalen Ordnung, zumal wir in der schnell zusammenwachsenden Welt auf Gegenseitigkeit angewiesen sind. Dass es zwischen der inneren Verfassung einer Gesellschaft und den regulativen Prinzipien, die sie der Welt vorschlägt, eine gewisse Übereinstimmung geben müsse, machte Georg Friedrich Wilhelm Hegel in seiner historisch-dialektischen Denkweise deutlich.[2] Das gilt auch und gerade für die Fragen des Friedens.

Unsere Zeit braucht deshalb einen breiten Diskurs, was heute getan werden muss. Dabei kritisieren wir nicht nur die Hochrüstung. Wir warnen auch davor, dass die Menschheit – selbst in Europa – »am Rande des Friedens« (Siegfried Lenz) lebt. Vieles ist unsicher geworden, neue Gefahren und Bedrohungen sind hinzugekommen, die ihre Ursache vor allem in der Globalisierung nicht nur der Märkte, sondern auch der Umweltgefahren haben. Die simple Antwort, die in der Politik und vielen Medien darauf gegeben wird, heißt »Mehr Geld für die Rüstung«. Aber gerade wer den Frieden will, muss die zunehmende Militarisierung beenden und sich mit aller Kraft für eine Zivilisierung des internationalen Zusammenlebens und der vielfältigen ökonomischen, sozialen und ökologischen Konflikte einsetzen.

Abrüsten statt Aufrüsten, eine neue Entspannungspolitik jetzt! Andernfalls droht das 21. Jahrhundert zu einem Jahrhundert neuer Gewalt und erbitterter Verteilungskämpfe zu werden. In der globalen Epoche werden die Grenzen des Wachstums sichtbar, ökonomische, soziale sowie ökologische. Das sind keine starren Grenzen, aber es sind Grenzen, die für unser Leben essentiell sind, und die deshalb nicht überschritten werden dürfen. Im *Brundtland-Bericht* der Vereinten Nationen von 1987 heißt es dazu: »Die Erde wird zu einer verschmutzten, überbevölkerten, störanfälligen und ungleichen Einheit.«[3] Als Konsequenz fordert der Bericht eine Wende hin zu einer nachhaltigen Entwicklung, in der wirtschaftlich-technische Innovationskraft mit sozialer Gerechtigkeit, ökologischer Verträglichkeit und mehr Demokratie eng miteinander verbunden ist.

Dass der Frieden in erster Linie eine politische und gesellschaftliche Gestaltungsaufgabe ist, zeigt auch ein Blick in die schmerzhafte europäische Geschichte. Heute heißt die Lehre daraus: Nachhaltigkeit muss zur Grundlage einer »Weltinnenpolitik«[4] werden, lokal, national und international. Und diese Weltinnenpolitik braucht starke Zivilgesellschaften. Andernfalls gerät die liberale Demokratie immer stärker unter den Druck, wie der sich ausbreitende Nationalismus und der aufkochende Fundamentalismus zeigen.

Die Europäer hätten nach 1990, nach dem Ende des zweigeteilten Europas, vorangehen müssen, um die Friedensdividende zu nutzen. Diese Zeit war ein »Rendezvous mit dem Schicksal«, wie US-Präsident Franklin D. Roosevelt derartige historische Schlüsselsituationen nannte. Doch das Rendezvous wurde verpatzt. Zwar erhob die *Charta von Paris für ein neues Europa*, die 1990 auf einem KSZE-Sondergipfel in Paris von 32 europäischen Staaten sowie den USA und Kanada unterschrieben wurde, den vertraglichen Anspruch, in Europa dauerhaft Frieden zu schaffen, die Spaltung zu beenden und Menschenrechte und Grundfreiheiten einzuhalten.[5] Aber statt zu einer dauerhaften gesamteuropäischen Sicherheit zu kommen, wurde der Zusammenbruch der sozialistischen Staatengemeinschaft als »Sieg« gefeiert.

»Das Risiko, dass Atomwaffen tatsächlich eingesetzt werden, ist heute größer als für eine sehr lange Zeit. Passivität ist keine Option.«
Margot Wallström, schwedische Außenministerin

Die ungelösten Fragen im Verhältnis zu Russland wurden lange Zeit ignoriert oder unterschätzt. Das Säbelrasseln wurde lauter, bis der Konflikt mit der »Orangenen Revolution« in der Ukraine offen ausbrach. Seit den Protesten in Kiew ist der Kalte Krieg zurück, alte Konfliktlinien sind wieder da, die Konfrontation nimmt zu. Zahlreiche militärische Konflikte behielten den Charakter von Stellvertreterkriegen und haben schlimme Folgen, wie der unfassbar grausame Krieg in Syrien zeigt.

Die Welt verändert sich, sie wird immer mehr zu einer zerbrechlichen Einheit, aber verändert sich auch die Politik? Warum werden wichtige UNO-Beschlüsse wie die Agenda 2030 mit den siebzehn Nachhaltigkeitszielen oder das Ziel des Pariser Klimavertrages noch immer vernachlässigt, auch in der Europäischen Union? Das Ungleichgewicht in den Ausgaben für Krisenprävention und Konfliktvermeidung zu denen für das Militär wird immer größer. Die internationale Politik bleibt in den alten Denkmustern offenbar gefangen. Welche Zukunft hat die NATO, das stärkste Militärbündnis der Welt? NATO-Generalsekretär Jens Stoltenberg sagte kürzlich: »Die Konfrontation zwischen NATO und Warschauer Pakt war zwar sehr gefährlich, aber gleichzeitig auch sehr vorhersagbar.«[6] Was wird passieren, wenn es keine klaren politischen Vorgaben für Abrüstung und Rüstungskontrolle gibt?

Weil die Politik es nicht schafft oder nicht schaffen will, ist eine starke Friedensbewegung notwendig – bei uns, in Europa und weltweit. In den vergangenen Jahrzehnten hat sie auf beiden Seiten der früheren innerdeutschen Grenze viel Mut und Weitsicht bewiesen. Und das war gut für unser Land und für Europa. Die enge Zusammenarbeit mit Gewerkschaften, sozialen Organisationen und der Umweltbewegung hat in den Achtzigerjahren in Deutschland eine Kultur des Friedens geschaffen.

Die ist auch heute notwendig, nicht nur wegen des neuen Kalten

Krieges, sondern weil wir auch vom anthropogenen Klimawandel, von dem Überschreiten planetarischer Grenzen und von der Zuspitzung sozialer Ungleichgewichte bedroht sind. Auch das ist das Produkt eines überholten Denkens und egoistischer Interessen, die die Folgen des Handelns oder Nichthandelns »externalisieren«[7], also auf die Natur, auf Arme und auf künftige Generationen abwälzen. Damit gerät das bisherige Modell des nationalen Wohlfahrtsstaats, das zum inneren Frieden beigetragen hat, an sozial-ökologische Grenzen. Der »Fahrstuhl« funktioniert immer weniger.

Wir verstehen »Abrüsten statt Aufrüsten« und »Für eine neue Entspannungspolitik jetzt!« als Aufforderung zu einer überfälligen öffentlichen Debatte über Frieden und Sicherheit. Wir sind überzeugt, dass unsere Zeit die Prinzipien der Demokratie, Nachhaltigkeit und Gemeinsamkeit stärken muss, die in den Berichten der Unabhängigen UN-Kommissionen definiert wurden: Gemeinsame Sicherheit, Gemeinsames Überleben und Gemeinsame Zukunft.

Die Suche nach gemeinsamer Sicherheit gehört deshalb ins Zentrum vor allem europäischer Politik, nicht nur weil uns alte und neue globale Gefahren bedrohen, sondern auch weil die Politik Donald Trumps einer zerstörerischen Achterbahnfahrt gleicht. Trump kommandiert die Partner wie Untergebene herum und erpresst sie zu höheren Rüstungsausgaben. Er sieht die EU-Staaten nicht als gleichberechtigt an. Dennoch nimmt sogar in Europa eine Anpassung an den »Trumpismus« zu, auch in unserem Land. Nicht nur die USA, auch die Westeuropäer scheinen verlernt zu haben, das offene Gespräch mit Russland, dem wichtigsten Nachbarn im Osten, der ein Teil der gemeinsamen europäischen Geschichte ist, zu führen. Die Friedensbewegung muss dagegenhalten, zusammen mit dem »anderen Amerika«, das den autoritären und ignoranten Kurs im Weißen Haus stoppen will.

»Die Hoffnung, dass das Ende des Kalten Krieges ein Zeitalter der Entspannung einläuten würde, hat sich als Illusion erwiesen. Das Risiko von militärischen Auseinandersetzungen ist so groß wie seit 1989 nicht mehr. Rund um den Globus toben mehr als dreißig Kriege und bewaffnete Konflikte. Umso wichtiger ist der Einsatz für Frieden, Demokratie und Freiheit – von Gewerkschaften, aber auch von Parteien und Zivilgesellschaft. »Abrüsten statt Aufrüsten« – das ist das Gebot der Stunde. Europa, und an vorderster Stelle Deutschland, kommt dabei eine Vorreiterrolle zu. Europa wurde als Projekt des Friedens und des sozialen Fortschritts gegründet.«
Reiner Hoffmann, Vorsitzender des DGB

An dieser Weggabelung geht es entweder um Militarisierung oder Zivilisierung der Zukunft. Obwohl dieser Umbruch noch schwer überschaubar ist, auch weil seine Tragweite noch unzureichend erkannt ist, steht fest: Wir brauchen Systeme der kollektiven Sicherheit, die nicht nur militärische Macht kontrollieren, was schon aufgrund der Geschwindigkeit und Vernichtungskraft moderner Waffensysteme notwendig ist, sondern die auch wegen der heraufziehenden weltwirtschaftlichen Rezession, sich zuspitzender sozialer Ungleichgewichte, globaler ökologischer Gefahren und ungelöster kultureller Konflikte aufkeimende Gewalt einzudämmen vermögen.

In den letzten beiden Jahrzehnten wurden die Chancen für die Verständigung im europäischen Haus nicht genutzt, zumindest erst sehr spät als Handlungsfeld erkannt.[8] Stattdessen schreitet die Militarisierung voran: Mehr Geld für die Rüstung und für neue Waffensysteme, Ende der Rüstungskontrolle und Abrüstung. Zwischen Russland, der Europäischen Union und der NATO verfestigen sich die Spannungen. Entlang der 1 300 Kilometer langen Grenze zu Weißrussland/Russland nimmt auf beiden Seiten die konventionelle Aufrüstung zu. Immer häufiger werden Manöver und Alarmübungen zu Provokationen militärischer Stärke, zuletzt mit »Anakonda 16«, dem größten NATO-Aufmarsch überhaupt. Eine wechselseitige Eskalationsdynamik trug zum militärischen Konflikt in der Ukraine bei – mit der Folge einer

Angliederung der Krim an Russland. Der Krieg hat bereits mehr als 10 000 Opfer zu beklagen – mitten in Europa.

»Wir wollen mehr Geld für friedliche Maßnahmen in den Bereichen der Bildung, der Gesundheit, der Kinder- und Altenpflege, und weniger Geld für die Zerstörung, geschweige denn für das Leasing von unbemannten Kampfdrohnen oder Killerroboter, die heutzutage technologisch möglich sind.«
Sharan Burrow, Generalsekretärin Internationaler Gewerkschaftsbund

Hinzu kommen neue Formen der Gewalt: Terrorismus, organisierte Kriminalität und die »fünfte Dimension der Kriegsführung« mit Hilfe der Digitalisierung technischer Prozesse. Aus der dunklen Gegenwelt des Digitalen kommt die Gespenster des »Cyberkriegs« und der »Cyberattacken«. Mit Hilfe kaum überschaubarer Netzwerke wird ein Missbrauch möglich, der als Begründung herhält, noch mehr Geld in die Militärhaushalte zu pumpen.

Krieg ist kein Schicksal und keine Naturgewalt, sondern hat immer eine Vorgeschichte, die wir hinnehmen oder verändern können. Die Verhinderung von Krieg und Gewalt ist eine politische und gesellschaftliche Aufgabe und auch eine kulturelle, soziale und ökologische Herausforderung.

Wir müssen deshalb den Begriff des Friedens weiter fassen, zumal wir Mitwisser und Mittäter dessen sind, was auf unserem Planeten passiert. Die große Migration aus Armuts-, Krisen- und Konfliktgebieten hat schon begonnen. Mit der Globalisierung der Umwelt- und Naturzerstörungen stehen wir vor neuen Herausforderungen wie den Folgen des Klimawandels, dem Kampf um knappe Ressourcen oder dem Zusammenbruch ganzer landwirtschaftlicher Systeme. Mit der Erderwärmung und Naturzerstörung verstärken sich die sozialen Ungleichheiten. Zeitlich und räumlich sind die Auswirkungen der ökologischen Krise nämlich äußerst ungerecht verteilt. Wüstenzonen, tiefliegende Inseln und Küstengebiete oder bevölkerungsreiche Flussdeltas sind viel stärker betroffen als die Länder des globalen Nordens, zumal sie sich in der Regel kaum schützen können. Der Ruf nach Anpassung an den Klimawandel ist in vielen armen Weltregionen eine realitätsferne Forderung.

> »Hundert Jahre ist es her, dass mit dem Waffenstillstand von Compiègne der Erste Weltkrieg zu Ende ging. Aus heutiger Sicht sehen wir auch, wie daraus spätere Kriege, zum Beispiel im Nahen Osten, und Nationalismen, zum Beispiel in Europa, genährt wurden und werden. Jetzt stehen wir vor einer neuen Aufrüstungswelle. Diesen Gruppendruck zur Aufrüstung, der in der Nato herrscht, darf die Bundesregierung nicht übernehmen.«
> Wiltrud Rösch-Metzler, Pax Christi

Dabei sehen wir schon heute fast täglich die Bilder über das Elend wuchernder Armutsviertel und riesiger Slums, sich ausbreitende Zonen des Hungers und eine wachsende Zahl von Flüchtlingen, die ihre Heimat verloren haben. Aus anhaltendem Bevölkerungswachstum, insbesondere in Afrika, modularem Hyperkonsum und nachholender Industrialisierung, Öl- und Wasserpeaks und wachsender Ungleichheit in den Lebenschancen können schon in wenigen Jahrzehnten negative Synergien erwachsen, deren Folgen jenseits unserer Vorstellungskraft liegen. Die Spaltung der Welt wird tiefer.

Der Fetisch der Aufrüstung

Wenn höchste Repräsentanten unseres Staates fordern, »Deutschland muss mehr Verantwortung übernehmen«, dann meinen sie damit meist, dass die Militärausgaben drastisch gesteigert werden müssen. Die Grundlage ist der rechtlich nicht verbindliche, aber von den Regierungen der NATO-Staaten akzeptierte Beschluss, die Ausgaben auf jährlich mindestens zwei Prozent des Bruttoinlandsprodukts zu erhöhen, ein Fetisch, der keinen inhaltlich begründeten Bezug zu einer zeitgemäßen Sicherheits- und Entspannungspolitik hat. Der frühere *ZEIT*-Chefredakteur und Außenpolitik-Experte Theo Sommer nennt dies eine »Milchmädchenrechnung«.

Nahezu alle NATO-Staaten rüsten ihre Armeen mit der Behauptung auf, mehr Waffen ermöglichten mehr Sicherheit. US-Präsident Trump, der bei der Menschheitsfrage Klimaschutz internationale Vereinbarungen mit penetranter Sturheit ignoriert, verfolgt seit Mai 2017 das Ziel, die Rüstungsausgaben in den NATO-Bündnisstaaten auf zwei Prozent des Bruttoinlandsprodukts zu erhöhen, mit einer Robustheit, die alle Befürchtungen übertrifft: »23 von 29 NATO-Ländern zahlen immer noch nicht, was sie zahlen sollten«. Die säumigen Zahler seien der NATO »eine ungeheure Menge Geld schuldig«.

Würde das Zwei-Prozent-Ziel erfüllt, stiege der Verteidigungsetat in unserem Land auf bis zu neunzig Milliarden US-Dollar. Nach heutigem Stand würde Deutschland hinter USA, China und Saudi-Arabien auf den vierten Platz der Militärausgaben vorrücken, noch weit vor den Atommächten Frankreich und Großbritannien – und auch vor Russland. Trump will noch mehr. Er fordert »mindestens« zwei Prozent des BIP für den Militäretat, zuletzt sprach er sogar davon, vier Prozent anzustreben. In der Folge der NATO-Aufrüstung wird es weltweit zu einer erheblichen Steigerung der Militärausgaben kommen. Geld, das in wichtigen Bereichen fehlen würde, die für den Frieden eine zentrale Bedeutung haben.

Deutsche Verantwortung heißt, den Irrsinn der Aufrüstung stoppen. Die enorme Steigerung der Rüstungsausgaben blockiert längst überfällige Reformen, die für den Frieden wichtig sind. Unsere Zeit braucht aber dringend eine sozial-ökologische Transformation. Sie erfordert die Zivilisierung von Gewalt, die für Konflikte und Kriege ausschlaggebend ist.

Si vis pacem, para pacem!

Wer den Frieden will, muss sich für den Frieden einsetzen: Der Frieden ist in der globalen Welt eine Frage einer Weltinnenpolitik, deren Leitidee die sozial-ökologische Transformation zur Nachhaltigkeit ist. Notwendig ist eine breite Debatte, welche Schritte notwendig für mehr Sicherheit, Frieden und Entspannung notwendig sind.

Die Vereinten Nationen haben in der *Agenda 2030* dafür siebzehn Nachhaltigkeitszielen (Sustainable Development Goals) aufgezeigt.[9] Abrüstung und Frieden sind Voraussetzung und Konsequenz der Maßnahmen. Deutschland und die Europäische Union müssen sich in diesem Sinne als Friedenskraft profilieren, nach innen wie nach außen.

Die Tragik unserer Zeit ist nämlich, dass die Menschheit zwar über einzigartige technische, ökonomische und kulturelle Möglichkeiten verfügt, um allen ein gutes Leben in einer »Welt ohne Mangel und Überfluss« (Erich Fromm) garantieren zu können. Diese Möglichkeiten werden jedoch nicht genutzt, denn unsere Welt ist geprägt von Egoismus und Profitgier, von Kurzsichtigkeit und Raubbau. Abrüstung ist ein Gebot der Stunde, auch um mehr Finanzmittel in die sozial-ökologische Transformation zu lenken. Dabei geht es um viel Geld, das an anderer Stelle dringend gebraucht würde – zum Beispiel für den Klimaschutz, für mehr Bildung oder für die Entwicklungszusammenarbeit und nicht zuletzt für die überfällige Modernisierung der Infrastruktur und die Verbesserung des öffentlichen Wohnungsbaus.

Deshalb sagen wir: »Abrüsten statt Aufrüsten – neue Entspannungspolitik jetzt!« Um sie zu ringen, auch zu streiten, das ist nicht aus der Zeit gefallen, sondern ein Gebot der Vernunft. Umso wichtiger ist eine starke Friedensbewegung, die breite gesellschaftliche Bündnisse eingeht und sich für eine Friedensmacht Europa einsetzt. Denn auch die EU ist an Gewalt beteiligt, sogar an kriegerischen Auseinandersetzungen. Auch sie treibt die Militarisierung der internationalen Beziehungen mit voran. Doch richtig ist auch: Ohne eine gesamteuropäische Politik, die auf eine echte Sicherheitspartnerschaft zielt, wird Europa immer mehr an Bedeutung verlieren.

> »Statt aber Friedensmissionen, Freiwillige, Mediationsexpert*innen zu entsenden, drängt US-Präsident Trump darauf, dass die NATO-Mitgliedstaaten ihre Militärausgaben auf zwei Prozent des Bruttosozialprodukts erhöhen. Der Anteil der Verteidigungsausgaben am Bruttoinlandsprodukt liegt in Deutschland bei 1,2 Prozent, das sind 36 Milliarden Euro. Erwartet werden also mehr als siebzig Milliarden Euro. Wollen wir das?«
> Margot Käßmann, Theologin

Unser Ziel ist eine solidarische Weltinnenpolitik. Die Frage ist, wie sich Deutschland und die EU dafür engagieren. Ob sie den Status Quo nur zu verteidigen suchen und sich der überfälligen sozial-ökologischen Transformation widersetzen. Oder ob das »europäische

Modell« wieder zu einem Vorbild für die Entwicklung auf unserem Planeten werden soll.

Natürlich trifft eine Friedens- und Entspannungspolitik heute auf andere Bedingungen und Akteure als in der »alten«, zwischen Ost und West geteilten Welt, sowohl in den staatlichen und zivilgesellschaftlichen Strukturen als auch in den politischen und wirtschaftlichen Kräfteverhältnissen. Hinzu kommen die sozialen und ökologischen Herausforderungen der globalen Welt. Um das Erbe des europäischen Zivilisationsmodells zu bewahren und weiterzuentwickeln, gelten zentrale Grundprinzipien der Entspannungspolitik noch immer, vor allem Friedenswille, Kooperationsbereitschaft, Dialog, Vertrauen, Abrüstung und Entwicklung im gemeinsamen Interesse der Staaten und Völker.

Aufrufe zu Abrüstung und Entspannung

Wir müssen die Fixierung auf militärische Denkweisen durch Verhandlungen überwinden und durch kalkulierte einseitige Schritte eine Abrüstungsspirale in Gang setzen. Dazu heißt es in der Koalitionsvereinbarung von Union und SPD: »Die gemeinsame europäischen Außenpolitik … muss dem Prinzip eines Vorrangs des Politischen vor dem Militärischen folgen und auf Friedenssicherung, Entspannung und zivile Krisenprävention ausgerichtet sein.«[10] Nehmen wir sie beim Wort:

Abrüsten statt Aufrüsten

Die Bundesregierung plant, die Rüstungsausgaben nahezu zu verdoppeln, auf zwei Prozent der deutschen Wirtschaftsleistung. So wurde es in der NATO vereinbart.

Zwei Prozent, das sind mindestens weitere dreißig Milliarden Euro, die im zivilen Bereich fehlen, so bei Schulen und Kitas, sozialem Wohnungsbau, Krankenhäusern, öffentlichem Nahverkehr, Kommunaler Infrastruktur, Alterssicherung, ökologischem Umbau, Klimagerechtigkeit und internationaler Hilfe zur Selbsthilfe.

Auch sicherheitspolitisch bringt eine Debatte nichts, die zusätzlich Unsummen für die militärische Aufrüstung fordert. Stattdessen brauchen wir mehr Mittel für Konfliktprävention als Hauptziel der Außen- und Entwicklungspolitik.

Militär löst keine Probleme. Schluss damit. Eine andere Politik muss her.

Damit wollen wir anfangen: Militärische Aufrüstung stoppen, Spannungen abbauen, gegenseitiges Vertrauen aufbauen, Perspektiven für Entwicklung und soziale Sicherheit schaffen, Entspannungspolitik auch mit Russland, verhandeln und abrüsten.

Diese Einsichten werden wir überall in unserer Gesellschaft verbreiten. Damit wollen wir helfen, einen neuen Kalten Krieg abzuwenden.

Keine Erhöhung der Rüstungsausgaben – Abrüsten ist das Gebot der Stunde![11]

Der zweite Aufruf fordert eine neue Friedens- und Entspannungspolitik, um den politischen Gestaltungsraum zurückzuerobern:

Erstunterzeichner

Franz Alt, Schriftsteller | **Dr. Wolfgang Biermann**, Initiative neue Entspannungspolitik JETZT! | **Dieter Maschine Birr**, (Ex Puhdys), Musiker | **Roland Blach**, DFG-VK, Kampagne »Büchel ist überall! atomwaffenfrei.jetzt« | **Prof. Dr. Ulrich Brand**, Politikwissenschaftler, Institut Solidarische Moderne | **Prof. Dr. Peter Brandt**, Historiker, Initiative Neue Entspannungspolitik JETZT! | **Reiner Braun**, Präsident International Peace Bureau (IPB) | **Frank Bsirske**, Vorsitzender von ver.di | **Christine Buchholz**, MdB DIE LINKE. | **Marco Bülow**, MdB | **Annelie Buntenbach**, Mitglied des Geschäftsführenden Bundesvorstandes des DGB | **Prof. Dr. Paul J. Crutzen**, Atmospheric Chemistry and Climate Research, Nobel Laureate 1995 | **Daniela Dahn**, Schriftstellerin | **Das Rilke Projekt (Schönherz & Fleer)**, Erfolgreichstes Deutsches Lyrikprojekt | **Renan Demirkan**, Schauspielerin, Autorin | **Prof. Dr. Klaus Dörre**, Soziologe | **Michael Erhardt**, Erster Bevollmächtigter der IG Metall Frankfurt | **Ute Finckh-Krämer**, MdB (2013–2017) SPD | **Peter Freudenthaler, Volker Hinkel**, Fools Garden | **Ulrich Frey**, Initiative Neue Entspannungspolitik Jetzt! | **Thomas**

Gebauer, Geschäftsführer von medico international | **Wolfgang Gehrcke**, DIE LINKE. | **Stephan Gorol**, Kulturmanagement | **Dr. Rolf Gössner**, Vorstandsmitglied internationale Liga für Menschenrechte | **Prof. Dr. Ulrich Gottstein**, IPPNW Gründungs-und Ehrenvorstandsmitglied | **Susanne Grabenhorst**, stellv. Vorsitzende IPPNW Deutschland | **Jürgen Grässlin**, Bundessprecher der DFG-VK | **Hermann Josef Hack**, Bildender Künstler | **Uwe Hassbecker**, Musiker (Silly) | **Prof. Dr. Frigga Haug**, Soziologin | **Uwe Hiksch**, Bundesvorstand NaturFreunde Deutschlands | **Reiner Hoffmann**, DGB-Vorsitzender | **Philipp Ingenleuf**, Netzwerk Friedenskooperative | **Otto Jäckel**, Vorsitzender IALANA Deutschland | **Kristine Karch**, Co-Chair International Network No to War – No to NATO | **Margot Käßmann**, Theologin | **Katja Keul**, MdB Bündnis90/die Grünen | **Katja Kipping**, MdB, Vorsitzende DIE LINKE. | **Toni Krahl**, Musiker (CITY) | **Sabine Leidig**, MdB DIE LINKE. | **Wolfgang Lemb**, Geschäftsführendes Vorstandsmitglied IG Metall | **Sarah Lesch**, Liedermacherin | **Udo Lindenberg**, Musiker | **Anna Loos**, Schauspielerin, Sängerin (Silly) | **Pascal Luig**, Co-Sprecher »Kooperation für den Frieden« | **Jürgen Maier**, Forum Umwelt und Entwicklung | **Prof. Dr. Mohssen Massarrat**, Politikwissenschaftler | **Hilde Mattheis**, MdB SPD | **Birgitta Meier**, Friedensmuseum Nürnberg | **Prof. Dr. Thomas Meyer**, stellv. Vorsitzender der SPD-Grundwertekommission | **Matthias Miersch**, MdB, Sprecher der Parlamentarischen Linken in der SPD-Bundestagsfraktion | **Prof. Dr. Maria Mies**, Soziologin | **Michael Müller**, Vorsitzender NaturFreunde Deutschlands, ehem. Staatssekretär im Umweltministerium | **Julia Neigel**, Sängerin, Songwriterin | **Prof. Dr. Kai Niebert**, Präsident des Deutschen Naturschutzringes | **Wolfgang Niedecken**, Musiker (BAP), Maler, Autor | **Prof. Dr. Norman Paech**, Völkerrechtler | **Alexis Passadakis**, Attac Deutschland | **Anne Rieger**, Bundesausschuss Friedensratschlag | **Clemens Ronnefeldt**, Referent für Friedensfragen beim deutschen Zweig des Internationalen Versöhnungsbundes | **Alex Rosen**, Vorsitzender IPPNW Deutschland | **Michaela Rosenberger**, Vorsitzende der Gewerkschaft Nahrung Genuss Gaststätten (NGG) | **Rene Röspel**, MdB SPD | **Prof. Dr. Werner Ruf**, Politikwissenschaftler, | **Prof. Dr. Jürgen Scheffran**, Vorsitzender International Network of Engineers and Scientists for Global Responsibility | **Dr. Ute Scheub**, Autorin | **Heide Schütz**, Vorsitzende Frauennetzwerk für Frieden |

Prof. Dr. Gesine Schwan, Vorsitzende der SPD-Grundwertekommission | **Prof. Dr. Johano Strasser**, ehem. Präsident des deutschen PEN | **Wolfgang Strengmann-Kuhn**, MdB Bündnis90/die Grünen | **Prof. Dr. Michael Succow**, Alternativer Nobelpreisträger | **Marlis Tepe**, Vorsitzende der Gewerkschaft Erziehung und Wissenschaft | **Horst Trapp**, Friedens- und Zukunftswerkstatt | **Barbara Unmüßig**, Vorstand der Heinrich Böll Stiftung | **Hans-Jürgen Urban**, Geschäftsführendes Vorstandsmitglied IG-Metall | **Willi van Ooyen**, Bundesausschuss Friedensratschlag | **Kathrin Vogler**, MdB DIE LINKE. | **Antje Vollmer**, Vizepräsidentin des Deutschen Bundestages a. D. | **Dr. Christine von Weizsäcker**, Präsidentin von Ecoropa | **Prof. Dr. Ernst-Ulrich von Weizsäcker**, ehem. Präsident des Wuppertal Instituts | **PD Dr. Uta von Winterfeld**, Politikwissenschaftlerin | **Peter Wahl**, Wissenschaftlicher Beirat von Attac | **Renate Wanie**, Vorstandsmitglied Bund für Soziale Verteidigung | **Konstantin Wecker**, Musiker | **Prof. Dr. Hubert Weiger**, Vorsitzender des BUND | **Dr. Christa Wichterich**, Soziologin| **Heidemarie Wieczorek Zeul**, Bundesministerin a. D. | **Lucas Wirl**, Geschäftsführer IALANA & NaturwissenschaftlerInnen-Initiative Verantwortung für Frieden und Zukunftsfähigkeit | **Burkhard Zimmermann**, Initiative Neue Entspannungspolitik JETZT!

Die Spirale der Gewalt beenden – für eine neue Friedens- und Entspannungspolitik jetzt!

Immer mehr setzen die NATO und Russland auf Abschreckung durch Aufrüstung und Drohungen gegeneinander statt auf gemeinsame Sicherheit durch vertrauens- und sicherheitsbildende Maßnahmen, Rüstungskontrolle und Abrüstung.

Sie missachten damit auch ihre Verpflichtungen zum Aufbau einer gesamteuropäischen Friedensordnung, zur Stärkung der Vereinten Nationen und zur friedlichen Beilegung von Streitfällen mit einer obligatorischen Schlichtung durch eine Drittpartei, die die Staatschefs Europas und Nordamerikas vor 25 Jahren in der *Charta von Paris* feierlich unterschrieben haben. Seitdem ist mühsam aufgebautes Vertrauen zerstört, und die friedliche Lösung der Krisen und Konflikte erschwert worden.

Ohne Zusammenarbeit mit Russland drohen weitere Konfrontation und ein neues Wettrüsten, die Eskalation des Ukraine-Konflikts, und noch mehr Terror und Kriege im Nahen Osten, die Millionen Menschen in die Flucht treiben. Europäische Sicherheit wird – trotz aller politischen Differenzen über die Einschätzung des jeweils anderen inneren Regimes – nicht ohne oder gar gegen, sondern nur gemeinsam mit Russland möglich sein.

Das ist die zentrale Lehre aus den Erfahrungen mit der Entspannungspolitik seit den Sechzigerjahren, namentlich der westdeutschen Bundesregierung unter Willy Brandt. Er erhielt dafür 1971 den Friedensnobelpreis mit der Begründung des Nobelkomitees, er habe »die Hand zur Versöhnung zwischen alten Feindländern ausgestreckt«. Niemand konnte damals wissen, dass kaum zwanzig Jahre später der friedliche Fall der Berliner Mauer und des »Eisernen Vorhangs« in Europa einen Neuanfang ermöglichen würden, nicht zuletzt ein Ergebnis der von Willy Brandt durchgesetzten und danach fortgesetzten Entspannungspolitik!

Der Ausweg aus der Sackgasse der Konfrontation führt auch heute nur über Kooperation, durch Verständigung mit vermeintlichen »Feindländern«!

Anfang 2009, zum Amtsantritt von Präsident Obama, mahnte der »Architekt der Entspannungspolitik«, Egon Bahr, gemeinsam mit Helmut Schmidt, Richard von Weizsäcker und Hans Dietrich Genscher, in einem Appell für eine atomwaffenfreie Welt: »Das Schlüsselwort unseres Jahrhunderts heißt Zusammenarbeit. Kein globales Problem ist durch Konfrontation oder durch den Einsatz militärischer Macht zu lösen«.

Ähnliche Aufrufe von »Elder Statesmen« gab es in anderen Ländern. Im Bundestag einigten sich im März 2010 Union, SPD, FDP und Bündnis 90/Die Grünen auf einen gemeinsamen Antrag (17/1159), der unter anderem den »Abzug der US-Atomwaffen aus Deutschland« forderte. Angesichts der Eskalation der Ukraine-Krise und zur Unterstützung von »Minsk 2« wuchs Anfang 2015 auch in den Parteien die Forderung nach einer »neuen Entspannungspolitik«.

Egon Bahr und andere machten immer wieder Vorschläge zur Entschärfung bzw. Lösung der aktuellen Konflikte mit Methoden der Entspannungspolitik. Zahlreiche, teils prominente Bürgerinnen und

Bürger engagierten sich mit Erklärungen und Aufrufen. In einer gemeinsamen Erklärung fordern VertreterInnen aus Kirchen, Wirtschaft, Politik und Zivilgesellschaft »eine neue Friedens- und Entspannungspolitik jetzt!«.

Aber diese Aufrufe verhallten nahezu ungehört. Heute ist die breite gesellschaftliche und parteiübergreifende Debatte über Entspannungspolitik notwendiger denn je, um zu helfen, die Konfrontation in Europa zu beenden und die europäischen Krisen zu bewältigen und – mit Nutzen für die ganze Welt – eine Zone gesamteuropäischer »gemeinsamer Sicherheit« durch Zusammenarbeit aller Staaten von Vancouver bis Wladiwostok durchzusetzen.

Wir wollen den Wirkungsraum der Friedens- und Entspannungspolitik zurückerobern und ihn erweitern. Auch deshalb haben wir den einzelnen Abschnitten jeweils ein Zitat von Willy Brandt vorangestellt.

Erstunterzeichner

Julia Berghofer (Koordinatorin PNND Deutschland)

Dr. Wolfgang Biermann (Politologe / ehemaliger Mitarbeiter von Prof. Egon Bahr)

Prof. Dr. Peter Brandt (Historiker und Publizist)

Frank Bsirske (Vorsitzender der Vereinigten Dienstleistungsgewerkschaft / ver.di)

Dan Ellsberg (Autor / Vorstandsmitglied der Nuclear Age Peace Foundation; ehemaliger Beamter des State Department und des Pentagon; publizierte die ›Pentagon Papers‹ über den Vietnam-Krieg)

Ulrich Frey (aktiv in der Evangelischen Kirche im Rheinland für Friedensarbeit / langjährig aktiv in der Plattform Zivile Konfliktbearbeitung)

Gregor Giersch (Organisation für Internationalen Dialog und Conflict Management IDC, Wien)

Reiner Hoffmann (Vorsitzender des Deutschen Gewerkschaftsbundes / DGB)

Andreas Metz (Leiter Presse und Kommunikation im Ost-Ausschuss der Deutschen Wirtschaft)

Dr. Hans Misselwitz (Willy-Brandt-Kreis / Mitglied der SPD-Grundwertekommission)

Jörg Pache (Historiker / Administrator der Homepage)
Wiltrud Rösch-Metzler (Politologin / freie Journalistin / Bundesvorsitzende der katholischen Friedensbewegung pax christi)
Prof. Dr. Götz Neuneck (Friedensforscher / Pugwash Conferences on Science and World Affairs)
Prof. Dr. Konrad Raiser (Theologe / ehem. Generalsekretär des Ökumenischen Rates der Kirchen)
Rebecca Sharkey (Koordinatorin für ICAN / Großbritannien)
Dr. Christine Schweitzer (Friedensforscherin / Co-Geschäftsführerin des Bundes für Soziale Verteidigung)
Prof. Dr. Horst Teltschik (1983 bis 1990 Direktor und stellvertretender Stabschef des Bundeskanzleramts / 1999 bis 2008 Leiter der Münchner Sicherheitskonferenz)
Alyn Ware (Internationaler Koordinator PNND / Parlamentarisches Netzwerk für Nukleare Abrüstung und Nichtverbreitung / Mitbegründer von UNFOLD ZERO)
Dr. Christian Wipperfürth (Publizist / Associate Fellow der Deutschen Gesellschaft für Auswärtige Politik / DGAP)
Gabriele Witt (Mitinitiatorin des Berliner Appells)
Burkhard Zimmermann (Mitinitiator des Berliner Appells / für den Aufruf »Die Spirale der Gewalt beenden ...« verantwortlich i.S. des Presserechts)
Andreas Zumach (Publizist / beratendes Mitglied der Initiative)
Die Initiative wird fachlich beraten von Dr. Ute Finckh-Krämer (MdB / von 2005 bis 2015 Co-Vorsitzende des Bundes für Soziale Verteidigung), Xanthe Hall, IPPNW Deutschland), Martin Hinrichs (Politikwissenschaftler / Vorstandsmitglied von ICAN Deutschland), Prof. Dr. Götz Neuneck (Vereinigung deutscher Wissenschaftler (VDW) / Pugwash Conferences on Science and World Affairs), Hermann Vinke (Journalist und Autor / ehem. internationaler ARD-Hörfunkkorrespondent) und Andreas Zumach.

Erstunterzeichner/innen des Aufrufs aus Deutschland:
Aleksandr Aleksin (Berlin / Rechtsanwalt)
Prof. Dr. Hans Arnold (Neurochirurg / Förderverein für Lübecker Kinder / ehem. Rektor der Universität zu Lübeck)
Adelheid Bahr (Erziehungswissenschaftlerin / ehem. Professorin der

Fachhochschule Kiel)

Gerd Bauz (Frankfurt / Organisationsberater)

Rüdiger Bender (Philosoph / 2. Vorsitzender Martin-Niemöller Stiftung e.V. / Vorsitzender Förderkreis Erinnerungsort Topf & Söhne – die Ofenbauer von Auschwitz e.V. Erfurt)

Almuth Berger (Theologin / ehem. Ausländerbeauftragte des Landes Brandenburg)

Dr. Bernhard Beutler (ehem. Direktor von Goethe-Instituten / ehem. Hochschullehrer in USA und Canada)

Gisela Böhrk (Landesministerin a. D., Lübeck)

Egon Brinkmann (Freier Journalist)

Heinrich Buch (Politikwissenschaftler / Oberst a.D.)

Daniela Dahn (Journalistin / Schriftstellerin / Mitglied des PEN / Mitglied des Willy-Brandt-Kreises)

Dr. Herta Däubler-Gmelin (Juristin / 1998 bis 2002 Bundesministerin der Justiz / 1972 bis 2009 Bundestagsabgeordnete)

Prof. Dr. Peter Dominiak (Pharmakologe / 2005 bis 2014 Rektor der Universität zu Lübeck)

Frank Elbe (Rechtsanwalt / Botschafter a.D. / 1987-1992 Direktor des Büros des Bundesaußenministers / Hans-Dietrich Genscher)

Björn Engholm (Bundesminister a.D.)

Fernando Enns (Leiter der Arbeitsstelle »Theologie der Friedenskirchen«, Ev. Theologie der Universität Hamburg / Professor für Friedenstheologie und Ethik, Vrije Universiteit Amsterdam / stellv. Vorsitzender der AG Mennonitischer Gemeinden in Deutschland (AGM) / Mitglied des Zentralausschusses des Weltkirchenrates)

Dr. Petra Erler (Unternehmerin / Publizistin)

Dr. Heino Falcke (ev. Propst i.R.)

Dr. Sabine Farrouh (Vorstandsmitglied der IPPNW Deutsche Sektion (Internationale Ärzte für die Verhütung des Atomkrieges / Ärzte in sozialer Verantwortung e.V.)

Peter Franke (Vorsitzender des Bundesverbands Deutscher West-Ost-Gesellschaften e.V./BDWO)

Alexander Friedmann-Hahn (Maler und Galerist, Berlin)

Cay Gabbe (Weltfriedensdienst / Ministerialrat a.D.)

Frank-Thomas Gaulin (Galerist und Verleger, Lübeck/Berlin)

Konrad Gilges (1980 bis 2002 Bundestagsabgeordneter / Köln)

Reinhard Göber (Oberspielleiter des Theaters Vorpommern, Stralsund)

Dr. Edgar Göll (Berlin, Zukunftsforscher)

Prof. Dr. Ulrich Gottstein (1996 Gründungs- und Vorstandsmitglied des »Evangelischen Hospitals für Palliative Medizin« in Frankfurt am Main / seit 1995 Ehrenmitglied des Vorstandes der Deutschen Sektion der IPPNW (Internationale Ärzte für die Verhütung des Atomkriegs) / 1981 Initiator und Mitbegründer der Deutschen Sektion der IPPNW / 1993- 1996 Mitglied des Internationalen IPPNW-Direktoriums)

Susanne Grabenhorst (Vorsitzende der IPPNW Deutsche Sektion (Internationale Ärzte für die Verhütung des Atomkrieges / Ärzte in sozialer Verantwortung e.V.))

Prof.Dr. Bernd Greiner (Historiker, Politikwissenschaftler / Berliner Kolleg Kalter Krieg / Hamburger Institut fuer Sozialforschung HIS)

Antje Heider-Rottwilm (Vorsitzende des ökumenischen »Europäischen Netzwerks Church and Peace e.V.« http://www.church-and-peace.org/ / ehem. Leiterin der Europaabteilung der EKD)

Uwe-Karsten Heye (Journalist / Diplomat und Autor / Gründungsmitglied und Vorstandsvorsitzender des Vereins »Gesicht Zeigen! Für ein weltoffenes Deutschland« http://www.gesichtzeigen.de/ueber-uns/ / ehem. u.a. 1998 bis 2002 Regierungssprecher Bundeskanzler Gerhard Schröder).

Dietmar Hexel (Emmendingen / ehem. geschäftsführendes Vorstandsmitglied des DGB)

Prof. Dr. Hanns-D. Jacobsen (Politologe und Ökonom / Vorsitzender des Studienforum Berlin)

Berthold Keunecke (Gemeindepfarrer, Vorsitzender des Deutschen Zweigs des Internationalen Versöhnungsbundes)

Florian Kling (Hauptmann / Jugendoffizier)

Werner Koep-Kerstin (Vorsitzender der Humanistischen Union)

Walter Kolbow (2005 bis 2009 Stellvertr. Vorsitzender der SPD-Bundestagsfraktion / 1998 bis 2005 Parlamentarischer Staatssekretär beim Bundesminister der Verteidigung)

Eckart Kuhlwein (Mitglied des Bundesvorstands der Naturfreunde Deutschlands / ehem. MdB)

Jutta Lehnert (Personalreferentin, Dekanat Koblenz im Bistum Trier)

Miriam Lohrengel (Vorsitzende der Evangelischen Jugend im Rheinland, Grevenbroich)

Ruth Misselwitz Pfarrerin / ehem. Vorsitzende Aktion Sühnezeichen Friedensdienste)

Michael Michael Müller (Vorsitzender von NaturFreunde Deutschland / ehemaliger Staatssekretär für Umwelt / 1983 bis 2009 Mitglied des Bundestages)

Florian Pfaff (Major a.D.)

Dr. Gerd Pflaumer (Geschäftsführendes Vorstandsmitglied des Förderkreises Darmstädter Signal)

Roland Roescheisen (Consultant, Dumaguete / ehem DED Landesdirektor Philippinen / ehem. Landesdirektor Nonviolent Peaceforce Sri Lanka)

Fritz O.J. Roll (ehem. Mitarbeiter des Europaparlament / Rat im Ruhestand)

Clemens Ronnefeldt (Referent für Friedensfragen beim deutschen Zweig des internationalen Versöhnungsbundes, Freising)

Jürgen Rose (Oberstleutnant a.D.)

Klaus-Henning Rosen (ehem. Berater von Willy Brandt, Rheinbreitbach)

Wolfgang Roth (1993-2006 Vizepräsident der Europäischen Investitionsbank der EU / 1982-1992 Stellv. Fraktionsvorsitzender der SPD-Bundestagsfraktion)

Michael Rüter (Mitglied des SPD Landesvorstands Niedersachsen / ehem. IUSY Vize Präsident)

Dr. Herbert Sahlmann (Ministerialrat i. R. im BMZ)

Hans Scheibner (Satiriker / Hamburg)

Petra Verena Milchert-Scheibner (Schauspielerin / Hamburg)

Dr. Henning Scherf (Bremen, Bürgermeister a.D.)

Martin Schindehütte (Bischof i.R. / EKD / Kassel)

Helmut G. Schmidt (Verleger / Kurator / ehem. Leiter des SPD-Pressedienstes)

Renate Schmidt (Bundesministerin a.D.)

Axel Schmidt-Gödelitz (Ost-West-Forum Gut Gödelitz e.V.)

Prof. Dr. Michael Schneider (Institut für Geologische Wissenschaften, Hydrogeologie, Freie Universität Berlin / Mitglied des Willy Brandt-Kreises)

Dr. Friedrich Schorlemmer (Pfarrer und Herausgeber / Vorsitzender des Willy-Brandt-Kreises)

Dr. Carsten Sieling (Bürgermeister und Präsident des Senats der Freien Hansestadt Bremen)

Klaus Staeck (Grafiker und Jurist / ehemaliger Präsident der Akademie der Künste in Berlin)

Dr. Uwe Stehr (ehemaliger Referent für internationale Sicherheitspolitik der SPD-Bundestagsfraktion)

Dr. Heinz-Günther Stobbe (Professor im Ruhestand / Münster)

Prof. Dr. Martin Stöhr (1969-1986 Leiter der Ev. Akademie Arnoldshain / 1986 -1997 Professor für Systematische Theologie, Universität Siegen / ehrenamtlich im christlich-jüdischen Dialog und in der Martin-Niemöller-Stiftung)

Ulrich Suppus (Jugendbildungsreferent der Ev. Kirche im Rheinland)

Uwe Thomas (ehem. Staatssekretär im Bundesministerium für Bildung und Forschung)

Günter Verheugen (Staatsminister a.D. / Vizepäsident der Europäischen Kommisision a.D.)

Hermann Vinke (Journalist und Autor / ehem. internationaler ARD-Hörfunkkorrespondent)

Dominikus Vogl (Koordinator, Hainrichs Institut für Frieden und nachhaltige Lösungen)

Karsten D. Voigt (1999–2010 Koordinator der Bundesregierung für deutsch-amerikanische Zusammenarbeit /1976-1998 Bundestagsabgeordneter)

Dr. Ludger Volmer (1998-2002 Staatsminister im Auswärtigen Amt / ehem. Mitglied der deutsch-amerikanischen Studiengruppe des Bundestages / 1985-1990, 1994-2005 Bundestagsabgeordneter / 1990-1994 Bundesvorsitzender von Bündnis 90 – Die Grünen)

Stephan Weil (Landesvorsitzender der SPD Niedersachsen)

Prof. Dr. Matthias Weiter (Humboldt Universität zu Berlin, Department Agrarökonomie, Internationale Entwicklung / Lebenswissenschaftliche Fakultät, Humboldt Universität zu Berlin)

Uta Zapf (Mitglied der International Crisis Group / 1998-2013 Vorsitzende des Unterausschusses Abrüstung, Rüstungskontrolle und Nichtverbreitung im Deutschen Bundestag / 1990-2013 Bundestagsabgeordnete)

Prof. Dr. Christoph Zöpel (Publizist / 1999-2002 Staatsminister im Auswärtigen Amt / 1990 -2005 Bundestagsabgeordneter)

Mitglieder des Deutschen Bundestages (MdB):
Klaus Barthel (MdB / Starnberg/Bayern / AfA-Bundesvorsitzender)
Willi Brase (MdB, Siegen-Wittgenstein/NRW)
Gernot Erler (MdB / Koordinator für die zwischengesellschaftliche Zusammenarbeit mit Russland, Zentralasien und den Ländern der Östlichen Partnerschaft / Sonder-beauftragter der Bundesregierung für den OSZE- Vorsitz 2016 / Staatsminister a.D.)
Wolfgang Gunkel (MdB, Erzbezirkskreis I/Sachsen)
Gregor Gysi (MdB, Berlin)
Andrej Hunko (MdB, Aachen / Mitglied der Parlamentarischen Versammlung des Europarates)
Johannes Kahrs (MdB, Hamburg / Haushaltspolitischer Sprecher der SPD-Bundestagsfraktion)
Katja Keul (MdB, Nienburg/Schaumburg / Parlamentarische Geschäftsführerin der Fraktion von Bündnis 90/Die Grünen)
Canel Kiziltepe (MdB, Friedrichshain-Kreuzberg/Berlin)
Dr. Alexander S. Neu (MdB, Rhein-Sieg-Kreis I)
René Röspel (MdB, Hagen/NRW)
Ewald Schurer (MdB, Ebersberg/Bayern)
Rüdiger Veit (MdB, Gießen/Hessen)
Sarah Wagenknecht (MdB / Düsseldorf)
Waltraud Wolff (MdB, Börde/Sachsen-Anhalt)

Gruppen aus Deutschland:
Arbeitskreis Frieden der Initiativen und Gruppen in der Evangelischen Kirche im Rheinland
Darmstädter Signal -- Forum kritischer Soldaten
Evangelische Jugend im Rheinland
Forum Eine Welt Hessen-Süd

Mitglieder des Europaparlaments:
Jo Leinen (Mitglied des Europaparlaments / Präsident der Europäischen Bewegung International (EMI) / 1985 bis 1994 Minister für Umwelt im Saarland / 1977-1984 Vorstandssprecher der Umwelt-

schutzbewegung (BBU) und Vizepräsident des Europäischen Umwelt-Büros (EEB) in Brüssel.)

Georgi Pirinski (Mitglied des Europaparlaments / ehem. Außenminister Bulgariens / ehem. Präsident der Nationalversammlung Bulgariens)

Erstunterzeichner aus den USA:

Sunil Kumar Aggarwal, M.D., Ph.D., FAAPMR (Physician-Medical Geographer / University of Washington, Seattle)

Richard P. Appelbaum, Ph.D. (Forschungsprofessor / 2010-2015 Inhaber des MacArthur-Lehrstuhls für Soziologie und Globale & Internationale Studien / 1971-2010 Professor für Sozial- und Medienwissenschaften an der Universität von Kalifornien in Santa Barbara / Beratendes Vorstandsmitglied der Stiftung für Frieden im Atomzeitalter/Nuclear Age Peace Foundation)

Jean Maria Arrigo (Amerikanischer Psychologenverband (APA), Abteilung für Frieden und Konflikt / Vertreter im APA-Vorstand)

David P. Barash (Professor der Psychologie, University of Washington, Seattle)

Anita Barrows (Poetin / Psychologin / Professorin am Wright Institute, Berkeley und gemeinsam mit Joanna Macy Übersetzerin der Poesie und Prosa von Rainer Maria Rilke)

Medea Benjamin (Mitbegründerin, CODEPINK für den Frieden / Autorin: »Königreich der Ungerechten -- Hinter der US-saudischen Verbindung)

Phyllis Bennis (Direktorin des Projekts »Neuer Internationalismus« am Institute for Policy Studies / IPS)

Frida Berrigan (Friedensaktivistin, Maryhouse katholische Sozialarbeiterin in New York City / Mitglied der Liga gegen Krieg / ehemalige Wissenschaftlerin am World-Policy-Institut)

Bill Blum (Herausgeber des Anti-Imperiums-Berichts / Autor von Büchern über US-Außenpolitik)

Helen Caldicott (Kinderärztin / Gründungspräsidentin der Ärzte für soziale Verantwortung / Gründerin der Frauenaktion für nukleare Abrüstung)

Noam Chomsky (Philosoph und Linguist / Professor (im Ruhestand), Massachusetts Institut für Technologie / MIT)

Stephen F. Cohen (Vorstandsmitglied des Amerikanischen Komitees für Ost-West Verständigung (ACEWA) / Professor Emeritus of Russian Studies, Princeton University and NYU)

Gilbert Doctorow (Vorstandsmitglied und Europa-Koordinator des ACEWA)

Jim & Shelly Douglas (Maryhouse katholische Sozialarbeiter in Birmingham, Alabama / Gründer von Ground Zero)

Christina Eck (DPA-Korrespondentin, Rufa Rundfunk-Agenturdienste GmbH / Cabin John / MD / USA)

Richard Falk (Milbank Professor für Völkerrecht, Princeton University / Seit 2005 Vorsitzender des Vorstands der Stiftung für Frieden im Atomzeitalter/Nuclear Age Peace Foundation)

Margaret Flowers MD (Ko-Direktorin, Popular Resistance)

Robert M. Gould, MD (Erster Vorsitzender der Ärzte für soziale Verantwortung / USA)

David C Hall MD (ehemaliger Präsident, Ärzte für soziale Verantwortung / USA)

Ira Helfand, MD (Mitbegründerin und ehemalige Präsidentin der Ärzte für Soziale Verantwortung (USA) / Ko-Präsidentin der Internationalen Ärzte für die Verhütung des Atomkrieges/IPPNW)

William vanden Heuvel (Gründer und emeritierter Vorsitzender des Franklin and Eleanor Roosevelt Instituts)

Barbara Jentzsch (Freie Journalistin in den USA)

David Kasper (Geschäftsführer des Empowerment Project / Filmemacher/ Träger des Oscar-Preises 1993)

David Krieger (Präsident der Stiftung für Frieden im Atomzeitalter/ Nuclear Age Peace Foundation)

Peter Kuznick (Historiker und Schriftsteller)

Michael Lerner (Rabbiner / Herausgeber der Zeitschrift Tikkun / Vorsitzender des Netzwerks progressiver Geistlicher)

Judith Eve Lipton, MD (ausgezeichnetes langjähriges Mitglied der Verbandes Amerikanischer Psychiater – American Psychiatric Association / Gründerin der Washingtoner Organisation der Ärzte für soziale Verantwortung / Vorstandsmitglied der Ärzte für soziale Verantwortung der USA und der internationalen Ärzte für die Verhütung des Atomkriegs / IPPNW).

Joanna Macy (Aktivistin und Erzieherin, Work That Reconnects / Herausgeberin und Übersetzerin von Rilkes Poesie)

Kevin Martin (Präsident des Fonds für Friedensaktivitäten/Peace Action Education Fund)

Raymond McGovern (ehemaliger Präsidentenberater der CIA für internationale Politik)

David MacMichael (Historiker / Iran contra Whistleblower)

Tammy Murphy, LL.M. (Ausschuss für Sicherheitspolitik der Ärzte für Sociale Verantwortung (PSR) / Beirat der PSR in Philadephia)

Elizabeth Murray (ehemalige stellvertretende Beauftragte des National Intelligence Council für den Nahen Osten/ Member-in-Residence/ Ground Zero Center for Non-Violent Action www.gzcenter.org)

Todd Pierce (ehem. Militäranwalt / Verteidiger von Guantanamo-Häftlingen / Beirat zur Beratung des Vorstands der Juristen gegen Atomwaffen)

Elsa Rassbach (Filmemacherin / Journalistin / z.Zt. Vetreterin von CODEPINK und anderen US-Friedensgruppen / Berlin)

Coleen Rowley (ehem. ›Special Agent‹ des FBI)

Elaine Scarry (Autorin von Thermonuclear Monarchy (»Thermonukleare Monarchie«) und Professorin an der Harvard University)

Alice Slater (Mitglied des Koordinierungsausschusses von World Beyond War)

David C. Speedie (Vorstandsmitglied des ACEWA und leitender Wissenschaftler beim Carnegie Rat für Ethik in internationalen Angelegenheiten)

Steven Starr (Master of Public Health; führender Wissenschaftler / Leiter des Wissenschaftsprogramms am Klinischen Labor der University of Missouri / Vorstandsmitglied der Ärzte für Soziale Verantwortung/Physicians for Social Responsibility und der Stiftung für Frieden im Atomzeitalter/Nuclear Peace Age Foundation)

David Swanson (Autor und Journalist/ Koordinator der RootsAction Campaign)

David Talbot (Autor and Gründer der Online-Zeitschrift Salon.com)

Barbara Trent (Filmregisseurin und -produzentin / Mitbegründerin und Co-Directorin des Empowerment Project)

Sharon Tennison (Vorstandsmitglied des ACEWA/ Präsidentin des Zentrums für Bürgerinitiativen)

Roger Waters (New York; Musiker / Komponist / ›The Wall‹ / Mitbegründer Pink Floyd)

Kevin Zeese (Ko-Direktor, Popular Resistance)

Gruppen aus den USA, die Unterstützung des Aufrufs beschlossen haben:
Veteran Intelligence Professionals for Sanity
Sam Adams Associates for Integrity in Intelligence (http://sama-damsaward.ch/)

aus anderen Ländern:
Al Burke (Herausgeber der Nordic News Network, Schweden)
Horst Eisterer (Architekt, Zürich)
Rolf Ekéus (Schwedischer Diplomat / Abrüstungsbotschafter 1983-91 / Leiter der UN-Sonderkommission zur Abrüstung Iraks 1991-97 / schwed. Botschafter in den USA 1997-2000 / OSZE-Hochkommissar für Nationale Minderheiten 2001-2007 / SIPRI-Direktor 2001-2010)
Rev. Paul Lansu (Pfarrer / Politischer Berater, Pax Christi International, Brussels)
Dr. Jeffrey Moussaieff Masson (Psychoanalytiker / ehem. Direktor der Freud-Archive / Autor / Love Bondi Beach / Australien)
Rebecca Sharkey (Koordinatorin für ICAN / Großbritannien)
Peter Dale Scott (ehem. kanadischer Diplomat / Professor und Schriftsteller)
Susi Snyder (Autorin / Mitglied von PAX for Peace, Niederlande)
Prof. Dr. Tomasz Szarota (Historiker und Publizist / Polen)
Thore Vestby (Vizepräsident der Bürgermeister für den Frieden, Mayors for Peace / Norwegen)

DAS JAHRHUNDERT DER EXTREME[1]

Einleitung der Herausgeber

1914 war das Schicksalsjahr des 20. Jahrhunderts. In ihm bündelten sich nahezu alle Facetten des folgenden Jahrhunderts der Extreme, in dem es drei große Katastrophen gab: den Ersten Weltkrieg, die Weltwirtschaftskrise und den Zweiten Weltkrieg. Zerrissen an inneren Widersprüchen eines ungezügelten Nationalismus, ungebremster Militarisierung und unheilvollem Größenwahn, überfordert von tiefgreifenden ökonomischen und technischen Umbrüchen der zweiten Industriellen Revolution sowie gespalten durch soziale und politische Kämpfe, fanden sich die Länder Europas plötzlich im ersten hochindustrialisierten Krieg gefangen.[2]

Der große Konflikt, der im Fin de Siècle vorausgeahnt wurde, begann am 28. Juni 1914 mit dem Schuss des verwirrten Nationalisten Gavrilo Princip auf den österreichisch-ungarischen Thronfolger Franz Ferdinand und seine Gemahlin Herzogin Sophie Chotek in Sarajewo. Mit Zustimmung des deutschen Kaisers Wilhelm II. schickte Wien seine Truppen nach Serbien. Aus einem begrenzten Konflikt wurde schnell ein totaler Krieg. Der Weltenbrand prägte die weitere Entwicklung des 20. Jahrhunderts einschneidend. Das europäische Staatensystem zerbrach.

Der Krieg war 1918 zu Ende, aber die Welt fand keinen Frieden. Die Menschen suchten nach Orientierung, wurden stattdessen aber mit großen wirtschaftlichen und sozialen Problemen konfrontiert, mit Massenarbeitslosigkeit, Armut und Elend.[3] In Deutschland wurden die Chancen der Weimarer Republik nicht genutzt. Die verpasste Aufarbeitung der Geschichte, die Missachtung der Demokratie, soziale Ignoranz und wirtschaftliche Probleme machten die Entwicklung zu einem brückenlosen Abgrund. Die NSDAP propagierte die Ideologie der Volksgemeinschaft und nutzte sie für ihren politischen Aufstieg. Nationalismus, Antisemitismus und Antikommunismus wurden zu ihrem politischen Programm.

Der Erste Weltkrieg war – so der US-amerikanische Diplomat und Historiker George F. Kennan – die »Urkatastrophe des 20. Jahrhunderts«[4], die in Deutschland den politischen Extremismus, den Holocaust und den Zweiten Weltkrieg möglich gemacht hat. Der Erste Weltkrieg war der Beginn einer neuen Dimension des Grauens und der Massentötung mit industriellen Mitteln, vor welcher der Pazifist, Pädagoge und Schriftsteller Wilhelm Lamszus schon 1912 gewarnt hatte: »Das Kriegsmaschinenwesen hatte sich zu genialer, zu künstlerischer Höhe entwickelt. Man ließ ein Maschinengewehr schnurren, und schon spritzte es Kugeln, dichter, als der Regen fällt! Als hätte der Tod die Sense aufs alte Eisen geworfen und wäre Maschinist geworden!«[5]

Eric Hobsbawm und andere Historiker beschreiben die Zeit zwischen 1914 und 1945 als »Age of Catastrophe«, um die Kontinuität zwischen den Kriegen herauszustellen, also gleichsam einen Dreißigjährigen Krieg des 20. Jahrhunderts.[6] Ohne den Ersten Weltkrieg wäre die NS-Herrschaft nicht denkbar geworden, sie war nicht zwangsläufig, aber wurde eben auch dadurch möglich. In dieser Urkatastrophe hat das dunkelste Kapitel deutscher und europäischer Geschichte starke psychologische und politische Wurzeln. Die Mehrheit der Deutschen konnte die Niederlage und ihre Folgen weder akzeptieren noch verstehen. Die revanchistische Rechte erklärte die Niederlage mit den revolutionären Aktivitäten linker Parteien und mit dem Judentum.

Dieses Buch beginnt mit einem kurzen Rückblick auf den Ersten Weltkrieg. An diesem schrecklichen Krieg waren vierzig Staaten beteiligt, rund siebzig Millionen Menschen standen unter Waffen, siebzehn Millionen verloren ihr Leben. Der Krieg brachte eine revolutionäre Waffentechnik hervor, die im Ersten Weltkrieg in zermürbenden Stellungsschlachten unvorstellbares Leid erzeugte und am Ende des Zweiten Weltkriegs mit dem Abwurf von zwei Atombomben über Hiroshima und Nagasaki zum Inferno wurde.

Die wichtigste Erkenntnis aus der ersten großen Katastrophe des 20. Jahrhunderts heißt: Krieg kennt in sich keine Grenze. Krieg steigert die Gewalt und führt zur Dezivilisierung der Gesellschaft.

WAS IST ZU LERNEN AUS DER URKATASTROPHE?

Gerd Krumeich

Verselbständigung des Krieges

Das Katastrophalste an der sogenannten »Urkatastrophe« des Ersten Weltkriegs war sicherlich, dass man vor 1914 keineswegs ahnte, dass dieser Krieg zwischen den Hauptmächten Europas solch weitreichende und langanhaltende Folgen haben würde. Dabei gab es durchaus einige kluge Zeitgenossen, die genau dies voraussahen, etwa August Bebel, der 1911 im Deutschen Reichstag absolut prophetische Sätze sprach: »So wird man eben von allen Seiten rüsten und wieder rüsten [...] bis zu dem Punkte, dass der eine oder andere Teil eines Tages sagt: Lieber ein Ende mit Schrecken als ein Schrecken ohne Ende. [...] Dann kommt die Katastrophe. Alsdann wird in Europa der große Generalmarsch geschlagen, auf den hin sechzehn bis achtzehn Millionen Männer, die Männerblüte der verschiedenen Nationen, ausgerüstet mit den besten Mordwerkzeugen, gegeneinander als Feinde ins Feld rücken. [...] Die Götterdämmerung der bürgerlichen Welt ist im Anzuge [...].«[1]

Es lassen sich noch weitere solche Stimmen nennen, entscheidend aber war, dass weder die verantwortlichen Politiker noch die Militärs in irgendeiner Weise von der Blässe solcher Katastrophengedanken angehaucht waren. »Nach jedem Kriege wird es besser«, mit solchen Rufen lachten die Abgeordneten der Konservativen und der Mitte Bebel aus. Und Wilhelm Lamszus' Schrift wurde verboten.

Wie man auf Seiten der militärischen und politischen Entscheider dachte und argumentierte, zeigt eine Dienstvorschrift mit dem Titel *Grundzüge der höheren Truppenführung* aus dem Jahre 1910, die folgenden Wortlaut hatte: »Der Charakter der heutigen Kriegsführung ist bezeichnet durch das Streben nach großer und schneller Entscheidung. Das Aufgebot aller Wehrfähigen, die Stärke der Heere, die Schwierigkeit, sie zu ernähren, die Kostspieligkeit des bewaffneten Zustandes, die Unterbrechung von Handel und Verkehr, Gewerbe und Ackerbau, dazu die schlagfertige Organisation der Heere und die Leichtigkeit, mit der sie versammelt werden – alles drängt auf rasche Beendigung des Krieges«[2]

So absurd uns heute solche Statements auch vorkommen mögen, so realistisch erschienen sie damals. Der kommende Krieg werde kurz (und relativ schmerzlos) sein, weil er einfach nicht zu einem langen Krieg ausarten dürfe. Wie weitgehend diese Auffassung geteilt wurde, mag man daraus ersehen, dass keine der europäischen Nationen in irgendeiner Weise Vorkehrungen für einen länger währenden Krieg traf.

Auch das gesamte politische und militärische Kalkül in der Julikrise von 1914 war auf einen kurzen Krieg ausgerichtet. Der Krieg wurde noch ganz allgemein als ein Instrument der Politik begriffen, als eine »Fortsetzung der Politik mit anderen Mitteln«, wie die berühmte Formulierung des Kriegstheoretikers Carl von Clausewitz lautet. Das Erstaunlichste daran war, wie schnell die industrialisierten Großmächte fähig wurden, die Fließbänder auf den Krieg auszurichten.

Industrialisierung des Krieges

Während beispielsweise noch zu Kriegsbeginn die Gewehre einzeln gefertigt wurden, wurde ab Oktober 1914 (als man erkannte, dass der Krieg länger dauern würde), auf Massenproduktion umgestellt, wobei alle Arten von feinmechanischen Fabriken genutzt wurden, zum Beispiel Fahrrad-, Schreibmaschinen- und Nähmaschinen-Fabriken. Insgesamt waren hundert Fabriken mit der Herstellung der einzelnen Gewehrteile beschäftigt. So kam man in Deutschland ab März 1915 zu einer Massenfertigung von 250 000 Gewehren pro Monat. Und in den anderen Ländern lief die Gewehr- und Geschützproduktion mit zumindest gleichs tarker industrieller Effizienz ab. Während und durch den Krieg wurde das Fließbandverfahren, welches Henry Ford 1907 zum ersten Mal praktiziert hatte und das vor dem Krieg von den europäischen Manufakturen noch sehr kritisch angesehen wurde, zum Standard der neuen Industrialisierung. [3]

Die ständig steigernden Anforderungen von der Front ließen die Waffenproduktion binnen kurzem in zuvor unvorstellbare Größenordnungen anwachsen. Die Monatsfertigung von Patronen soll bereits im März 1916 rund 220 Millionen betragen haben. Insgesamt wurden für die deutsche Armee im letzten Jahre des Krieges pro Monat elf Millionen Geschosse für die circa hundert verschiedenen Typen von Gewehren und Kanonen hergestellt.

Dieser Prozess der Industrialisierung des Krieges, der tatsächlich erst im Laufe des Ersten Weltkriegs stattfand, brachte auch die Möglichkeit mit sich, neue Waffensysteme auszuprobieren und massiv einzusetzen. Ob Flugzeuge, Chemiewaffen oder schließlich ab 1916 die Panzer: Es gab keine Grenze in der Schaffung von Vernichtungswaffen – Clausewitz hatte auch in dieser Hinsicht recht behalten, wenn er schrieb, dass der Krieg »keine Grenze in sich« habe, dass er stets dazu tendiere, »absolut« zu werden, und dass die Politik ihm die Grenzen erst geben müsse.[4] Aber wenn sie genau das nicht tut, sondern mit der exzessiven Propaganda sogar noch eine historisch ganz neue und zentral wichtige Kriegswaffe schafft, was wird dann aus dem Krieg? Dann wird er eben auf Dauer zum totalen Krieg.

Vom begrenzten zum totalen Krieg

Der Hauptgrund für diese »Totalisierung« des Krieges lag wohl darin, dass es der erste Krieg war, in dem mit zuvor undenkbaren Massenarmeen gekämpft wurde. Seit den 1880er-Jahren hatten die europäischen Nationen und Großreiche alle auf die allgemeine Wehrpflicht umgestellt (Ausnahme war Großbritannien). Und die nun zur Verfügung stehenden Millionenheere von (nach damaligen Begriffen) kurzzeitig dienstleistenden Soldaten brachten es mit sich, dass diese ungeheure Masse von Zivilisten in Uniform auch moralisch bearbeitet werden musste, um einen solchen Krieg überhaupt durchhalten zu können. Es kam also etwas ins Spiel, das in den Staatenkriegen des 17. bis 19. Jahrhunderts nahezu keine Rolle gespielt hatte, nämlich die moralische Indoktrinierung durch Propaganda.

Es war sowohl für die Soldaten als auch für die Zivilisten die Überzeugung zu schaffen, dass man einen gerechten Krieg führe, dass man die Heimat vor böswilligen aggressiven und brutalen Feinden zu schützen habe, ja dass es bei diesem Krieg um die Existenz des Vaterlandes gehe. Solches Denken hatte schon vorher – etwa, wenn die Deutschen massiv die »Einkreisung« durch die anderen Großmächte fürchteten. Diese mehr oder weniger selbstinduzierte Phobie war im August 1914 auch die Grundlage für den Burgfrieden.

Und im Übrigen glaubten auch Antimilitaristen und Antiimperialisten, dass Frankreich, Russland und Großbritannien wirklich darauf aus seien, Deutschland zu überfallen und zu vernichten. Jetzt im Krieg galt es, diese Überzeugung aufrechtzuerhalten. Es ist eine bislang wenig recherchierte Tatsache, dass die deutschen Soldaten noch bis 1918 überwiegend der Überzeugung waren, an der Somme, vor Verdun und an vielen anderen Orten weltweit Deutschland gleichermaßen in vorgeschobener Stellung »zu verteidigen«. Auf Seiten der Alliierten war die Überzeugung mindestens genauso groß. Und ihre ungeheuer »brutale« Propaganda zeigte, dass die Demokratien fähiger waren als das autokratische Deutschland, die Massen mit blutrünstigen Bildern etwa vom kinderfressenden »Boche« zu faszinieren.

Resultat der sowohl industrialisierten als auch propagandistisch angefeuerten Kriegführung war, dass aus einem Krieg, der als Fortsetzung der Politik mit anderen Mitteln begonnen hatte, ein in großen Teilen schon totaler Vernichtungskrieg geworden war. Zwar waren – im Unterschied zum Zweiten Weltkrieg – die Zivilisten noch nicht integraler Bestandteil der kriegerischen Auseinandersetzung, aber die durch die humanitäre Gesetzgebung seit dem 19. Jahrhundert vorgesehene Schonung des zivilen Bereichs gegenüber dem Krieg wurde doch schon ausgesprochen lückenhaft. Beispiel dafür sind nicht zuletzt die Luftangriffe auf Städte, die oft überhaupt keinen militärischen Sinn hatten, sondern nur dazu dienten, Panik zu schaffen und die Moral der Zivilisten zu brechen. Hier sind sehr deutlich die Anfänge des totalen Vernichtungskrieges erkennbar.

Was müssen wir lernen?

Wenn man fragt, was man heute aus der Erfahrung des Ersten Weltkrieges und dessen Konsequenzen für das internationale System und für die politische Verfassung der europäischen Nationen lernen könne, so lautet die Antwort: In allererster Linie können und sollten wir lernen, dass der Krieg, so wie wir ihn sehen und planen, niemals derselbe Krieg bleibt. Clausewitz, dessen Vorstellung vom absoluten Krieg zu Beginn erwähnt wurde, hat einen weiteren – viel weniger bekannten – Kernsatz in seiner so erfahrungsgesättigten Philosophie des Krieges: »Der Krieg ist […] ein wahres Chamäleon, weil er in jedem konkreten Fall seine Natur etwas ändert.«[6]

Ja, der Krieg ändert seinen Charakter immer wieder und auf stets unvorhersehbare Weise. Und wenn die eine Seite eine bestimmte und meist als unfehlbar gedachte Strategie entwickelt, so sollte sie sich eigentlich der Tatsache bewusst sein, dass die Gegenseite genauso denkt und handelt, was dann zu den berühmten »Steigerungen« des Krieges führt, wie sie Clausewitz ins Zentrum seiner Lehre vom Krieg gesetzt hat.

Die Eskalationsspirale des Krieges

Konkret: Wer hätte in der westlichen Welt angenommen, dass die große Intervention, die die amerikanische Regierung im Irak ausführte und die Saddam Hussein absetzen sollte, Folgen haben würde, die die gesamte Region bis heute in Flammen gesetzt hat und deren Ende nicht abzusehen ist? Man kann dies in der Tat als klassisches Beispiel für alle anderen regionalen Brandherde der heutigen Zeit ansehen, die immer wieder aus Unbedenklichkeit entzündet wurden. Was wohl neu ist, gegenüber dem Ersten Weltkrieg, ist die ungeheure Kraft islamistischer oder anderer Überzeugungen, die auch aus »asymmetrischen« Kriegen solche werden lassen, die nicht mehr einzugrenzen sind.

Selbst wenn Krieg notwendiger Bestandteil von Politik bleibt, dann gilt es in erster Linie zu bedenken, dass aller Erfahrung nach und auch von der Kriegstheorie her der Krieg nach wie vor keine »Grenze in sich hat«, um einmal mehr Clausewitz zu zitieren. Und das Bewusstsein für diese Unkalkulierbarkeit wird dann wohl alle verantwortlichen Militärs und Politiker lehren, mit der Entscheidung für den Krieg, ja schon für seine Vorbereitung, an die äußerste Grenze der staatsmännischen Vorsicht zu gehen.

FRIEDENS- UND ENTSPANNUNGSPOLITIK

Einleitung der Herausgeber

Peter Brandt zeichnet die ersten Ansätze nach dem Ersten Weltkrieg auf, als unter der Last der Kriegsopfer, Gebietsverluste, Reparationsleistungen und des moralischen Desasters nach einem Weg gesucht wurde, die neue Situation zu bewältigen. Dabei ist der rechtsliberale Politiker Gustav Stresemann hervorzuheben, der als Außenminister von den sozialdemokratischen Parlamentariern die notwendige Rückendeckung für seine Verständigungsarbeit mit Frankreich und besonders mit dem dortigen Außenminister Aristide Briand bekam. Der Vertrag von Locarno bewirkte qualitative Veränderungen im Verhältnis zwischen Siegern und Besiegten.

Nach dem Zweiten Weltkrieg war in den Zeiten des Kalten Krieges die Friedens- und Entspannungspolitik ein mutiger und visionärer Schritt, um tiefe Gräben zu überwinden und eine europäische Friedensordnung anzustreben. Dafür wurde der Sozialdemokrat Willy Brandt, der vierte Bundeskanzler der Bundesrepublik Deutschland, am 20. Oktober 1971 in Oslo als fünfter Deutscher[1] mit dem Friedensnobelpreis ausgezeichnet, ausgewählt von einem Komitee des norwegischen Parlaments.

In der Begründung für die Verleihung des Nobelpreises heißt es unter anderem: »Als Kanzler der Bundesrepublik Deutschland und im Namen des deutschen Volkes hat Willy Brandt seine Hand zur Versöhnung zwischen Völkern ausgestreckt, die lange Zeit Feinde waren. Im Geiste des guten Willens hat er außerordentliche Ergebnisse bei der Schaffung von Voraussetzungen für den Frieden in Europa erzielt.« Brandt nahm den Preis am 10. Dezember 1971 in der Universität der norwegischen Hauptstadt Oslo in Empfang. In seiner Dankesrede erklärte er: »Krieg ist nicht mehr die Ultima Ratio, sondern die Ultima Irratio.«

Zusammen mit Egon Bahr leitete Brandt eine Zäsur in der festgefahrenen Konfrontation des Kalten Krieges ein und engagierte sich auch für eine Abrüstungs- und Entspannungspolitik zwischen den beiden militärischen Supermächten USA und UdSSR. Dadurch kam es nicht zuletzt zu den Abrüstungs- und Rüstungskontrollverträgen.

Mit den bundesdeutschen Ostverträgen begann der Kurs der Entspannung und eines Wandels durch Annäherung an die Sowjetunion, die DDR, Polen und die übrigen Ostblockstaaten. Willy Brandt zeichnete sich aus, als ein deutscher Europäer, der von einer gemeinsamen Sicherheit ausging und der den Entspannungsprozess unzerstörbar machen wollte. Er sah die Wiedererlangung der deutschen Einheit in einem engen Zusammenhang mit der europäischen Einheit. Immer wieder warnte Brandt vor einer Politik des Säbelrasselns und der »starken Worte«. Seine Politik hat in den osteuropäischen Staaten den Umbruch befördert und auch das eigene Land durch innere Reformen moderner gemacht.

Schließlich werden die mühsamen Versuche beschrieben, zu einer Abrüstungs- und Rüstungskontrollpolitik zu kommen, die heute wieder in Gefahr ist, abgebrochen oder aufgegeben zu werden.

Gunter Hofmann, früher Leiter der Parlamentsredaktion und Chefkorrespondent der Wochenzeitung *DIE ZEIT* sowie Autor zahlreicher Bücher über den Bundeskanzler, Friedensnobelpreisträger und SPD-Vorsitzenden, zeichnet sein Wirken für Abrüstung, Entspannung und Zusammenarbeit nach, nicht nur in Deutschland und in Europa, sondern weltweit. Willy Brandt war ein deutscher Europäer und ein Vordenker für eine friedliche Welt. Bei der Suche nach einer friedlichen Weltordnung sind seine Grundüberzeugungen unverändert richtig und wichtig.

ZUR GENESE DER ENTSPANNUNGSPOLITIK

Peter Brandt

Die ersten Ansätze einer Entspannungspolitik

Am Beginn der Entspannungsidee steht die Zeit der Weimarer Republik nach dem Ersten Weltkrieg.[1] Oft wird nicht gesehen, dass der durch Gebietsverluste und Reparationen, durch die Festlegung von Deutschlands Alleinschuld und die höchst selektive Anwendung des nationalen Selbstbestimmungsrechts drückende Versailler Frieden (das »Diktat«) von beinahe dem gesamten politischen Spektrum abgelehnt und für zwingend revisionsbedürftig gehalten wurde. SPD und Zentrum stimmten in der Nationalversammlung der Vertragsunterzeichnung nur angesichts der alliierten Drohung zu, den Krieg sonst wieder aufzunehmen.

Relativ rasch entwickelte sich aus der Notlage der Republik ein außenpolitischer Ansatz, der Überlegungen und Methoden vorwegnahm, die später dem Stichwort »Entspannung« zuzurechnen sind. Zu Recht wird dabei Gustav Stresemann hervorgehoben, dessen Politik der Verständigung sich deutlich von der Machtorientierung des Kaiserreichs unterschied. Ihr vorausgegangen war 1923 eine dramatische Zuspitzung des Konflikts zwischen Deutschland und der französischen Siegermacht, die zusammen mit belgischen Truppen wegen nicht erfüllter Reparationspflichten das Ruhrgebiet besetzte.

Doch auch Frankreich konnte seine Ziele nicht erreichen; die Ruhrbesetzung war zudem weltweit unpopulär. Der US-amerikanische Dawes-Plan brachte 1924 eine zwischenzeitliche Regelung der Reparationsproblematik, doch als wirklicher Durchbruch wurde erst der Vertrag von Locarno im Oktober 1925 empfunden, in dem Deutschland – jetzt aus freien Stücken – auf Elsass-Lothringen und Eupen-Malmedy verzichtete, während die Anerkennung der Grenze zu Polen (»polnischer Korridor«) unverbindlicher erfolgte. Locarno brachte dem Deutschen Reich zudem die Option auf den Eintritt in den Völkerbund ein, der im Herbst 1926 erfolgte. Mit dem Vertragswerk war ferner die Aussicht auf eine baldige Räumung, zuerst des Ruhrgebiets und dann des linksrheinischen Gebiets, von alliierten Truppen verbunden, die bis 1930 durchgeführt wurde. Die Konferenz von Locarno bewirkte eine qualitative Veränderung im Verhältnis zwischen Siegern und Besiegten, die erstmals wieder auf gleicher Augenhöhe miteinander verhandelten.

Die Rolle der SPD während der Außenpolitik der 1920er-Jahre

Die seit 1922 wiedervereinigte SPD, namentlich der spätere Reichskanzler Hermann Müller, Rudolf Breitscheid und der Parteihistoriker Rudolf Hilferding, gaben Stresemann die parlamentarische Rückendeckung.[2] Die Sozialdemokraten erstrebten die Gleichberechtigung Deutschlands nicht, damit wieder die traditionelle Macht- und Hegemonialpolitik betrieben werden konnte. Sie wollten die Einbindung des Deutschen Reiches in ein immer dichteres Netz gegenseitiger Abhängigkeiten zwischen den Staaten, die Verrechtlichung der internationalen Beziehungen, die wirtschaftlich-politische Kooperation und in dieser Perspektive die Integration in die europäische Staatengemeinschaft. Diese Ziele wurden nachdrücklich von sozialdemokratischen und sozialistischen Parteien verfochten, die damit an ihre Positionen der Vorkriegs- und Kriegszeit anknüpften.[3] Realpolitisch relevant war diese Perspektive für Deutschland deshalb, weil sie in wichtigen Sektoren den Interessen des bürgerlichen Lagers eher Rechnung trug als ein nationaler Revanchismus. Insofern gab es hier Übereinstimmungen mit Stresemanns Ansatz.

Auch wenn die Sozialdemokraten in dem 1919 ohne Deutschland gegründeten Völkerbund faktisch noch ein »Kollegium kapitalistischer Regierungen« sahen, strebten sie dessen Weiterentwicklung zu einer wirksamen, rechtswahrenden internationalen Autorität an. Man dachte sowohl an die Parlamentarisierung des Völkerbundes durch Bildung einer internationalen Repräsentation der Völker aus den Einzelparlamenten als auch an dessen Universalisierung, sprich: die Aufnahme der USA und der Sowjetunion.

Ungeachtet dieser weitreichenden Perspektiven setzte die Außenpolitik der SPD eindeutige Prioritäten. Die Verständigung mit Frankreich, von deutscher Seite gezielt betrieben, sollte den sicherheitspolitischen Maximalismus des westlichen Nachbarn aufweichen. Auch war ersichtlich, dass Fortschritte bei der internationalen Abrüstung ohne eine wesentliche Verbesserung der deutsch-französischen Beziehungen nicht würden erzielt werden können.

Während »die Deutschnationalen«, die große Rechtspartei vor dem Aufstieg der NSDAP, überall nach potenziellen Bündnissen gegen die französischen Hegemonieansprüche Ausschau hielten, konnte für die SPD der Weg zur Stärkung Deutschlands und zur Gesundung Europas nur über Frankreich eröffnet werden. Selbst als in der Endphase der Weimarer Republik, angesichts der Weltwirtschaftskrise und des Abflusses kurzfristiger amerikanischer Anleihen, die Reparationsfrage wieder zu einem großen innenpolitischen Thema wurde und überdies das Abrücken Englands und der USA von der Nachkriegsordnung erkennbar wurde, hielten die SPD-Reichstagsfraktion und der SPD-Parteivorstand an der deutsch-französischen Verständigung als Voraussetzung einer multilateralen Friedenslösung fest.

Relativ unproblematisch war das Verhältnis der Weimarer Republik zur Sowjetunion. Russland gehörte, weil 1917 von Deutschland besiegt und aus dem Krieg ausgeschieden, zu den Verliererstaaten. Es stand zudem in einem Gegensatz zu den Westmächten, die im Bürgerkrieg faktisch zugunsten der (zaristischen) »Weißen« interveniert hatten, sowie zu den mit ihnen verbündeten, an seiner Westgrenze teilweise neu geschaffenen Staaten, vor allem Polen. Aus dieser Konstellation ergab sich die Orientierung der UdSSR auf Deutschland trotz aller ideologischen Gegensätze und unterschiedlicher politischer und gesellschaftlicher Ordnung.

Von der wirtschaftlichen (und der geheimen militärischen) Zusammenarbeit abgesehen, beinhalteten die beiden grundlegenden Verträge von Rapallo (1921) und Berlin (1926) den gegenseitigen Verzicht auf Ansprüche aus der Vergangenheit und eine wechselseitige Neutralitätsverpflichtung im Kriegsfall. Für die Zwanzigerjahre war charakteristisch, dass ein Zusammengehen Deutschlands mit Russland trotz des vehementen Antibolschewismus eher in den Kreisen der Rechten befürwortet wurde (natürlich beschränkt auf die Außenpolitik), während die bürgerliche Mitte und vor allem die Sozialdemokratie keinen Gegensatz zu den Verständigungsbemühungen mit den westlichen Siegermächten des Ersten Weltkriegs aufkommen lassen wollten.

Das atomare Patt im Kalten Krieg

Die Entstehung des Ost-West-Konflikts und dessen Zuspitzung zum Kalten Krieg nach dem Zweiten Weltkrieg war ein historisches Novum. Indem die Sowjetunion das Kernwaffenmonopol der USA durchbrach und dann auch noch Interkontinentalraketen entwickelte, entstand das (relative) »Gleichgewicht des Schreckens«. Der große Atomkrieg war keine rationale militärstrategische Option, auch wenn Militärexperten beider Seiten stets über dessen Gewinnbarkeit nachdachten. Wo die Blockgrenzen fest gezogen waren, namentlich in Europa, wurde das beiderseits letztlich respektiert. Selbst in der kritischen Periode im Herbst 1956 – zeitlich parallel zum Ungarnaufstand – funktionierte ein amerikanisch-sowjetisches Krisenmanagement, als die Supermächte die neokoloniale Intervention Großbritanniens und Frankreichs gegen Ägypten (das den Suezkanal nationalisiert hatte) und den gleichzeitigen Angriff Israels auf den ägyptischen Sinai stoppten.

Schon in den Fünfzigerjahren gab es immer wieder Impulse, die auf eine Entspannung zwischen den Weltmächten zielten, zuerst kurz nach Stalins Tod 1953 seitens der neuen Sowjetführung wie auch des britischen Premiers Winston Churchill und einige Jahre später durch den polnischen Außenminister Adam Rapacki, der eine atomwaffenfreie Zone in Mitteleuropa vorschlug. Nicht zufällig waren alle diese Initiativen mit Überlegungen verbunden, die deutsche Frage einer Lösung näherzubringen.

Zum Höhe- und Wendepunkt des Kalten Krieges wurde die Doppelkrise um Berlin und Kuba 1961/62, als die Welt in den atomaren Abgrund blickte. Zunächst aus reinem Selbsterhaltungsinteresse kamen die beiden Supermächte zu spannungsdämpfenden Verabredungen, wozu die Einrichtung eines »roten Telefons« und das atomare Teststoppabkommen gehörten. Die neue *Kennedy*-Administration ließ sich, wie auch *Nikita Chruschtschow* und seine Nachfolger, auf eine friedliche Koexistenz ein, beiderseits überzeugt davon, dass sich das eigene

System im friedlichen, mit partieller Kooperation verbundenen Wettstreit letztlich durchsetzen, zumindest behaupten würde.

> »Kriegerische Auseinandersetzungen haben noch nie Probleme gelöst. Sie bringen den Menschen Not, Elend und Tod.«
> Marlies Tepe, Vorsitzende der GEW

Das atomare Patt beförderte die Umstellung der westlichen Militärdoktrin von der »massiven Vergeltung« zur »flexible response« oder abgestuften Verteidigung. Der Wunsch lag nahe, auf einen konventionellen Angriff oder örtlichen militärischen Zusammenstoß, der auch aus einer wechselseitigen Fehlperzeption entstehen konnte, nicht sofort mit einem atomaren Großangriff antworten zu müssen. Für die Bundesrepublik Deutschland war die Strategie der »flexible response« kaum weniger problematisch als die der massiven Vergeltung, denn bereits ein konventioneller und vermutlich mit taktischen Atomwaffen ausgefochtener Krieg hätte in Mitteleuropa unvergleichlich schlimmere Verwüstungen und Tote mit sich gebracht als die letzten Monate des Zweiten Weltkriegs.

Ein realer Krieg wurde während der Inkubationsphase der Entspannung in Vietnam geführt. Die Weichen für die amerikanische Intervention in den Bürgerkrieg wurden schon unter John F. Kennedy gestellt; die Eskalation erfolgte 1964/65 unter dessen Nachfolger Lyndon B. Johnson. Man befürchtete ein weiteres Vordringen des Kommunismus in Asien und strebte einen exemplarischen Sieg über die antiimperialistischen und antiwestlichen Befreiungsbewegungen in der Dritten Welt an. Auf die Ost-West-Beziehungen hatte der Vietnamkrieg eine ambivalente Wirkung: Zwar stand der Sowjetblock (ebenso wie China) auf der Seite Nordvietnams, unterstützte dies auch mit Waffenlieferungen. Das musste die Beziehungen zu den USA belasten, doch verstärkte der Vietnamkrieg andererseits das Interesse der US-Regierung an Ruhe in Europa auf der Basis des territorialen Status quo.

Die Auflockerung der bipolaren Staatenordnung wurde von den europäischen Verbündeten der Supermächte zu mehr Eigenständigkeit in der Außenpolitik genutzt.[4] Nach dem Aufbau einer eigenen Atomstreitmacht löste sich Frankreich 1966 aus der militärischen Integration der Nato. Der »deutsche Gaullismus«, der sich in der ersten Hälfte der Sechzigerjahre auf dem rechten Flügel der CDU/CSU abzeichnete, entstand hauptsächlich aus der Sorge, die USA könnten sich über die Köpfe ihrer europäischen Verbündeten hinweg mit der Sowjetunion verständigen. Die Gaullisten waren eher entspannungsgegnerisch eingestellt.

Das ost- und deutschlandpolitische Denken des ersten Bundeskanzlers Konrad Adenauer war jedoch weniger starr, als seine Reden lange vermuten ließen. In den letzten Jahren seiner Amtszeit bis 1963 schlug Adenauer dem Kreml insgeheim ein zehnjähriges Stillhalteabkommen unter Verzicht auf einen Propagandakrieg zwischen der Bundesrepublik und der DDR vor, wenn dort größere innere Freiheiten hergestellt und Ostdeutschland militärisch neutralisiert würde. Die Westbindung der Bundesrepublik wollte er unter keinen Umständen zur Disposition stellen. Man muss allerdings fragen, welches Interesse die Sowjetunion an einer »Österreich-Lösung« allein für die DDR hätte haben können.

An ihre Einstellung in der Weimarer Republik anknüpfend, wo sie ungeachtet der strikten Ablehnung des sowjetkommunistischen Systems für normale zwischenstaatliche Beziehungen zur UdSSR eingetreten war, unterschied die SPD in der Frühphase der Bundesrepublik zwischen der Notwendigkeit ideologischer Auseinandersetzung und der Zwangslage, die aus der Rolle der Sowjetunion als Besatzungsmacht resultierte. Die unablässige konzeptionelle Suche nach einem Status von Gesamtdeutschland, der für alle vier Siegermächte akzeptabel sei, hatte in den unterschiedlichen Varianten stets in erster Linie Moskau im Blick. Die Sozialdemokraten ließen sich darauf ein, die legitimen Sicherheitsinteressen der UdSSR von ihren expansionistisch-repressiven Bestrebungen zu trennen, und begannen, die sowjetischen Interessen überhaupt zu berücksichtigen.

Im Zuge dieser Realitätswahrnehmung ließ die SPD, die anfangs den staatlichen Charakter der DDR ebenso bestritten hatte wie die Regierungsparteien, gegen Ende der Fünfzigerjahre auch die Bereitschaft erkennen, die Existenz eines zweiten deutschen Staates für eine begrenzte Zeit hinzunehmen (Deutschlandplan vom 18. März 1959).

Dass die starre politische und mentale Ordnung des Ost-West-Konflikts in den Sechzigerjahren aufgelockert wurde, hatte nicht zuletzt mit innergesellschaftlichen Entwicklungen zu tun. Erst jetzt konnte man im Westen von einem auch die sozial untere Hälfte der Bevölkerung erfassenden Wohlfahrtskapitalismus sprechen. Der Lebensstandard im Osten blieb weiterhin zurück, auch wenn er erkennbar anstieg. Während dort die »Entstalinisierung« die Frage nach inneren Reformen aufwarf, zeichneten sich im Westen neue Politik- und Wertemuster ab, die den Systemkonflikt relativierten und mit der Protestbewegung von 1968 assoziiert werden, aber eine längere Vorgeschichte hatten, die auch mit einem Um- und Neudenken in den etablierten politischen Formationen zu tun hatte.

In Westdeutschland bildeten die Ostermärsche das Verbindungsglied zwischen den sozialdemokratisch dominierten Protesten der Fünfzigerjahre gegen die Wiederbewaffnung und Stationierung von Atomwaffen einerseits und der 68er-Bewegung andererseits.

Für die Bundesrepublik war die neue Konstellation nach dem Mauerbau mit der Notwendigkeit einer flexibleren Außenpolitik verbunden. Der dezidierte »Atlantiker« Gerhard Schröder (CDU), Außenminister 1961–1966, bemühte sich unter Aufrechterhaltung aller Rechtspositionen um die Intensivierung der Beziehungen zu den nicht russischen Staaten Osteuropas. Bei der Einrichtung von Handelsmissionen in Polen, Rumänien, Ungarn und Bulgarien ging es Schröder um die Isolierung der DDR im Ostblock und damit indirekt auch um eine Beeinflussung der Sowjetunion.

Wandel durch Annäherung

Eine teilweise andere Richtung schlug der Westberliner Bürgermeister und seit 1964 SPD-Vorsitzende Willy Brandt ein. Für die Berliner Sozialdemokraten war der Beginn des Mauerbaus am 13. August 1961 ein Schock. Die DDR erschien als ein »erbärmlicher Satellitenstaat, der weder deutsch noch demokratisch noch eine Republik ist«, als »Kolonialregime besonderer Art«. Schneller und radikaler als im eigentlichen Bundesgebiet spürte die Berliner SPD jedoch den Zwang, der von der amerikanischen Respektierung der östlichen Machtsphäre ausging.[5]

»Wandel durch Annäherung« wurde zum Kennzeichen für die von Brandt eingeleitete Politik. Am 15. Juli 1963, als sich mit dem Atomteststopp-Abkommen ein erstes praktisches Ergebnis der seit November 1962 vorsichtig eingeleiteten Entspannung zwischen den Weltmächten abzeichnete, sprachen Willy Brandt und Egon Bahr in der Evangelischen Akademie Tutzing. Brandt kritisierte zum wiederholten Mal den

Immobilismus der westdeutschen Deutschlandpolitik: »Das bloße Beharren bietet keine Perspektive.« Eine Lösung der Deutschen Frage sei nur mit der Sowjetunion möglich, nicht gegen sie. »Wir können nicht unser Recht aufgeben, aber wir müssen uns damit vertraut machen, dass zu seiner Verwirklichung ein neues Verhältnis zwischen Ost und West erforderlich ist«. Diese zu erwartende Zeitspanne könne und müsse durch die Erleichterung des Lebens der Menschen erträglicher gemacht werden.[6]

Bahr ging weiter, indem er, sich auf John F. Kennedy berufend, feststellte, eine Veränderung des Status quo sei nur möglich auf der Basis seiner Akzeptierung. Es gelte, die kommunistische Herrschaft zu verändern, nicht, sie abzuschaffen, und zwar auch in der DDR. Dabei maß Bahr insbesondere den Handelsbeziehungen eine wichtige Rolle zu. Eine gewisse Stabilisierung der politischen Ordnung im Osten sei erwünscht, denn sie mache den Wiederannäherungs- und Wiedervereinigungsprozess »mit vielen Schritten und vielen Stationen« kontrollierbar und somit für die UdSSR erträglich. »Die Zone muss mit Zustimmung der Sowjets transformiert werden.«[7] Bahrs Rede erregte großes Aufsehen und stieß auch innerhalb der SPD nicht nur auf Zustimmung, denn an eine Einbeziehung der DDR hatten bislang nur wenige Sozialdemokraten gedacht. Es dauerte noch rund drei Jahre, bis das Berliner Konzept in der SPD wirklich durchgedrungen war.

Die deutschlandpolitische Entschließung des Dortmunder SPD-Parteitags vom Juni 1966 konstatierte die Veränderung der weltpolitischen Lage und die Festigung der SED-Herrschaft in der DDR seit Beginn der Sechzigerjahre und forderte, den »Handlungsspielraum gegenüber dem Regime in der SBZ« im Bereich voll auszuschöpfen. Ohne den Alleinvertretungsanspruch der Bundesrepublik und den Grundsatz der Nichtanerkennung der DDR formell aufzugeben, wurde eine weitaus flexiblere Handhabung ins Auge gefasst. Willy Brandt sprach nach dem Deutschlandplan von 1959 erstmals wieder von der Möglichkeit eines »qualifizierten, geregelten und zeitlich begrenzten Nebeneinander der beiden Gebiete« als Zwischenlösung der Deutschen Frage, »wenn durch internationale Entscheidungen die Weichen gestellt sind und im anderen Teil Deutschlands die freie Meinung sich entfalten kann.«

Als die wichtigsten internationalen Voraussetzungen einer Lösung der »Deutschen Frage« galten Rüstungskontrolle und Entspannung mit dem Ziel der Abrüstung und Blocküberwindung. Helmut Schmidt forderte einen Entspannungsbeitrag der Bundesrepublik in Mitteleuropa: »Eine Wiedervereinigung in einem Akt mit anschließender freier Aushandlung des Friedensvertrags ist [...] ein irreales Konzept geworden. Ein Versuch der Vereinbarung einer Sequenz von Stufen, bei der das Betreten der ersten Stufe voraussetzt, dass rechtliche Bindungen auch schon hinsichtlich der letzten eingegangen sind, ist in der gegenwärtigen Lage Europas ebenfalls irreal [...] Wir Deutschen selbst müssen vielmehr, das Ziel fixierend, bereit sein, Schritte zu tun, obgleich die weiteren Stadien des Weges nicht im Voraus einzeln festgelegt sind.«

Mit diesen Vorstellungen ging die SPD Ende 1966 in die Große Koalition. Sie konnte wegen des Widerstands der CDU/CSU nur einige Schritte von dem durchsetzen, was der neue Außenminister Willy Brandt als »Friedenspolitik im nationalen Interesse« und als »Europäische Aufgabe des deutschen Volkes« beschrieb. Als aber bei der Bundestagswahl 1969 mit knapper Mehrheit eine SPD-FDP-Koalition zustande kam, waren, so Egon Bahr, die konzeptionellen Vorbereitungen so weit vorangetrieben worden, dass im Zuge der Vertragsverhandlungen mit Moskau 1970 keine einzige nicht vorher bedachte Situation entstanden sei.

DER FRIEDENSKANZLER WILLY BRANDT

Gunter Hofmann

Ohne Frieden ist alles nichts

Dies ist eine Erinnerung an Willy Brandt aus gegebenem Anlass. Seine historische Leistung war es, mit einer Politik der inneren und äußeren Reformen einem demokratischen Deutschland einen »gleichberechtigten Platz« in Europa einzuräumen.

Die Deutschen erkannten mit den Ostverträgen ihre Verantwortung an dem Zivilisationsbruch und am Vernichtungskrieg Hitlers mit seinen unermesslichen Folgen an. Von Deutschland (noch geteilt) solle keine Gefahr für Europa mehr ausgehen. Wenn es je wieder vereint würde, dann nur als Folge einer konsequenten Entspannungspolitik. So lautete die beruhigende Logik. Als Glücksfall erwies es sich, dass sein Bemühen um Ausgleich bei den Nachbarn – im Osten wie im Westen – Vertrauen erweckte. Der Verzicht auf jede Rhetorik der Stärke Anfang der Siebzigerjahre (besonders auch bei John F. Kennedy), der deutsche Beitrag zur Entfeindung, Brandts politischer Begriff von »Entspannung«, die nicht mehr nur militärisch definiert wurde –, das alles veränderte das Klima: Dass der Status quo (und damit auch der andere deutsche Staat) anerkannt wurde, beruhigte nach so vielen Jahren des Kalten Krieges. Die Ostpolitik erwies sich als Ermöglichungspolitik. Auf dialektische Weise öffnete diese Grundhaltung Spielräume. Eine Ahnung von einem friedlichen Gesamteuropa keimte auf.

Beschwingte ihn jugendlicher »Idealismus«, als Willy Brandt bereits 1940 von »Europas Vereinigten Staaten« sprach? Vielleicht, aber wenn, so wurde bald mehr daraus. Mich fasziniert, wie sich Idealismus mit Realismus verband. Auf die französischen Aufklärer berief er sich, um sein Bild von Europa als Friedensordnung zu skizzieren. Und dieses Europa vermochte er sich friedlich nicht vorzustellen, ohne dass alle auf hegemoniale Ansprüche verzichteten. Napoleon, so Brandt, habe die Revolution »verfälscht, er wollte zwar auch ewigen Frieden, aber basierend auf Frankreichs Herrschaft über Europa.« Nun müssten die Deutschen diese Lektion lernen, hieß das.

Kern einer »Friedensordnung«, die bei Brandt zum politischen Lebensleitmotiv wurde, blieb zunächst für den Emigranten die Rolle des eigenen Landes. Trotz der deutschen Verantwortung schon für den Ausbruch des Ersten Weltkrieges waren die nationalistischen Geister nicht gebannt. Mit dieser »deutschen Frage«, mit der Europa nun konfrontiert wurde, wuchs er auf. Deutschlands Tragödie sei es, erklärte er also im Nachhinein, dass es nie »eine konsequente demokratische Revolution erlebt hat«, wohl aber stieg Preußen zur europäischen Großmacht auf, und das nur wegen seiner militärischen Macht. Ein Heer von 200 000 Mann baute Friedrich der Große auf (bei 5,5 Millionen Einwohnern), im Vergleich zu Frankreichs Heer von 180 000 Soldaten (bei 25 Millionen Einwohnern). Eine kommende demokratische Umwälzung müsse diesen »Preußerismus« unschädlich machen, fügte er hinzu.

Wie ein »politisches Vakuum zwischen dem Westen und dem Osten« erschien ihm das eigene Land. Gestützt auf die »antinazistischen Kräfte«, wünschte er sich einen gründlichen Demokratisierungsprozess. Von einer »Stunde null« aber sprach er nie, den Anfang stellte er sich keinesfalls als Revolution vor, bei der Köpfe rollen. Ohnehin muss Brandt am Ende des Krieges klar geworden sein, dass nur dann, wenn er sich als Hitlergegner extrem zurückhielt, die Mehrheitsdeutschen – beschämend genug – überhaupt bereit sein würden, ihn nach einer Rückkehr aus dem Exil als Minderheitsdeutschen zu akzeptieren. Nie trat er als Ankläger auf, oft genug schwieg er vorsichtig.

Und wer könnte eine solche Friedensordnung in die Hand nehmen? Neuer Frieden komme nicht als »Geschenk von einzelnen großen Männern«, so Brandts Erkenntnis in seinem Buch über *Die Kriegsziele der Großmächte* 1940, nicht von Versailles, wo »Siegerrecht« gesprochen wurde über die Deutschen, ohne dass sie am Tisch saßen, weder Diktatoren noch einem »neuen Wilson« könne man dieses neue Europa – die Suche nach Frieden, hieß das – überlassen.

Zwar müssen Politiker, die Autorität beanspruchen, ihre eigenen Maßstäbe haben. Zuallererst aber ist Politik – wie er es sah – ein diskursives Metier, sie muss erstritten werden (nicht von Theoretikern oder Utopisten, sondern ganz praktisch und pragmatisch). An diesem Diskurs sollten sich möglichst viele so früh irgend möglich beteiligen. Auf diese Weise könne ein »anderes Deutschland«, ein »neues Europa«, eine Friedensordnung auf dem alten Kontinent entstehen.

Das »andere Deutschland«

Trotz vorhandener Skepsis begrüßte Brandt 1968 die Außerparlamentarische Opposition als »Generation, auf die wir gewartet haben«. Das war auch als ein Schritt innergesellschaftlicher Versöhnung gedacht. Als Kanzler versprach er im Oktober 1969 in diesem Sinne, mehr Demokratie wagen zu wollen. Mit der Friedensbewegung schließlich (die sich gegen die Nachrüstungs-Überlegungen Helmut Schmidts und den NATO-Doppelbeschluss wandte), sympathisierte er gleich auf zweierlei Weise. Einmal, weil er die Jungen nun einmal eingeladen hatte mitzusprechen; und zum anderen, weil er auch zu ihrer Auffassung neigte – »junge Deutsche sind schon für Schlechteres auf die Straße gegangen«.

Das Leben und die Erfahrung der Dreißigerjahre hatten ihn, erstaunlich genug, nicht Misstrauen gelehrt, er traute der Graswurzeldemokratie trotz des Jubels für Hitler, der Bewegung von unten, so wie er im Exil unerschütterlich darauf gebaut hatte, dass es »unten« ein »anderes Deutschland« gebe. Man müsse dem nur auf die Sprünge helfen. Als solchen »anderen Deutschen« sah er sich durchaus selbstbewusst selbst, und spätestens mit dem Friedensnobelpreis (1971) wurde ihm bescheinigt, dass es in Ost und West ähnlich gesehen wurde. Sein Wort in Oslo, nun habe Hitler endgültig den Krieg verloren, drückte das Empfinden aus, dass nicht nur er gesiegt habe, sondern dass nun den Deutschen insgesamt bescheinigt wurde, demokratisch, europäisch, friedensfähig zu sein.

Wie er selbst zum Europäer wurde, notierte er lakonisch bereits 1946: Ihm habe »mehr als ein Vaterland« am Herzen gelegen, er habe sich deshalb als Europäer verstanden; ein junger Deutscher, »der mit neunzehn Jahren seine Heimat verlassen hatte, der 1938 von der Regierung seines Landes ausgebürgert wurde und der 1940 als Staatenloser die norwegische Staatsangehörigkeit dankbar entgegennahm«. In Kurzfassung hat man da vor Augen, wie es dem »Außenseiter« und »Minderheitsdeutschen« gelang, auf produktive Weise aus seiner Lage Konsequenzen zu ziehen.

Worum es mir hier geht: Brandt war 1933 nicht »fertig« mit sich, auf die großen Irrtümer seines Lebens hat er selber kritisch zurückgeblickt. Beispielsweise, dass er zur Zersplitterung der Opposition gegen Hitler beigetragen habe. Aber er lernte früh. Und dabei destillierten sich die langen Linien in seinem Leben heraus, die Grundhaltung in den entscheidenden Fragen, und darin musste er sich korrigieren. Mit dem »Antinazi« und dem Widerstand gegen jeden Deutschland-first-Nationalismus fing das an. Daraus erwuchs kein »Meisterplan«, der zielstrebig dazu geführt hätte, dass er als »Friedenskanzler« in die Geschichtsbücher einging. Geschichte ist menschengemacht, glaubte er, aber Politik ist nicht einfach planbar und per Führung dann zu exekutieren. Auch bei der Deutschland- und Ostpolitik oder dem Bemühen um ein »normalisiertes« Verhältnis zu Russland handelte es sich um einen mühseligen Prozess voller Unwägbarkeiten und Unvorhersehbarem. Aber es war historische Pflicht, das zu versuchen.

Die Fähigkeit, lange Linien zu ziehen

Der Osmotiker, der er war, saugte alles auf, sei es im Exil oder während er inkognito quer durch Europa reiste, von Spanien und Paris bis Prag, er räsonierte darüber mit Freunden, tastete sich politisch voran. Die »langen Linien«, die sich bei ihm aus solchen Erfahrungen herauskristallisierten, gaben Brandt dabei Sicherheit. »Lebensläufe.« sollte er dazu später sagen, »lassen sich nicht auf Flaschen ziehen«. Die Welt heute und die Biographien, hieß das nüchtern, sehen anders aus, jeder muss das Beste daraus machen.

Gern hat Brandt auf die Frage nach dem Großentwurf, dem Fahrplan für seine Entspannungspolitik kurz angebunden erwidert, nein, den habe es nicht gegeben (Egon Bahrs Antwort fiele ein wenig anders aus), begonnen habe das vielmehr konkret mit einer Politik der kleinen Schritte nach dem Mauerbau, deren erster Erfolg dann das Passierscheinabkommen (1963) für die Berliner gewesen sei. Die Ostpolitik, pflegte er zu sagen, habe Steine aus der Mauer gebrochen. Das ist ja auch unbestreitbar. Aber kann das die ganze Antwort sein?

Emmanuel Macrons Wort hundert Jahre nach Ende des Ersten Weltkrieges, im November 2018, der Nationalismus sei der Feind jedes wahren Patriotismus, hätte Brandt schon als Abiturient unterschrieben. 1945 war er sich sicher: Nur der ausdrückliche Verzicht insbesondere der Deutschen, mit ihrer Lage, ihrer Größe und ihrer Geschichte, auf jeden Dominanzanspruch, mehr noch, nur eine Politik der Zurückhaltung und des Einbettens könne das Misstrauen der Nachbarn in West und Ost aus der Welt schaffen und für ein stabiles, friedliches Europa sorgen. (Großbritannien gehörte für Brandt, bei aller Bewunderung für de Gaulle, unbedingt zu einem funktionierenden, zukunftsfesten Europa hinzu. Und von Amerikas Demokratie, fand er sehr früh, könne man lernen.) Das hieß nicht, auf Mitsprache zu verzichten oder gar aus eigenem Recht zu handeln, Washington sei »informiert, aber nicht konsultiert« worden über die Ostpolitik, hat er deshalb selbstsicher bemerkt.

Gelehrt hatte ihn das Leben, dass die Deutschen für ihre Vergangenheit Verantwortung übernehmen müssten, auch wenn sie sich nicht pauschal schuldig gemacht haben. Das würde bleiben, er war sich sicher. Brandt hütete sich, als moralischer Ankläger aufzutreten. Sein Kniefall vor dem Warschauer Ghetto-Mahnmal im Dezember 1970, längst eine Ikone der deutschen Geschichte (und selbst ein einmaliger Beitrag zur Vertrauensbildung in Europa), exerzierte das alles vor: Es kniete der Hitler-Gegner, auch für die Mehrheitsdeutschen. Ein stummer Ruf nach Schlussstrich war es keinesfalls.

Schließlich: In der Ostvertragspolitik tauchte die vage Idee des jungen Brandt von den »Vereinigten Staaten von Europa« kaum verhüllt wieder auf. Ich entsinne mich an ein Dinner-Gespräch, das Brandt lange vor dem Mauerfall in Budapest mit ungarischen Professoren, Intellektuellen, Politikern führte; es brauchte nicht lange, bis alle, der Gast aus dem Westen und die Herren, die sicherlich allesamt der Einheitspartei angehörten, über Europa ins Schwärmen gerieten. Eine europäische Reliefkarte kam rasch vor Augen, ohne Eisernen Vorhang, jedes Land mit seiner eigenen Biographie und seiner unvergleichlichen Schattierung. Dass damals antizipiert wurde, was 1989 mit dem Mauerfall eintrat, ahnte natürlich auch Brandt nicht. Aber es war sein Jugendbild, das seinerzeit auftauchte und wieder greifbar erschien.

Wenn er sich Ziele gesteckt hatte, dann schwieg er darüber. Seine Ostpolitik wollte – das ist unbestreitbar – den »Frieden sicherer machen«. Wenn diese Politik insgeheim neben allem anderen ein subversives Moment hatte, dann durfte darüber nicht einmal laut nachgedacht werden. Im Rückblick sieht man es genauer, aber seinerzeit wurde darüber kaum gesprochen: Dass unter dem Schirm eines »Wandels durch Annäherung« auf dialektische Weise eine Öffnung im Osten, ja eine große Transformation ausgelöst werden könnte. Ostmitteleuropa könnte ohne Revolution und Blutvergießen zurückkehren nach Europa; und die zwei deutschen Staaten könnten in irgendeiner Form vereint werden. Irgendwann, und sei es deutscher Bund.

Der Grundgedanke, in frühen Jahren geboren, nur wenn die Nachbarn den Deutschen endgültig trauten, könne es wirklich europäischen Frieden geben, hat seine Sog- und Sprengkraft erwiesen. Auf die Nachbarn zuzugehen trotz heftigster Vorbehalte, den Verratsvorwurf auszuhalten, sich Verzichtskanzler nennen zu lassen, das alles hatte sich bezahlt gemacht. Das kommunistische Imperium spülte es zugleich damit weg. Erst nach dem Mauerfall hat Brandt offen darüber gesprochen, seine Ost- und Entspannungspolitik habe sich am Ende als »success story« erwiesen.

> »Das von den USA und der NATO gesetzte Diktum der auf zwei Prozent des BIP gesteigerten Ausgaben für Sicherheit sollte nicht dazu führen, Ausgaben für Sicherheit mit Rüstungsausgaben zu verwechseln.«
> Cornelia Füllkrug-Weitzel, Präsidentin von Brot für die Welt

Dennoch hat er nicht suggeriert, es habe eine gerade Linie von der Vertragspolitik seit 1969, dem deutsch-deutschen Gipfeltreffen 1970 in Erfurt, den Verträgen mit Moskau, Warschau und Prag 1972 über die Helsinki-Konferenz für Sicherheit und Zusammenarbeit (KSZE 1975) zum Mauerfall geführt.

Brandt wusste genauer als andere: Nicht einmal von einer Ostpolitik ließ sich sprechen. Wie das Beispiel lehrt, handelte es sich um einen höchst komplexen Prozess mit einem Strauß von Motiven, die bei allen Akteuren unterschiedlich aussehen konnten. Die Westdeutschen waren nicht uneingeschränkt souverän, Ostberlin ohnedies nicht. Washington blickte skeptisch auf die deutschen Emanzipationsversuche. Er bürgte dafür, dass er die Republik nicht unabhängig oder neutral stellen wollte und Verhandlungen mit Moskau nicht zu einem Schwanken zwischen Ost und West führen würden. Aber wenn die Deutschen die Verantwortung für die Geschichte übernehmen sollten, müssten sie aus eigenem Recht agieren. Das galt erst recht, wenn, wie er es formulierte, im Schatten von Hiroshima ein dritter Weltkrieg verhindern werden musste. Damit schwamm die Bundesrepublik sich frei, ohne sich zu übernehmen oder auszuscheren aus dem Westen.

Friedenpolitik für die Eine-Welt

Was Brandt zunächst im Exil während des Weltkrieges, dann als Regierender Bürgermeister in Berlin, während des Kalten Krieges, des Mauerbaus und der Kubakrise lernte, war, dass eine stabile Friedensordnung weit mehr verlangt als nur militärische Absicherungen, wurde allmählich zum Grundmuster seines Denkens. Er brachte sich, dann aber auch der Republik einen Weltblick bei. Konkret bedeutete das in den Siebziger- und Achtzigerjahren: Friedenspolitik hieß nun auch, auf einen Interessenausgleich zwischen Nord und Süd zu drängen. »Man sollte die Nord-Süd-Beziehungen als das sehen, was sie sind«, schrieb er 1980, »nämlich eine neue, geschichtliche Dimension für die aktive Sicherung des Friedens.«

Im Vorwort zum Bericht der unabhängigen Nord-Süd-Kommission hielt er zugleich fest, es gebe ein ganz einfaches gemeinsames Interesse, einen Willen, aber auch die »moralische Pflicht zum Überleben«. Chaos als Ergebnis von »Massenhunger, wirtschaftlichen Zusammenbrüchen, Umweltkatastrophen oder auch von Terrorismus« könne eine ähnliche Gefahrenquelle darstellen wie militärische Konflikte, also die »klassischen Ursachen der Friedensbedrohung«. Politik heutzutage müsse daher »aus Chaos Ordnung werden lassen«. Hunger, Massenelend, Ungleichheiten zwischen Reichen und Armen seien die Fragen der Zukunft. Auf einen Nenner gebracht: »Dieser Bericht handelt vom Frieden.«

»Ich bin überzeugt, dass alle Bemühungen um ein anderes Poli-
tikkonzept scheitern müssen, wenn sie nicht im Zentrum eine
neue grundsätzliche Haltung zu Fragen von Krieg und Frieden
und einer neuen Weltinnenpolitik finden.«
Antje Vollmer, Vizepräsidentin der Deutschen Bundestages a. D.

Es war übrigens Brandt, der aus alledem damals bereits folgerte, die
Migrationsströme zwischen Süd und Nord würden lawinenartig an-
schwellen, wenn der wohlhabende Teil der Menschheit nicht umdenke.
Wachstum auf Kosten der anderen, das konnte nicht unbegrenzt wei-
tergehen. Auch diese Nord-Süd-Friedensfrage blendete die soziale
Seite nicht aus. Es war eine Reminiszenz an seine Klassenkampf-Auf-
bruchsjahre, und auch das blieb eine innere Linie. Mit Brandt hängt
es zusammen, dass die Siebzigerjahre heute als Vorläuferjahre erscheinen. Vieles tauchte neu am Horizont auf – und vieles davon wurde in
den folgenden Jahrzehnten verschenkt, vergessen, verdrängt.

Zugegeben, man kann viel hineinprojizieren in diese Ausnahmefigur
Brandt, und viele berufen sich heutzutage auf ihn als Kronzeugen, weil
sie zu wissen glauben, wie er wirklich gedacht hätte. Manchmal wird
er bewusst instrumentalisiert. Ein Pazifist war Brandt nicht, Hitler
konnte man damit nicht loswerden, das hatte er gelernt; zugleich
blieb er skeptisch gegenüber einem militärisch verkürzten Sicher-
heitsdenken. Im Gegenteil, seine Vorstellung, was zu einer künftigen
Friedensordnung – womöglich global – beitragen könne, weitete sich
kontinuierlich aus.

Er hörte jedenfalls zu, wenn Erhard Eppler 1970 von den Grenzen des
Wachstums, dem Raubbau an der Natur und der Zukunft der Lebenswelt sprach. Gewünscht hätte er sich, dass seine Partei, die SPD, das
alles nicht den Grünen überlässt. Höchstwahrscheinlich hätten ihm die
ökologischen Fragen von heute, die Klimaentwicklung, der Ressourcen-
raubbau und die sozialen Verwerfungen, die sich mit diesen epochalen
Veränderungen der Lebenswelt verbinden, keine Ruhe gelassen. Brandt
hat bereits Ende der Achtzigerjahre den Kontakt mit Klimawissenschaft-
lern gesucht und auf internationalen Kongressen zu diesem Thema
gesprochen. Er hätte auch das noch entschiedener ins Zentrum dieser

imaginierten, »globalen Friedensordnung« gestellt, die sich bei ihm als Grundmotiv und Leitbild herausschälte: Versöhnung zwischen den Generationen, zwischen Nord und Süd, Gegenwart und Zukunft, Ost und West. In kleinen Schritten, ganz realistisch, ohne Kitsch.

Der Weg zu einem friedlichen Europa

Ein neuer Kalter Krieg drohte seit Ende der Siebzigerjahre all diese Friedensfragen, das Verhältnis von Nord und Süd, die Ökologie und das Wachstum, zu überschatten. Seit 1979 sorgte sich Brandt, der Doppelbeschluss der NATO, mit Mittelstreckenraketen »nachzurüsten«, könne sogar den Ursprungskern seines Denkens, die gesamte Entspannungspolitik, gefährden. Der Einmarsch der Sowjetunion in Afghanistan, das Kriegsrecht in Polen, die Friedensbewegung in der Bundesrepublik im bitteren Streit mit Helmut Schmidt – wirklich hatte Brandt allen Grund, sein »Vermächtnis« bedroht zu sehen.

Eine beliebte Formel ist es geworden, mit der »Nachrüstung«, der Stationierung atomarer Mittelstreckenraketen vor allem auf deutschem Boden, habe die NATO das Ende der Sowjetunion eingeleitet. Brandt hat das nie akzeptiert. Keinesfalls könne man sagen, Michail Gorbatschow sei »herbeigerüstet« worden, darauf beharrte er. Liberale Historiker in den USA haben längst aufgezeigt, dass es zur Implosion im Osten von innen heraus kam. Glasnost und Perestroika sind nicht dem NATO-Doppelbeschluss entsprungen. Unterschätzen darf man im Übrigen nicht, dass andere Stärken des Westens, die Freiheiten, der Wohlstand, die Grundrechte, ihre Sogkraft entfalteten. Das war stets das Argument George Kennans, der seit den Fünfzigerjahren davor warnte, allein auf militärische Stärke zu vertrauen – anstatt auf die inhärente Attraktivität von Demokratien, eines schlüssigen Wertkanons und eines glaubwürdigen Modells im Westen.

Das Modell Europa, ein friedliches Europa, leuchtete dann auch verlockend, wie Gorbatschow sich später erinnerte. Vertrauen löste aber auch – keine Nebensache – dieser Sozialdemokrat Willy Brandt aus, mit seiner Haltung und seinem Lebenslauf. Auch Helmut Schmidt hat sein Urteil auf die Frage, was 1989 bewirkte, später revidiert: All das sei der Standhaftigkeit des Westens im Streit um die Mittelstreckenraketen zu danken, argumentierte er anfangs, um später zu relativieren, diese Politik habe 1987 zum INF-Übereinkommen zwischen Moskau und Washington geführt, einer Begrenzung des atomaren Wettrennens und einer Dezimierung des interkontinentalen Raketenarsenals. Auch das war ein gewaltiger Schritt – mit Sicherheit vorauszusehen war es aber keineswegs, dass ausgerechnet Ronald Reagan gegenüber Gorbatschow einlenken würde.

Zu den Unwägbarkeiten dieser Jahre, die jeden Meisterplan ausschlossen, zählt auch die Entwicklung in Polen: Es schien völlig offen, was die Gewerkschaftsbewegung in Polen, Solidarność, bewirken werde. Oder ob dem Kriegsrecht (1981 bis 1983) nicht irgendwann einmal eine neue sowjetische Invasion folgen würde. Auch Brandt, trotz seiner Sympathien für Graswurzeldemokratien, fürchtete um Stabilität, er zählte zu jener Generation, die sich eine Reform im Kommunismus nur von »oben« vorstellen konnte. Hatte die sozialdemokratische »zweite Ostpolitik« also noch zu einem Zeitpunkt auf den Kreml und Kooperation mit denen »oben« gesetzt, als sie es keinesfalls mehr hätte tun dürfen? Hat sie die Dissidenten und Bürgerrechtler, die demokratische Opposition im Stich gelassen? Selbst der wohlgesonnene Biograph Brandts, Peter Merseburger, der das Mantra sehr wohl kennt, der Frieden sei nicht alles, aber ohne Frieden sei alles nichts, glaubt, diese »Friedensavantgarde« habe um »fast jeden Preis« das Ziel der Rüstungskontrolle und der Entspannung verfolgt. Naiv, blind, ja antiamerikanisch sei die Politik der SPD zeitweise gewesen.

Mir scheint jedenfalls, die Tatsache, dass es eine Friedensbewegung gab und einen Brandt, der mit ihr sympathisierte, beruhigte das Ancien Régime im Osten. Kurz vor seinem Tod räumte Brandt im Gespräch mit dem polnischen Historiker Bronislaw Geremek (Solidarność) ein, die polnischen Freunde hätten recht behalten, als sie von »unten« gegen die Herrschaft der Arbeiterpartei Sturm liefen. Er habe sich die wirkliche Macht der Zivilgesellschaft auch unter einem autoritären System nicht vorzustellen vermocht. Allerdings, fügte er hinzu, habe er inmitten der Achtzigerjahre auch nicht gewusst, was er 1990 wusste. An dieses Gespräch erinnerte sich Geremek später, wie er sagte, mit großem Respekt. Brandt hatte in seinen Augen nicht nur die Stärke, eigene Fehler und Blindheiten einzugestehen. Dieser alte Herr erinnerte ihn unversehens eben auch an den jungen Mann im Exil, der nicht zufällig »Hitlergegner« geworden war. Es waren die untergründigen, langen Linien des Lebens – die Hitler-Gegnerschaft nicht allein –, die Geremek bei ihm wiedererkannte und die dazu führten, dass er, trotz ihrer großen Differenzen, in ihm einen Gleichgesinnten und Geistesgefährten auf dem Weg in ein friedliches Ost-West-Europa erkannte.

Die Ost- und Entspannungspolitik, das hätte wohl auch Geremek eingeräumt, erwies sich zumindest in den Siebzigerjahren als Ermöglichungspolitik, die Spielräume schaffte. Es musste nicht gut gehen, vieles hing weiterhin von der Haltung Moskaus und Washingtons ab oder auch davon, wie geschickt die Polen ihren Seiltanz der Achtzigerjahre absolvierten. Aber die Chance wurde mit dieser Politik des Vertrauens, der kleinen Schritte eröffnet. Insofern lässt sich sagen, dass am Ende, 1989, auch noch sehr viel Glück mit im Spiel war, oder, wie Polen sagen würden, die Schwarze Madonna von Tschenstochau hielt ihre Hand darüber.

DIE ZWEITE PHASE DER ENTSPANNUNGSPOLITIK

Wolfgang Biermann

Bei diesem Text handelt es sich um einen Auszug aus: Biermann, Wolfgang: Es eilt: Kriegsverhinderung durch Rüstungskontrolle, in: »Neue Entspannungspolitik JETZT!« – http://neue-entspannungspolitik. berlin/es-eilt-frieden-durch-ruestungskontrolle/

Nach der Entspannungspolitik mit Frankreich durch Gustav Stresemann und der Friedens- und Ostpolitik von Willy Brandt gab es eine weitere Phase in den Achtzigerjahren, die vor allem auf die beiden Supermächte USA und UdSSR gerichtet war. Der Konflikt schwankte zwischen Abrüstungen und einer Verschärfung des Kalten Krieges.

Mit der sowjetischen Intervention in Afghanistan 1979, dem NATO-Doppelbeschluss vom Dezember 1979 und dem Kriegsrecht in Polen kehrte der »neue« Kalte Krieg nach Europa zurück. Die Ost-West-Beziehungen verschlechterten sich dramatisch: Rüstungskontrollgespräche stagnierten, in Europa begann ein neuer Rüstungswettlauf mit begrenzt einsetzbaren Atomwaffen (beispielsweise der »Neutronenbombe« und den SS-20-Raketen). Die Begründung der Nuklearstrategen für »besser einsetzbare« Atomwaffen lautete damals wie heute: »Wer von einem Krieg abschrecken will, muss ihn auch kämpfen können […]. Das Territorium der UdSSR darf auch in der taktischen Phase eines Konflikts […] nicht zum Sanktuarium werden […]. Die taktischen Nuklearwaffen der NATO müssen so ausgelegt sein, dass sie einsetzbar sind […]. Außerdem sollten […] für nukleare Interdiktions- und Strike-Einsätze Flugzeuge von geeigneten unbemannten Systemen – zum Beispiel Cruise-Missiles – abgelöst werden.«[1]

Nach der Wahl von US-Präsident Reagan begann ein massives Wettrüsten mit neuen qualitativ hochwertigeren Atomwaffen, Raketen mit immer kürzeren Vorwarnzeiten und der Verkündung des Raketenabwehrprogramms SDI, das, wie Reagan selbst andeutete, gepaart mit Offensivwaffen eine Erstschlagsfähigkeit schaffen könnte.[2]

Manöver beider Seiten wurden immer aggressiver, Fehlalarme und Fehleinschätzungen häuften sich. Der ehemalige US-Verteidigungsminister William Perry berichtete, er habe Kenntnis von »drei solchen Fehlalarmen in den USA und von zwei […] in der Sowjetunion«.[3] Das National Security Archive der Georgetown University veröffentlichte 2013 freigegebene CIA- und FSB-Dokumente, wonach die sowjetische Führung 1983 tatsächlich glaubte, dass die NATO-Manöver »Able Archer 83« und »Reforger 83« nur Vorspiel zu einem realen Nuklearangriff seien.[4]

In dieser Zeit entwickelten Willy Brandt und Egon Bahr das Konzept einer »Zweiten Phase der Entspannungspolitik«, begleitet von zahlreichen internationalen Treffen und der Einbeziehung der Zivilgesellschaft. Ein wichtiges Element zur Erneuerung der internationalen Politik waren internationale Kommissionen der Vereinten Nationen (Brandt-, Palme- und Brundtland-Kommission) zur Erarbeitung gemeinsamer Problemlösungen. Eine Schlüsselrolle hatten dabei die Vorschläge der »Palme-Kommission für eine Gemeinsame Sicherheit«, die oft als »Nebenaußenpolitik der SPD« beschimpft wurde.

Empfehlungen der Palme-Kommission für eine gemeinsame Sicherheit

- beiderseitige Truppenreduzierung in Europa (MBFR)
- Abbau der strategischen Waffen (START)
- Errichtung einer atomwaffenfreien Zone in Europa
- Errichtung einer chemiewaffenfreien Zone in Europa
- Umfassendes Verbot von Atomtests
- Abbau der Mittelstreckenraketen in Europa
- Verbot von Weltraumwaffen

Das trug nicht unerheblich zur Einigung auf die »Doppelte Nulllösung« im 1988 unterzeichneten INF-Vertrag bei, dem Verbot aller Kurz- und Mittelstreckenraketen.

AUSBLICK AUF DAS GLOBALE JAHRHUNDERT

Weltunordnung

Nach dem Ende des Kalten Krieges bestand vor allem in den USA die Hoffnung, dass sich nunmehr eine internationale Ordnung nach den Vorstellungen der westlichen Welt durchsetzen würde. Der ideologische Ost-West-Gegensatz war vorbei. Aber dieses Ende war nicht gleichbedeutend mit dem weltweiten Sieg des Kapitalismus und liberaler Demokratie. »Ja, wir haben gewonnen. Nein, vielleicht haben die anderen nur verloren. Vielleicht werden erst jetzt, nachdem wir von den Fesseln der in Ost und West geteilten Welt befreit sind, unsere Probleme richtig sichtbar«, schrieb John Le Carré.[1] Vorbei war es mit der Methode, durch den Fingerzeig auf die Schwächen des Gegners von den eigenen Fehlern und Versäumnissen abzulenken. Nach dem Ende des Kasernenhofkommunismus, der ein Gegenspieler, aber keine Alternative zum wohlfahrtsstaatlichen Kapitalismus war, trat der eigene Reformbedarf sehr viel deutlicher zu Tage.

Der Zusammenbruch der Sowjetunion war auch ein Schuss vor den Bug der westlichen Gesellschaftsordnungen, so wie das *The Economist* schon nach der Weltwirtschaftskrise im Jahr 1930 beschrieben hatte: »Das größte Problem besteht darin, dass die Erfolge auf der wirtschaftlichen Ebene den Erfolg auf der politischen dermaßen übertreffen, dass Wirtschaft und Gesellschaft nicht miteinander Schritt halten können.« Das Fazit hieß: »Ökonomisch ist die Welt zu einer umfassenden Handlungseinheit geworden. Politisch ist sie jedoch zerstückelt geblieben. Die Spannungen zwischen den beiden Polen lösen reihenweise schwere Erschütterungen aus.«[2]

Doch die Welt ist mit den neoliberalen Machtspielen der Globalisierung egoistischer, konformistischer und selbstgefälliger geworden. Mit der globalen Entfesselung des Kapitalismus und der Schwächung der nationalstaatlichen Institutionen kommt auch in den westlichen Gesellschaften die soziale Frage in neuer Schärfe zurück und sie ist eng mit den ebenfalls global gewordenen ökologischen Herausforderungen verbunden. Die sozialen Spannungen wachsen, die ökologische Selbstzerstörung wird denkbar, der Graben zwischen Gewinnern und Verlierern vertieft sich. Der Siegeszug des Kapitalismus scheint alles niederzureißen und hart erkämpfte Reformen einfach auszuradieren. Der Traum von einer »Verwestlichung« der Welt ist verflogen, tatsächlich haben wir es mit einer »Weltunordnung« zu tun.[3] Die bisherigen Ideen von Nationalstaat, von Souveränität und Gleichberechtigung aller Staaten geraten an Grenzen. Von daher wäre zu einfach, die Welt einfach in Gut und Böse einzuteilen.

In der Globalisierung müssen die Karten neu ausgeteilt werden. Willy Brandt hatte Recht: »Nichts kommt von selbst. Und nur wenig ist von Dauer. Darum besinnt Euch auf Eure Kraft und darauf, dass jede Zeit ewige Antworten will und man auf ihrer Höhe zu sein hat, wenn Gutes bewirkt werden soll.«[4] Der krampfhafte Versuch, das alte Wachstumsmodell zu retten, kann nur scheitern. Neue Antworten sind notwendig. Andernfalls droht ein Prozess der Dezivilisierung, der die ganze Erde erfasst. Deshalb ist die Leitidee der Nachhaltigkeit, die grundlegende Prinzipien und Regeln für die Entwicklung von Wirtschaft und Gesellschaft vorgibt, die wichtigste Antwort auf die Herausforderungen unserer Zeit. Nachhaltigkeit eröffnet die Perspektive einer positiven Globalisierung. Sie stärkt die Europäische Union, die damit zu einem Modell des neuen Fortschritts werden kann, das weltweit ausstrahlt. Es weist sowohl den Weg für eine Erneuerung des europäischen Sozialmodells als auch für die Perspektive eines guten Lebens *für alle*.

Natürlich werden auch andere Kriegsursachen wie fundamentalistische Ideologien, Terror, tiefsitzende Feindschaften oder egoistische und nationalistische Interessen bestehen bleiben. Nicht erst seit den großen Königsdramen Shakespeares wissen wir, was den Mächtigen alles einfällt, um ihre Herrschaft zu sichern und zu erweitern. Das Wichtigste für den Frieden bleibt aber eine gesellschaftliche Ordnung, die Freiheit, Gerechtigkeit und Fortschritt verspricht, die weltweit zur Hoffnung und zum Vorbild wird. Sie muss zur Grundlage einer Weltinnenpolitik werden.

PERSPEKTIVEN DER FRIEDENSPOLITIK

An einem Wendepunkt

Die Asiatische Akademie der Wissenschaft (AASA), in der 26 ostasiatische Staaten zusammenarbeiten, kam in ihrem Grundsatzdokument *Towards a sustainable Asia* zu dem Ergebnis, dass das bisherige asiatische Erfolgsmodell des Wachstums an Grenzen geraten sei. [1] Die Strategie des Nach- und Überholens auf der Basis billiger Rohstoffe und billiger Löhne sei vorbei. Deshalb fordert die AASA Systeminnovationen mit dem Ziel, zu einer nachhaltigen Wirtschaftsweise zu kommen.

Die Grenzen des Wachstums und das Ende des fossilen Kapitalismus rücken nicht nur in Asien näher. Wir befinden uns in einer sozial-ökologischen Transformation hin zu einer nachhaltigen Entwicklung auch die Voraussetzung für ein starkes Europa, das durch seine Stellung in der Welt mehr Abrüstung, Rüstungskontrolle und eine gemeinsame Sicherheit verwirklichen kann.

Nachhaltigkeit ist eine Kernfrage auch für den Frieden. Eine nachhaltige Entwicklung wird möglich, wenn es zu wirtschaftlichen und politischen Innovationen sowohl für den Schutz der natürlichen Lebensgrundlagen als auch für mehr soziale Gerechtigkeit kommt. Sie stärkt den Zusammenhalt und die Handlungsfähigkeit der Gesellschaft und kann damit den heute so ungleichen Wettstreit zwischen wachsender analytischer Verzweiflung über die negativen globalen Trends einerseits und der gesuchten Utopie einer guten Zukunft andererseits beenden.

Die Herausforderung richtet sich in erster Linie an Europa. Nachhaltigkeit, die im *Brundtland-Bericht* der Vereinten Nationen 1987 zur Leitidee der politischen und gesellschaftlichen Agenda gemacht wurde, ging nämlich von Europa aus.[2] Sie wird seitdem weltweit verwendet, auch wenn sie oft, ja viel zu oft, beliebig interpretiert wird. Im Kern geht es um die Verantwortung, die wir heute haben, damit auch künftige Generationen gut leben können. Der Philosoph Hans Jonas nannte dies das »Prinzip Verantwortung«.[3]

Dafür müssen, wie es im Brundtland-Bericht heißt, die Bedürfnisse der heutigen Generationen in einer Weise befriedigt werden, dass künftige Generationen dies auch noch angemessen tun können. Nachhaltigkeit ist sowohl ein zentraler Beitrag für die Erneuerung der unvollendeten europäischen Moderne und die Idee eines neuen Fortschritts, als auch ein programmatisches Gegengewicht gegen neue autokratische Gesellschaftsformen.[4] Sie stärkt die Politik und die Demokratie, andernfalls wird ein solcher Kurswechsel nicht möglich.

Die Rolle Europas

Nicht nur Asien, auch Europa steht unter einem wachsenden Handlungsdruck. Seit den Achtzigerjahren erleben auch die Staaten der EU einen tiefen Einschnitt. Zum einen gerät das Modell des nationalstaatlichen Wohlfahrtskapitalismus, das in der zweiten Hälfte des 20. Jahrhunderts einem Teil der Welt Wohlstand und Stabilität gebracht hat, an seine Grenzen. Es stabilisierte die wirtschaftliche Entwicklung, baute die Sozialsysteme aus und sicherte die Beschäftigung. Die Entwicklung der westlichen Gesellschaften war dadurch wie ein Aufzug, der trotz aller Unterschiede lange Zeit alle Bürgerinnen und Bürger mit »nach oben« nahm. Dieser Aufzug funktioniert nicht mehr. Durch den Aufstieg des Neoliberalismus und des Finanzkapitalismus seit den Achtzigerjahren wurde die soziale Marktwirtschaft unterminiert. Die Geschäftsbanken übernahmen das Kommando über die Wirtschaft.

Der globale Arbitragekapitalismus, der zeitlich und räumlich mit sozialen und ökologischen Unterschieden spekuliert, die einen kurzfristigen Vorteil einbringen, hat die Kräfteverhältnisse zwischen Kapital und Arbeit verschoben. Kenneth Galbraith beschrieb den Irrsinn: »Selbst als […] der Wahnsinn grassierte, blieben viele Männer an der Wall-Street ziemlich still. […] Sich gegen den Wahnsinn auszusprechen könnte bedeuten, diejenigen zu ruinieren, die sich von ihm haben hinreißen lassen. […] Die Narren haben das Feld für sich.«[5]

Die soziale Demokratie wurde geschwächt. Achtzig Jahre nach Beginn des Zweiten Weltkriegs leben wir wieder in einer Welt voller

Unruhe, die neue Perspektiven braucht. Denn was noch vor wenigen Jahren nur abstrakt erschien, ist heute real, nämlich das Erreichen ökologischer Grenzen des Wachstums.

Wir begreifen die heutigen Herausforderungen in erster Linie als Folgeprobleme des von einer möglichst kurzfristigen Verwertung angetriebenen wirtschaftlich-technischem Wachstum angetriebenen Vergesellschaftungsmodus. Das rein quantitative Wachstumsprinzip lässt sich nicht fortsetzen. Vor dieser Wahrheit haben wir uns in den letzten Jahrzehnten gedrückt. Immer neue Wege eines privaten Keynesianismus, wie unter US-Präsident Bill Clinton oder der Aufblähung des Geldpotenzials als »Rettungsschirme«, haben nur Zeit gekauft, ohne die Probleme zu lösen.[6]

Eine Kehrtwende erfordert den Dreiklang aus Erkennen, Ablösen und Neuanfang, der eine Auseinandersetzung mit altem Denken und starken Interessen bedeutet. Nachdem die Ausbeutung der Menschen im letzten Jahrhundert durch die Sozialgesetzgebung eingeschränkt wurde, hat der massenhafte Einsatz des Naturkapitals den Wohlstand gesteigert und die Beschäftigungsfrage entschärft. Nun holt uns die Schattenseite dieser Entwicklung ein. Mit dem exponentiell gestiegenen Verbrauch und der Überlastung der Stoffkreisläufe schlägt die Naturausbeutung zurück. Und sie trifft heute die ganze Welt.

Deshalb kann auch die Sehnsucht nach der alten Ordnung keine neue Stabilität schaffen. Wir befinden uns in einer Suchphase, uns belasten nicht nur die Alterskrankheiten der alten Ordnung, sondern auch die Geburtsschmerzen einer neuen Epoche, deren Gesetze erst geschrieben werden müssen. Die Leitidee für einen neuen Fortschritt ist die nachhaltige Entwicklung.

Nachhaltigkeit und Regionalisierung

Europa muss zu einem Europa der Nachhaltigkeit werden. Dafür ist die EU gefordert, aber sie braucht eine gesamteuropäische Perspektive. Wir leben zwar heute in der Europäischen Union in Frieden, aber sind trotzdem über die NATO oder die Vereinten Nationen an Kriegen beteiligt. Von daher brauchen wir sowohl eine Reform und Stärkung der Vereinten Nationen als auch eine breite Debatte über die Rolle der NATO.

Auch wir wissen, dass es auf unserer Welt Terror, ungelöste Konflikte und ethnische Gewalt gibt, die sich nicht von selbst auflösen und deren Hintergrund oft massive wirtschaftliche und strategische Interessen dritter Staaten sind. Stellvertreterkriege, die in dieser Form ohne die hohen Rüstungsexporte nicht möglich wären, nehmen immer brutalere Formen an.

Wir leben in einem unfertigen und zunehmend gefährdeten Frieden. Ein Abonnement auf Ewigkeit hat der Frieden jedenfalls nicht, auch nicht bei uns. Unser wichtigstes Ziel bleibt es deshalb, die Dynamik der Militarisierung in der Welt durch Abrüstung, Rüstungskontrolle und neue Formen der gemeinsamen Sicherheit zu brechen und ein starkes Europa zu schaffen, das in der Welt wichtige Anstöße und Beiträge für eine Friedenpolitik leistet.

Weil wir den Frieden weiter fassen und Sicherheitspolitik nicht mit Rüstung und Militär gleichsetzen, spielen die Perspektiven der wirtschaftlichen und gesellschaftlichen Entwicklung eine zentrale Rolle. Der Frieden, das große Sehnsuchtsziel der Menschheit, kann nur mit einem visionären Programm erreicht werden, das den Weg zu einem neuen Fortschritt aufzeigt, der auch weltweit ausstrahlt.

Auf der Basis von Regionalisierung und sozial-ökologischer Transformation würde eine Weltinnenpolitik möglich, die auch eine Reform und Weiterentwicklung der Vereinten Nationen zum Ziel hat. Die Europäische Union kann hierfür eine gestaltende Rolle einnehmen, wenn sie Nachhaltigkeit zur Leitlinie ihrer Politik macht. Natürlich wird es auch weiterhin Machtmissbrauch geben, Herrschaftsansprüche, Kriminalität und neue Formen der Gewalt, die sozial und politisch zivilisiert werden müssen. Das aber würde in einer nachhaltigen Welt, in der die Staaten gleichberechtigt miteinander umgehen, deutlich einfacher werden. Die Mechanismen und Kräfte der Krisenprävention und Kooperation würden somit stärker werden.

Eine gemeinsame Welt

Es gibt keine ernsthafte Alternative zu einer Weltordnung, die von Regionalisierung strukturiert und von Nachhaltigkeit geprägt wird. Europa muss sich dafür allerdings als Einheit verstehen. Das ist schon deshalb wichtig, weil es damit der Welt zeigt, dass eine starke Regionalisierung auch über Unterschiede und Interessenskonflikte, die heute die Welt prägen, möglich wird. Die Kooperation mit Russland stärkt dann auch die Rolle der Europäische Union – nicht in Abgrenzung zu den USA, wohl aber als starker und eigenständiger Faktor in der Weltpolitik.

Entscheidend für den Frieden wird künftig eine internationale Ordnung sein, die die Vielfalt der Welt achtet, in der sich starke Weltregionen herausbilden und in der die Staaten in zentralen Fragen in gerechter und partnerschaftlicher Weise miteinander verbunden sind. Dafür braucht es auf der übervollen Welt umso mehr der Ideen und Prinzipien einer gemeinsamen Sicherheit durch Abrüstung und Rüstungskontrolle, einer gemeinsamen Entwicklung durch eine sozial-ökologische Transformation und eines gemeinsamen Überlebens durch eine Politik der Nachhaltigkeit. Diese drei Ziele gehören zusammen.

Diese Aufgabe ist heute, unter den Bedingungen der zusammenwachsenden, digitalisierten Welt, sowohl leichter als auch schwerer geworden. Leichter, weil die Welt transparenter wird und die Menschen näher zusammenrücken. Eine globale Gestaltungsstrategie wird, so der Sozialwissenschaftler Michael Zürn, möglich durch die »Vereinheitlichung des Weltsystems und ihrer Zusammenhänge mit der dritten industriellen Revolution«[7], der Digitalisierung der Welt. Schwerer wird es, weil die Welt ungleich differenzierter, ungleicher, komplexer und größer ist und die Gegner eines Kurswechsels mächtig sind.

Dennoch: Sowohl Globalisierung als auch Krieg ist keine Naturgewalt sind vom Menschen »gemacht« und sie können auch vom Menschen zivilisiert werden. Die »Globalisierung von Gefahren durch Krieg, Chaos und Gewalt erfordert [...] eine Art ›Weltinnenpolitik‹, die über den Horizont von Kirchtürmen, aber auch über die nationale Politik weit hinausreicht«, so die Mahnung von Willy Brandt bei der Vorstellung des Nord-Süd-Reports der Vereinten Nationen 1979. Das ist aktueller denn je. Unsere Antworten der Nachhaltigkeit und Regionalisierung zeigen einen Weg auf, wie eine faire multilaterale Ordnung aussehen kann.

170 EUROPAKREUZE

Eine Aktion von Jugendlichen mit Künstlern[1]

Mit Aufnahmen von Manos Meisen

Durch die Verwüstung des europäischen Kontinents und die zu beklagenden Millionen von Opfern wurden die beiden Weltkriege zur schmerzlichen Grundlage des gemeinsamen Willens zum Frieden. »Nie wieder Krieg«, das wurde auch zu einem Leitmotiv der europäischen Einigung. Frieden auf Dauer ist aber nur zu halten, wenn auf ihm friedliche Gesellschaften aufgebaut werden: Friedensstaaten, Friedensinstitutionen, eine europäische Friedensordnung.

Die Erinnerung an die Schrecken der Kriege ist ein wichtiges Element einer europäischen und weltweiten Friedenskultur, die nicht an Dritte delegiert werden kann. Das gemeinsame Bewahren schafft eine gleichgerichtete Aufmerksamkeit, die sich über Generationen hinweg gegen Ignoranz und Unwahrheit behaupten kann. Deshalb ist es ein Alarmzeichen, dass die gemeinsame Erinnerung an die Katastrophen des letzten Jahrhunderts schwindet. Im Rahmen des hundertjährigen Jahrestages des Ersten Weltkriegs (1914–1918) hat unser Land wenig dazu beigetragen, eine gemeinsame europäische Erinnerungskultur zu stärken. Daran war die Bundesregierung nicht unschuldig. Nichts war davon zu sehen, das »Gedenken neu zu gestalten«, wie von der Bundeskanzlerin an-

gekündigt worden war. Sie hat wichtigen Initiativen der Franzosen und den 1914 von Deutschland überfallenen, damals neutralen Belgiern die kalte Schulter gezeigt. An eigenen Impulsen hat sie es fehlen lassen, durchgesetzt haben sich die Kräfte, die über das protokollarisch Unvermeidliche hinaus eine gemeinsame Aufarbeitung verweigern.

Eine Chance wurde vertan. Pflichtgemäß blieb es bei Veranstaltungen der zur Erinnerung berufenen Institutionen, der historischen Museen, des Historikerverbandes und des Volksbundes Deutsche Kriegsgräberfürsorge. Zwar war in den Medien die Aufmerksamkeit deutlich größer als in der Politik, aber von den staatlich berufenen Stellen war wenig zu hören, ebenso von den Kirchen. Diese Zurückhaltung kann von falscher Stelle, selbst wenn das sicherlich nicht unbedingt beabsichtigt war, im Kontext des wiedererweckten Nationalismus und Geschichtsrevisionismus interpretiert werden, als Wegbereiter einer ambitionierten, von »falschen Komplexen« befreiten deutschen Weltpolitik. Dem müssen wir entschieden entgegentreten.

Die demokratische Öffentlichkeit muss die geistige Heimat der lebendigen Erinnerung, des historischen Gedenkens und der Überprüfbarkeit sein, nicht aber ein Raum für Verlogenheit, Gedankenlosigkeit oder Manipulation. So entsteht Identität und Verantwortung, die wir brauchen, damit die weitere Entwicklung nicht erneut zu einem brückenlosen Abgrund wird. In der Bilanz des hundertjährigen Gedenkens an den Ersten Weltkrieg ist in Deutschland die Initiative des Diplomaten und Kunstaktivisten Guy Féaux de la Croix und seiner Mitstreiter herauszustellen. Zusammen mit Künstlern gestalteten rund 200 Schülerinnen und Schülern des Hermann-Josef-Hauses für Jugendarbeit in Urft und des Hermann-Josef-Kollegs am Kloster Steinfeld 170 Europakreuze, symbolisch für die siebzehn Millionen Toten des Ersten Weltkriegs. Mit den Kreuzen reisten sie zu den Orten des Grauens, um ein Zeichen der Trauer zu setzen, nicht nur für die deutschen Opfer, sondern vor allem in Anteilnahme am Leid unserer europäischen Geschwistervölker.

Von ihrer eigenen katholischen Herkunft her begriff die Initiative ihre Reise entlang der einstigen Westfront in der Karwoche 2014 als Kreuzweg zu den Leidensorten des Ersten Weltkriegs: Nach Dinant, Dendermonde und Ypern, nach Verdun und zum Hartmannswillerkopf. Eine Novemberreise nach Polen erfolgte zu den Stationen Kreisau, Wieluń und Warschau, um auch der Opfer des Zweiten Weltkriegs zu gedenken.

Zum Volkstrauertag wurden die Europakreuze am 16. November 2014 in Berlin vor dem Reichstag und vor der Neuen Wache gezeigt. Eine Ausstellung im Reichstagsgebäude wurde von der Verwaltung des Bundestages abgelehnt. Es folgten Ausstellungen mit den Kreuzen und den eindrucksvollen Fotografien von Manos Meisen sowie eine Installation auf dem Katholikentag in Münster im Mai 2018.

Der Weg der Europakreuze war eine Entdeckungsreise. Viele der Orte sind außerhalb ihrer Länder weitgehend unbekannt geblieben – die Kulturverwüstung der historischen Stadt Dendermonde, eine deutsche Bestrafung für den militärischen Widerstand der Belgier; die 674 in Dinant ermordeten Zivilisten, Opfer einer deutschen »Vergeltungsaktion«; das polnische Städtchen Wieluń nordöstlich von Breslau, wo – anders als es in den Geschichtsbüchern steht – der Zweite Weltkrieg am 1. September 1939 mit einem Flächenbombardement der deutschen Luftwaffe begann. Stukas warfen Hunderte von Bomben ab, zur Erprobung der neuen Technologie. Zurück blieben 1 200 Tote in einem zu siebzig Prozent zerstörten Städtchen. Von protokollarischen Botschafterkränzen abgesehen, haben hohe deutsche Repräsentanten bis heute den Weg zu Orten wie Dinant oder Wieluń gemieden, traurige Beispiele fehlender deutscher Erinnerungskultur.

Die Europakreuze führten zu der Erkenntnis, dass die deutsche Politik des Gedenkens und der Versöhnung sehr beschränkt geblieben ist. Die Anlässe des hundertjährigen Gedenkens an den Ersten

Weltkrieg wurden nicht für ein kraftvolles Zeichen europäischer Verständigung genutzt. Auch das Unrecht an anderen Völkern blieb weitgehend übersehen, zum Beispiel was Deutschland den Griechen angetan hat.

Für Frieden und Verständigung

Die Europakreuze sind ein hoffnungsvolles Zeichen für Frieden und Verständigung, für die Kraft der Kunst, junge und selbst mitgestaltende Menschen für eine ernste Sache zu engagieren, für die Erinnerung an die Geschichte und den Einsatz für den Frieden. Mehr kann eine künstlerische Aktion kaum leisten. Aber mehr ist notwendig, denn die deutsche Erinnerungskultur nimmt ab.

Für die Aktiven endet der Weg freilich nicht im Leid. Tod und Mord, Krieg und Terror dürfen nicht das letzte Wort sein. Selbst daraus kann neues Leben entstehen, das zur Versöhnung fähig ist. Für den Gläubigen aus dem Glauben, für die Willigen aus dem Willen. Tatsächlich kann die Zukunft nicht durch Verdrängung und Verleugnung der dunklen Seiten der Geschichte gewonnen werden, sondern nur durch den kritisch-aufklärerischen Umgang damit.

Erinnerung ist aber nicht ohne Weiteres eine Quelle des Friedens. Sie ist notwendig, aber zum Frieden gehört noch mehr, vor allem der Einsatz für Demokratie und ein soziales Gemeinwesen. Kriegsleid hat sich nämlich oft als Kriegsgrund erwiesen, als Kern eines Revanchismus, der die angeblichen Erbfeindschaften von Völkern befeuert. So beispielsweise die »Battle of the Boyne« im Jahre 1690, an die die protestantischen Iren alljährlich mit

Siegesmärschen und Triumphzügen erinnern. Oder die Kriege auf dem Westbalkan oder in der Ukraine, die sämtlich auch durch die Erinnerung an historisch Erlittenes angetrieben wurden.

Uns geht es darum, das Spaltende in einer gemeinsamen europäischen Erinnerungskultur zu überwinden, nicht nur innerhalb der EU, sondern in ganz Europa. In der Mitte Europas haben wir die Chance, hierfür Zeichen zu setzen, indem wir auch anderen Völkern aus Feindschaften heraushelfen. Nicht zuletzt ist Erinnerung das aufklärende Gespräch über Generationen hinweg, das Verständnis schafft und Vergangenheit, Gegenwart und Zukunft miteinander verbindet. Dann ist Erinnerung nicht der Sockel, der ein Volk größer machen soll, sondern der Spiegel der Selbsterkenntnis und auch der Reue.

Die Belebung der Erinnerungskultur ist auch ein Beitrag gegen die neuen geschichtspolitischen Tabubrüche. Im baden-württembergischen Landtag brachte die AfD einen Antrag ein, die Gelder für die Gedenkstätte des nationalsozialistischen Unrechts im französischen Gurs zu streichen. Dieselbe Partei versucht in verschiedenen Stadträten die Fördermittel für KZ-Gedenkstätten zu streichen.

Im Jahr 2019 sind die Europakreuze auch eine Mahnung, dem achtzigsten Jahrestag des Zweiten Weltkrieges weit mehr zu gedenken, als dies zum Ersten Weltkrieg geschehen ist. Die Europakreuze sollten als ein Appell verstanden werden, den Frieden in Europa durch konkrete Schritte des aufeinander Zugehens und der kollektiven Sicherheit zu stärken: Durch ein Bekenntnis zu gemeinsamen Werten, durch  neue Wege der politischen Verständigung, durch eine Annäherung der nationalen Geschichtsbilder und auch durch ein neues Miteinander der europäischen Bürger und Bürgerinnen, vor allem der jungen.

TEIL II:
FELDER DER FRIEDENSPOLITIK

I. ALTE UND NEUE KRIEGSGEFAHREN

»Gräben überwinden und nicht vertiefen.«

(Willy Brandt)

WIR BRAUCHEN EINE DEBATTE ÜBER SICHERHEITS- UND AUSSENPOLITIK[1]

Katrina van den Heuvel

Der Bankrott der etablierten Politik

Eine Aufarbeitung der Bilanz der gescheiterten nationalen Sicherheitspolitik der USA ist längst überfällig. Donald Trumps impulsive Kampfeslust scheint sich um seinen Anspruch zu drehen, alle Maßnahmen seines Vorgängers Obama zu zerschlagen: Deshalb ist er aus dem Pariser Klimaabkommen, dem Atomabkommen mit dem Iran und auch aus dem INF-Vertrag zur atomaren Abrüstung ausgestiegen. Er hat die politische Öffnung gegenüber Kuba rückgängig gemacht und die US-Botschaft in Israel nach Jerusalem verlegt. Er scheint entschlossen zu sein, die transatlantische Zusammenarbeit zu erschüttern. Damit ist es ihm gelungen, die Reputation einiger seiner Vorgänger heraufzubeschwören – sogar die des ruinösen George W. Bush – und das entrückte Weltbild einiger unserer Bürokraten für nationale Sicherheit.

Es gibt eine weit verbreitete Hoffnung, dass die Vereinigten Staaten nach Trump zu ihrer früheren Rolle der »unverzichtbaren Nation« zurückkehren könnten. Aber damit sollten wir nicht rechnen. Die US-Politik der nationalen Sicherheit war gescheitert, lange bevor Trump angekündigt hatte, er wolle 2015 als Präsident kandidieren.

Wie Andrew Bacevich gezeigt hat, liegt die Ursache für unsere Misserfolge vor allem in unseren endlosen Kriegen: Das Debakel von Afghanistan ist beispielhaft.[2] Der globale Krieg gegen den Terror hat mehr Terroristen erzeugt, als er getötet hat. Und dennoch wurden amerikanische Special Forces im vergangenen Jahr in sage und schreibe 133 Länder entsandt – das sind 68 Prozent aller Nationen. Alle offiziellen Erklärungen der Bush-, Obama- und Trump-Administrationen zur nationalen Sicherheitsstrategie verpflichteten die Vereinigten Staaten dazu, ein Militär zu unterhalten, das so mächtig ist, dass es nirgendwo auf der Welt herausgefordert werden könnte.

In einer der aktuelleren Stellungnahmen zur Nationalen Sicherheitsstrategie (NSS) heißt es, dass nicht die Terroristen, sondern »revisionistische Nationen« (Russland und China) die größte Bedrohung für unsere nationale Sicherheit darstellten.

Aber weil wir die Absicht ausgerufen haben, sowohl mit Russland als auch mit China die Konfrontation zu suchen, werden wir wahrscheinlich eine Allianz zwischen diesen beiden Staaten fördern, die nicht in unserem Interesse liegen kann. Wir haben bereits ein neues nukleares Wettrüsten begonnen – hauptsächlich mit uns selbst.

»SÜNDENREGISTER« AUF DEM WEG ZU EINEM NEUEN KALTEN KRIEG

Seit Beginn des 21. Jahrhunderts wurden viele wichtige Abrüstungsvereinbarungen entweder gekündigt oder nicht ratifiziert – und damit Grundlagen für neues Wettrüsten geschaffen. Erwähnt seien hier nur einige rüstungskontrollpolitische »Sünden«, nicht die Kriegseinsätze etwa in Kosovo, Tschetschenien oder Irak:

Der 1999 in Istanbul unterzeichnete AKSE-Vertrag (Angepasster Vertrag über konventionelle Streitkräfte in Europa), der die Veränderung des Kräfteverhältnisses durch die NATO-Ausweitung ausgleichen sollte, wurde von den NATO-Staaten mit der Begründung der fortgesetzten Stationierung russischer Truppen in Georgien und Moldawien gar nicht erst ratifiziert.

2007 zog sich Russland teilweise vom 1990 in Paris unterzeichneten KSE-Vertrag (Vertrag über konventionelle Streitkräfte in

Europa) zurück. Seit 2015 ist er durch Russlands Kündigung nicht mehr in Kraft.

2002 trat Präsident Bush aus dem ABM-Vertrag zur Begrenzung von antiballistischen Raketenabwehrsystemen aus, der am 26. Mai 1972 zwischen den USA und der UdSSR mit unbefristeter Gültigkeit als »Eckpfeiler der strategischen Stabilität« vereinbart wurde. Seitdem gibt es beim Ausbau von Raketenabwehrsystemen keine völkerrechtlichen Begrenzungen mehr.

Weiterhin verweigert der US-Kongress die Ratifizierung des Umfassenden Atomteststopp-Vertrags (CTBT). Damit ist das 1996 unterzeichnete weltweite Atomtestverbot nicht in Kraft, für das sich 1962 bereits John F. Kennedy vergeblich eingesetzt hatte.

2015 ging die Überprüfungskonferenz zum Atomwaffensperr-vertrag ohne Ergebnis zu Ende, nicht zuletzt wegen der wiederholten Weigerung der Atomwaffenstaaten, ihre 1995 bekräftigte Verpflichtung zu Verhandlungen über Abbau und Abschaffung der Atomwaffen einzuhalten.

In 2017 bekräftigte der US-Senat, innerhalb der kommenden zehn Jahre eine Billiarde US-Dollar für die umfassende Modernisierung von Nuklearwaffen auszugeben.

Die erneute Debatte über die Absichtserklärungen, zwei Prozent des Bruttonationaleinkommens für Verteidigungsausgaben auszugeben, ist ein weiterer Indikator für das neue Wettrüsten, das, »wenn nicht durch Rüstungskontrolle gezähmt, zu einer Katastrophe beitragen kann«.[3]

Im Februar 2018 verabschiedete Präsident Trump die »Nuclear Posture Review« (NPR 18), die durch ein umfassendes Modernisierungsprogramm die Rolle der Atomwaffen stärken und ihre Anzahl erhöhen soll.

Im Oktober 2018 verkündete der Präsident die Absicht der USA, aus dem INF-Vertrag auszusteigen, was Anfang 2019 auch umgesetzt wurde.

Damit ist absehbar, dass über den INF-Vertrag hinaus auch der New-START-Vertrag 2021 ausläuft. Der START-Vertrag (Strategic Arms Reduction Treaty) wurde am 31. Juli 1991 zwischen den

USA und der Sowjetunion beschlossen und sah die Reduzierung der strategischen Atomwaffen bis zum Jahr 2009 vor. Am 8. April 2010 unterzeichneten die USA und Russland mit dem New-START-Vertrag ein Nachfolgeabkommen, das am 5. Februar 2011 in Kraft trat. Es sieht eine weitere Reduzierung einsatzbereiter nuklearer Sprengköpfe auf 1550 sowie auf bis zu 800 Trägersysteme vor.

Damit wäre auch der Atomwaffensperrvertrag (Non-Proliferation Treaty/NPT) als einer der wenigen verbliebenen Verträge bei seiner Überprüfungskonferenz 2020 gefährdet, da die Atommächte erneut ihre vertragliche Verpflichtung zu Verträgen über nukleare Abrüstung deutlich missachten.

(Wolfgang Biermann)

Die fortschreitende Militarisierung der US-Außenpolitik hat unsere Fähigkeit beeinträchtigt, echte Gefahren für die Sicherheit anzugehen, die nicht nur unsere eigene Bevölkerung, sondern den gesamten Planeten bedrohen – vom katastrophalen Klimawandel bis hin zu einer Weltwirtschaft, die extreme Ungleichheit verursacht und die Demokratie bei uns und im Ausland untergräbt. Unser aufgeblähtes Militärbudget macht bereits mehr als ein Drittel der gesamten Militärausgaben der Welt aus, obwohl wichtige nationale Bedürfnisse geradezu nach Geldmitteln hungern. Selten war die Notwendigkeit einer Kursänderung so dringlich.

KRIEGSURSACHEN: VERTEIDIGUNGSWAHN UND ANDERE LÜGEN

Guy Féaux de la Croix

Gedenktage und Gedenkjahre erinnern uns an die Opfer der Kriege und stellen uns vor die Frage nach den Kriegsursachen und den Lehren daraus. Die Kriegsschuld – und ihre Verteilung auf die einen oder die anderen – steht einem solchen Geschichtsbewusstsein oft eher im Wege. Und doch ist sie selbst zu einer kriegerischen Triebkraft geworden.

Erinnerungskultur

Der Königsweg zum Frieden ist die gemeinsame Erinnerung. Umso bedauerlicher, dass die Bundesregierung in den Jahren 2014 bis 2018 wenig Interesse gezeigt hat, ein europäisches und internationales Gedenken an den Ersten Weltkrieg mitzugestalten. Die deutschen Staatsspitzen blieben Zaungäste beim Gedenken der Anderen. War nicht auch Berlin ein Tatort, der Reichstag, das unsägliche Schloss? So blieb das Bild einer großen Verlegenheit, eines pflichtgemäßen Minimums, mehr nicht. Was macht die Bundesregierung dann erst in Gedenken an den Ausbruch des Zweiten Weltkrieges?

Helmut Kohls Fernbleiben vom fünfzigsten Jahrestag der Landung in der Normandie ist als Rücksichtnahme auf die damals erstarkenden »Republikaner« gedeutet worden. Zehn Jahre später sprach Gerhard Schröder, dafür vom rechten Flügel der CDU/CSU scharf kritisiert, in der Normandie davon, dass dort auch der Weg zur Befreiung der Deutschen begann. Haben wir die Distanz gegenüber einer europäischen Erinnerungskultur in den Jahren 2014 bis 2018, erneut als Rücksicht auf einen nationalistischen Trend zu verstehen, einen Erinnerungswiderwillen, der bis in die Mitte der Gesellschaft reicht? Was kann das bedeuten?

Zumal der gegenwärtige Zustand der EU kaum als stabil bezeichnet werden kann. Nicht nur wegen des geschichtsvergessenen Umgangs mit Griechenland. Die Frage muss erlaubt sein: Wäre es zu dem äußerst knappen Brexit-Votum gekommen, wenn das Gedenkjahr 2014 für einen großen Akt europäischer Gemeinsamkeit genutzt worden wäre, zu der auch eine starke deutsch-britische Partnerschaft gehört? Und wie konnte es zu der beschämenden Verdrängung kommen, dem Ausfall der Erinnerung an den Überfall des damals neutralen Belgiens im August 1914?

Kriegsursache Geschichtsnationalismus

Die deutsche Politik 2014 bis 2018 zeigte wohl auch Wirkung auf eine Revision des deutschen Geschichtsbildes, das zum hundertjährigen Gedenken von einer ganzen Phalanx deutscher Historiker zum Programm erklärt wurde. Mit Verve plädierten vier renommierte Stimmen (Dominik Geppert, Sönke Neitzel, Cora Stephan und Thomas Weber) in der *Welt* vom 4. Januar 2014 für »eine Revision überkommener Sichtweisen«. Sie solle den Weg frei machen, für »die realpolitische, nicht die moralische Antwort auf das Weltgeschehen«. Schluss sollte sein mit »historischen Fiktionen« und einem »Menschenrechtsinterventionismus, der sich nicht an nationale Interessen bindet«. Was heißt das? Geschichtsumschreibung mit einem nationalen Weltprogramm?

Kriegsursache Kriegsschuld

Die »Kriegsschuldlüge« und die darin liegende »abgrundtiefe Ungerechtigkeit« wurde neben dem Judenhass und dem Antikommunismus zur großen Triebkraft des Nationalsozialismus. In der Kontinuität der Kriegslügen von 1914 bis 1918 brauchten die deutschen Kriegsverlierer eine Legende, um von ihrer Schuld abzulenken. Sie brauchten die Alleinschuld, um die Revision des Versailler Unrechts betreiben, das deutsche Volk schließlich sogar in einen Revanchekrieg treiben zu können.

Im *Steppenwolf* lässt Hermann Hesse seinen Außenseiter Harry Haller sagen: »Ich habe ein paarmal die Meinung geäußert, jedes Volk und sogar jeder einzelne Mensch müsse, statt sich mit verlogenen politischen ›Schuldfragen‹ in Schlummer zu wiegen, bei sich selber nachforschen, wieweit wir selbst durch Fehler, Versäumnisse und üble Gewohnheiten mit am Kriege und an allem anderen Weltelend schuldig seien, das sei der einzige Weg, um den nächsten Krieg vielleicht zu vermeiden. Das verzeihen sie mir nicht, denn natürlich sind sie selber vollkommen unschuldig: Der Kaiser, die Generäle, die Großindustriellen, die Politiker, die Zeitungen – niemand hat sich das Geringste vorzuwerfen, niemand hat irgendeine Schuld! Keiner will den nächsten Krieg vermeiden, keiner will sich und seinen Kindern die nächste Millionenschlächterei ersparen.«

Kriegsursache Kapitalismus

Im Weltbild des historischen Parteimarxismus ist die Historikerschlacht um die Kriegsschuld, also die Verteilung von Schuldportionen, ohnehin ein absurdes Theater. In den Schulbüchern der DDR stand der Hauptschuldige fest, der alle Grenzen überschreitende Kapitalismus. Kapitalismus als Kriegsursache? Sicher auch, vor allem durch die Folgen der Krisenhaftigkeit des Wirtschaftssystems, das unter einem permanenten Verwertungszwang steht, aber es gibt auch die Erfahrung, dass der Kapitalismus sich am allerbesten in einer grenzenlosen Welt des Freihandels entfaltet, obwohl auch sie für imperiale Kriege verantwortlich ist, vor allem in der Peripherie unserer Welt? Und ist Krieg nicht auch ein gewaltiges Wirtschaftsprogramm? Dennoch sind die beiden Kriege ein Teil der Lehre, auf der das ganze europäische Einigungswerk aufbaut, nämlich auf der Erwartung, dass eine Vergemeinschaftung der Schwerindustrien und der Märkte die Völker im Frieden zusammenführen werde.

Der Kapitalismus birgt für den Krieg womöglich mehr noch schlimmere Gefahr, zum Beispiel die Unterminierung der Demokratie und des Zusammenhalts der Gesellschaft durch eine immer krassere Ungleichheit oder seine ganze Unersättlichkeit, mit der er unseren Planeten Erde ruiniert.

Kriegsursache Kriegsinteressen

Sicher waren die kapitalistischen Interessen einzelner Unternehmen, allen voran der Rüstungsindustrie, die Interessen von Kriegsgewinnlern und Kriegstreibern eine ganz entscheidende Kriegsursache. Zumal sich Deutschland vor allem seit der Zweiten Industriellen Revolution überlegen fühlte, ohne anerkannt zu sein. Die Deutschen hatten an und für sich ein kapitales Interesse an einer Entwicklung seiner europäischen und überseeischen Märkte, die dem Volk ein 20. Jahrhundert in Wohlstand und Frieden hätten sichern können.

Entgegen dem Friedensinteresse der Völker sind die Kriege immer wieder von Einzelinteressen ausgegangen. Wie kommt es zu einer solchen Präponderanz partikularer Kriegsinteressen? Historiker wie Konfliktforscher sollen uns dies erklären, denn eine engagierte Friedenspolitik muss auf gesellschaftliche und politische Bedingungen hinarbeiten, in denen das Friedensinteresse des Ganzen die Oberhand behält.

Kriegsursache Militarismus

Verstehen wir den Militarismus als vorherrschend militärisches Denken im Äußeren wie im Inneren, so spräche ein entsprechendes »Ranking« der Staatenwelt vor 1914 doch eine deutliche Sprache für die Kriegsursachen. Die Revisionshistoriker von 2014 haben als Ursache nicht zuletzt eine revanchistische französische Diplomatie geschildert, deren Ziel die Einkreisung der Mittelmächte war. Aggressiv oder defensiv, im Ergebnis eine äußerst erfolgreiche Außenpolitik, ohne die das schwache Frankreich 1914 so schnell überrollt worden wäre wie zuvor 1870/71. Kompromissfähigkeit war ein Schlüssel der französischen Diplomatie. Die Bereinigung der kolonialistischen Interessenkonflikte mit den Briten im Sudan-Frieden von 1899 wurde zum Grundstein der Entente Cordiale.

Das Gegenbild dazu bildete die Unfähigkeit des Deutschen Reiches, durch einen Interessenausgleich mit anderen Mächten der Einkreisung entgegenzuwirken, eine Marginalisierung der Außenpolitik. Innere Interessenkonflikte wurden nicht gelöst, mit der Folge eines Maximalismus und einer Militarisierung im äußeren Auftreten. Die Lehre daraus: Der

Frieden kann nur durch eine auf Interessenausgleich und Bündnisse bedachte Außenpolitik gesichert werden, durch das Primat des Politischen gegenüber dem Militärischen.

Kriegsursache Hazardismus

Die ganze Torheit dieses Militarismus prägte dann freilich auch die Fehlkalkulation der Kriegserfolgsaussichten und eine ungeheuerliche militärische Risikobereitschaft. Im Schlieffen-Plan durften die deutschen Heere nicht über Wochen von renitenten Belgiern aufgehalten werden, durften die Briten nicht, auf den deutschen »Durchmarsch« durch Belgien hin, den bedrängten Franzosen zur Seite springen. Es kam aber absehbar anders, mit Millionen von Opfern auch durch die Industrialisierung des Krieges.

Hätten sich die beiden Kaiser und der Zar mit ihrem Interesse am Erhalt ihrer Monarchien doch an den Lyderkönig Krösus und die Prophezeiung der delphischen Pythia gehalten: »Wenn du den Halys überschreitest, wirst du ein großes Reich zerstören.«[1] Das Waterloo des ersten Napoleon, die Gefangennahme des dritten Napoleon bei Sedan, all diese Warnungen waren 1914 schon vergessen. Die Völker sind gegen Kriegslust nicht gefeit.

Kriegsursache Verteidigungslüge

Vor allem muss das Volk überzeugt werden, dass es um seine Verteidigung geht. Vom ersten Krieg der Weltgeschichte über den Trojanischen bis in die Kriege unserer Tage, stets wurde und wird verteidigt. In Marathon ging es den Athenern um die Verteidigung ihrer noch jungen Demokratie, den Persern freilich um die Verteidigung ihres Großreiches, in das die Athener eingefallen waren und dessen westliche Provinzhauptstadt Sardis sie niedergebrannt hatten. Der Trojanische Krieg, die Kreuzzüge, die französischen Revolutionskriege, Napoleons Feldzüge bis hinein nach Moskau, der deutsch-französische Krieg von 1870/71, der Erste Weltkrieg selbstredend und sogar auch der Zweite, stets musste verteidigt werden.

Wo von Angriff nicht die Rede sein kann oder soll oder er zumindest zweifelhaft ist, müssen die Kriegswilligen ihn herbeilügen. Ohne Lüge wenige Kriege: Die schöne Helena musste entführt werden, nicht nur durchgebrannt sein. Die Emser Depesche musste von Bismarck zugespitzt werden, um das Volk für den Feldzug nach Paris zu begeistern. »Mitten im Frieden überfällt uns der Feind!«, belog Wilhelm II. sein deutsches Volk am 6. August 1914. Nur für die Verteidigung würde der Reichstag Kriegskredite bewilligen, sogar mit den Stimmen der Sozialdemokraten. Seine Verteidigungsrede von 1914, sie dünkte ihn so gelungen, dass er sie noch kurz vor der Niederlage für eine Tonaufzeichnung rezitierte.

Die Kriegsverlogenheit von 1914 fand ihre Fortsetzung in den revanchistischen Lügen der Nazis, von der Dolchstoßlegende bis zur Alleinschuldlüge. Hitler belog am 1. September 1939 das Volk mit der Behauptung, seit fünf Uhr fünfundvierzig werde »zurückgeschossen«. Für den zweiten Irak-Krieg präsentierte George W. Bush der Welt die Lüge von Saddam Husseins Massenvernichtungsmitteln: Fake News, Fake Wars.

Kriegsursache Ungerechtigkeit

Das Empfinden erlittener Ungerechtigkeit, das Gefühl, benachteiligt, betrogen und erniedrigt worden zu sein, ist die Mutter des Krieges: Die Deutschen, sie wähnten sich im Jahre 1870, nach der Zuspitzung der Emser Depesche, allein durch das angeblich schroffe Auftreten des französischen Botschafters provoziert. In den Folgejahren sahen sie sich um einen gerechten Anteil an der Kolonialwelt betrogen, nach 1918 zu Unrecht der Alleinschuld bezichtigt. Auf der anderen Seite saß der Verlust vom Elsass-Lothringen den Franzosen nach 1871 wie ein giftiger Pfeil im Herzen. Die Ungerechtigkeit des Versailler Vertrags wurde zu dem Stock, an dem der Faschismus emporranken konnte, der Stoff, mit dem er die Menschen verführte. Wir sehen es heute wieder, wie das Gefühl der Benachteiligung und geraubter Lebenschancen, diesmal auch durch Migranten, die Leute in den Extremismus treibt – egal wie gut es ihnen geht – und es im Inneren wie in der Welt den Frieden gefährdet.

Kriegsursache Hass

Ungerechtigkeitsempfindungen, Verlustängste, solche Sorgen der Leute
zu entfachen und zu schüren, das ist dann das Spiel der sogenannten
Populisten, im Kern sind es meist Nationalisten, Antisemiten oder
Rassisten. Je diffuser Benachteiligung und Bedrohung erscheinen,
umso mehr wollen sie Schuldige sehen, sie hassen und ausschließen.
Kein Krieg ohne Vernichtungshass. Der Hass beginnt nicht erst im
Krieg. Lange vorher zerstört er den Frieden zwischen Bürgern und
Nationen.

Kriegsursachen entgegenwirken

Ins Auge springen als roter Faden die Kriegsursachen: der Realitätsverlust, das Unverständnis für die wahren eigenen Interessen, Selbst-
täuschung, Unreife, Selbstsucht, in toto systemische Dummheit. Es
sind dies allesamt harte Wirtschaftsinteressen, strukturelle, charak-
terliche Defizite, die Völker und ihre Regierenden auf die abschüssige
Bahn der Verlogenheit, der Rechtsblindheit und der Skrupellosigkeit
bringen.

   Nach dem klassischen Vorbild der athenischen Demokratie lautet
die Antwort: durch Bildung und Kultur. Und das bedeutet politisch
durchaus konkret, in den anderen Völkern mit Freude die lebenden
Schätze dieser Erde erkennen. Wie wir selbst verdienen sie für eine
gemeinsame Friedensordnung Respekt und Chancen, Anerkennung
und Wohlstand, Demokratie und Gerechtigkeit.

EUROPAS EGOISTISCHER HEGEMON

Jürgen Voges

Die Entleerung der europäischen Idee

Dass die europäische Einigung, angestoßen vom »karolingischen Geist« im Dreieck zwischen Köln (Konrad Adenauer), Metz (Robert Schuman) und Turin (Alcide de Gasperi), eine Konsequenz der deutschen Eroberungskriege des letzten Jahrhunderts war und danach siebzig Jahre lang Kriege in Europa weitgehend verhindert hat, ist ein gern in Reden zitiertes Allgemeingut. Doch in den vergangenen zehn Jahren hat die europäische Idee für viele EU-Bürger ihre *Überzeugungskraft* verloren, obwohl in der direkten Nachbarschaft der Union Schauplätze entsetzlicher Kriege waren und sind.

Dem europäischen Einigungsprozess scheint zudem das Ziel abhandengekommen zu sein. Das zeigt etwa das *Weißbuch*, das die Europäische Kommission 2017 zum sechzigsten Jahrestag des Abschlusses der Römischen Verträge veröffentlicht hat. Darin stellte sie fünf Szenarien für ein Europa des Jahres 2025 vor. In diesen Szenarien gehörten eine weitgehende Konzentration der Union auf den Binnenmarkt oder eine Konzentration auf wenige Politikbereiche genauso zu den künftigen Möglichkeiten wie ein Europa unterschiedlicher Geschwindigkeiten oder eine Politik des »Weiter so!«. Eine Zusammenarbeit auf möglichst allen Politikfeldern betrachtete nur eines der fünf Szenarien.

Alle Mitgliedsstaaten hatten sich 2007 im Vertrag von Lissabon zur »Schaffung einer immer engeren Union der Völker Europas« verpflichtet. Sie zeigten sich entschlossen, »die Stärkung und die Konvergenz ihrer Volkswirtschaften herbeizuführen« und »den wirtschaftlichen und sozialen Fortschritt ihrer Völker unter Berücksichtigung des Grundsatzes der nachhaltigen Entwicklung zu fördern«. Doch seit der Eurokrise kann von einer immer engeren Union und wirtschaftlicher Konvergenz keine Rede sein. Stattdessen verloren die EU-Institutionen an Einfluss und die Eurorettung nach deutschen Interessen und Vorgaben vertiefte in der Union das wirtschaftliche Gefälle.

Mit dem vereinigten Europa, dass die Gründerväter der Europäischen Gemeinschaft einst errichten wollten, hat heute die wirtschaftsliberale, von Deutschland dominierte Union mit ihren Demokratiedefiziten wenig zu tun. Für den ersten Präsident der Kommission der 1957 gegründeten Europäischen Wirtschaftsgemeinschaft, Walter Hallstein, war die damalige EWG nur ein »Zwischenziel auf dem Weg zum Endziel« und das Endziel benannte er klar: »Dieses Endziel bleibt der europäische Bundesstaat.«[1] Für den Christdemokraten waren Rechtsstaatlichkeit und Demokratie »oberste Gestaltungsprinzipien« und »Friede, Einheit, Gleichheit, Solidarität, Wohlstand, Fortschritt und Sicherheit«[2] galten ihm als Grundwerte, um »dem vereinigten Europa sein individuelles Profil in der Familie der Staaten« zu geben.

> »Wir leben in Zeiten zahlreicher Konflikte. Auswege sind nur durch Bemühungen um Dialog, vertiefte Kooperation und Schaffung sozialer Perspektiven möglich.«
> Frank Bsirske, Vorsitzender ver.di

Bis 2005 bestimmten Erweiterung und Vertiefung die Entwicklung. Aus der Wirtschaftsgemeinschaft wurde die Europäische Gemeinschaft und schließlich die Europäische Union, aus dem Europa der sechs wurde durch Erweiterungen nach Norden, Süden und Osten eine Union von 28 Staaten.

Bei den Parteien der alten Bundesrepublik stand die europäische Einigung stets ganz oben auf der politischen Agenda. »Wir wollen den europäischen Bundesstaat«, beschloss die CDU 1976 auf einem Bundesparteitag in Hannover. Damals wollten die Christdemokraten ein von allen Bürgern gewähltes europäisches Parlament, »das umfassende parlamentarische Gesetzgebungs- und Kontrollrechte hat«, »eine europäische Regierung, die allein diesem Parlament verantwortlich ist«, »eine europäische Staatenkammer, die den Mitgliedstaaten die Beteiligung an der Gesetzgebung des Bundesstaates ermöglicht« und einen »europäischen Gerichtshof, der die Auslegung und Anwendung der europäischen Rechtsprechung überwacht«.[3]

Auch die SPD betonte in ihrem 1989 in Berlin verabschiedeten Grundsatzprogramm, das das seinerzeit dreißig Jahre alte Godesberger Programm ersetzte: »Die Vereinigten Staaten von Europa, von den Sozialdemokraten im Heidelberger Programm 1925 gefordert, bleiben unser Ziel.« Die Weiterentwicklung der Europäischen Gemeinschaft zu den Vereinigten Staaten von Europa verlange »volle Rechte für das Europäische Parlament, eine handlungsfähige, parlamentarisch verantwortliche Regierung, klar umrissene Zuständigkeiten und europäische Wirtschaftsdemokratie. Wir wollen eine sozialstaatliche Ordnung in ganz Europa«.[4]

Drei Jahrzehnte später ist die heutige EU von diesen Zielen weit entfernt und das Demokratiedefizit der Union besteht fort. Es fehlt eine demokratisch von den EU-Bürgern gewählte Regierung. Weiter ist nicht das Europäische Parlament die wichtigste EU-Institution, sondern der Europäische Rat der Staats- und Regierungschefs. Der Vertrag von Lissabon erhob den Rat offiziell zum Organ der EU. Er hat nun einen eigenen Präsidenten, während die Kommission, die über das Europaparlament ansatzweise demokratisch legitimiert ist, die Rolle eines europäischen Regierungsersatzes weitgehend eingebüßt hat. Die im Rat tonangebenden europäischen Regierungen haben an einer wirklichen Demokratisierung der Union kein Interesse. Denn dafür müssten sie sich selbst entmachten.

Die Rolle Deutschlands

Vor allem Deutschland, das die Eurokrise zum Ausbau seiner wirtschaftlichen Vormachtstellung nutzen konnte, würde durch eine Demokratisierung der Europäischen Union und durch einen Abbau des wirtschaftlichen Gefälles an Einfluss verlieren. Weil die Eurozone krisenanfällige Staaten im Süden mit den Leistungsbilanzüberschüssen der Bundesrepublik in einem Währungsraum vereint, können sich deutsche Unternehmen dauerhaft über einen – gemessen an ihrer Exportstärke – sehr schwachen Euro und – bezogen auf die deutsche Konjunktur – auch über sehr niedrige Zinsen freuen.

Die Abwertung des Gemeinschaftswährung im Zuge der Eurokrise hat deutsche Exporte in außereuropäische Staaten um ein Viertel verbilligt. Von der Null-Zins-Politik, mit der die Europäische Zentralbank

(EZB) die Krise bekämpft, profitieren deutsche Unternehmen genauso wie die Finanzminister des Bundes und der Länder profitieren. Von 2007 bis 2017 erhöhten sich die Gesamtschulden des Bundes um achtzehn Prozent, während die Aufwendungen für deren Verzinsung um 55 Prozent sanken. Die EZB-Politik des billigen Geldes und der Run auf deutsche Staatspapiere im Zuge der Eurokrise ermöglicht die deutsche Politik der schwarzen Null.

Für Deutschland ist eine Eurozone komfortabel, die zwar zusammenbleibt, deren schwächere Staaten aber wirtschaftlich nicht so recht vom Fleck kommen. Allen Lippenbekenntnissen bezüglich europäischer Solidarität zum Trotz, hat der wirtschaftliche Hegemon der Eurozone letztlich kein Interesse daran, dass die Partnerstaaten im Süden wirklich vorwärtskommen. Die Renditen deutscher Staatsanleihen – und damit die Zinskosten des Bundesfinanzministers – sinken, wenn Italien mit der EU über die Einhaltung des 2011 nach deutschen Vorgaben reformierten Stabilitäts- und Wachstumspaktes verhandeln muss.

Unter Federführung Deutschlands wurden zudem für das Management der Schuldenkrise neue europäische Institutionen geschaffen, in denen die Geldgeber das alleinige Sagen haben. Dies schwächte bestehende europäische Institutionen. Im Gouverneursrat des Europäischen Stabilitätsmechanismus haben nur Deutschland und Frankreich faktisch ein Vetorecht. Zum Synonym für das finanzpolitische Diktat europäischer Politik wurde die Troika aus Vertretern der EU-Kommission, der EZB und des Internationalen Währungsfonds (IWF), die den unter Kapitalflucht leidenden Euroländern Lohn- oder Rentensenkungen und rigorose Kürzungen der Staatsausgaben verordneten.

In der Bundesrepublik Deutschland gibt es einen politischen Konsens darüber, dass die Unterschiede beim Rentenniveau zwischen Ostdeutschland und Westdeutschland beseitigt werden müssen. Kaum jemanden in Deutschland störte es aber, dass griechische Rentnerinnen und Rentner auf rund die Hälfte ihrer im Laufe des Erwerbslebens angesparten Bezüge verzichten mussten, um für Staatsschulden einzustehen, die sie als Personen keineswegs verursacht haben. Die maßgeblich von Deutschland an Griechenland exekutierte Austeritätspolitik erhöhte den Schuldenstand des Landes, verringerte dessen Wirtschaftsleistung drastisch, und sorgt bis heute für Massenarbeitslosigkeit. Die griechische Bevölkerung muss nun absehbar auf ewig für die Gelder zahlen, die französische und deutsche Banken dem griechischen Staat geliehen haben und die im Zuge der sogenannten Griechenlandhilfe auch auf der Gläubigerseite verstaatlicht wurden.

Wer europäische Solidarität durch einen Wirtschaftsnationalismus ersetzt, darf sich über das Erstarken der politischer Nationalismen nicht wundern. Sogar eine Repräsentantin der deutschen Gewerkschaften verteidigt den Satz: »Sozial geht nur national« als »wahr und empirische Tatsache.«[5] Dreht man den Satz um, kann daraus ein Motto der deutschen Europapolitik gemacht werden: »International und europäisch geht nur unsozial.« Verbanden sich mit der Idee der Europäischen Einigung einst Vorstellungen von einer erfolgreichen gemeinsamen wirtschaftliche Entwicklung und von einer mit Erweiterungen nach Süden und Osten fortschreitenden Demokratisierung, so steht Europa heute in vielen Mitgliedsländern für Sozialabbau, Not und Rückentwicklung, die von außen und von demokratisch nicht legitimierten Institutionen verordnet werden.

Als in den Siebzigerjahren die europäischen Diktaturen in Portugal, Spanien und Griechenland gestürzt wurden, sagte der SPD-Vorsitzende Willy Brandt: »Es gibt Landgewinn für Freiheit und Demokratie. Das kann niemand von uns gleichgültig lassen. Ich schätze auch nicht das Gerede von der ökonomischen ›Bürde‹, die uns anderen etwa durch die Demokratisierung auf der iberischen Halbinsel aufgelastet werde. In Wirklichkeit könnte es so sein – wenn man es richtig anfasste -, dass sich aus einer rascheren ökonomischen Entwicklung Südeuropas vorteilhafte Entwicklungen für uns alle ergeben.«[6] Diese Erkenntnis, dass die Europäische Einigung kein Nullsummenspiel sein darf, ist inzwischen verloren gegangen.

Wie ungeniert Deutschland mittlerweile als egoistischer EU-Hegemon agiert, zeigt der am 22. Januar 2019 in Aachen unterzeichnete, neue deutsch-französische Vertrag, der auf einer Neuauflage des Élysée-Vertrages von 1963 aufbaut. Den Schwerpunkt legt das Abkommen auf die militärische Zusammenarbeit und erklärt »die Aufnahme der Bundesrepublik Deutschland als ständiges Mitglied des Sicherheitsrates der Vereinten Nationen« zur Priorität der deutsch-französischen Diplomatie. Nur rund 1,1 Prozent der Weltbevölkerung leben in Deutschland. Warum fordert der Vertrag keinen ständigen Sitz im Sicherheitsrat für Europa, warum keinen Sitz für Afrika?

RETTET DEN MULTILATERALISMUS!
Plädoyer für eine regelbasierte Weltordnung

Rolf Mützenich

Weltinnenpolitik

Der deutsche Philosoph und Physiker Carl Friedrich von Weizsäcker fasste bereits 1963 die Antwort auf die den Erdball umspannenden Vernetzungen unter dem Begriff der »Weltinnenpolitik« zusammen. Heute gehört sie als »Global Governance« zum Standardvokabular der internationalen Diplomatie. Tatsache ist: Aufgrund der wirtschaftlichen, technologischen und auch politischen Interdependenzen kann heute kein Staat mehr alleine auf die globalen Herausforderungen reagieren. Wir sind auf regionale und globale Zusammenarbeit schlicht angewiesen.

Für viele Bereiche ist die Zeit der nationalen Außenpolitik fast Vergangenheit. Das »Global Village« verlangt neue Methoden der Politik. Ob wir es wahrhaben wollen oder nicht: In den letzten Jahren hat ein Paradigmenwechsel stattgefunden. Die Weltinnenpolitik ist insoweit eine Realität, als wir heute mehr denn je Außenpolitik nicht auf rein nationaler Basis betreiben können, sondern von den Gegebenheiten einer interdependenten Welt ausgehen müssen.

> »Die Globalisierung von Gefahren und Herausforderungen – Krieg, Chaos, Selbstzerstörung – erfordert eine Art ›Weltinnenpolitik‹.«
> (Nord-Süd-Bericht der UN-Kommission, 1980)

Auch in diesem Bereich hat Willy Brandt Pionierarbeit geleistet. 1977 übernahm er den Vorsitz einer internationalen Kommission, die mit neuen Ideen den Stillstand in den Nord-Süd-Beziehungen überwinden sollte. Brandt widmete sich dieser Aufgabe mit aller Kraft. Wie schon bei der neuen Ostpolitik hoffte er, durch konstruktiven Dialog beider Seiten den Konflikt zu entschärfen und das Gegeneinander in ein Miteinander überführen zu können. Brandt begriff Entwicklungspolitik als eine neue, globale Dimension der Friedens- und Entspannungspolitik.

1980 erschien der Kommissionsbericht unter dem Titel *Das Überleben sichern, Gemeinsame Interessen der Industrie- und Entwicklungsländer*. Der »Brandt-Report«, in dessen Zentrum der Ruf nach mehr globaler Verantwortung und einer neuen kooperativen Weltordnung steht, thematisierte, mitten im Kalten Krieg, brennende Weltprobleme wie Armut, Unterentwicklung und Gewalt, die auch heute noch zu den zentralen Herausforderungen internationaler Politik gehören.

Die Welt gerät aus den Fugen

Trotz beachtlicher Erfolge bei der Bekämpfung von Armut und Hunger ist die Welt auch vierzig Jahre später von einer stabilen und gerechten Friedensordnung weit entfernt. Wir erleben derzeit, wie eine neue globale Machtstruktur entsteht, in der die alten Gewissheiten über den Haufen geworfen werden. Wir befinden uns in einer Art »Interregnum« im Sinne des italienischen Kommunisten und Philosophen Antonio Gramsci, der damit eine Zeit beschrieb, in der die alten Regeln nicht mehr gelten, neue aber noch nicht gefunden sind und stattdessen viele »morbide« Symptome auftauchen.

Die multilaterale Weltordnung, welche die letzten siebzig Jahre währte, zeigt deutliche Risse – ja sogar ihr Ende rückt in den Bereich des Denkbaren. Statt eine neue globale Ordnung zu schaffen, in der Staaten gemeinsam die großen Probleme zu lösen versuchen, marschieren viele Großmächte zurück in die Welt des 19. Jahrhunderts. In dieser Welt der Nationalstaaten betreiben alte und neue Mächte offener denn je pure Interessenpolitik, getrieben von der Suche nach kurzfristigen ökonomischen oder machtpolitischen Vorteilen. Nicht selten geht es ganz schlicht darum, sich selbst und d korrupte Clique an der Macht zu halten.

Internationale Werte und die uneingeschränkte Gültigkeit von internationalen Abkommen werden zunehmend in Frage gestellt – und dies beileibe nicht nur von Donald Trump. Statt wirtschaftlicher und sicherheitspolitischer Verflechtung drohen Handelskriege und neue Aufrüstungsrunden. Die Kündigung des INF-Vertrages durch die Vereinigten Staaten und Russland am 02. Februar 2019 kann hier als Menetekel gelten.

Die internationale Ordnung ist derzeit weniger von Machtkonzentration als von Machtdiffusion geprägt. Während Russlands Macht nur noch dazu reicht, die internationale Ordnung zu stören und Chinas Macht und Wille (noch!) nicht ausreichen, sie zu konstruktiv mitzugestalten, ist die einzige Macht, die dazu in der Lage wäre – die USA – offenbar nicht mehr dazu bereit, als Garantie- und Ordnungsmacht aufzutreten und öffentliche Güter bereit zu stellen. Ob die Europäische Union – angesichts der tiefen Krise, in der sie sich befindet – zusammen mit anderen liberalen Demokratien (Australien, Japan, Kanada, Mexiko) in einer von Heiko Maas propagierten »Allianz der Multilateralisten« dieses Machtvakuum wird auffüllen können, bleibt abzuwarten.

Die bewährte internationale, regelbasierte Ordnung ist nicht nur den Anfechtungen aus China und Russland ausgesetzt, sondern auch jenen der US-Administration. Die USA unter Trump schicken sich an, von einer globalen Führungsmacht zu einem Land des Nationalismus und Isolationismus zu werden, von einem »wohlmeinenden Hegemon«, der öffentliche Güter bereitstellt, zu einer Großmacht unter anderen Großmächten.

Das Letzte, was die hochgerüstete Welt braucht, ist ein globaler Rüstungswettlauf, der Ressourcen absorbiert, die dringend für andere Ausgaben, etwa in Bildung, Forschung, Abrüstung, Gesundheit, Infrastruktur und Umweltschutz, benötigt werden.

Es wird Zeit, dass die liberalen Kräfte die autoritäre Herausforderung annehmen. Dazu reicht es nicht, wenn sich einzelne Politiker als »letzte Verteidiger des freien Westens« ausrufen. Vielmehr müssen die liberalen Demokratien und ihre Gesellschaften noch enger zusammenarbeiten. Nur dann kann Europa seine Krise überwinden, sich auf seine Stärke besinnen und mehr Verantwortung übernehmen.

Zumal wir registrieren müssen, dass wir uns in einer Zeit befinden, in der das, was der Historiker Heinrich August Winkler das »normative Projekt des Westens« nennt (Gewaltenteilung, unveräußerliche Menschenrechte, Rechtsstaatlichkeit, repräsentative Demokratie und

Minderheitenrechte) verteidigt werden muss. Und zwar nicht nur abstrakt, sondern sehr konkret, vor Ort, wie Bundespräsident Frank-Walter Steinmeier immer wieder hervorhebt, vor allem in der Auseinandersetzung mit denen, die diese Werte in Frage stellen oder sie bedrohen.

Sicherheit mit und vor Russland

Wer heutzutage für neue Initiativen in der Russlandpolitik wirbt, bekommt nicht selten umgehend das Etikett des »naiven Russland-Verstehers« verpasst. Deshalb vorweg: Ja, der russische Staat hat das Völkerrecht gebrochen, führt in der Ostukraine und in Syrien Krieg, versucht die EU und die westlichen Demokratien zu destabilisieren und ist womöglich (Warum eigentlich?) sogar schuld am Wahlsieg Donald Trumps. Es wird nicht besser dadurch, dass auch andere Staaten Völkerrecht gebrochen haben und mehr und mehr auf das Recht des Stärkeren setzen.

Entscheidend sind jedoch folgende Fragen: Was folgt daraus? Wie geht man mit dieser hochexplosiven und schwierigen Ausgangslage um? Gießt man weiter Öl ins Feuer oder versucht man, die Spirale der gegenseitigen Beschuldigungen, Vorhaltungen und Denkverbote zu überwinden?

Wir brauchen eine Politik, die mit neuen Initiativen und Formaten dazu beiträgt, aus Sackgassen herauszukommen. Eine Politik, die von der Akzeptanz und einer schonungslosen Analyse des Status quo ausgeht und versucht, diesen mit einer pragmatischen Politik der kleinen Schritte zu überwinden. Die von Egon Bahr konzipierte und von Willy Brandt umgesetzte Ost- und Entspannungspolitik der Sechziger- und Siebzigerjahre war genau dies.

Wir brauchen – heute wie damals – eine Durchbrechung von Blockaden und Denkverboten bei schonungsloser Benennung der Gegensätze. Es geht nicht darum, sich die russische Seite schönzureden. Es führt aber kein Weg daran vorbei, dass wir genauso Russland brauchen, wie Russland uns braucht und es deshalb notwendig und mittelfristig auch möglich ist, gemeinsame Interessen zu definieren. Dies muss zusammen mit unseren europäischen Partnern – und nicht über deren Köpfe hinweg – geschehen.

Der Vorwurf, der Westen hätte Russland keine Angebote gemacht, ist ganz offensichtlich falsch. Gerade Deutschland hat eine Unzahl von Initiativen und Angeboten auf den Weg gebracht. Um den Stillstand zu überwinden, sollten wir jedoch neue Kooperationsformen zwischen den euro-atlantischen Institutionen und den Organisationen großer Teile der ehemaligen Sowjetunion auf den Weg bringen. In diesem Sinne hat bereits die Organisation für Sicherheit und Zusammenarbeit in Europa (OSZE) während der deutschen Ratspräsidentschaft eine engere wirtschaftliche Zusammenarbeit in einem gemeinsamen europäisch-eurasischen Wirtschaftsraum zu einem Schwerpunkt ihrer Arbeit gemacht.

Warum nimmt man Moskau nicht beim Wort und bietet Russland neue Beziehungen und Kontakte zu den von ihm dominierten Institutionen wie der Eurasischen Wirtschaftsunion (EAWU) und der Organisation für den Vertrag über kollektive Sicherheit (OVKS) an? Dies hätte zum einen den Vorteil, dass die Interessenkonflikte »regionalisiert« würden und sich nicht lediglich Russland und »der Westen« gegenüberstünden, sondern die EU und die EAWU (Russland, Belarus, Kasachstan, Armenien und Kirgistan) und – unter dem Dach der OSZE – die NATO und die OVKS (Armenien, Kasachstan, Kirgisistan, Tadschikistan, Belarus und Russland). Zum anderen käme man damit dem russischen Bedürfnis von Verhandlungen »auf Augenhöhe« entgegen.

Die militärischen Risiken müssen reduziert werden, etwa durch militärische Transparenz, Beschränkungen bei Manövern und bei Truppenstationierungen in gefährdeten Zonen, funktionsfähige Kommunikationskanäle und effektive Inspektionen sowie durch eine Stärkung des Wiener Dokuments zu Vertrauens- und Sicherheitsbildenden Maßnahmen. Es gilt zudem, die stockende oder abgebrochene Rüstungskontrolle wieder aufzunehmen und auf unbemannte Flugkörper, die Raketenabwehr, zielgenaue Präzisionswaffen und Cyberfähigkeiten auszudehnen.

Nach der Kündigung des INF-Vertrages muss das halbe Jahr bis zum Inkrafttreten der Kündigung dazu genutzt werden, das Abkommen zu retten, auch wenn dies eine Neubewertung der Raketenabwehrprogramme der USA und der NATO in Europa erfordert. Die deutsche Diplomatie muss jede Chance auf eine Verständigung und Kooperation mit Russland sorgfältig ausloten. Kluge Außenpolitik kann nicht warten, bis überall Demokratien existieren, sondern sie bewährt sich gerade im Umgang mit Andersdenkenden, um trotzdem zu Verständigung und zu einer Vertrauensbildung zwischen den unterschiedlichen Partnern zu kommen.

Rettet den Multilateralismus!

Auch die Vereinten Nationen befinden sich, wie alle multilateralen Organisationen, in der Krise. Das Versagen in Syrien und bei anderen Konfliktherden ist jedoch nicht ihnen anzulasten, sondern den Nationalstaaten, die maßgeblich zur Blockade im UN-Sicherheitsrat beigetragen haben. Ohne starke und handlungsfähige Vereinte Nationen werden die globalen Herausforderungen nicht bewältigt werden können – sei es mit Blick auf die Nachhaltigkeitsziele, Krisenprävention oder Abrüstung. Es reicht dabei nicht, die Unverzichtbarkeit der Vereinten Nationen in Sonntagsreden zu beschwören, sondern wir müssen sie endlich politisch, finanziell, personell und strukturell für die Zukunftsaufgaben fit machen.

Über vierzig Jahre nach Einsetzung der Nord-Süd-Kommission unter Willy Brandt verbinden die nachhaltigen Entwicklungsziele (»Sustainable Development Goals«, kurz SDG) im Rahmen der Agenda 2030 die Leitziele Frieden und Gerechtigkeit mit konkreten umwelt-, sozial- und friedenspolitischen Ansätzen. Die reichen Länder haben dabei eine besondere Verantwortung. Daher setzen wir uns für eine Verwirklichung der Agenda 2030 ein und halten trotz aller Widerstände an dem Ziel fest, 0,7 Prozent des Bruttonationaleinkommens für öffentliche Entwicklungszusammenarbeit aufzubringen.

Nur die Vereinten Nationen besitzen die Kernkompetenz für die Wahrung des internationalen Friedens und zur Lösung von globalen Herausforderungen. Sie bilden den Kern unserer regelbasierten Weltordnung. Mit neuen Initiativen wollen wir unseren Beitrag zur Erneuerung und Weiterentwicklung der Strukturen der Vereinten Nationen leisten. Das schließt eine Reform und Erweiterung des UN-Sicherheitsrates ein. Zur Erfüllung ihrer friedenswahrenden Aufgaben benötigen die Vereinten Nationen eine angemessene Ausstattung für ihre Friedensmissionen und der politischen Missionen der Weltorganisation, damit multilaterale Friedenspolitik effektiv betrieben werden kann.

Deshalb ist es umso wichtiger, dass wir an den über Jahrzehnten geschaffenen Regeln und Normen der internationalen Politik festhalten, sie stärken und anpassen. Wir brauchen eine internationale Ordnung, die auf gemeinsame Interessen, auf Einvernehmen, auf Kooperation, Mitgestaltung und friedlichen Wandel gründet. Diese Errungenschaften dürfen trotz aller Rückschläge nicht leichtfertig aufs Spiel gesetzt werden. Die Sozialdemokratie steht für Frieden, internationale Kooperation und für die Stärkung und den Ausbau und auch die Reform der internationalen Organisationen (UN, OSZE, EU und NATO). Die globalen Zukunftsaufgaben sind nicht durch nationalistische Alleingänge, sondern nur gemeinsam zu bewältigen. Gerade in Zeiten neuer Spannungen und nationalistischer Alleingänge brauchen wir Entspannung und eine globale Weltinnenpolitik im Sinne von Willy Brandt.

UMWELTKONFLIKTE, KLIMAWANDEL UND SICHERHEIT IM ANTHROPOZÄN

Jürgen Scheffran

Globale Umweltprobleme untergraben die natürlichen Lebensgrundlagen und damit die Sicherheit vieler Menschen. Hierzu gehört die Degradation von Wasser, Wäldern, Böden und Ackerland, der Klimawandel, die Gefährdung der Artenvielfalt oder die Überfischung der Meere. Natürliche Ressourcen werden knapp und ihre Nutzung ist ungleich verteilt. Lokale und kurzfristige Änderungen haben meist einen direkteren Einfluss als globale und langfristige Phänomene. Dies belastet soziale Systeme, fördert den ökonomischen Niedergang, schwächt staatliche Autorität und erhöht Konfliktspannungen zwischen sozialen Gruppen. Damit verbunden sind verschiedene mögliche Auswirkungen auf Konflikte.

- **Ressourcenmangel:** Bevölkerungswachstum, verstärkte Nachfrage und ungleiche Verteilung beeinträchtigen die Verfügbarkeit von natürlichen Ressourcen. Dies kann die Übernutzung einer erneuerbaren Ressource betreffen, die Überbeanspruchung der Umwelt als Senke für Abfälle und Verschmutzung oder auch die strukturelle Beeinträchtigung der Funktionsfähigkeit und Stabilität von Ökosystemen, die für den Menschen wichtige Dienstleistungen bereitstellen. Ressourcenmangel kann zu ökonomischen Problemen führen, was die Handlungsfähigkeit und politische Legitimität von Regierungen untergräbt. Lassen sich menschliche Grundbedürfnisse bei abnehmenden Ressourcen nicht mehr befriedigen, wächst auch das Konfliktpotenzial.
- **Ressourcenzugang:** Oftmals ist es nicht die Knappheit an natürlichen Ressourcen, die Konflikte antreibt, sondern ihr Überfluss, der zu einem Fluch werden kann. So können die Einnahmen aus dem Abbau von wertvollen Rohstoffen (z. B. Diamanten) nicht nur ein Konfliktgegenstand sein, sondern auch zur Beschaffung von Kon-

fliktmitteln (Waffen, Soldaten, Ausrüstung) durch Rebellengruppen oder private Sicherheitsdienste dienen.

- **Ökologische Marginalisierung:** Ungleiche Ressourcenverteilung trägt zur Unterentwicklung und Verelendung von Bevölkerungsschichten bei. Der Verlust lebenswichtiger Ressourcen (z. B. landwirtschaftlicher Nutzflächen) führt zu wirtschaftlichem Niedergang, schwächt Institutionen und provoziert Konfliktspannungen.
- **Migrationskonflikte:** Umweltprobleme und Naturkatastrophen sind ein Faktor, der zur Vertreibung von Menschen beiträgt. Wenn sie in großer Zahl, besonders in ökologisch fragile und von Konflikten betroffene Regionen abwandern, kann dies als Konfliktverstärker wirken.
- **Weitere Konflikte:** Diese betreffen vor allem Zentrum-Peripherie-Konflikte zwischen reichen Zentren und verarmten Randzonen, Konflikte entlang ethnischer Differenzen und Fernwirkungskonflikte durch grenzüberschreitende Kopplungen von Risikofaktoren, etwa Klimawandel, radioaktive Schadstoffe oder Preise auf Ressourcenmärkten.

Wie weit Umweltrisiken tatsächlich zu Konflikten führen, hängt von den gesellschaftlichen Rahmenbedingungen ab, insbesondere Konfliktgeschichte, Gruppenidentitäten, Einkommen, Institutionen, Organisation und Ausrüstung von Konfliktparteien sowie die Instrumentalisierbarkeit von Ressourcen für Gruppeninteressen. Ob ein latenter Konflikt über Wasser oder Ernährung manifest wird, hängt vom Zugang zu den Ressourcen ab sowie von Macht und Interesse der Akteure. Ob Mangel oder Überfluss konfliktverstärkend wirken, hängt auch vom Ressourcentyp ab: Ist er erneuerbar oder nicht, nah oder entfernt, Punktquelle oder diffus verteilt. Auch wenn der Einfluss der Umwelt auf Gewaltkonflikte nicht einfach nachweisbar ist, ist sie oftmals einer von mehreren Konfliktfaktoren, besonders in fragilen Regionen Afrikas, in Nahost, Südasien und Lateinamerika.

Eine Übersicht über 73 Umweltkonflikte zwischen 1980 und 2005 zeigt, dass diese regional eingegrenzt blieben und in den meisten Fällen keine Bedrohung für die internationale Sicherheit darstellten.[2] Umweltinduzierte Konflikte wurden hier definiert »als Konflikte, die durch die Zerstörung von erneuerbaren Ressourcen verschärft oder beschleunigt werden«.

Die Stufen der Konfliktintensität reichen von diplomatischen Krisen und Protesten mit Gewalteinsatz bis zu inner- und zwischenstaatlichen Gewaltkonflikten. Aufgrund unklarer Kausalitäten, widersprüchlicher Ergebnisse und schwieriger empirischer Nachprüfbarkeit wird die Umweltkonflikt-Theorie auch in Frage gestellt. Teilweise führen Umweltprobleme auch zu mehr Kooperation, etwa bei Vereinbarungen zur gemeinsamen Wassernutzung. Einige Beispielen zeigen die komplexen Zusammenhänge zwischen Umweltveränderungen und Gewaltkonflikten.

- In der Nahostregion war Wasser Ziel militärischer Operationen, aber auch Gegenstand von Verhandlungen im Friedensprozess. Die Wasserversorgung und Staudämme an großen Flüssen (Nil, Jordan, Euphrat und Tigris) sind umstritten.
- In Zentralasien hat Wassermangel zu Differenzen zwischen Afghanistan, Iran, Kasachstan, Kirgistan, Tadschikistan und Turkmenistan geführt, aber auch zum regionalen Wassermanagement beigetragen. Die Versalzung und Austrocknung des Aralsees durch die Übernutzung der Zuflüsse ist eine ökologische Katastrophe mit Folgen für Wirtschaft, Gesellschaft und Gesundheit vieler Menschen.
- In Ruanda stieg die Bevölkerung zwischen 1950 und 1994 von 2,5 auf 8,8 Millionen, die Pro-Kopf-Produktion sank um fast die Hälfte, das knapp werdende Land wurde immer weiter aufgeteilt. Dies verschärfte den Konflikt zwischen Hutu und Tutsi und trug 1994 zum Ausbruch von Massakern und Massenflucht bei.
- Die Umwelt Pakistans und Indiens ist betroffen durch hohes Bevölkerungswachstum, Bodenerosion, Wassermangel, Entwaldung und den Verlust landwirtschaftlicher Nutzflächen. Viele Menschen wandern in die Städte oder in durch Naturkatastrophen gefährdete Gebiete ab. Hier kommt es zu Protesten und gewaltsamen Zusammenstößen zwischen ethnischen Gruppen.
- Einstmals reich bewaldet, hat Haiti heute fast seine gesamte Waldfläche und einen großen Teil seines Mutterbodens eingebüßt. Die Getreidemenge pro Kopf ist deutlich gesunken. Die Krise verstärkte soziale Unruhen und internationale Migration.
- In Mexiko kommt es zu Konflikten unter unzufriedenen Landarbeitern, die neben den Folgen der Globalisierung und der ungerechten

Verteilung von Landrechten auch durch die Knappheit landwirtschaftlicher Nutzflächen bedingt sind. Eine Folge ist Abwanderung in irreguläre Siedlungen am Rand großer Städte und in die USA.

■ Der Streit um Fischfangquoten hat gezeigt, dass auch zwischen Industrieländern Auseinandersetzungen um biologische Ressourcen möglich sind, etwa zwischen Kanada und Spanien im Nordatlantik über den Grönland-Heilbutt oder zwischen den USA und Kanada um die Fangrechte an Lachs im Pazifik.

■ Erdölabhängigkeit der Welt und damit verbundene Konflikte wurden offenkundig mit der Ölkrise der Siebzigerjahre, die zu einer weltweiten Rezession führte und sich mit der Debatte um die »Grenzen des Wachstums« verband. Das Ende des fossilen Zeitalters wird durch neu genutzte Quellen (Fracking-Gas, Ölsande, Ölschiefer) verlängert. Die fossile Ära ist bis heute von gewalttätigen Auseinandersetzungen um den Zugriff auf Lagerstätten fossiler Energien und ihrer Transportwege bestimmt, von den Kriegen in der Golfregion und der Irak-Invasion 2003 bis hin zu Konflikten in Afrika oder in Venezuela.

Klimawandel als Sicherheitsrisiko

Besonders konfliktträchtig ist die durch die Verbrennung fossiler Energieträger erzeugte globale Erwärmung, mit gravierenden Auswirkungen auf Wasser, Wälder, Ackerland und Artenvielfalt, auf Meere, Küsten, Polarregionen und andere Öko-Zonen. Zunehmende Unsicherheiten und Risiken entstehen durch Stürme, Dürren und andere Wetterextreme, die sich als Naturkatastrophen bemerkbar machen, von den Waldbränden in Kalifornien bis zu einer möglichen Evakuierung von Inselstaaten als Folge des Meeresspiegelanstiegs. Damit verbundene soziale und ökonomische Verwerfungen sind eine Gefahr für menschliche Sicherheit und können Konflikte auslösen oder verstärken.

Im Gefolge des vierten Sachstandsberichts des Weltklimarates (IPCC) von 2007 entwickelte sich eine Debatte über Sicherheitsrisiken und Konflikte des Klimawandels.[3] Der fünfte IPCC-Bericht widmete den Auswirkungen des Klimawandels auf die menschliche Sicherheit ein eigenes Kapitel.[4] Nach einer Studie des Wissenschaftlichen Beirats der Bundesregierung Globale Umweltveränderungen (WBGU) zu den Sicherheitsrisiken des Klimawandels könne der Klimawandel die Anpassungsfähigkeit vieler Gesellschaften überfordern und Konfliktlinien in der Welt verstärken.[5] Um Verteilungskonflikte um Wasser und Land, um Naturkatastrophen und Flüchtlingsbewegungen in regionalen Brennpunkten (Hotspots) zu verhindern, müsse die Menschheit stärker zusammenarbeiten.

Eine Zusammenschau verschiedener Fallregionen zeigt, dass es Gewaltkonflikte vornehmlich in Regionen gibt, die eine große Bevölkerungszunahme, einen geringen Entwicklungsstand, ein niedriges Wirtschaftswachstum, ein mittleres Niveau an Demokratie sowie politische Instabilität, Gewalt und Krieg in unmittelbarer Nachbarschaft aufweisen. Ob Klimawandel zu Gewaltkonflikten oder gar Kriegen führt, hängt von den politischen und sozio-ökonomischen Rahmenbedingungen ab, die durch kapitalistische Globalisierungsprozesse maßgeblich beeinflusst werden.[7]

Dies zeigte sich insbesondere im Konflikt in Darfur, der als erster Klimakrieg bezeichnet wurde, obwohl die verfehlte Politik der sudanesischen Regierung und die Ausbeutung von Ölressourcen eine direkte Bedeutung für die Konflikteskalation hatten. Ebenso lenkt die Darstellung, der Arabische Frühling sei maßgeblich durch Wetterextreme in anderen Teilen der Erde verursacht, von den Missständen in der arabischen Welt ab. Im Syrienkonflikt könnte die Dürre einer von mehreren Faktoren für Migration und Gewalt gewesen sein,[8] doch dürfte dies hinter der fatalen Politik der Assad-Regierung und den Rivalitäten in der Region rangieren, die von ihrer Verantwortung für die Eskalation nicht durch den Klimawandel befreit werden. Dies gilt auch für die absehbaren Auseinandersetzungen um die Ressourcen der Arktisregion, die dort mit einer Erwärmung besser zugänglich werden.

NACHHALTIGKEIT: SCHLÜSSEL ZUM FRIEDEN

Hubert Weiger

Einer der Hauptgründe für die Entstehung von gewaltsamen Konflikten ist die Nichtbeachtung ökologischer Schutzziele und der Raubbau
an den Ressourcen, die zum Natur- und Umweltschutz gehören. Die
Ziele lassen sich unter »Nachhaltigkeit« zusammenfassen. Dieser
Schlüsselbegriff meint in der Definition der Brundtland-Kommission,
die in der Rio-Deklaration von 1992 Eingang gefunden hat, »eine Entwicklung, die die Bedürfnisse der Gegenwart befriedigt, ohne zu ris-
kieren, dass künftige Generationen ihre eigenen Bedürfnisse nicht
befriedigen können.« Zentral zählt dazu die Sicherung der natürlichen
Lebensgrundlagen der Menschen.

Kriegsgefahr Klimawandel

Eine Studie unter der Leitung des Potsdam-Instituts für Klimafolgenforschung hat ergeben, dass klimabedingte Katastrophen das Risiko
für bewaffneter Konflikte in Ländern erhöhen, die einerseits verletzlich
gegenüber den Auswirkungen des Klimawandels und anderseits ethnisch oder sozial zerklüftet sind. Zwischen 1980 und 2010 fielen in
solchen Ländern – vor allem in Nord- und Zentralafrika sowie Zentralasien – 23 Prozent der bewaffneten Konflikte mit dem Auftreten
klimabedingter Katastrophen zusammen. Die globale Klimakrise ist
zwar nicht die alleinige Ursache, ist aber ein starker Gefahren- und
Risikomultiplikator für den Ausbruch von Konflikten.

Klimaschutz ist aber nur ein Beispiel für den Beitrag von Natur- und
Umweltschutz zum Frieden. Frieden kann dann entstehen, wenn jeder
genug zum Leben hat und nicht zur Migration oder zur Waffengewalt gezwungen ist. Das Ziel des Natur- und Umweltschutzes ist eine
nachhaltige Bewahrung der Ökosysteme. Naturschutz ist Lebens- und

Friedenssicherung. Deshalb ist er untrennbar verbunden mit der Erhaltung von kleinräumigen und regionalen Strukturen, weil diese am besten der regionaltypischen Situation angepasst sind.

Agrarwende jetzt!

Ein Paradebeispiel ist die kleinstrukturierte Landwirtschaft, die weniger agrochemie-intensiv ist, weil sie mit der Vielfalt der Natur arbeitet. Diese Landwirtschaft schont die Ressourcen, lässt Raum für Biodiversität und ermöglicht Kleinbauern ihre Existenz. Der Weltagrarbericht von 2010 befand: Kleinbäuerliche Subsistenz-Wirtschaft schützt vor Hunger. Eine Bedrohung für Kleinbauern – vor allem in Afrika, aber auch in anderen Ländern – ist dagegen unsere Agrarexportpolitik, insbesondere durch die vom Neoliberalismus durchdrungenen Freihandelsabkommen. Diese Art und Weise der Globalisierung fördert Großkonzerne und raubt der ländlichen Bevölkerung die Lebensgrundlagen. Schon jetzt bestehen Regionalabkommen, durch die Deutschland billiges Milchpulver und Hähnchenfleisch nach Afrika exportiert und dort lokale Märkte zerstört.

Doch die EU strebt noch weitergehende Freihandelsabkommen (oder »Wirtschaftspartnerschaftsabkommen«) an. Mit mehr als einem Dutzend weiterer Freihandelsabkommen versucht sie, Fleischmärkte in Vietnam, den Philippinen und Japan zu öffnen, um für die agrarindustrielle Überproduktion in der EU neue Absatzmärkte zu finden. Die Abschaffung dieser zwangsweisen Öffnung der Agrarmärkte wäre eine wirksamste Bekämpfung von Fluchtursachen aus betroffenen Ländern. Wir brauchen zur Friedenssicherung und Eindämmung der Migration einen fairen, sozialen und gerechten Handel.

Verschärfte Saatgutgesetze, die durch Patentierung Bauern und Bäuerinnen kriminalisiert, einen Teil Ihrer eigenen Ernte als Saatgut wiederverwenden, und Agrarkonzerne, die mit teils genmanipuliertem Saatgut die Bauern in eine Investitionsspirale und schließlich Überschuldung treiben, verschärfen die Existenzbedingungen für Kleinbauern weiter.

Direkt vertrieben werden Kleinbauern und Kleinbäuerinnen durch »Land Grabbing«, bei dem sich private Investoren aus Industrie- und

Schwellenländern sowie staatliche Akteure durch Investitionen und mittels langfristiger Pacht- oder Kaufverträge große Agrarflächen in Entwicklungsländern sichern. Dort werden vorrangig Nahrungsmittel oder Energiepflanzen für den Export angebaut, die der Ernährungs- und Energiesicherung der Investorenländer dienen, nicht aber der heimischen Bevölkerung. Auch die Sicherung von Süßwasserquellen und Rohstoffen ist ein entscheidendes Motiv. Besonders perfide ist dies im Fall des Palmöls, wo Profiteure der Agrarindustrie den Klimaschutz als »grünes Feigenblatt« für Land Grabbing missbrauchen.

Einen ähnlichen Effekt hat die intensive Fleischproduktion in Deutschland: 21 Prozent der Stickstoffzufuhr in Deutschland stammt aus Futtermittelimporten wie das vornehmlich aus Südamerika stammende Soja. Dies belastet bei uns Gewässer und Grundwasser und führt in den Herkunftsländern zu riesigen Monokulturen, zu Gifteinsatz bei gentechnisch verändertem Soja, zu Raubbau an Savannen und Regenwäldern und damit zur Vertreibung der Landbevölkerung und indigenen Völker. Die gemeinsame Agrarpolitik der EU unterstützt die Spirale der Intensivierung bei uns und damit auch die Spirale der Armut in Dritte Welt-Ländern, weshalb die EU-Agrarpolitik dringend sozial und ökologisch reformiert werden muss.

Über Futtermittel, aber auch über Früchte für den unmittelbaren Verzehr für den Menschen – wie zum Beispiel Avocados – wird indirekt auch Trinkwasser, das für deren Erzeugung notwendig ist, aus anderen Erdteilen mit zu uns importiert. Auch Verbraucher und Verbraucherinnen sind gefordert, bewusst zu konsumieren. Alleine auf »Fair-Trade«-Siegel zu achten, reicht nicht aus. Im Waldbereich ist es oft die Zertifizierung, die erstmalig in Länder mit Korruption und Benachteiligung indigener Gruppen so etwas wie demokratische Prozesse bringt, auch indem Landbesitzrechte festgeschrieben werden.

Umwelt- und Ressourcenschutz ist Friedenspolitik

Doch die Ziele des Natur- und Umweltschutzes und der Friedenssicherung überschneiden sich nicht nur in den Sektoren der Primärproduktion. Industrien wie die Textilindustrie verschmutzen in sogenannten »Billigländern« aufgrund mangelnder Vorschriften Wasser und Luft, schädigen irreversibel Gewässer und Böden und führen gleichzeitig dazu, dass die Arbeiter trotz widrigster Arbeitsbedingungen teilweise unter Lebensgefahr kein adäquates Auskommen haben. Zur Verletzung der Menschenwürde gehören auch Zwangs- und Kinderarbeit.

Die Digitalisierung hat einen enormen Hunger nach seltenen Erdmetallen wie Wolfram, Tantal und Gold geschaffen, die aufgrund ihrer Eigenschaften für elektronische Geräte wie Smartphones benötigt werden. Sie werden auch als »Kritische Metalle« oder »Konflikt-Metalle« bezeichnet, weil sie knapp und wertvoll sind, weil sie wie in China zu Monopolstellungen und wie im Kongo zu Menschenrechtsverletzungen und Kriegen führen. Eine Milderung des Problems kann durch Maßnahmen des Umweltschutzes erreicht werden, wie Abfallvermeidung, Recycling und Kaskadennutzung.

Die Europäische Union hat sich zwar im November 2016 über ein Gesetz für einige Konflikt-Metalle geeinigt, das verhindern soll, dass importierte Rohstoffe Kriege, Bürgerkriege und Menschenrechtsverletzungen finanzieren. Durch einige Ausnahmeregelungen, die das Gesetz verwässern, sind aber auch hier letztlich wieder die Verbraucher*innen gefordert.

Schließlich kann Naturschutz auch ganz unmittelbar zum Frieden beitragen: Die innerdeutsche Grenze ist nach dem Fall des Eisernen Vorhangs durch das »Grüne Band« von einer Todeszone zur Lebenslinie geworden. Dies kann zum Vorbild für viele Grenzbereiche dieser Erde werden, wie zum Beispiel zwischen den beiden Koreas oder zwischen Mexiko und USA. Grüne Bänder brauchen wir nicht nur geographisch, sondern auch ideell in Wirtschaft und Politik sowie in unseren Köpfen, damit unsere Welt zusammenwächst.

Alle angesprochenen Maßnahmen umzusetzen, erfordert eine große sozial-ökologische Transformation. Doch selbst in Deutschland stehen die Zeichen gegenwärtig rückwärtsgewandt: Im Vertcidigungshaushalt 2019 der Bundesregierung sind zusätzlich vier Milliarden Euro gegenüber 2018 vorgesehen, die man begründet, man müsse internationalen Verpflichtungen nachkommen. Dieses Geld fehlt dann an anderer Stelle, wo man es konfliktmindernd einsetzen müsste.

Die Umsetzung der 17 Ziele der Vereinten Nationen für eine nachhaltige Entwicklung (SDG) von 2015 sind damit auch ein zentrales Instrument zur Friedenssicherung. Die Umweltbewegung und die

Friedensbewegung müssen daher wieder enger zusammenwachsen, um ihre gemeinsamen Ziele gemeinsam zu verfolgen. Weltweite Abrüstung und erweiterte Systeme der kollektiven Sicherheit sind eine zentrale Grundlage für echten Frieden zwischen den Völkern und den überfälligen Friedensschluss zwischen Mensch und Natur.

EXISTENZBEDROHENDE RISIKEN ALS THEMA DER FRIEDENSFORSCHUNG

Ernst Ulrich von Weizsäcker

Auf der Münchner Sicherheitskonferenz im Januar 2019 kam ein Tagesordnungspunkt vor, der völlig neu war: Internationale Zusammenarbeit bei der Entwicklung und politischen Steuerung von Raketen und zugehörigen Sprengkörpern, die man einsetzen könnte, um aus dem Weltall auf die Erde zurasende Meteoriten abzuschießen, deren Einschlag auf der Erde ungeheure Zerstörungen anrichten würde. Das war in den Achtzigerjahren für die Regierung Reagan ein Motiv für die »Star Wars«-Rüstungsidee. In Wirklichkeit war das politische Motiv ein anderes: die Sowjetunion durch Raketenabwehr im All zu erschrecken und unter Druck zu setzen.

Generell ist jedoch das Thema existenzbedrohender Risiken ein sinnvolles Thema für die Friedensforschung. Das Thema kann die Völkerverständigung fördern und kann helfen, diagnostizierte Gefahren zu bannen. Wobei die Meteoriten möglicherweise die mit Abstand geringste Gefahr sind und die durch sie legitimierten Abwehrraketen vielleicht mit der größten Gefahr eines einseitigen militärischen Missbrauchs gekoppelt sind. Aber es gibt ganz andere Gefahren, deren Existenz bislang vielleicht völlig ignoriert wird.

Nullsummenspiele und Plussummenspiele

In der Ausdrucksweise der Spieltheorie geht es um ein Plussummenspiel. Alle Beteiligten sollen gewinnen. Die Tagespolitik, aber auch die strategische Politik haben die Neigung, immer mit der Grundannahme zu handeln, dass es um Nullsummenspiele geht.

Aber es gibt auch Plussummenspiele. Eines der besten war die Gründung der Europäischen Wirtschaftsgemeinschaft (EWG). Jahrhunderte der kriegerischen Auseinandersetzungen in Europa sollten zugunsten der gemeinsamen Entwicklung überwunden werden. Andernfalls bestand sogar die Gefahr, dass Europa nach Jahrhunderten der Weltdominanz in der Rolle des Parias absackte. Für die heutige deutsche und europäische Friedensforschung und -politik steht die Sicherung der aus der EWG hervorgegangenen EU und die Abwehr von neu aufkommenden Gefahren der nuklearen Rüstung im Vordergrund. Völlig zu Recht dominieren diesbezügliche Überlegungen die Beiträge zu diesem Band.

Es gibt aber potenzielle Gefahren, die bislang noch kaum auf dem Bildschirm der Friedensforschung sind, deren Erkennen aber heute schon möglich ist. Und dieser Erkenntnisschritt kann im Idealfall als Wegbereiter für die Bewältigung dieser Gefahren dienen.

Centre for the Study of Existential Risk

Neben diesen beiden ökologischen Gefahrenherden gibt es noch andere, die bisher wenig Beachtung in der Friedensforschung gefunden haben. Seit einigen Jahren beschäftigt sich aber ein Institut systematisch mit diesen neu auftauchenden Gefahren: das Centre for the Study of Existential Risk (CSER) in Cambridge, England, geleitet von Sean O'Heigertaigh. Das CSER sieht mehrere große Gefahrenherde, unter denen die nachstehenden die für die Friedensforschung wahrscheinlich wichtigsten sind:

1. *Ökosystem-Zusammenbrüche* im Gefolge ungebremster katastrophaler Klimaveränderungen, wie oben bereits skizziert.
2. Globale biologische Risiken, ausgelöst insbesondere durch massive und unvorsichtige Einsätze neuester gentechnischer Verfahren.
3. Der besinnungslose Ausbau von Künstlicher Intelligenz.

Die beiden Letzteren sollen hier skizziert werden.

Globale katastrophale biologische Risiken

In erster Linie geht es um Gefahren, die zufällig oder absichtlich aus der Anwendung der neuen Gentechnik resultieren. Diese ist unter dem Abkürzungsnamen »CRISPR Cas9« in der Öffentlichkeit bekannt geworden und enthält überaus elegante und sehr gezielte Möglichkeiten des Eingriffs in das Genom von Lebewesen. Die ökologisch mit Abstand beunruhigendste Fortentwicklung ist die »Gene Drive«-Technologie. Hier wird die Ausbreitung von erwünschten oder eben auch letalen Genen gewaltig beschleunigt, was bis zur gezielten Ausrottung von Tierarten führen kann. Die Technik besteht im Kern darin, Gene oder Gen-Fehlstellen, die typischerweise nur auf einem von zwei analogen Chromosomen-Strängen vorkommen, auf den anderen Strang zu kopieren. So kann die Ausbreitung auch letaler Defekte herbeigeführt werden.

Verschiedene Programme sind in Vorbereitung, um etwa das geografisch begrenzte Aussterben der Malaria-übertragenden Anophelesmücken zu erreichen und auf diese Weise die Malaria bei Menschen auszumerzen. Das klingt auf den ersten Blick natürlich wunderbar. Aber die Malariaübertragung auf Menschen ist nur ein winziger Bruchteil der ökologischen Leistung der Mücken. Sie sind auch essenziell in zahlreichen Nahrungsketten in der jeweiligen Gegend. Und wer kann die geografische Begrenzung der Ausrottung garantieren? Jetzt kann man sich ausmalen, was für gewaltige Ökosystem-Schäden angerichtet werden könnten.

Schließlich kann auch ein Militärlabor damit experimentieren, die Ausrottung oder wenigstens die Dezimierung der Menschen durch Gene Drive zu erreichen. Beginnen würden die Forscher vielleicht mit rassespezifisch wirksamen Techniken, die die eigene Rasse verschonen, aber die eines verfeindeten und genetisch anderen Stammes tödlich treffen. Abgesehen davon, dass ein solche Ansinnen völkerrechtswidrig wäre, ist nicht einmal eine Garantie zu erreichen, dass das Experiment nicht in die Auslöschung der Menschheit mündet.

Jedenfalls ist das Ignorieren der potenziell gigantischen Unfälle oder Verbrechen durch Gene Drive schlicht unverantwortlich.

Künstliche Intelligenz kann außer Kontrolle gereaten

Selbstverständlich sind Digitalisierung und Künstliche Intelligenz große Themen für den technischen Fortschritt in praktisch allen Branchen. Sorgen bereiten der Schutz der Privatsphäre, der Verlust von Arbeitsplätzen, hinterhältige Waffensysteme und ungeplante technische Lawineneffekte. Das ist aber alles noch im Rahmen der klassischen Zweischneidigkeit des technischen Fortschritts, so wie wir ihn aus dem Prinzip Versuch und Irrtum kennen.

Absolut brisant wird jedoch die Entwicklung zu »Maschinen«, die die Intelligenzleistungen des Menschen radikal überflügeln, also genau das, was Ray Kurzweil[1] als die große Hoffnung ansieht. Nun kann man sich kybernetisch kaum vorstellen, dass solche »Maschinen« kein Selbstbewusstsein und keinen eigenen Überlebenswillen haben. Sie würden bei der Suche nach Gefahren für ihr eigenes Überleben sofort diagnostizieren, dass »der Mensch« die größte Gefahr ihrer Auslöschung ist. Dann würden sie Strategien zur Abwehr dieser Gefahr entwickeln. Das Nächstliegende wäre die Auslöschung der Menschheit – entweder durch die Verwendung der vom Menschen entwickelten Massenvernichtungswaffen oder durch den Einsatz der Gene Drive-Technologie.

Angenehmer für die Menschheit wäre es auch nicht, wenn sich in der Frühzeit jener »superintelligenten« Maschinen[2] eine menschliche politische Macht der zerstörerischen Kräfte der Maschinen für neue Kontroll- und Waffensysteme bediente, zur Verwirklichung ihrer Weltbeherrschungsträume. Natürlich bemüht man sich am CSER schon um die Verhinderung dieser Gefahren, etwa durch den Einbau von Sicherheits- oder Selbstauslöschungssystemen in die Maschinen. Aber wer kann garantieren, dass die superintelligenten Wesen solche Einbauten nicht auch ganz rasch ausschalten?

Angesichts der vom CSER untersuchten Gefahren kommt man auf die makabre Frage, ob ein Dritter Weltkrieg schrecklicher ist als die Selbstauslöschung der Menschheit durch naives und optimistisches Herumwerkeln mit faszinierenden, aber potenziell äußerst gefährlichen Technologien? Die Friedensforschung kann es sich nicht leisten, diese Gefahren zu ignorieren. Auch Otto Hahns Entdeckung der Kernspaltung des Urans war eingebettet in eine friedlich motivierte

Kernphysik. Aber seine Entdeckung hat auf die Fragen von Krieg und Frieden gigantische Auswirkungen gehabt.

Es nützt der Menschheit wenig, den technischen Fortschritt ungeprüft als segensreich anzusehen. Die Technikfolgenforschung muss ein ständiger Begleiter der Technikentwicklung sein. Die US-amerikanische und speziell kalifornische Mentalität, die »disruptive« Fortentwicklung der Technik hochzuloben, das europäisch geprägte Vorsorgeprinzip zu verachten und sogar zu bekämpfen und stattdessen darauf zu vertrauen, dass Technikanwender mit Rücksicht auf Prozesslawinen schon von sich aus ein Interesse an Vorsicht und Vorsorge haben, ist brisant gefährlich und mit den Motiven der Friedenssicherung unvereinbar.

II. ABRÜSTUNG JETZT!

»Die gigantische Aufrüstung ist ein gefährlicher Irrweg.«
(Willy Brandt)

DOOMSDAY MACHINE

Daniel Ellsberg

Dieser Text ist ein mit Genehmigung des Autors bereitgestellter Auszug aus der deutschen Erstveröffentlichung seines persönlichen Manuskripts »Weltuntergangsmaschine – Bekenntnisse eines Atomwaffen-Planers« in Moskau; übersetzt aus dem Englischen von Wolfgang Biermann, in: »Neue Entspannungspolitik JETZT!«, http://neue-entspannungspolitik.berlin/daniel-ellsberg-an-die-russischen-leser-seines-buches-doomesday-maschine/

Nuklearer Winter

Obwohl beide Seiten aus ihren geheim gehaltenen Berechnungen wussten, dass ein Atomkrieg zwischen ihnen den Tod von Hunderten Millionen Menschen bedeuten würde, vielleicht sogar mehr als einer Milliarde, verstand keiner das eigene Arsenal als Weltuntergangsmaschine. Das änderte sich mit der Entdeckung der tödlichen Auswirkungen eines solchen Krieges auf das Klima durch sowjetische und amerikanische Wissenschaftler: dem nuklearen Winter.[1]

»Nuklearer Winter« bezeichnet die Verdunklung und Abkühlung der Erdatmosphäre als Folge einer Vielzahl von Atomwaffenexplosionen, die Rauch, Ruß und Staub in die unteren Luftschichten tragen. 1982 veröffentlichte der spätere Nobelpreisträger für Chemie Paul J. Crutzen zusammen mit John Birks eine Modellrechnung über die Folgen für das Klima.[2]

Millionen Tonnen schwarzen Rauchs und Rußes aus den brennenden Städten, die in Flammenmeere verwandelt würden, von Hunderten Feuerstürmen in die obere Stratosphäre geschleudert, von wo die Rauchdecke nicht hinabregnen und für ein Jahrzehnt oder länger die Erde umhüllen würde. Diese hohe Rauchdecke würde das meiste Sonnenlicht daran hindern, große Teile der Erdoberfläche zu erreichen. Die Jahrestemperaturen würden sinken wie seit der letzten Eiszeit nicht mehr, würden die meisten Pflanzen vernichten und Ernten verhindern, was zu einer weltweiten Hungersnot führen würde. Innerhalb eines Jahres wären fast alle Menschen verhungert.

Aber trotz dieser vor mehr als fünfunddreißig Jahren gemachten Erkenntnis über die vorhersehbaren Auswirkungen des Abschusses strategischer Nuklearwaffen gegeneinander haben sowohl die USA als auch Russland weiterhin strategische Kräfte beibehalten, die zwar stark reduziert sind, aber immer noch bei Weitem ausreichen, den nuklearen Winter und das Aussterben der Menschheit zu bewirken. Darüber hinaus hält jedes Land seine landbasierten Raketentruppen weiterhin in höchster Alarmbereitschaft mit einem seidenen Faden am Abzug (»Hair-Trigger Alert«). Sie sind innerhalb weniger Minuten nach der Warnung (oder auch nur Vermutung) eines feindlichen Raketenangriffs zum vorbeugenden Abschuss bereit.

Die Warnsysteme, die auf Satelliten und Radargeräte sowie auf Bedienungspersonal angewiesen sind, sind nicht nur theoretisch fehlbar. Tatsächlich gab es auf beiden Seiten immer wieder ernsthafte Fehlalarme, die durch elektronische oder menschliche Fehler beinahe einen umfassenden Atomkrieg und ein Aussterben der Menschheit ausgelöst hätten.

Das Spiel mit dem Feuer

Wenn eine solche Situation verrückt erscheint, liegt das daran, dass sie verrückt ist. Nicht nur Donald Trump, Vladimir Putin oder ihre höchsten Kommandeure können eine irreversible Katastrophe auslösen. Um zu verhindern, dass nur eine einzige gegnerische Atomrakete ihre Hauptstadt oder Kommandozentralen ausschalten kann, hat jede Seite Vorsorge getroffen, sodass weit mehr Personen physisch den Finger am Abzug für die Vergeltungsschläge haben. Es gibt praktisch keine Möglichkeit, einen Atomkrieg zwischen den USA und Russland zu begrenzen.

Jeder beharrt jedoch darauf, sich auf den Ersteinsatz von Nuklearwaffen vorzubereiten, falls dies »notwendig« ist, um eine Niederlage in nicht nuklearen Konflikten zu vermeiden. Das ist nichts anderes, als damit zu drohen, die Eskalation in den nuklearen Winter und den Tod der Zivilisation auszulösen. Niemand will ernsthaft einen Atomkrieg zwischen den USA und Russland. Aber seit über einem halben Jahrhundert wollten die Führungen beider Länder in der Lage sein, einen solchen Krieg zu führen und dafür Waffensysteme zu produzieren, die diese Drohung glaubhaft machen.

Inzwischen zeigt sich, dass die erhofften kurzfristigen politischen Vorteile aus der Drohung mit einem solchen Krieg, aber auch die realen kurzfristige Profiten und Arbeitsplätze aus der Produktion und Modernisierung der Waffen sowohl die politische Führung als auch die Öffentlichkeit in Russland und den USA blind gemacht haben für die unberechenbaren Gefahren durch solche Drohungen und Kriegführungskapazitäten. Gemeinsam bringen wir die ganze Erde in Gefahr. Gemeinsam könnten wir diese Gefahr beseitigen. Wahrscheinlich tut dies keiner, ohne sicher zu sein, dass der andere ihm folgt. Deshalb müssen wir dringend mit der Abrüstung anfangen, und zwar sofort! Wir müssen die Öffentlichkeit und die Verantwortlichen in Russland und Amerika aus dem gemeinsamen Schlafwandeln zur Katastrophe erwecken.

WELTUNTERGANGSUHR IN WASHINGTON

Am 24. Januar 2019 gaben die US-Atomwissenschaftler ihre Einschätzung der Atomkriegsgefahr bekannt und stellten symbolisch – wie seit 1947 – die Atomkriegsuhr (Doomsday Clock). Hauptredner waren William Perry (ehemaliger US-Verteidigungsminister unter Bill Clinton), Jerry Brown (bis 2018 Gouverneur von Kalifornien) und Rachel Bronson (Präsident des Bulletin of Atomic Scientists). Ebenso wie ein Jahr zuvor wurde an dem Tag die Uhr symbolisch auf zwei Minuten vor der apokalyptischen Mitternacht gestellt. Warum sind wir der Gefahr der Weltvernichtung so nahe? Die Antwort ist: Atomwaffen und Klimawandel.

Auch Anfang 2018 stellten die amerikanischen Atomwissenschaftler die Doomsday Clock (Weltuntergangsuhr) auf »Zwei Minuten vor Mitternacht«. Sie schätzen das Atomkriegsrisiko erstmals so hoch ein wie zuletzt im Jahre 1953. Damals tobte der Korea-Krieg und der Oberbefehlshaber der US-Truppen, General MacArthur, forderte den Einsatz von Atomwaffen. Die USA, und wenige Monate später die UdSSR, testeten ihre erste Wasserstoffbombe. Geprägt vom Zweiten Weltkrieg stellten die Atomwissenschaftler angesichts dieser Bedrohung die Doomsday Clock auf Zwei Minuten vor Mitternacht. Willam Perry warnte kurz nach dem Amtsantritt von Präsident Trump: »Die beunruhigende Rückkehr zu den Atomkriegsgefahren des Kalten Krieges […] führt mich zu dem Schluss, dass die Gefahren einer Atomkatastrophe heute größer sind als während des Kalten Krieges.«[1]

Kurz zuvor hatte Präsident Trump Nordkorea Feuer und Zorn (»fire and fury«) angedroht und geprahlt, er hätte den größten Atomknopf. Er hatte die neue amerikanische Atomkriegsstrategie, die Nuclear Posture Review 2018 (NPR 18) genehmigt: »die USA wollen nukleare Einsatzoptionen und globale Eskalationsdominanz stärken und […] atomare Gefechtsköpfe mit niedriger Sprengkraft beschaffen.«[2]

Ereignisse, nach denen US-Atomwissenschaftler die Doomsday Clock stellten

1953 – Zunächst testen die USA, wenige Monate später dann die UdSSR ihre erste Wasserstoffbombe, der Koreakrieg tobt seit 1950, als General MacArthur sich für den Einsatz von Atomwaffen ausspricht. Die Doomsday Clock steht auf »Zwei Minuten vor Mitternacht«.

1963 – Nach der friedlichen Beendigung der Kuba-Krise verkündet Präsident Kennedy 1963 die »Strategy for Peace«, vereinbarte mit Moskau einen »heißen Draht« und initiiert das begrenzte Atomtestverbot (LTBT). Als deutsche Version der »Strategy for Peace« verkündet Egon Bahr im Namen von Willy Brandt die Strategie »Wandel durch Annäherung«: Die Doomsday Clock wird auf »Zwölf Minuten vor Mitternacht« zurückgestellt.

1968 – Der Vietnam-Krieg eskaliert in Khe San; General Westmoreland verlangt den Atomwaffeneinsatz. Die Doomsday Clock wird auf »Sieben Minuten vor Mitternacht« vorgestellt.

1969 – Fast alle Nationen unterzeichnen den Atomwaffensperrvertrag, kurz NPT (außer Indien, Israel und Pakistan). Willy Brandt verkündet den Beginn der Entspannungspolitik: Die Doomsday Clock wird auf »Zehn Minuten vor Mitternacht« zurückgestellt.

1972 – Die meisten Ostverträge werden vereinbart, darunter das Vier-Mächte-Berlinabkommen, der Grundlagenvertrag, SALT I und der ABM-Vertrag zur Begrenzung der Raketenabwehr. Die Doomsday Clock wird auf »Zwölf Minuten vor Mitternacht« zurückgestellt.

1980 – Nach dem NATO-Doppelbeschluss und dem russischen Einmarsch in Afghanistan verweigert der US-Senat die Ratifizierung von SALT II: Die Doomsday Clock wird auf »Sieben Minuten vor Mitternacht« vorgestellt

1984 – Weitere Zuspitzung des Kalten Krieges durch Stationierung von Pershing II und Cruise-Missiles in Westeuropa, sowie massives Wettrüsten. Alle Warschauer Pakt-Staaten (außer Rumänien) boykottieren die Olympiade in Los Angeles: Die Doomsday Clock wird auf »Drei Minuten vor Mitternacht« vorgestellt.

1988 – Reagan und Gorbatschow unterzeichnen in Moskau den INF-Vertrag zum Verbot aller Mittelstreckenraketen, und verabreden Verhandlungen über weitere Verträge (Verbot aller chemischen Waffen, weitere Begrenzung der Atomversuche, Halbierung aller strategischen

Waffen): Die Doomsday Clock auf »Sechs Minuten vor Mitternacht«
zurückgestellt

1991 – Nach dem Fall der Mauer und dem Ende des Kalten Krieges
wird START I unterzeichnet, die UdSSR löst sich auf: Die Doomsday
Clock auf »Siebzehn Minuten vor Mitternacht« gestellt.

2002 – Die Rüstungskontrolle stockt, die USA kündigen ABM-Vertrag
auf. Es mehren sich Sorgen über »verschwundenes« Nuklearmaterial
und Nuklearexperten: Die Doomsday Clock wird auf »Sieben Minuten
vor Mitternacht« vorgestellt.

2015 – Die Modernisierung von Atomwaffen nimmt weiter zu, der
Ukraine-Konflikt sorgt für erhöhte Spannungen zwischen den USA und
Russland; die NPT-Überprüfungskonferenz endet ohne Ergebnis: Die
Doomsday Clock wird auf »Drei Minuten vor Mitternacht« vorgestellt

(Wolfgang Biermann)

ABRÜSTEN STATT AUFRÜSTEN

Reiner Braun

Die Kampagne Abrüsten statt Aufrüsten

Fast 150 000 Unterschriften sind erreicht. Die Kampagne »Abrüsten statt Aufrüsten«, die sich gegen den Beschluss der NATO und der Bundesregierung richtet, zwei Prozent des Bruttoinlandproduktes für Rüstung auszugeben, ist ein Erfolg. Die Sammlung der Unterschriften, die im November 2017 gestartet wurde, trifft auf breite Zustimmung in der Bevölkerung. Das ist ein wichtiges Ergebnis, zeigt aber auch, was wir alles noch nicht erreicht haben, vergleicht man die Kampagne mit dem Krefelder Appell der Achtzigerjahre. Natürlich: Andere Zeiten, andere Ergebnisse, aber dennoch: Es gibt noch viel Luft nach oben.

Die Gewerkschaften sind vorne dabei

Realistisch zu bleiben, ist sicher die Voraussetzung für eine erfolgreiche Kampagne. Aber wir kommen voran. Das zeigt auch der Beschluss des DGB-Bundeskongresses von Mai 2018 für die Unterstützung des Aufrufs. Diese Unterstützung verdeutlicht das erneut wachsende Engagement der Gewerkschaften für den Frieden.

Erfolgreiche Aktionstage prägten die Kampagne Anfang November 2018, was die Vielfalt der Veranstaltungen angeht, die an über vierzig Orten stattfanden. Sicherlich noch nicht ausreichend, aber die deutliche Zunahme der »Straßenpräsenz« ist ein positives Ergebnis.

Drei zentrale Behauptungen

Wir haben mit »Abrüsten statt Aufrüsten« viele ins Boot geholt. Doch die heutige Politik erfordert eine weitere Intensivierung der Kampagne. Das zeigen auch zwei hochinteressante Konferenzen der Bundesregierung, auf denen die »Sprachregelung« für die Aufrüstung festgelegt wurde. Eine im »Foreign Policy Forum« des Auswärtigen Amtes, die andere die Berliner Sicherheitskonferenz, durchgeführt vom Bundesverteidigungsministerium und eröffnet von Ursula von der Leyen. Die Teilnehmer kamen überwiegend aus Industrie, Bundeswehr und Diplomatie.

Das Foreign Policy Forum ist ein Strategieforum des Auswärtigen Amtes. Es besteht seit der Amtszeit von Sigmar Gabriel und beschäftigt sich mit strategischen Überlegungen zur internationalen Politik. Bestimmte Stichworte spielten bei beiden Konferenzen eine zentrale Rolle: Das erste ist die »Notwendigkeit«, zwei Prozent des Bruttoinlandsproduktes für Rüstung bereitzustellen. Dieses Ziel – so die Konferenzbeiträge von Außenminister Heiko Maas und von Ursula von der Leyen – muss für die »strategische Autonomie« Deutschlands und Europas sein. Das ist der erste Kernbegriff. Strategische Autonomie heißt, Deutschland und Europa als Union müssen so hochgerüstet und bewaffnet sein, dass sie eigenständig, aber vernetzt Krieg führen können. Dafür bräuchten die Regierungen der Europäischen Union das Zwei-Prozent-Ziel.

Zweiter zentraler Kernbegriff zur Begründung der Aufrüstung ist die »Weltmachtkonkurrenz«. Deutschland und Europa sei nicht mehr in der für sie »angenehmen« Situation, dass es die (befreundete) Supermacht USA und deren uneingeschränktes Engagement in Europa gäbe. Verschiedene Machtkonstellationen auf der Welt und eine nationalistische Positionierung der US-Politik begründeten eine Neupositionierung. Rivalisierend würde um Einfluss gekämpft, die Hegemonie in einer neuen Weltordnung sei nicht entschieden. Als Folgen werden verschärfte Konkurrenzverhältnisses neue politische Gegner und veränderte Bündniskonstellationen aufgezeigt. Deutschland als führende Macht in Europa – so die Position der »Vordenker« – müsse in diesem Weltmachtszenario auch militärisch eine führende Rolle spielen. Dafür bräuchte Deutschland das Zwei-Prozent-Aufrüstungsziel.

Dritter zentraler Begriff – besonders im Beitrag des Außenministers – waren die »Unsicherheitsfaktoren«, bewusst im Plural formuliert. Die Welt sei so unsicher, dass wir mehr Panzer bräuchten, so die simple Logik. Da spielen die erklärten Feindbilder wie Putin, Erdoğan oder China eine zentrale Rolle. Die Konsequenz ist immer: Wir müssen mehr rüsten.

Als weiterer Punkt durchzog besonders das Strategieforum die neue Rolle der Europäischen Union zwischen Konkurrenz und Kooperation mit den USA und gleichzeitig die Rolle Deutschlands in diesem Europa. Immer das gleiche Fazit in der Diskussion: Ohne eine militärische Supermacht Europa gäbe es keine politisch starke EU in der Welt. Der ökonomische Einfluss reiche dafür nicht aus. Deswegen sei der Anteil von Zwei Prozent am BIP für das Militär unverzichtbar.

Frau von der Leyen legte noch nach: Deutschland bräuchte sofort 32 Milliarden Euro mehr für die Rüstung, um die neuen Rüstungsausgaben, die im Ministerium geplant wurden, zu finanzieren. Sie nannte als Kostenpunkte das neue Eurofighter-Modell, einen neuen militärischen Lastkraftwagen, das Truppen- und Materialtransportflugzeug A 440, das seit zwanzig Jahren in der Diskussion ist und jedes Jahr mehr Geld verschlingt, sowie neue Marine-Korvetten. Dafür bräuchte das Ministerium sofort weitere Milliardenbeträge.

Letztendlich geht es ihr um 85 Milliarden Euro – also um deutlich mehr als zwei Prozent des BIP für Rüstung. Dafür werden strategische und politische Kettenglieder geformt. Zu diesen gehört nicht zuletzt PESCO[1] und auch die von der Bundesregierung mitgetragenen Interventionsinitiative von Frankeichs Präsidenten Emmanuel Macron. Hier besteht im engen Schulterschluss mit Frankreich als eine verbleibende Gemeinsamkeit das Ziel, überall, wo es für notwendig erachtet wird, Krieg führen zu können.

Auch deshalb: Abrüsten statt aufrüsten

Diese Entwicklungen untermauern den Stellenwert der Kampagne »Abrüsten statt Aufrüsten«. Sie ist die friedenspolitische Antwort auf die neue Militarisierungswelle. Ohne die zwei Prozent haben die EU-Staaten in der NATO nicht ausreichend die Waffensysteme, die sie für eine

Kriegsführung überall bräuchten. Von daher geht es um eine grundlegende Frage, denn eine erfolgreiche Umsetzung des Zwei-Prozent-Aufrüstungsziels würde nicht zuletzt auch das geistige und gesellschaftliche Klima in unserem Land und in der EU verändern. Es geht bei der Ablehnung nicht nur um die bessere Nutzung der Finanzmittel für Sozialleistungen, ökologische Transformation und mehr Bildung, es geht auch um die Verhinderung der geistigen Aufrüstung der Gesellschaft.

Die Kampagne ist auch Teil einer Politik der »Entspannung und Kooperation mit Russland«, denn nur wenn die wahnwitzige Aufrüstung gestoppt wird, kann es eine Grundlage für partnerschaftliche Beziehungen und eine gemeinsame Sicherheit in Gesamteuropa geben. Auf den Spitzen von Raketen ist Freundschaft nicht möglich.

Aufrüstung ist ein permanenter Verstoß gegen die Menschenrechte, weil Aufrüstung zu Kriegen führt, weil Aufrüstung die Ressourcen vernichtet, die für ein gutes Leben notwendig sind, weil Aufrüstung zur Dezivilisierung der Menschen beiträgt. Die Verteidigung der Menschenrechte im umfassenden Sinne ist ein zentrales Anliegen der Friedensbewegung. Die Forderung nach Abrüstung ist eine humanistische, für uns auch antikapitalistische Antwort auf Aufrüstung und Krieg.

Wir müssen auch über eine Internationalisierung der Kampagne nachdenken. Allein wird die deutsche Friedensbewegung die Zwei-Prozent-Aufrüstungspläne der NATO nicht verhindern können. Ohne gemeinsame Aktivitäten werden wir es nicht schaffen. Das Internationale Friedensbüro (IPB) als weltgrößtes Friedensnetzwerk wird weitere Beiträge leisten müssen, auch der Weltfriedensrat ist gefordert.

AUFRÜSTEN: NEIN!

Willi van Ooyen

Wir sind noch immer da

Die Situation der Friedensbewegung wird in der öffentlichen Wahrnehmung fast nostalgisch mit den Antiraketenprotesten der Achtzigerjahre oder den Aktionen im Februar 2003 gegen den Irak-Krieg verbunden. Der Kampf für eine andere Friedens-Politik war aber auch in den letzten Jahren beträchtlich. Nach der Ablehnung von SPD und Grünen, sich am Irak-Krieg zu beteiligen, waren die Erwartungen und Hoffnungen groß. Doch die Militarisierung der Politik, heute sogar die Globalisierung der Kriege mit der Gefahr der weltweiten Vernichtung haben zugenommen. Deshalb ist die Frage »Wo bleibt die Friedensbewegung?« berechtigt.

Wichtig bleibt: Wir müssen den Protest gegen den Krieg in die Mitte der Gesellschaft tragen und dort verankern. Das wird durch die Zerrissenheit unserer Gesellschaft in der Frage Krieg und Frieden erschwert, auch gefördert durch die schnellen Kriegsparolen manchmal sogar ehemaliger Friedensbewegter, oft getarnt als »deutsche Verantwortung«. Die Gefahren klar zu machen und den Widerspruch zwischen Militarisierung und sozialer Gerechtigkeit in die politische Auseinandersetzung einzubringen, bleiben die Hauptaufgabe der Friedensbewegung.

Bundesausschuss Friedensratschlag

Die regelmäßigen Treffen haben den Bundesausschuss Friedensratschlag zur wichtigen Plattform der Friedensbewegung gemacht, für den Informationsaustausch und als Ergänzung und Unterstützung der örtlichen Ansätze ebenso wie für spontane Bewegungen von Antifa-Aktionen, Kampf gegen rechts oder Blockupy.

Der Schwerpunkt des Friedensratschlages ist basisorientiert: Hier kommen die Gruppen der Friedensbewegung zusammen, tauschen sich über die aktuellen Entwicklungen sowie die Arbeit der Initiativen aus und planen gemeinsam Schwerpunkte und Kampagnen. Der Friedensratschlag ist zu einem festen Forum geworden, in dem sich Friedensbewegung, Friedenswissenschaft und Gewerkschafter mit Vertreter von Kirchen, gesellschaftlichen Organisationen und Parteien sowie mit internationalen Friedensaktivisten austauschen, um Friedens- und Abrüstungsfragen ins Zentrum politischer Debatten zu bringen.

Die Friedensbewegung sollte dabei der allgemein verbreiteten Tendenz, mit Parteien nichts anfangen zu können, entgegensteuern. Die Parteien müssen mit friedenspolitischen Alternativen konfrontiert und zur aktiven Mitarbeit in der Friedensbewegung bewegt werden. Zentrales Ziel bleiben grundlegende Veränderungen in der Außen- und Sicherheitspolitik der Regierung. Darauf zu warten, wäre allerdings ein fataler Fehler. Das außerparlamentarische Engagement steht im Mittelpunkt. Das und die Zusammenarbeit mit Parteien des Parlaments bzw. Abgeordneten sollten nicht als Gegensätze begriffen werden, sondern als notwendige Ergänzung. Aus heutiger Sicht hat die Friedensbewegung mit der Linkspartei einen verlässlichen Partner im Parlament. Von zentraler Bedeutung bleiben der Widerstand und die Aktivitäten in allen Bereichen.

Inhaltliche Schwerpunkte

Die pazifistische Grundposition der Friedensbewegung muss aktualisiert werden. Sie zeichnet sich durch eine antimilitaristische Haltung aus, die militärische Konfliktlösungsstrategien grundsätzlich ablehnt und als Alternative eine zivile Konflikt- und Krisenprävention fordert. Diese Grundposition sollte wegen der jüngsten Entwicklungen aktualisiert werden. Dabei sollten auch Perspektiven aufgezeigt werden, wie der Schutz von Menschenrechten mit nicht militärischen Konfliktlösungsmodellen zu erreichen ist. Zu dieser Thematik sind eine engere Kooperation und ein Austausch mit zivilgesellschaftlichen Organisationen (NGO) und wissenschaftlichen Einrichtungen notwendig, national wie international.

Eine Absage und Skepsis gegenüber jeglichen Interventionsstrategien, auch Out-of-area-Einsätze im Namen oder im Auftrag der UNO, ist angebracht, solange die UNO nicht grundlegend reformiert und im Sinne der Gerechtigkeit nicht die Vorherrschaft des globalen Nordens abgebaut wird. Denn derartige Überlegungen gehören oft zu den neoliberal begründeten Machtspielen und erfolgen meist im Interesse westlicher Staaten zu Lasten des globalen Südens.

Die erneute Neuausrichtung der Bundeswehr bedeutet eine fundamentale Veränderung in der Außen- und Sicherheitspolitik der Bundesrepublik Deutschland.

Der Rückzug der Atommächte aus der Rüstungskontrolle, die Frage neuer Atomwaffen und die Weiterentwicklung der Massenvernichtungswaffen stellen die Friedensbewegung vor die Frage, wie der Protest gegen die Atomrüstung reaktiviert werden kann. Die Kündigung des INF-Vertrages ist ein schwerer Rückschlag, aber auch ein notwendiger Anlass, die atomare Bedrohung wieder ins Zentrum der Friedensbewegung zu rücken. Die Rüstungsexportpolitik muss durch die laufende Unterschriftenkampagne, aber auch durch mediale und juristische Auseinandersetzungen zurückgedrängt werden.

Auch die Entwicklung Europas stellt die Friedensbewegung vor neue Fragen: Welche Rolle spielen EU und KSZE? Was macht ein Europa von Wladiwostok bis Lissabon? Was wird aus europäischen Militarisierungsprogrammen (wie PESCO), die eine weitere Kriegsgefahr und gleichzeitig Sozialabbau für viele Regionen in Europa bedeuten?

Vielfalt von Aktionen und Themen

Die Friedensbewegung behandelt vor Ort die verschiedenen Themen auch in Vorbereitung der Ostermärsche, die es seit den Sechzigerjahren (mit einer Unterbrechung von 1969 bis 1980) als Basismodell der Friedensbewegung gibt. Zwar waren die Teilnehmerzahlen bisher unterschiedlich, aber die dezentrale Struktur durch die örtlichen Friedensgruppen und Aktivistinnen hat sich bewährt und gibt der Friedensbewegung Stabilität.

Diese Basisgruppen sind es, die zu den verschiedenen Aktionen der nationalen und internationalen Friedensarbeit mobilisieren: ob zur Münchener Sicherheitskonferenz, dem siebzigsten Jahrestag der NATO, zur Kampagne »Atomwaffenfrei« mit einem Bezug zum Standort Büchel (wo immer noch zwanzig Atomraketen lagern), den Aktionen gegen Truppenübungsplätze oder zu Kirchentagen.

Wichtige Daten der Friedensbewegung sind seit Jahrzehnten auch der Hiroshima-Tag und der Antikriegstag am 1. September, die in der Regel in vielen Städten gemeinsam mit Gewerkschaften organisiert werden. Die Initiative »Abrüsten statt Aufrüsten« trägt dazu bei, dass das Thema wieder stärker vor Ort präsent ist und es zu vielen Gesprächen kommt.

Der Aufschwung der Friedensbewegung zu einer Masseninitiative gelang immer, wenn das Ziel gebündelt werden konnte und es eine reale Hoffnung auf Erfolg der Bewegung gab (Raketenstationierung, Irak-Krieg). Dennoch ist der Meinungsumschwung in der Öffentlichkeit, den die Friedensbewegung organisiert hat, ein großer Erfolg. In keinem anderen europäischen Land ist die Ablehnung von Kriegseinsätzen und Aufrüstung so verbreitet wie in unserem. Diesen Erfolg zu festigen, daran anzuknüpfen und zur Mehrheitsmeinung zu machen, bleibt unsere Aufgabe.

NEUE ENTSPANNUNGSPOLITIK JETZT! DÉTENTE NOW!
Политика разрядки, немедленно!

Wolfgang Biermann, Burkhard Zimmermann:

Zur Vorgeschichte:

Im Sommer 2015 regte Egon Bahr an, dass Unterstützer des Berliner Appells »für eine neue Entspannungspolitik« und des Willy-Brandt-Kreises miteinander beraten sollten, wie man überparteilich – beispielsweise mithilfe des Internets – Informationsarbeit für eine neue Entspannungspolitik verstärken könnte.

Von dem Treffen im Oktober 2015, an dem Egon Bahr leider nicht mehr teilnehmen konnte, veröffentlichte pax christi eine *Gemeinsame Erklärung über Ergebnisse des Gedankenaustauschs von Friedensinitiativen*, in der es unter anderem hieß:

»Unterzeichner/innen des »Berliner Appells«, Vertreter/innen des »Willy-Brandt-Kreises«, des »Ostausschusses der deutschen Wirtschaft« und der »Initiative für eine Neue Ostdenkschrift«, … berieten in Berlin über die Verbesserung der Zusammenarbeit zwischen Zivilgesellschaft und Politik zur Unterstützung einer Erneuerung der deutschen und europäischen Friedenspolitik. … Auch unter veränderten Rahmenbedingungen gilt das Vermächtnis von Willy Brandt und Egon Bahr weiterhin: Sicherheit wird es in Europa nur gemeinsam mit Russland geben. … Sie setzen sich dafür ein, den sich anbahnenden Rüstungswettlauf in Europa zu stoppen, Atomwaffen abzubauen und Stationierung von weiteren Raketenabwehrsystemen zu verhindern. Das betrifft sowohl die Rüstungspläne der NATO als auch Russlands.«[1]

Eine kleine Gruppe von uns bekam den Auftrag, daraus einen Entwurf für den Internetauftritt zu machen. Im August 2016 stimmten wir das »Editorial« für den Aufbau der Website mit Initiatoren – aus Gewerkschaften, Kirchen, Friedensgruppen, Internationale Ärzte für die Verhütung des Atomkrieges (IPPNW), International Campaign to Abolish Nuclear Weapons (ICAN), dem Ostausschuss der Wirtschaft, dem Parlamentarischen Netzwerk für nukleare Abrüstung und Nicht-verbreitung (PNND) und Daniel Ellsberg – ab und warben für Unter-stützung des Editorials für die Website.

Im Herbst 2016 startete die Initiative »Neue Entspannungspolitik JETZT!« ihre Arbeit.

Durch die unerwartet große Unterstützung aus der Zivilgesell-schaft beiderseits des Atlantik wurde aus dem Editorial mit rund 120 Erstunterzeichner*innen aus den USA und Europa ein transatlantischer Appell »Die Spirale der Gewalt beenden – für eine neue Friedens- und Entspannungspolitik JETZT!«, für den wir nach Einrichtung der Website – in deutscher, englischer und nunmehr auch in russischer Sprache – weitere Unterstützer sammelten.

Ein Beispiel für die positive Resonanz ist die Stellungnahme von William van den Heuvel, dem Präsident des »Amerikanischen Komitees für Ost-West-Verständigung« (ACEWA), früher Jimmy Carters UNO-Botschafter und ein alter Freund von Egon Bahr: »Euer Editorial drückt aus, was ich zutiefst glaube, nämlich dass eine ›neue Entspannungs-politik‹ notwendiger denn je ist, um die Krisen zu bewältigen, die zur militärischen Konfrontation und Möglichkeit eines Krieges beitragen.«

Aufruf und Erstunterzeichner wurden in den USA am 06. Dezember 2016 unter anderem in der Wochenzeitung *The Nation* in einem Beitrag von Gilbert Doctorow, Ute Finckh-Krämer, Ludger Volmer, Rolf Ekéus und Noam Chomsky bekannt gemacht.

Die ärztliche Friedensorganisation IPPNW informierte auf ihrer Website über die Initiative und fasste die Intention des Bündnisses folgendermaßen zusammen:

»Die wachsenden Spannungen zwischen der NATO und Russland beunruhigen viele Menschen auf beiden Seiten des Atlantiks. Unter dem Motto »Die Spirale der Gewalt beenden – für eine neue Friedens- und Entspannungspolitik jetzt!« haben Persönlichkeiten aus Politik und Zivilgesellschaft aus Deutschland und den USA einen transatlantischen Appell für eine neue Entspannungspolitik mit Russland initiiert. ›Immer mehr setzen die NATO und Russland auf Abschreckung durch Aufrüs-tung und Drohungen gegeneinander statt auf gemeinsame Sicherheit durch vertrauens- und sicherheitsbildende Maßnahmen, Rüstungskon-trolle und Abrüstung. Sie missachten damit auch ihre Verpflichtungen zum Aufbau einer gesamteuropäischen Friedensordnung, zur Stärkung der Vereinten Nationen und zur friedlichen Beilegung von Streitfällen mit einer obligatorischen Schlichtung durch eine Drittpartei.‹

Die UnterzeichnerInnen, zu denen Vertreterinnen und Vertreter aus Kirchen, Wirtschaft, Politik und Zivilgesellschaft gehören, drängen auf eine breite gesellschaftliche und parteiübergreifende Debatte zur Durchsetzung einer neuen »Entspannungspolitik jetzt!«

Mehrere Persönlichkeiten aus der Friedensbewegung unterstützen den Aufruf, darunter die IPPNW-Vorsitzende Susanne Grabenhorst, IPPNW-Vorstandsmitglied Dr. Sabine Farrouh und IPPNW-Ehrenvorstand Prof. Dr. Ulrich Gottstein, die Bundesvorsitzende der katholischen Friedensbewegung pax christi, Wiltrud Rösch-Metzler, Dr. Christine Schweitzer, Co-Geschäftsführerin des Bundes für Soziale Verteidigung.

Aus der US-amerikanischen Friedensbewegung haben Helen Caldicott, eine der Gründerinnen der Physicians for Social Responsibility, Ira Helfand, Co-Präsident der IPPNW, David Krieger, Präsident der Nuclear Age Peace Foundation und der Philosoph und Linguist Noam Chomsky den Aufruf unterzeichnet. Weitere prominente Journalisten, Publizisten und Künstler aus den USA haben ebenfalls ein deutliches Signal für eine Zusammenarbeit über den Atlantik hinweg gegeben. Außerdem finden sich auch Vertreter aus Schweden, den Niederlanden, Belgien, Australien, Bulgarien, Großbritannien, Kanada und Polen unter den Unterstützern.

Zu den bekannte Namen von Erstunterzeichnern aus der deutschen Politik gehören beispielsweise die ehemaligen Bundesminister Björn Engholm, Herta Däubler-Gmelin und Renate Schmidt, die Bundestagsabgeordneten Gernot Erler, Gregor Gysi und Johannes Kahrs, der frühere Regierungssprecher Uwe-Karsten Heye, der ehemalige EU-Kommissar Günter Verheugen, der frühere EKD-Auslandsbischof Martin Schindehütte, sowie der jetzige Bremer Bürgermeister Carsten Sieling und sein Vorgänger Henning Scherf.«[2]

Mit dem Aufbau der Website möchte die Initiative »Neue Entspannungspolitik JETZT!« durch Informationen, Internet-Vernetzung und persönliche Kontakte aus unserem Unterstützerkreis helfen, Brücken zwischen Zivilgesellschaft und etablierter Politik, Fraktionen und Parteien zu bauen und im Dialog miteinander konkrete Schritte zur Entspannungspolitik beraten und entwickeln.

In der Initiative wirken friedenspolitisch besorgte Bürgerinnen und Bürger aus der Zivilgesellschaft, aus den Kirchen, aus Politik, Wirtschaft und den Gewerkschaften zusammen. Die Initiative ist an keine Partei oder politische Richtung gebunden. Was uns deutschlandweit und international eint, ist der Willen, an einer friedlichen Weltordnung zu arbeiten.

Schwerpunkt der Initiative ist nicht die Organisation von Veranstaltungen oder Kundgebungen, sondern in erster Linie die Unterstützung der Debatte zwischen Zivilgesellschaft und Politik für eine neue Entspannungspolitik durch Bereitstellung von Information über Initiativen, Artikel und Stellungnahmen aus Deutschland und anderen Ländern zu den Themenbereichen Entspannungspolitik, Rüstung und Rüstungskontrolle, Krisen und Konflikte, sowie zu UN und OSZE. Aber mit der Website, in Zukunft auch mit Info-Broschüren und regionalen Gruppen wollen wir zur Unterstützung von Dialogen und Verbesserung der Öffentlichkeitsarbeit beitragen.

Die Initiative kooperiert dabei mit ICAN, IPPNW, und PNND und veröffentlicht auf ihrer Website auch Übersetzungen von Beiträgen aus The Nation, vom Stockholm International Peace Research Institute (SIPRI) und anderen internationalen friedenspolitischen Informationsdiensten und Friedensinstituten.

Mit Informationen über Städtepartnerschaften mit Russland und anderen zentral- und osteuropäischen Staaten zum Abbau der Konfrontation und Aufbau von Gesprächskreisen leisten wir einen Beitrag zur Diskussion über vertrauensbildende Maßnahmen und Abrüstungsschritte.

Im Oktober 2017 unterstützte unsere Initiative mit einer Reihe von Erstunterzeichnern den Aufruf »Abrüsten statt Aufrüsten«. Wir verbinden dies mit der Unterstützung der ICAN-Kampagne für das UN-Atomwaffenverbot.

Wir wollen zur Verbreitung der Informationen über von ICAN und den Mayors for Peace (Bürgermeister*innen für Frieden) organisierten Kampagnen und Aktionen beitragen, insbesondere die inzwischen auch von zahlreichen Abgeordneten, Bürgermeistern und Städten unterschriebenen »ICAN-Briefe« mit der Forderung nach einem Beitritt Deutschlands zum UN-Atomwaffenverbot.

Dies ist für uns eng verknüpft mit der Unterstützung von Initiativen für Abrüstung und Rüstungskontrolle und Forderungen nach

Abzug der Nuklearwaffen statt einer »Modernisierung« der deutschen Trägermittel (Kampfflugzeuge) für taktische US-Nuklearwaffen und Erhalt und Ausbau der Rüstungskontrolle als Schritte zu einer neuen Entspannungspolitik.

Wir setzen uns auch für den Erhalt und die Weiterentwicklung des INF-Vertrages ein, dessen Ende nach den Rückzugserklärungen der Präsidenten Trump und Putin nach Ablauf der Kündigungsfrist am 1. August 2019 droht.

BESSER LEBEN OHNE AUFRÜSTUNG

Frank Bsirske

Eine konkrete Vision

Unsere konkrete Vision heißt: Wohnungssuchende finden eine bezahlbare Wohnung. Die neue Rentenpolitik sichert ein auskömmliches Leben für alle Menschen im Alter. Jedes Kind hat in der Nähe eine schöne Kita mit qualifizierten Fachkräften. In den modernisierten Schulen fällt kein Unterricht mehr aus. Alle Busse und Bahnen fahren bequem in kurzen Takten und ohne Emissionen. Arbeitsplätze in Kitas, Krankenhäusern und Pflegeheimen sind durch gute Bezahlung und international vorbildliche Personalbemessung außerordentlich attraktiv geworden. Der Strukturwandel zu einer humanen Dienstleistungsgesellschaft ist in vollem Gang. Auch international werden qualitativ neue Bedingungen geschaffen. Migration vor Krieg und Armut, das gibt es kaum noch.

Alles eine übertriebene Utopie? Nein, das sind konkrete Ziele, die wir verfolgen. Und diese Ziele sind bezahlbar, durch gerechte Steuerpolitik und durch Abrüstung.

»Nie wieder Krieg, nie wieder Faschismus! Abrüsten statt Aufrüsten«. unter diesem Motto stand 2018 der Aufruf des Deutschen Gewerkschaftsbundes zum Antikriegstag. Seit den Fünfzigerjahren rufen die Gewerkschaften des DGB am 1. September, dem Jahrestag des deutschen Überfalls auf Polen, zum Gedenken für Frieden und Abrüstung auf. Angesichts der Bestrebungen zu einem neuen globalen Wettrüsten, der Modernisierung der Atomwaffenarsenale und der NATO-Forderung nach Aufrüstung mit dem Ziel, im Jahr 2024 in allen Mitgliedsstaaten zwei Prozent ihrer Wirtschaftsleistung für Militär bereitzustellen, ist das friedenspolitische Engagement der Gewerkschaften gefordert. Das Zwei-Prozent-Ziel der NATO würde für Deutschland nahezu eine Verdoppelung des Rüstungsbudgets um dreißig Milliarden Euro auf 85 Milliarden Euro bedeuten – eine fundamental falsche Entscheidung.

Die Weltkriege des 20. Jahrhunderts mit vielen Millionen Toten, Verwundeten, Hinterbliebenen, Vertriebenen und Geflüchteten und die Vielzahl der Kriege der Gegenwart verdeutlichen nachdenklichen Menschen Tag für Tag die verheerenden Auswirkungen militärischer Strategien. Im Zeitalter der Atomwaffen droht der Zivilisation im Fall des Einsatzes dieser Waffen die Auslöschung. Trotzdem wird aufgerüstet, werden Atomwaffen und ihre Trägersysteme in Ost und West dem Stand neuster Technik angepasst und durch automatisierte und möglicherweise autonome Systeme erweitert. Auch in der Eifel stationierte Atombomben und Tornado-Flugzeuge sind im Rahmen der »nuklearen Teilhabe« der NATO unter Einbeziehung der Bundeswehr Gegenstand der Vorbereitung auf einen nuklearen Krieg. Denn unter der »nuklearen Teilhabe« können atomwaffenfreie NATO-Staaten im Kriegsfall US-Atomwaffen einsetzen und dies in Friedenszeiten auch üben. Gegen den Irrsinn der Atomwaffen und gegen den Irrsinn des konventionellen Aufrüstens richten sich die Forderungen der Gewerkschaften. Gewerkschaftsmitglieder und mit ihnen die überwiegende Mehrheit der Bürgerinnen und Bürger erwarten von der Bundesregierung ganz andere politische Prioritäten und Richtungsentscheidungen bei der Verwendung der öffentlichen Haushaltsmittel. Die Steuermittel der Bürgerinnen und Bürger müssen für drängende zivile Anforderungen der Gesellschaft verwendet werden.

Wandel tut not

Vor über vierzig Jahren begann unter Leitung von Willy Brandt die Nord-Süd-Kommission mit der Erarbeitung von Empfehlungen zur Lösung der großen sozialen Herausforderungen unserer Zeit. Die Überschrift der Einleitung von Willy Brandt lautete »Wandel tut not: Frieden, Ausgleich, Arbeitsplätze«. Diese Zeile ist heute so richtig wie damals. Die inzwischen weit vorangeschrittene Internationalisierung der Weltwirtschaft erfordert diese Elemente sogar noch dringlicher als vor vierzig Jahren. Menschenrechte, Freiheit von Gewalt und Armut, solidarische Hilfe für Menschen in Not müssen bestimmende Werte der Politik sein.

Die Feststellungen der einstigen Nord-Süd-Kommission sind nach wie vor hochaktuell: »Ein neues Verständnis von Verteidigungs- und

Sicherheitspolitik ist unerlässlich. Die Öffentlichkeit muss besser informiert werden über die Lasten und die Verschwendung, die das Wettrüsten mit sich bringt, über den daraus entstandenen Schaden für unsere Volkswirtschaften und über die größere Bedeutung anderer Maßnahmen, für die wegen des Wettrüstens keine Mittel vorhanden sind. Mehr Waffen machen die Menschheit nicht sicherer, nur ärmer.«

Weder mit Aufrüstung noch mit Resignation meistern wir die globalen Herausforderungen. Konfliktlösungen in vielen Teilen der Erde, Klimagerechtigkeit, fairer Welthandel, Armutsreduzierung für Millionen von Menschen gelingen nicht mit Waffen und Gewalt. Nur mit friedlichen Mitteln können wir unseren Planeten auch für künftige Generationen bewohnbar gestalten und den Nachhaltigkeitszielen der Vereinten Nationen näherkommen.

Die meisten geflüchteten Menschen weltweit kommen aus Kriegsgebieten. Syrien, Afghanistan, Südsudan sind Gebiete, in denen die Flucht der einzige Ausweg aus Tod, Leid und Not ist. Der verzweifelte Versuch, die Anschläge des 11. September 2001 mit dem Mittel des Krieges zu beantworten, scheiterte in Afghanistan und im Irak. Mehr Waffen und mehr Kriege sind die völlig falsche Antwort. Frieden braucht Vermittlung, Dialog, Bildung, Arbeit, Umwelt- und Klimaschutz. Die Migrationsforschung benennt sozioökonomische politische und ökologische Gründe als treibende Motive für Flucht. Deshalb müssen wir endlich diesen Gründen passende Antworten geben. Aufrüsten gehört definitiv nicht dazu.

Auf der politischen Ebene stehen zivile Strategien zur Friedenssicherung und die Stärkung der Vereinten Nationen an erster Stelle. Ohne Mandat der Vereinten Nationen im Rahmen von Friedensmissionen darf es keine bewaffnete Intervention geben. Diese Ziele der Stärkung von völkerrechtlichen Strukturen der internationalen Staatengemeinschaft müssen besonders jetzt, in Zeiten des vom US-Präsidenten Trump erklärten Unilateralismus, entschlossen verfolgt werden. Auf der Ebene der sozioökonomischen Gründe geht es um Beschäftigung, existenzsicherndes Einkommen, Eindämmung von Armut und Ungleichheit durch Umverteilung, Zugang zu Bildung und Gesundheitsdienstleistungen. Bei den ökologischen Gründen steht die Transformation zu einer regenerativ basierten Ökonomie und der schonende Umgang mit den

Ressourcen unseres Planeten im Vordergrund. All diese dringenden Aufgaben sind ohne finanzielle Mittel nicht zu bewältigen.

Anstatt durch Kriege gegen Mensch und Natur die Not und das Leid zu vergrößern, müssen wir endlich umsteuern. ver.di und der DGB werben für eine neue Abrüstungspolitik. Konversion von Rüstungswirtschaft ist machbar, das zeigen die Erfahrungen in den Jahren nach den Weltkriegen und nach dem Ende des Kalten Krieges in den Neunzigerjahren.

Ein besseres Leben ist möglich: ohne Aufrüstung!

MEHR FÜR DAS MILITÄR? NICHT MIT UNS!

Wiltrud Rösch-Metzler

Aus der Geschichte lernen?

Als 2014 die Erinnerung an den Beginn des Ersten Weltkriegs im Fokus stand, wurde in der historischen Betrachtung deutlich, dass in der Zeit zuvor eine Aufrüstungswelle die europäischen Länder durchzog. Sie führte in einen Krieg, der siebzehn Millionen Tote forderte, die Hälfte davon Zivilisten. Am 11. November 2018, am Fest des Heiligen Martin von Tours, war es hundert Jahre her, dass mit dem Waffenstillstand von Compiègne dieser Krieg zu Ende gegangen ist, der später folgende Kriege, etwa im Nahen Osten, und Nationalismen, etwa in Europa, genährt hat.

Eifrig wird heute wieder für die Aufrüstung geworben. Das geschieht auf unterschiedliche Weise. Mehr oder weniger verblümt heißt es, Migranten ließen sich dadurch abhalten. Und nachdem Europa angeschlagen sei, ein »müdes altes Mütterchen«, wie der Papst sagte, wird uns die Aufrüstung Europas als die Erneuerung Europas verkauft. Bislang hatte die EU keinen Haushaltsposten für Verteidigung. Warum sich das ändern müsse, erklärt sie so: »In einer Welt, in der die geopolitische Instabilität in unserer Nachbarschaft zunimmt, muss die Europäische Union mehr Verantwortung für die Verteidigung und den Schutz ihrer Bürger, ihrer Werte und ihrer Lebensweise übernehmen.« Die Union, so heißt es, könne Maßnahmen der Mitgliedstaaten im Bereich der Verteidigung zwar nicht ersetzen, doch die Zusammenarbeit bei Technologien und Ausrüstung, die für Verteidigung und Sicherheit erforderlich wären, fördern. Die Europäische Union erhöhe ihren Beitrag zur kollektiven Sicherheit und Verteidigung Europas und arbeite dabei eng mit ihren Partnern, angefangen bei der NATO, zusammen.«

Die Rolle Europas

Um die Streitfrage »Mehr Ausgaben fürs Militär« wird in der EU noch gerungen. Denn dafür muss nun an anderer Stelle gekürzt werden – oder die Mitglieder müssen mehr einzahlen. Was heißt das? Zukünftig soll Geld für Transportinfrastruktur, Militärforschung und Kofinanzierung von militärischen Kooperationsprojekten eingesetzt werden, sowie außerhalb des EU-Haushalts im Rahmen der »Europäischen Friedensfazilität«. Letztere unterstützt Friedenseinsätze von Drittländern, militärische Einsätze im Rahmen der Gemeinsamen Sicherheits- und Verteidigungspolitik und unterstützt Streitkräfte von Nicht-EU-Ländern mit Infrastruktur, Ausrüstung und Versorgungsleistungen. Die Informationsstelle Militarisierung in Tübingen hat ausgerechnet, dass im EU-Haushalt 2021–2027 mindestens 55 Milliarden Euro zusätzlich für Verteidigung ausgegeben werden.

Das Ende der militärischen Enthaltsamkeit der EU ist beschlossen. Die »Ständige strukturierte Zusammenarbeit« (PESCO) soll gemeinsame Rüstungsprojekte einzelner EU-Länder regeln. Ein Haushaltsposten, der bislang nur als Entwicklungshilfe ausgegeben werden konnte, das Instrument für Stabilität und Frieden, kann ab jetzt für militärische Ertüchtigung verwendet werden. Migrationspakte, die die EU mit einzelnen Nachbarländern abschließt, beinhalten beispielsweise auch Militärhilfe.

Die EU hat sich über Jahrzehnte als ›Friedensmacht‹ und damit als Vorbild für andere Staaten und Staatenorganisationen verstanden. Sie ist mit dem Friedensnobelpreis ausgezeichnet worden. Im Kern ist sie aber eine Wirtschafts- und Finanzunion. Soll nun eine Militärunion folgen? Wo bleibt die Sozialunion mit einer gemeinsamen Arbeitslosenversicherung, wo bleibt die EU der Gerechtigkeit? Die Tugend des Teilens kann für mehr Wohlstand sorgen, für mehr Sicherheit und mehr gesellschaftlichen Frieden. Sie sei eine vergessene europäische Leitkultur schrieb Heribert Prantl in der *Süddeutschen Zeitung* und nahm den Heiligen Martin als Vorbild.

Die Rolle Deutschlands

Die Begeisterung für das Militär, verbrämt als notwendig und vernünftig beschrieben, durchzog nahezu alle Kommentare, Berichte und Interviews rund um den NATO-Gipfel 2018 in Brüssel und den Siebzigsten Jahrestag der NATO in Washington. So die »Tagesschau«: »Wahr ist allerdings auch, dass der US-Präsident in einem Punkt gar nicht so verkehrt liegt: Die Lasten im Bündnis sind unfair verteilt, und die Europäer haben sich in militärischen Dingen zu lange einen schlanken Fuß gemacht.« In der *Stuttgarter Zeitung* war zu lesen: »Deutschland ist allerdings gut beraten, mehr für Verteidigung auszugeben und nicht erst 2024 bei 1,5 Prozent des Bruttoinlandsprodukts zu landen. Nicht, um den America-first-Politiker im Weißen Haus endlich ruhig zu stellen. Aber Deutschland sollte sich aus eigener Überzeugung die Sicherheit seiner Bürger mehr kosten lassen.«

So wird für die Aufrüstung Deutschlands getrommelt und der Gruppendruck zur Aufrüstung, der in der Nato herrscht, übernommen. Alternative Einschätzungen dazu, wie sie zum Beispiel in den *Nachdenkseiten* oder in der Zeitschrift *Friedensforum* zu lesen sind, müssen deshalb einfach stärker verbreitet werden. Denn der Druck zur Erhöhung der Verteidigungsausgaben kommt von vielen Seiten. Die Münchner Sicherheitskonferenz in Kooperation mit McKinsey und der Berliner Privatuni Hertie School of Governance errechnete, dass beim jetzigen Ausgabenstand für Verteidigung (hier wurden die Einzelhaushalte der Länder zusammengezählt) EU-weit 272 Milliarden Euro zusammenkommen, bei Zwei Prozent des europäischen Bruttosozialprodukts wären es 386 Milliarden. 116 Milliarden davon also könnten in diesem Fall zusätzlich für Ausrüstung ausgegeben werden, was wiederum vor allem die Lieferanten, die Rüstungskonzerne, interessiert.

Mehr Waffen, mehr Soldaten. Die Bundeswehr soll von 180 000 auf 200 000 Soldaten im Jahr 2024 aufgestockt werden. Vor allem aber mehr nationale Ausgaben fordern US-Präsident Donald Trump und vor ihm bereits Barack Obama, NATO-Generalsekretär Jens Stoltenberg und einige östliche NATO-Länder. Dies sei nötig, weil es mehr Bedrohungen gebe. Wer nicht aufrüstet, kann keinen Krieg überstehen, führen und gewinnen. Wer aufrüstet, will sich mindestens militärische Optionen offenhalten. Dabei wird vor allem Russland genannt, das jedoch seine Rüstungsausgaben von 2016 auf 2017 um zwanzig Prozent gesenkt auf 66 Milliarden US Dollar hat.

Der Gruppendruck verhindert den Blick auf das, was durch 1989 bereits erreicht worden war. Damals bewegten sich die Staaten aufeinander zu und überlegten, zu einer gemeinsamen Sicherheit beizutragen, die niemanden ausschließt. Wie schnell hat das wiedervereinigte Deutschland vergessen, dass es auch von Russland etwas empfangen hat. Russland werden heute Völkerrechtsverstöße vorgeworfen und damit ein »Feindbild Russland« konstruiert. Israel hingegen, das seit Jahrzehnten gegen das Völkerrecht verstößt, wird mit Waffen aus Deutschland beliefert und es besteht sogar eine enge Militärkooperation. Bundeswehrsoldaten lernen in Israel den Tunnelkampf. Die für hundert Millionen Euro pro Stück von Deutschland geleasten Heron-Drohnen stehen in Israel.

Eigene deutsche Beteiligungen und Beihilfen an Völkerrechtsverstößen werden in der Regel tabuisiert. Was hatte es mit der Bombardierung Serbiens durch die NATO auf sich? Wurde damals kein Völkerrecht gebrochen? Wie wird der Kriegseinsatz der Bundeswehr in Syrien bewertet? Ist der völkerrechtlich in Ordnung? Eben nicht, sagt der Wissenschaftliche Dienst des Bundestages. Der neue eindimensionale Blick auf die Steigerung der Militärausgaben verhindert auch, dass überlegt wird, wie die Staaten zum Weltgemeinwohl beitragen könnten und zu mehr Gerechtigkeit auf der Welt. Die Bundesregierung muss diesen Gedanken stärken und dafür Mittel bereitstellen, damit globale Aufgaben wie Migration und der Erhalt der Schöpfung angegangen werden können.

Das Zwei-Prozent-Ziel

Das sogenannte NATO-Ziel von zwei Prozent des Bruttoinlandsprodukts für Rüstung ist nicht verpflichtend. Rechtlich bindend ist diese Vorgabe nicht, sondern nur der NATO-Vertrag von 1949. Darin ist der Beitrag, den ein Land im Falle eines bewaffneten Angriffs auf einen Mitgliedsstaat zu leisten bereit ist, in das Ermessen des jeweiligen Landes gestellt. Anders ist der Vertrag der »Ständigen Strukturierten Zusammenarbeit« (PESCO). Er sieht als eine der Teilnahmebedingungen die regelmäßige Erhöhung der Verteidigungsausgaben vor.

In demselben Dokument ist auch der Weg beschrieben, wie es zum Zwei-Prozent-Ziel kam. Erstmals wurde eine solche Vereinbarung auf dem NATO-Gipfel in Prag 2002 für Beitrittskandidaten beschlossen: »Diese Vorgabe für die Beitrittskandidaten nahm insbesondere die US-Administration zum Anlass, im Vorfeld des Prager Gipfels 2002 darauf hinzuwirken, dass dieses Ziel auch für die Mitgliedstaaten gelten müsse, u. a. um gegenüber den Beitrittskandidaten glaubwürdig zu erscheinen. Der auf dem Prager Gipfel von den Staats- und Regierungschefs der Nato-Mitgliedstaaten beschlossene Zwei-Prozent-Richtwert implizierte allerdings keine rechtliche Verpflichtung.«

Manche Militärstrategen zeichnen zur Begründung ein defizitäres Bild der Bundeswehr: Panzer kaputt, Hubschrauber am Boden, Kleidung zerschlissen und so weiter. »Moderne Ausrüstung … bis hin zur Fähigkeit im Cyberspace zu kämpfen, das schulden die Bürger ihren Soldatinnen und Soldaten, die für sie in gefährliche Einsätze gehen«, fordert etwa General a. D. Klaus Naumann. Und ergänzt: »Bekommt die Bundeswehr diese Ausrüstung nicht und kann sie aus Geldmangel ihr Personal nicht richtig ausbilden, dann machen wir uns alle schuldig, wenn ihnen in den Einsätzen Schaden zugefügt wird, vor allem aber Regierung und Parlament.«

In diese Richtung zielte auch Bundeskanzlerin Angela Merkel mit ihrer Bemerkung, es gehe um Ausrüstung und nicht um Aufrüstung. Doch zu einer guten Haushaltsführung gehört, dass man mit vorhandenem Geld umsichtig plant, umschichtet und sich am gegebenen Finanzrahmen orientiert. So kritisierte der Bundesrechnungshof verschiedene Maßnahmen des Verteidigungsministeriums, etwa die ungenaue Beschaffung von IT-Systemen auf Fregatten, die zu einer Verteuerung von sechs auf dreißig Millionen Euro pro Schiff führte. Gibt es mehr Geld für die Bundeswehr, ist anzunehmen, dass solche Fälle zunehmen werden.

Heute bedroht angeblich Russland den Westen. Das Verteidigungsministerium hat daraus die Strategie Abschreckung und Dialog gegenüber Russland entworfen, nachzulesen im *Weißbuch zur Sicherheitspolitik und zur Zukunft der Bundeswehr*. Auch BND-Chef Bruno Kahl warnt vor Moskau. Bis 2020 sollen siebzig Prozent der russischen Streitkräfte modernisiert werden. Russland versuche seine Führungsrolle auf dem europäischen Kontinent zurückzugewinnen, wolle die EU schwächen, die USA zurückdrängen und einen Keil zwischen beide treiben. Kahl sagte: »Statt einem Partner für die europäische Sicherheit haben wir in Russland heute eine potenzielle Gefahr.«

Dabei weiß auch der BND-Chef um die Überlegenheit des Westens, ökonomisch wie militärisch: Ein Viertel des globalen Bruttoinlandsprodukts wurde 2016 von den USA erwirtschaftet; Russland und China kamen zusammen auf 16,5 Prozent; Deutschland, Frankreich und Großbritannien gemeinsam auf 11,3 Prozent. Die Anteile an den globalen Verteidigungsausgaben 2016 sind noch aussagekräftiger zugunsten der USA: Die USA ist absoluter Spitzenreiter mit 40,2 Prozent, die europäischen Staaten – ohne Russland und Eurasien – folgen mit 16,5 Prozent. Dann kommt erst China mit 9,6 Prozent und schließlich Russland mit 3,1 Prozent.

Notwendig: Weltinnenpolitik

Statt strategische Gegensätze zu verfolgen, fordern wir hier eine Weltinnenpolitik unter Einbeziehung möglicher Gegner. Letztlich ist das eine »goldene Regel« in der Außenpolitik. Im Fall Russlands bedeutet eine solche Rückkehr zur Weltinnenpolitik bzw. zu Michail Gorbatschows Vorstellung von einem Gemeinsamen Haus Europa eine Erneuerung der Entspannungspolitik. Das erfordert auch einen deeskalierenden Umgang mit Russland. »Noch vor dem Zusammenbruch der Sowjetunion hatte der damalige französische Staatspräsident François Mitterrand für ein erweitertes europäisches Sicherheitssystem unter Einschluss Russlands plädiert«, analysiert der Politologe Winfried Veit. Mitterand »kam damit den Vorstellungen des sowjetischen Präsidenten Michail Gorbatschow von einem ›Gemeinsamen Haus Europa‹ entgegen. Nach dem Zerfall der Sowjetunion wandte sich der Sozialist Mitterrand noch 1993 gegen eine NATO-Osterweiterung, um eine europäische Friedensordnung nicht zu gefährden.«

Was wir in diesen Zeiten des Wettrüstens tun können, möchte ich mit den Worten von John Dear, dem Mitbegründer von »PAX CHRISTI USA«, zusammenfassen: »die Wahrheit sagen, gegen Krieg und Ungerechtigkeit Widerstand leisten, Gewaltfreiheit üben, den Armen beistehen, alle Menschen lieben, beten und die Vision einer neuen Welt ohne Krieg, Armut und Atomwaffen aufrechterhalten. Wir sind berufen, dem gewaltfreien Jesus auf der Straße des Friedens zu folgen.«

ABRÜSTUNG JETZT! Die römisch-katholische Perspektive

Heinz-Günther Stobbe

Die Botschaft der katholischen Kirche

Die römisch-katholische Kirche hat hierzulande leider keinen guten Ruf. In der Rangliste der vertrauenswürdigen Instanzen und Institutionen liegt sie bei Meinungsumfragen regelmäßig hinter Feuerwehr, Polizei und Rotem Kreuz. Wer sie als zivilgesellschaftlichen Akteur für den Frieden vorstellen will, erntet mit dem Verweis auf Hexenverfolgung, Kreuzzüge und Konfessionskriege ein müdes Lächeln, vom allgegenwärtigen Thema des sexuellen Missbrauchs durch Amtsträger ganz zu schweigen. Ausgerechnet eine Kirche mit dieser Gewaltgeschichte will sich als Dienerin für den Frieden empfehlen?

In der Sprache des Alten Testaments wird das umfassende Wohlsein der menschlichen Gemeinschaft als »Shalom« bezeichnet. Zwischen dem »himmlischen« und dem »irdischen« Frieden besteht eine Spannung, aber auch eine positive Beziehung. Das entscheidende Bindeglied stellt nach jüdisch-christlicher Tradition die Gerechtigkeit dar, die ihrerseits ihr Fundament in der Anerkennung der unveräußerlichen Würde der menschlichen Person hat. Nicht von ungefähr lautet der Titel des ersten Hirtenbriefes der Deutschen Bischöfe zum Frieden *Gerechtigkeit schafft Frieden* (1983). Der nachfolgende Friedenshirtenbrief war betitelt mit *Gerechter Friede* (2000).

Die katholische Soziallehre bewegt sich somit zwischen der Lehre vom Gerechten Krieg (die in ihrer klassischen Form allerdings inzwischen aufgegeben wurde) und der Lehre vom Gerechten Frieden, die weit über die Problematik einer Kriegsethik hinausweist. Ein zusammenfassendes Zitat verdeutlicht die Grundrichtung dieses Konzepts: »Das Leitbild des gerechten Friedens beruht auf einer letzten Endes ganz einfachen Einsicht: Eine Welt, in der den meisten Menschen vorenthalten wird, was ein menschenwürdiges Leben ausmacht, ist nicht zukunftsfähig. Sie steckt auch dann voller Gewalt, wenn es keinen Krieg gibt. Verhältnisse fortdauernder schwerer Ungerechtigkeit sind in sich gewaltgeladen und gewaltträchtig. Daraus folgt positiv: »Gerechtigkeit schafft Frieden«.

Gerechtigkeit schafft Frieden

Der Sache nach bildet das Leitbild des gerechten Friedens aus dem Jahr 2000 den Bezugsrahmen kirchlicher Lehräußerungen zu Rüstung, Rüstungsexport und Wettrüsten. Im Einklang mit dem Völkerrecht verurteilt die kirchliche Soziallehre jeden Angriffskrieg und Einsatz von Massenvernichtungswaffen, billigt aber auch den Staaten ein begrenztes Verteidigungsrecht zu: »Solange die Gefahr von Krieg besteht und solange es noch keine zuständige internationale Autorität gibt, die mit entsprechenden Mitteln ausgestattet ist, kann man, wenn alle Möglichkeiten einer friedlichen Regelung erschöpft sind, einer Regierung das Recht auf sittlich erlaubte Verteidigung nicht absprechen.« So das Zweite Vatikanische Konzil in dem Dokument *Gaudium et spes* von 1965.

Aus diesem Grund wird Rüstung lehramtlich nie prinzipiell verurteilt. Durch die Äußerungen des kirchlichen Lehramts zieht sich jedoch wie ein roter Faden die meist scharfe Kritik an der Höhe der Rüstungsausgaben und ihren sozialen Folgen, vor allem für die Armen in der Welt. Zum Rüstungswettlauf hat das Konzil festgestellt, der auf dem Gleichgewicht des Schreckens basierende Friede sei »kein sicherer und dauerhafter Friede«: »Statt dass dieser die Ursachen des Krieges beseitigt, drohen diese dadurch eher weiter zuzunehmen. Während man riesige Summen für die Herstellung immer neuer Waffen ausgibt, kann man nicht genügend Hilfsmittel bereitstellen zur Bekämpfung all des Elends in der heutigen Welt. (…) Darum muss noch einmal erklärt werden: Der Rüstungswettlauf ist eine der schrecklichsten Wunden der Menschheit, er schädigt unerträglich die Armen.«

Papst Johannes Paul II hat in seinem Rundschreiben *Sollicitudo rei socialis* von 1987 dieses Urteil noch einmal zugespitzt und ausgeführt: »Wenn bereits die Produktion von Waffen in Anbetracht der wahren Bedürfnisse der Menschen und des erforderlichen Einsatzes von geeigneten Mitteln, sie zu befriedigen, ein schwerer Missstand in der heutigen Welt ist, so ist dies ebenso der Handel mit solchen Waffen. Was diesen angeht, muss man hinzufügen, dass das moralische Urteil sogar noch strenger ist. Bekanntlich handelt es sich hierbei um ein Geschäft ohne Grenzen […]. So befinden wir uns vor einem seltsamen Phänomen: Während Wirtschaftshilfen und Entwicklungspläne auf das Hindernis unüberwindlicher Barrieren von Ideologien sowie von Markt- und Zollgrenzen stoßen, fließen Waffen jeglicher Herkunft fast ungehindert in alle Teile der Welt. Und jedermann weiß […] dass in gewissen Fällen die von der entwickelten Welt gegebenen Darlehen in der unterentwickelten Welt zum Erwerb von Waffen gedient haben.«

Im Jahr 1991 hat derselbe Papst im Lehrschreiben *Centesimus annus* seine Vorwürfe im Rückblick auf die Blockkonfrontation wiederholt und auf die Rolle von Wissenschaft und Technik ausgedehnt: »Ein irrsinniger Rüstungswettlauf verschlingt die Mittel, die nötig wären, um eine Entwicklung der eigenen Wirtschaft zu sichern und den am meisten benachteiligten Nationen zu helfen. Der wissenschaftliche und technologische Fortschritt, der zum Wohlergehen der Menschen beitragen sollte, wird zum Instrument für den Krieg. Man gebraucht Wissenschaft und Technik, um immer vollkommenere Waffen zur Massenvernichtung zu produzieren, wobei eine Ideologie, die eine Perversion echter Philosophie darstellt, die theoretische Rechtfertigung für den neuen Krieg liefern soll. Dieser Krieg wird nicht nur erwartet und vorbereitet, er wird bereits in verschiedenen Teilen der Welt mit ungeheurem Blutvergießen geführt.«

Vor diesem Hintergrund eröffnet sich aus der Sicht des Papstes durch den Wegfall des Blockgegensatzes die Möglichkeit, eine neue Politik zu finanzieren: »Gewaltige Mittel können durch den Abbau des riesigen Militärpotentials, das im Ost-West-Konflikt aufgebaut worden war, verfügbar gemacht werden. Sie können noch wesentlich gesteigert werden, wenn es gelingt, anstelle von Kriegen wirksame Verfahren für Lösungen von Konflikten festzulegen und damit das Prinzip der Rüstungskontrolle und der Rüstungsbeschränkung in Verbindung mit geeigneten Maßnahmen gegen den Waffenhandel auch in den Ländern der Dritten Welt anzuwenden.«

Tatsächlich sanken im Jahr 1992 erstmals die weltweiten Rüstungs-ausgaben deutlich und es traten Abrüstungs- und Rüstungsbegren-zungsabkommen in Kraft, doch als die Deutschen Bischöfe im Jahr

2000 *Gerechter Friede* veröffentlichten, mussten sie konstatieren, dass sich diese Trends abzuschwächen begannen. Die Rüstungsdynamik setze sich »unaufhaltsam« fort, der Waffenhandel blühe, »gerade auch der Handel mit den in ihrer Gefährlichkeit verkannten Kleinwaffen.«

Schon 1973 hatte die Deutsche Bischofskonferenz gemeinsam mit der Evangelischen Kirche Deutschlands die (später sogenannte) »Gemeinsame Konferenz Kirche und Entwicklung« gegründet, die gegenwärtig von »Brot für die Welt« (evangelisch) und der »Deutschen Kommission Justitia et Pax« (katholisch) getragen wird. Deren Fachgruppe Rüstungsexporte legt seit 1999 jährlich einen Bericht vor, in dem die deutsche Rüstungsexportpolitik dargestellt und kritisch bewertet wird. Im Bericht von 2018 heißt es zur ethischen Grundlage der Fachgruppe; »Die GKKE geht von einer ethisch qualifizierten Position aus: Beim grenzüberschreitenden Transfer von Kriegswaffen und Rüstungsgütern handelt es sich um die Weitergabe von Gewaltmitteln, Waren und Leistungen, die unmittelbar oder mittelbar den Tod von Menschen verursachen können. Leib, Leben und Freiheit von Menschen sind aber höchste Rechtsgüter und unterliegen dem Schutz der universalen Menschenrechte (Art. 2(2) Grundgesetz). Der Transfer von Waffen ist deshalb grundsätzlich nach denselben ethischen Kriterien zu beurteilen wie die Androhung oder Anwendung von Gewalt. Nur unter speziellen Voraussetzungen kann Rüstungstransfer legitim sein. Denn Gewalt ist und bleibt eines der schwersten Übel, das Menschen einander zufügen können.«

Sicherheit auf die Füße stellen

Natürlich haben nicht nur Konzil, Päpste und die Deutsche Bischofskonferenz immer wieder zur Rüstungsproblematik Stellung bezogen. Im Zuge der leidenschaftlichen Auseinandersetzung mit der sogenannten Nachrüstung atomarer Mittelstreckenwaffen in Europa meldete sich eine Vielzahl von Bischofskonferenzen und anderen Organisationen zu Wort, nicht selten in ökumenischer Partnerschaft.

Am 2. Juli 1982 erschien zum Beispiel in Frankreich eine ökumenische Erklärung an den französischen Staatspräsidenten, überreicht von Kardinal Gouyon, dem Präsidenten der französischen Sektion von PAX CHRISTI, dem Vorsitzenden der französischen Kommission

»Justitia et Pax« sowie dem Generalsekretär der französischen Bischofskonferenz, die mit den Verlautbarungen des katholischen Lehramts übereinstimmt: »Die Kirchen sind sich der legitimen Erfordernisse für die Sicherheit der Staaten bewusst und würden keinesfalls a priori Maßnahmen verurteilen, die von den politisch und militärisch Verantwortlichen in Verteidigungsfragen getroffen werden. (....) Das gegenwärtige Sicherheitssystem hat aber Schwachstellen und der qualitative Rüstungswettlauf riskiert, die Fundamente der Abschreckungsstrategien zu erschüttern. Die Verbreitung konventioneller Waffen in der Welt bedingt ein Anwachsen des Kriegsrisikos und eine Verlängerung bewaffneter Konflikte. (....) Eine Regelung des Waffenhandels unter Teilnahme aller betroffenen Staaten, Verkäufern wie Käufern, würde die Missstände einer hemmungslosen Verbreitung von Waffen zu reduzieren und die internationale Sicherheit zu festigen erlauben.«

Abrüstung ist notwendig

Die US-amerikanische Bischofskonferenz, die sich während des Kalten Krieges am ausführlichsten mit der Problematik der nuklearen Abschreckung beschäftigt hatte, brachte einige Einsichten zum Ausdruck, die aktueller sind als je zuvor. Sie pochte trotz mancher Fortschritte bei der Abrüstung auf der Notwendigkeit von »Verhandlungen, um die Erprobung, Produktion und Stationierung neuer nuklearer Waffensysteme aufzuhalten. Es sollten nicht nur Schritte unternommen werden, um die Entwicklung und Stationierung von Waffen zu beenden, auch die Zahl der vorhandenen Waffen muss auf eine Weise verringert werden, die die Kriegsgefahr mindert.«

Im Augenblick erlebt die Weltöffentlichkeit, wie sich politische Gegner vorzugsweise Schaukämpfe liefern, in denen sie Macht und Größe inszenieren, einander zu übervorteilen und zu übertrumpfen versuchen, sich wechselseitig beschuldigen und beschimpfen, während sie hinter der Bühne ihre Armeen modernisieren und noch weitere Rüstungsanstrengungen androhen.

Die römisch-katholische Kirche wird sich durch dieses nationale Potenzgehabe weder beeindrucken noch entmutigen lassen, sondern rufen: »ABRÜSTUNG JETZT!«

TEURE UND GEFÄHRLICHE GROSSMACHTTRÄUME

Alexander S. Neu, Claudia Haydt

Am 23. November 2018 hat eine schwarz-rote Mehrheit im Bundestag den größten Militärhaushalt seit Ende des Kalten Krieges verabschiedet. Der »Einzelplan 14« wurde um 4,7 Mrd. auf 43,23 Mrd. Euro erhöht. Werden auch, entsprechend der NATO-Kriterien, die Militärausgaben, die außerhalb des Einzelplans 14 »versteckt« wurden, berücksichtigt, dann gibt Deutschland im Jahr 2019 insgesamt 46,6 Mrd. Euro fürs Militär aus. Mit weniger als einem Viertel dieses Betrags könnte der weltweite Hunger, an dem Millionen von Menschen sterben, bekämpft werden. Die Priorisierung des Militärischen hat globale und europäische Auswirkungen, verändert aber auch die gesellschaftspolitische Situation innerhalb Deutschlands.

Einseitiges Wettrüsten

Eine militärische Bedrohung Deutschlands ist nicht absehbar. Dennoch wird die Bundeswehr hochgerüstet, als wäre dies der Fall. Im aktuellen Fähigkeitsprofil der Bundeswehr wird sichtbar, dass einerseits für globale Machtprojektion gerüstet und andererseits die militärische Konfrontation mit Russland vorbereitet wird. Beide Entwicklungen sind besorgniserregend. Der außenpolitische Diskurs in Deutschland hat sich im letzten Vierteljahrhundert grundlegend verändert. Außenpolitisches Handeln und internationale Verantwortung werden zunehmend gleichgesetzt mit Militäreinsätzen. Ursula von der Leyen bezeichnete die Bundeswehr auf einer Kommandeurstagung im Mai 2018 bereits offen, als ›das zentrale Instrument für unsere außen- und sicherheitspolitische Handlungsfähigkeit‹.[1]

Die Dominanz des Militärischen hat gefährliche Auswirkungen. Diplomatie wird geschwächt und die Entwicklungshilfe verliert durch die Einbeziehung in zivil-militärische Strategien zunehmend ihre Eigenständigkeit. Während Russland in den letzten Jahren sein Militärbudget reduziert hat, arbeiten die NATO-Staaten entschieden darauf hin, mindestens zwei Prozent des Bruttoinlandsprodukts (BIP) fürs Militär auszugeben. Bereits jetzt geben sie zusammen etwa 936 Mrd. US Dollar fürs Militär aus.

Da die deutschen Wirtschaftsdaten verglichen mit anderen EU-Staaten enorm stark sind, entwickelt sich Deutschland durch die Verfolgung des Zwei-Prozent-Ziels zu einer dominanten Militärmacht in Europa. Die jüngst beschlossene Erhöhung des Militärbudgets fürs Jahr 2019 ist trotz der real großen Summe, die ins Militär investiert wird, noch weit entfernt von der Vorgabe der Nato und entspricht in etwa 1,3 Prozent am BIP.

Deutsche Dominanz

Deutschland ist seit Jahren das wirtschaftlich dominante Land in der Europäischen Union. Dies und seine Bevölkerungsgröße führten dazu, dass Deutschland politisch den Ton angibt. Addiert man zu dieser Entwicklung die sich bereits abzeichnende militärische Stärke, dann stellt sich die Frage, ob ein hochgerüstetes, politisch und ökonomisch starkes Deutschland in der Mitte Europas – schon allein aus historischen Gründen – wirklich erstrebenswert ist?

In der EU ist Deutschland, zusammen mit Frankreich, bereits der zentrale Rüstungsmotor, auch in der NATO gehört Deutschland nach den USA und neben Frankreich und Großbritannien zu den entscheidenden Militärmächten, wobei aus ökonomischen Gründen die Kapazitäten Frankreichs und Großbritanniens stagnieren, während die Bundeswehr finanziell zunehmend besser ausgestattet wird. Von der Leyen betonte dies 2018 im Deutschlandfunk: »Wenn man die Frage stellt, wer ist der zweitgrößte Truppensteller in der NATO, dann ist die Antwort Deutschland, wer ist der zweitgrößte Truppensteller in Afghanistan, Deutschland, wer ist das einzige kontinentaleuropäische Land, dass die wichtige Aufgabe der Bündnisverteidigung als Rahmennation verantwortlich trägt? Deutschland in Litauen.«[2]

Spätestens mit dem *Weißbuch 2016* macht die Bundesregierung ihren Machtanspruch deutlich und bekräftigt, sie sei bereit, »Verantwortung zu leben und Führung zu übernehmen«. Das zeigt sich nicht zuletzt im Rahmen des »Framework Nation Concepts«, das es der Bundeswehr ermöglicht, bis zu fünfzehn gepanzerte Brigaden verschiedener Staaten unter deutsches Kommando zu stellen.

Würde Deutschland in 2019 das Zwei-Prozent-Ziel einhalten, dann müsste der Wehretat auf etwa siebzig Milliarden Euro anwachsen. Spätestens damit hätte allein Deutschland in seiner Fähigkeit zur Aufrüstung die Russische Föderation deutlich überholt. Interessant ist die Debatte in der deutschen politischen Landschaft zu diesem Punkt. Während die CDU, angeführt von ihrer Verteidigungsministerin, Schritt für Schritt auf die NATO-Vorgabe orientiert und dabei von der SPD im Kern unterstützt wird, gibt es eine politische Kraft, der selbst diese Aufrüstungsschritte nicht groß genug sind. AfD-Fraktionschefin Alice Weidel und ihr verteidigungspolitischer Sprecher Rüdiger Lucassen beklagen regelmäßig: »Zwei Prozent des BIP werden da kaum reichen.« Lucassen bezieht sich dabei auf einen angeblich nötigen »Wiederaufbau der Bundeswehr«[3].

Ende 2018 beteiligt sich die Bundeswehr an zwölf bewaffneten Auslandseinsätzen sowie an vier einsatzgleichen Verpflichtungen bzw. Dauereinsätzen in anderen europäischen Staaten, wie zum Beispiel an der »Vornepräsenz« der Bundeswehr im litauischen Rukla. Die Stationierung dieser etwa 600 Soldaten zusammen mit mehreren Tausend weiteren NATO-Soldaten im Baltikum und in Polen verstößt zumindest gegen den Geist, aber wohl auch gegen den Buchstaben der NATO-Russland-Akte.

Im *Zentral-Irak* stabilisiert die Bundeswehr im »Kampf gegen den IS« militärische Kräfte, die wiederholt gegen die eigene Zivilbevölkerung vorgingen. Dies illustriert sowohl, wie weit die Bundesregierung (auch geografisch) inzwischen für die Wahrnehmung vermeintlicher »deutscher Interessen« geht, als auch, welche untergeordnete Rolle Menschenrechte dabei spielen.

Wie sehr das Konzept der Armee im Einsatz über moralische Bedenken siegt, zeigt sich am Beispiel der bewaffneten Drohnen. Diese können hinter feindlichen Linien über lange Zeit im Luftraum verharren und auch, ohne einen Schuss abzugeben, allein durch ihre Anwesenheit, ganze Regionen terrorisieren. Die Zivilbevölkerung hört das dumpfe Dröhnen Tag und Nacht und kann nie sicher sein, wer wann und aus welchen Gründen ins Fadenkreuz gerät. Tausende Zivilisten wurden auf diese Weise getötet, Hunderttausende traumatisiert.

Trotz der Erfahrung, dass der Einsatz von Drohnen häufig Teil von illegaler Kriegsführung ist, besteht die Bundesregierung darauf, bewaffnungsfähige Drohnen zu bestellen, und hat entsprechende Verträge zur Beschaffung von Heron TP-Drohnen unterschrieben. Auf EU-Ebene werden eigene bewaffnete EU-Drohnen mit EU-Forschungsgeldern entwickelt und im Rahmen von PESCO zukünftig beschafft. Ebenfalls mit EU-Fördergeldern werden Drohnenschwärme entwickelt, die auch autonom agieren können.[4] Insgesamt werden immer mehr Rüstungsprojekte, die im nationalen Rahmen an politischen oder finanziellen Bedenken scheitern würden, über die EU-Ebene auf den Weg gebracht.

Aufmarsch gegen Russland?

Der deutsche Führungsanspruch, die militärische Verzahnung und Integration unter deutschem Vorzeichen, das alles wird auch durch verschiedene Projekte der Europäischen Militärunion im Rahmen der ständigen strukturierten Zusammenarbeit (PESCO) sichtbar. Wobei die Kooperation zwischen NATO- und EU-Militärstrukturen relativ reibungslos und komplementär funktioniert. Sehr deutlich wird dies bei der Etablierung des neuen Verkehrs- und Infrastruktur-Kommandos der NATO in Ulm. Dieses neue Zentrum, das seit Sommer 2018 in Ulm aufgebaut wird, organisiert zukünftig den Transport von Panzern und anderen Rüstungsgütern an die russische Grenze. Da der Transport von schwerem Rüstungsgerät bisher noch von dem maroden Zustand der zivilen Infrastruktur (baufällige Brücken, Straßen, Tunnel etc.) behindert wird, wurde im Rahmen von PESCO der militärischen Mobilität ein eigenes Maßnahmenpaket gewidmet.[5]

Ergänzend fordert die EU-Kommission für den nächsten mehrjährigen EU-Haushalt Mittel in Höhe von 6,5 Milliarden, die diesen »Militärischen Schengenraum« mit panzertauglichen Straßen und anderer, aus militärischer Sicht nötiger Infrastruktur ausstatten soll. Die Federführung für die Umsetzung übernimmt Deutschland. Doch nicht nur auf den Straßen wird der Aufmarsch gegen Russland vorbereitet, auch im virtuellen Raum wird durch den Aufbau eines eigenen Cyberkommandos und die Vorbereitung von Fähigkeiten zur »Abschreckung« de facto ein Weg zu offensiver Cyberkriegsführung eröffnet.

Abrüstung jetzt!

Schon heute hat die Rüstungsindustrie in den EU-Staaten einen unübersehbaren Einfluss, so haben ihre Lobbyisten wesentliche Passagen des Lissabon-Vertrags mitgestaltet und dafür gesorgt, dass die Europäische Verteidigungsagentur (korrekter: Rüstungsagentur) Teil der Grundlagenverträge wurde. Je mehr finanzielle Mittel in die Rüstungsindustrie fließen, desto mächtiger wird diese Lobby.

Gleichzeitig fehlen die Mittel für dringend notwenige Verbesserungen in den Bereichen Bildung, Umweltschutz, alternative Mobilität, menschenwürdige Pflege oder für den Bau bezahlbarer Wohnungen. Von der massiven Rüstung, von Kriegsvorbereitungen und realen Militäreinsätzen profitieren allein die Rüstungsindustrie und der neoliberale Kapitalismus, der nur so die Ausbeutungsverhältnisse aufrechterhalten kann.

Darüber hinaus wächst die globale Spannung, die aus der Konkurrenz zwischen alten (G8) und neuen Industriemächten (BRICS) erwächst. Aus dieser Konfrontation, verknüpft mit einer neuen Aufrüstungsspirale, müssen wir dringend aussteigen. Die Außen- und Sicherheitspolitik Deutschlands muss neu konzipiert und ausgerichtet werden – weg von noch mehr Rüstung und Großmachtambitionen, hin zu Deeskalation, Vertrauensbildung und Abrüstung in Europa. Aus Sicherheitspolitik muss echte Friedenspolitik werden. Dazu gehören zivile Krisenprävention, zivile humanitäre und Katastrophenhilfe und eine auf globale Gerechtigkeit angelegte Politik gegenuber den Ländern des Südens.

WÜRDE STATT WAFFEN

Sahra Wagenknecht

Wozu braucht die Bundesrepublik 20 000 zusätzliche Soldaten, wozu brauchen wir sieben bewaffnungsfähige Kampfdrohnen, 21 neue Eurodrohnen, Hunderte neue Schützen- und Kampfpanzer, ein Dutzend neue Kampfschiffe sowie zig neue Airbusse und Transporthubschrauber, mit denen sich Panzer und anderes Kriegsgerät transportieren lassen? Weder Russland noch China noch irgendein anderes Land kann oder will Westeuropa angreifen. In Russland sind die Militärausgaben im letzten Jahr sogar um zwanzig Prozent auf unter sechzig Milliarden Euro gesunken. Auch die Volksrepublik China gibt immer noch deutlich weniger für ihr Militär aus als die europäischen Nato-Staaten zusammen. Von den USA ganz zu schweigen, die im nächsten Jahr schwindelerregende 700 Milliarden US-Dollar für ihr Militär verpulvern wollen. Wie soll Russland die Nato bedrohen – mit nur zwanzig Militärstützpunkten im Ausland, während die USA über rund tausend derartige Stützpunkte in mehr als hundert Ländern verfügen?

Verspielte Friedensdividende

Wie viel besser könnte es auf dieser Welt aussehen, wenn man die Billionensumme, die jährlich weltweit für Rüstung verschwendet wird, zur Lösung globaler Probleme eingesetzt hätte? Wenn man mit dem Geld die Entwicklung armer Länder gefördert und den ökologischen Umbau vorangetrieben hätte? Der Soziologe Jean Ziegler hat Recht: Jeder Mensch, der heutzutage an Hunger stirbt, wird ermordet.[1] Schon lange wäre es möglich, alle Bewohner dieser Erde mit dem Nötigsten zu versorgen. Dabei käme es nicht einmal darauf an, armen Ländern mehr Entwicklungshilfe zu geben, sondern nur darauf, ihnen weniger Ressourcen zu rauben.

Doch an einer gerechten Weltordnung, die allen Menschen ein Leben in Würde ermöglichen würde, hat die »westliche Wertegemeinschaft« namens NATO offenbar wenig Interesse. Lieber rüstet sie für Kriege, um ungehinderten Zugang zu Märkten und Rohstoffen in aller Welt zu erlangen und um Regierungen zu stürzen, die sich der billigen Preisgabe von Rohstoffen oder endloser Schuldknechtschaft verweigern. Ein Assistent der früheren US-Außenministerin Albright hat diese Logik folgendermaßen auf den Punkt gebracht: »Damit die Globalisierung funktioniert, dürfen die Vereinigten Staaten nicht zögern, als die unbesiegbare Weltsupermacht zu agieren, die sie sind. Die unsichtbare Hand des Marktes funktioniert nicht ohne die sichtbare Faust. McDonalds kann nicht prosperieren ohne McDonnell-Douglas, dem Fabrikanten der Kampfflieger F-15.«[2]

Allein der Krieg gegen den Irak hat die USA rund 815 Milliarden Dollar gekostet, der Afghanistankrieg weitere 700 Milliarden Dollar. Auch die Auslandseinsätze der Bundeswehr, für die jetzt neues Kriegsgerät angeschafft werden soll, haben seit 1992 mehr als zwanzig Milliarden Euro verschlungen. Die große historische Chance, mit dem Ende der Blockkonfrontation global abzurüsten und damit eine gewaltige Friedensdividende zu erzielen, wurde verspielt.[3] Statt nach dem Ende des Kalten Krieges eine reiche Friedensernte einzufahren, hat man neue Feinde gesucht und bekriegt: Im Irak, dem Sudan, in Somalia, Jugoslawien, Afghanistan, Libyen, Syrien – die Bilanz der Versuche, mit militärischer Gewalt einen Regimewechsel zu erzwingen, fällt insgesamt verheerend aus.

Wachsende Kriegsgefahr

Statt ein gemeinsames Haus Europa zu bauen, in dem sich keine militärischen Blöcke mehr feindlich gegenüberstehen, wurde die NATO in mehreren Wellen bis an die Grenzen Russlands ausgedehnt. Zwar hatte man dem russischen Präsidenten Michail Gorbatschow im Februar 1990 zugesichert, die NATO werde sich »keinen Inch weiter nach Osten« erweitern, doch nach der deutschen Wiedervereinigung und dem Zerfall der Sowjetunion nahm man auf russische Sicherheitsinteressen keine Rücksicht mehr. So hat sich die Zahl der NATO-Mitgliedstaaten von ursprünglich zwölf auf 29 erhöht und ein Ende der

Expansion ist nicht abzusehen. Selbst der Ukraine und Georgien hat die NATO schon Beitrittsangebote unterbreitet – wohl wissend, dass Russland deren Einverleibung in die NATO aus sicherheitspolitischen Gründen nicht hinnehmen kann und wird.

Die Gefahr eines Atomkrieges zwischen Russland und der NATO ist so akut wie zuletzt in den Fünfzigerjahren. Und sie nimmt weiter zu, denn die USA wollen in den nächsten zehn Jahren rund 400 Milliarden Dollar für die Modernisierung ihres Atomwaffenarsenals aufbringen.[4] Die neuen Atomwaffen sollen präziser treffen und eine niedrigere Sprengkraft besitzen. Damit erhöht sich die Gefahr, dass sie auch eingesetzt werden – zumal die USA in Rumänien und Polen Raketenabwehrsysteme stationiert haben, um das Risiko atomarer Gegenschläge zu verringern.

Während der russische Präsident vor einem Dritten Weltkrieg warnt, rät Verteidigungsministerin von der Leyen, mit Russland nur »aus der Position der Stärke« zu reden. Die Bundesregierung beteiligt sich mit Sanktionen an einem Wirtschaftskrieg gegen Russland, gleichzeitig unterstützt sie kriegführende Menschenrechtsverächter in Saudi-Arabien und der Türkei mit Waffen und Geld. Sie beugt ihren Kopf vor einem unberechenbaren US-Präsidenten, der einen Wirtschaftskrieg gegen den Iran entfesselt hat – wobei eine weitere Eskalation nicht ausgeschlossen, sondern wahrscheinlich ist. Schließlich treibt die Bundesregierung an der Seite des französischen Präsidenten Macron die Aufrüstung Europas und den Aufbau einer EU-Armee voran. Im Rahmen der Verteidigungsunion PESCO werden die beteiligten EU-Staaten verpflichtet, ihre Militärausgaben stetig zu erhöhen – dagegen wird der Sozialstaat in vielen EU-Staaten bis zur Unkenntlichkeit reduziert.

Abrüsten statt aufrüsten

Aufrüstung ist kein Naturgesetz, eine Beteiligung an Kriegen kann verhindert werden. Nötig wäre dazu nur eine Regierung, die den mehrheitlichen Wunsch der Bevölkerung umsetzt. So sind Auslandseinsätze der Bundeswehr und damit verbundene Aufrüstungspläne in Deutschland nicht populär. Dies gilt insbesondere für Bundeswehreinsätze, die ohne ein Mandat des UN-Weltsicherheitsrats erfolgen. Trotzdem denken Vertreter der Unionsparteien inzwischen laut darüber nach, sich an möglichen künftigen Militärschlägen etwa gegen Syrien zu beteiligen – UNO hin oder her.

In einer repräsentativen Umfrage aus dem Januar 2016 antworteten 83 Prozent auf die Frage, ob Deutschland Waffen und andere Rüstungsgüter in andere Länder verkaufen sollte, mit »nein«.[5] Trotzdem ist die Bundesrepublik viertgrößter Rüstungsexporteur der Welt. Selbst kriegführende Diktaturen wie Saudi-Arabien oder die Türkei werden mit Waffen beliefert, obwohl dies nach geltenden Exportrichtlinien verboten ist. Eine Mehrheit von rund siebzig Prozent spricht sich auch für den Abzug der in Deutschland gelagerten US-Atomwaffen aus.[6] Die im Koalitionsvertrag 2009 von CDU/CSU und FDP verankerte Vereinbarung, sich »im Bündnis sowie gegenüber den amerikanischen Verbündeten dafür ein(zu)setzen, dass die in Deutschland verbliebenen Atomwaffen abgezogen werden«, wurde jedoch nicht umgesetzt. Auch eine UNO-Resolution für ein weltweites Verbot von Atomwaffen, die eine überwältigende Mehrheit der Staaten im Jahr 2017 verabschiedet hatte, wurde von der Bundesregierung und ihrem damaligen Außenminister Gabriel nicht unterstützt.

Verschiedenen Umfragen zufolge spricht sich eine deutliche Mehrheit der Bevölkerung für eine politische Annäherung an Russland aus.[7] Trotzdem hat Verteidigungsministerin von der Leyen in diesem Jahr zehntausend Soldaten zu einem Manöver nahe der russischen Grenze geschickt. Es war das größte NATO-Manöver seit Ende des Kalten Krieges und hat allein deutsche Steuerzahler rund neunzig Millionen Euro gekostet.

Angesichts der wachsenden Kriegsgefahr, der Spannungen mit Russland und der katastrophalen Folgen westlicher Regime-Change-Politik ist eine Wende der deutschen Außenpolitik dringender denn je. Es ist und bleibt die Aufgabe der Friedensbewegung, jener Mehrheit Gehör zu verschaffen, die Aufrüstung und Waffenexporte ablehnt, die eine Entspannungspolitik gegenüber Russland für sinnvoll hält, die nicht länger an der Seite der USA in Kriegsabenteuer hineingezogen werden will und die ein friedliches und soziales Europa einer aggressiven Militärunion vorzieht. Wir sollten unsere Steuergelder für Dinge ausgeben, die den Menschen und dem Land nutzen – und bewaffnungsfähige Kampfdrohnen zählen sicher nicht dazu!

Es ist in unserem Interesse, die Unterstützung für Länder wie Saudi-Arabien und die Türkei einzustellen und nicht länger über US-Stützpunkte wie Ramstein eine Drehscheibe für völkerrechtswidrige Kriege zu sein.

Es ist in unserem Interesse, stärker auf internationale Kooperation unter dem Dach der Vereinten Nationen zu setzen, statt sich an der Seite der USA in einen möglichen Großkonflikt mit China oder Russland treiben zu lassen. Die Friedensbewegung hat die guten Argumente und die Mehrheit der Menschen auf ihrer Seite. Um eine friedenspolitische Wende herbeizuführen, müssen diese Menschen aufstehen und ihren Protest auf die Straße und vor die Tore der Parlamente, Stützpunkte und Rüstungsschmieden tragen.

RÜSTUNGSKONTROLLE VERHINDERT KRIEG!

Wolfgang Biermann

Kuba-Krise: Erste Rüstungskontrolle zur Verhinderung des Atomkriegs

Am 28. Oktober 1962 fand die erste Rüstungskontrollvereinbarung zwischen Washington und Moskau statt. Nachdem alle Vorbereitungen getroffen waren, vereinbarte US-Präsident John F. Kennedy (entgegen dem Rat aller Berater und des Pentagons) mit Nikita Chruschtschow den Abzug der sowjetischen Atomraketen aus Kuba sowie der (gerne verschwiegenen) amerikanischen aus Westeuropa. Sein Motiv für die Entscheidung »Rüstungskontrolle« statt »Atomwaffeneinsatz« war die Erkenntnis, dass »alles, was wir aufgebaut haben, […] in den ersten 24 Stunden zerstört würde«.

Diese Erfahrung motivierte ihn, eine »Strategy of Peace« einzuleiten, anstelle »der Pax Americana, die der Welt durch amerikanische Kriegswaffen aufgezwungen wird«.[1] Mit der Friedensstrategie sollten die USA »die Institution der Vereinten Nationen zu einem […] echten Weltsicherheitssystem weiterentwickeln, […] damit sich Dispute rechtlich lösen lassen […] und Bedingungen geschaffen werden, unter denen eine Abrüstung letztendlich möglich ist«. Er werde eine »direkte Telefonleitung zwischen Moskau und Washington« und »andere erste Maßnahmen […] zur Verminderung des Risikos eines versehentlich ausgelösten Krieges« mit der UdSSR vereinbaren. Auch wollte er das vollständige Verbot von Atomtests vereinbaren, um »dem außer Kontrolle geratenen Wettrüsten in einem seiner gefährlichsten Bereiche Einhalt zu gebieten«.

Um die Ernsthaftigkeit der neuen Friedensstrategie unter Beweis zu stellen, verkündete Kennedy, einseitig alle US-Atomtests in der Atmosphäre einzustellen und mit Chruschtschow und dem britischen Premierminister MacMillan ein umfassendes Atomtestverbot (CTBT) auszuhandeln. Vorher hatte er erklärt, ein umfassendes Atomtestverbot sei notwendig, um zu verhindern, dass es bis 1970 »statt vier vielleicht zehn und bis 1975 sogar fünfzehn oder zwanzig Atomwaffenstaaten« gäbe.[2] Die UdSSR hätte Inspektionen vor Ort akzeptiert, nur über deren Anzahl sei man noch uneinig.

Die Einigung der USA und der UdSSR auf einen begrenzten Teststopp war begleitet vom Druck der »Zivilgesellschaft« im Kampf gegen die radioaktive Verseuchung und Gefährdung ganzer Regionen und Generationen. So gelang es – gegen den Widerstand des US-Oberkommandos –, dem US-Verhandlungsteam im August 1963 den Begrenzten Teststopp-Vertrag (LTBT) zum Verbot aller überirdischen Atomtests aufzusetzen. Am 22. November 1963 wurde Kennedy ermordet, 1964 wurde Chruschtschow gestürzt und von Leonid Breschnew abgelöst. Dennoch betrieben die USA und UdSSR eine Reihe von Rüstungskontrollabkommen mit dem Ziel der Kriegsverhinderung.

Wandel durch Annäherung

Einen Monat nach Kennedys Rede »Strategy of Peace« nahmen Willy Brandt und Egon Bahr am 15. Juli 1963 in der Evangelischen Akademie in Tutzing darauf Bezug als Grundlage der Entspannungspolitik mit dem Ziel »Wandel durch Annäherung«. Bei der Entgegennahme des Friedensnobelpreises am 11. Dezember 1971 begründete Willy Brandt die Ost- und Entspannungspolitik mit Kennedy und »seiner verantwortungsvollen Kaltblütigkeit« bei der Lösung der Kuba-Krise. Er beschrieb die Friedenspolitik als wahre Realpolitik dieser Epoche.[3] Egon Bahr, Hans Dietrich Genscher, Helmut Schmidt und Richard von Weizsäcker mahnten zum vierzigsten Jahrestag dieser Rede an, dass »Kriegsverhütung durch Rüstungskontrolle« zu den vier Grundelementen der Entspannungspolitik gehöre, ohne die der Fall der Mauer nicht denkbar gewesen sei.[4]

Als die Mauer fiel, erklärten George Bush und Michail Gorbatschow im Dezember 1989 feierlich das Ende der Block-Konfrontation, die Europa vierzig Jahre lang gespalten hatte. Mit dem Ende des Kalten Krieges geschah das »Wunder der Rüstungskontrolle«: Der Vertrag über Konventionelle Streitkräfte in Europa (kurz »KSE-Vertrag«, am 19.11.1990 in Paris unterzeichnet) legte Obergrenzen für die Anzahl schwerer Waffensysteme fest, die in Europa vom Atlantik bis zum Ural stationiert werden durften. Für die Kontrolle wurde ein Verifikationssystem vereinbart, das Informationspflichten und Inspektionen umfasste. Über 100 000 Großwaffensysteme wurden zerstört und Hunderttausende Soldaten aus Mitteleuropa abgezogen. Tausende Atomwaffen wurden aus Europa entfernt und vernichtet, durch den INF-Vertrag auch alle Mittelstreckenwaffen.

Weitere Schritte der Kriegsverhütung durch Rüstungskontrolle waren die START-Abkommen, die Chemiewaffenkonvention und die unbegrenzte Verlängerung des Nichtverbreitungs-Vertrages (NPT) – nachdem sich die Atommächte verpflichtet hatten, den Vertrag über ein vollständiges Atomtestverbot (CTBT) und über die endgültige Abrüstung aller Atomwaffen zu verhandeln. Und das, obwohl George Bush noch am 2. Oktober 1992 ein Gesetz unterzeichnet hatte, nach welchem die USA einseitig aus dem Vertrag über das begrenzte Atomteststoppverbot LTBT aussteigen wollten.[5] Sein Nachfolger Bill Clinton unterzeichnete am 24. September 1996 das umfassende Atomtestverbot (CTBT).

Ausstieg aus der Rüstungskontrolle

Spätestens mit dem Amtsantritt von George W. Bush wurde das Prinzip der Kriegsverhütung durch Rüstungskontrolle über Bord geworfen. Die Rüstungskontrollvereinbarungen wurden entweder nicht mehr ratifiziert und umgesetzt oder verletzt und einseitig aufgekündigt. Damit wurden die Türen für neue Aufrüstung geöffnet. Durch den 2001 verkündeten Ausstieg der USA aus dem ABM-Vertrag über Raketenabwehr gibt es keine völkerrechtlichen Begrenzungen mehr beim Ausbau von Abwehrsystemen. Nach dem NATO-Gipfel im Mai 2012 triumphierte der damalige NATO-Generalsekretär Anders Fogh Rasmussen, dass Russland den Raketenschild nicht blockieren könne.[6] Im Januar 2011 hatte Russland im [...] Begleitgesetz zu New-START die Ausübung des Rücktrittsrechts angekündigt, wenn die USA ein Raketenabwehrsystem stationieren würde, das »die Wirksamkeit der strategischen Nuklearstreitkräfte Russlands wesentlich verringert«.[7]

Dank des Engagements und der Mobilisierung der Friedensbewegung und in Zusammenarbeit mit einigen wenigen Regierungen (zunächst Norwegen, dann zögerlich auch Deutschland und Kanada) gelang es – trotz aller Widerstände der Großmächte –, wichtige Rüstungskontrollabkommen vorzubereiten und schließlich ins Völkerrecht umzusetzen: die Konvention zum Verbot von Landminen (1997), die Konvention zum Verbot von Splitterbomben (2008).

Dieses Engagement hatte auch einen prägenden Einfluss auf die Beschlüsse der NPT-Überprüfungskonferenz und (nach deren Scheitern) auf die Ausarbeitung der Konvention zum Verbot von Atomwaffen durch eine UN-High-Level-Group. Dafür erhielt die internationale Organisation zur Abschaffung der Atomwaffen, ICAN, im Dezember 2017 den Friedensnobelpreis. Dieser mit Unterstützung des Europaparlaments, aber gegen den Widerstand der Atommächte und meisten NATO-Mitgliedsstaaten ausgearbeitete Vertrag wurde im Juli 2017 mit 122 Stimmen angenommen und auf der UN-Generalversammlung im September 2017 von zunächst 53 Staaten unterzeichnet. Bis Mitte August 2018 waren es sechzig Staaten, zur Ratifizierung notwendig sind fünfzig.

Niedergang der konventionellen Rüstungskontrolle

In Europa sind die Vertragsgrundlagen für konventionelle Rüstungskontrolle (KSE und AKSE) de facto außer Kraft gesetzt: Die größte konventionelle Abrüstung und das System der Verifikation in der Geschichte Europas ist bedroht. Das ermöglicht neue Aufrüstung in Europa. Vor mehr als zehn Jahren ergriff Außenminister Frank-Walter Steinmeier Initiativen, um den Prozess der Rüstungskontrolle wieder in Gang zu setzen. Ende 2007 brachten Deutschland und Norwegen die Initiative ein, die Rüstungskontrolle zum integralen Bestandteil der NATO-Sicherheitspolitik zu machen. Im Februar 2008 forderte Steinmeier auf der Münchener Sicherheitskonferenz: »Auf eine neue transatlantische Agenda gehören deshalb Abrüstung und Rüstungskontrolle ganz nach oben … keine Themen von gestern, sondern Überlebensfragen von morgen.«

Angesichts des russisch-georgischen Konflikts um die »autonome Republik« Südossetien im Sommer 2008 gelang es Deutschland auf dem Bukarester NATO-Gipfel die Aufnahme Georgiens und der Ukraine in das Bündnis erst einmal zu verhindern, um eine weitere Verschärfung der Konfrontation in Europa zu vermeiden. Seit dem Ukraine-Konflikt 2014, der Annexion der Krim und den Sanktionen konnte mithilfe von »Minsk-II« zwar die Eskalation zu einem europäischen Krieg vermieden werden, aber die Risiken unilateraler Truppenstationierungen, militärischer Übungen und groß angelegter Meer- und Luft-Manöver sind besorgniserregend.

Mehrfach warnten das Londoner »European Leaders Network« (ELN), unter ihnen der deutsche General a. D. Harald Kujat, vor der Gefahr kriegerischer Verwicklungen »aus Versehen« durch mangelnde Offenheit bei jeweiligen Manövern nahe der anderen Seite. Auch Ex-US-Verteidigungsminister William Perry warnte mehrfach, die Gefahr eines Atomkrieges aus Versehen sei heute größer als zu Zeiten des Kalten Krieges. Aber diese Aufrufe verhallten nahezu ungehört.

Neues Säbelrasseln

Auf dem NATO-Gipfel 2016 in Warschau wurden die von Deutschland mitgetragenen Vorbereitungen der erstmaligen (zeitweiligen) Stationierung von vier westlichen Bataillonen in Polen und den baltischen Staaten beschlossen, begleitet von dem Großmanöver »ANAKONDA 16« entlang der russischen Grenze, über das die Bild unter der Schlagzeile »Hier übt die NATO Krieg gegen Putin« berichtete.

Nach dieser Begleitmusik meldete sich der sonst eher leise auftretende damalige Bundesaußenminister Steinmeier laut zu Wort: »Was wir jetzt nicht tun sollten, ist durch lautes Säbelrasseln und Kriegsgeheul die Lage weiter anzuheizen. Wer glaubt, mit symbolischen Panzerparaden an der Ostgrenze des Bündnisses mehr Sicherheit zu schaffen, der irrt ...« Kurz nach dem Warschauer NATO-Gipfel veröffentlichte Steinmeier am 26. August 2016 ein Grundsatzpapier mit der Forderung nach einem »Neustart der Rüstungskontrolle« – offenbar als Ausweg aus dem Zusammenbruch der konventionellen Rüstungskontrolle in Europa. Er begründete seinen Appell mit dem Risiko der Eskalation mit Russland und mit den Lehren aus der Entspannungspolitik Willy Brandts.

Die Antwort aus Washington, damals noch unter Präsident Obama, war eine Absage. Damit rückt das große Hindernis für die Wiederbelebung der konventionellen Rüstungskontrolle in den Blick: das inzwischen offen konfrontative Verhältnis zwischen Russland und den USA.[8] Russlands EU-Nachbar Litauen hielt die Vorschläge für mehr Rüstungskontrolle in Osteuropa für vollkommen inakzeptabel. »Wir können uns keine zusätzlichen Auflagen oder Obergrenzen auflasten«, sagte der litauische Außenminister Linas Linkevicius der Deutschen Presse-Agentur.[9]

Am 25. November 2016 unterstützte eine Gruppe von vierzehn »Gleichgesinnten« Steinmeiers Appell in einer gemeinsamen Erklärung: »Zerstörtes Vertrauen wiederaufbauen und eine Rüstungsspirale verhindern: Diese Aufgaben sind seit Beginn der Ukraine-Krise noch dringender geworden.« Zur Gruppe der vierzehn zählten Frankreich, Italien, Niederlande, Norwegen, Tschechien, Slowakei und Spanien sowie Österreich, Schweiz, Schweden und Finnland. USA und die baltischen Länder reagierten »zurückhaltend auf den deutschen Vorschlag.«[10]

Die Frage ist: Wie mobilisieren wir mehr öffentlichen Druck für Abrüstung und eine »Entspannungspolitik JETZT!«, um das weitere Schlittern in eine Katastrophe wie seinerzeit bei der »Kuba-Krise« vor 55 Jahren zu verhindern?

WIDERSTAND IST NOTWENDIG

Uwe Hiksch

Die neue Rüstungsspirale

Nachdem das NATO-Gipfeltreffen im Juli 2018 noch einmal bestätigte, dass die Rüstungsausgaben bis zum Jahr 2024 auf zwei Prozent des BIP angehoben werden sollen, hat sich die Debatte über die Aufrüstungsspirale deutlich verstärkt. Dabei darf nicht übersehen werden, dass die »Frage nach einer gerechten Lastenverteilung […] ein seit längerem schwelender Verteilungskonflikt innerhalb des nordatlantischen Verteidigungsbündnisses«[1] ist. Die Aufrüstungsfrage spitzt sich innerhalb der NATO-Staaten seit mehr als zwanzig Jahren zu.

Nach aktuellen Berechnungen erfüllen derzeit nur vier NATO-Staaten das Zwei-Prozent Ziel: die USA (3,57 Prozent), Griechenland (2,36), Großbritannien (2,12) und Estland (2,08).[2]

Deutschlands Rüstungsausgaben steigen exorbitant

Die Bundesregierung hat unter dem Stichwort »Ausrüsten« die bisher größte Rüstungsspirale in Deutschland seit 1955 in Gang gesetzt. Wenn die Ziele umgesetzt werden, wird sich der »Verteidigungshaushalt drastisch zu erhöhen«[3] drohen. Bereits 2016 führte Angela Merkel auf dem Deutschlandtag der Jungen Union aus, US-Präsident Barack Obama habe ihr gesagt, es könne nicht dabei bleiben, dass die USA 3,4 Prozent ihres Bruttoinlandsproduktes für Sicherheit ausgäben, ein enger NATO-Verbündeter wie Deutschland aber nur 1,2 Prozent. Sie bekannte sich ausdrücklich zum Zwei-Prozent Ziel der Nato: Ein solches Ziel könne man nicht sofort erreichen, man müsse aber eine klare Perspektive aufzeigen.

Für die Friedensbewegung stellt sich die Aufgabe, nicht alleine den Aufrüstungskurs der USA, sondern auch den offensiven Aufrüstungskurs der Bundesregierung zu kritisieren und den Trend einer Militarisierung zu beenden. Ein Anstieg auf das NATO-Ziel würde bedeuten, dass sich die deutschen Rüstungsausgaben wegen der erwarteten Entwicklung des BIP nahezu verdoppeln müssten, obwohl die Ausgaben für den Verteidigungshaushalt in Deutschland seit 2000 enorm gestiegen sind.

Die Rolle der Bundeswehr

Im *Jahrbuch 2018* weist SIPRI darauf hin, dass die »weltweiten Militärausgaben […] 2017 mit schätzungsweise 1 739 Mrd. US-Dollar den höchsten Stand seit Ende des Kalten Krieges«[4] erreicht haben. Diese Summe »entspricht 2,2 Prozent des weltweiten Bruttoinlandsprodukts (BIP) oder Pro-Kopf-Ausgaben von 230 US-Dollar«. Für diese massive Steigerung der Rüstungsausgaben sind die EU-Mitgliedstaaten mitverantwortlich.

Im Jahr 2019 sollen »etwa 15,5 Mrd. Euro in Rüstungsmaterialien – unter anderem in die Modernisierung der Bundeswehr – investiert« werden.[5] Am 3. September 2018 hatte der Generalinspekteur das Fähigkeitsprofil der Bundeswehr unterzeichnet, mit dem bis 2031 die wesentlichen Modernisierungsschritte aufgezeigt werden. Bis dahin will die Bundesregierung alle Teilstreitkräfte so modernisieren, dass sie jederzeit einsatzbereit sind: »Drei Divisionen (Heer), vier gemischte Einsatzverbände (Luftwaffe), 25 Kampfschiffe und 8 U-Boote (Marine) sowie Kapazitäten zur Erlangung der Hoheit im Informationsraum will die Bundeswehr bis dahin am Start haben.«[6]

Bundesverteidigungsministerin Ursula von der Leyen führte aus, dass die Verteidigungsausgaben bis 2024 auf 1,5 Prozent des BIP gesteigert werden sollen.[7] Wenn die Bundesregierung dieses Ziel erreichen sollte, werden »sage und schreibe 60 Mrd. Euro«[8] für Rüstung ausgegeben. In den Grundzügen ist die weitere Entwicklung »in drei Zwischenschritten bis 2023, 2027 und 2031 vorgesehen«.[9] Das Papier insgesamt wurde als geheim eingestuft und ist nur in der Geheimschutzstelle des Deutschen Bundestages für Abgeordnete einzusehen. Bekannt geworden sind folgende Punkte:

- »Eine vollständige persönliche Ausrüstung aller Soldaten mit dem gleichen Gerät, sodass hochmoderne Ausrüstung auch in Deutschland zur Verfügung steht, nicht vor allem für Auslandseinsätze.«
- »Hohle Strukturen füllen.« Das Ausleihen von Großgerät zwischen Verbänden soll beendet werden, indem die Lücken gefüllt werden.
- »Digitalisierung: Jeder Konflikt der Zukunft wird auch über den Cyberraum ausgeführt werden.« Dazu gehört auch Cyberverteidigung.
- Kapazitäten im Weltraum für satellitengestützte Überwachung und vernetzte Luftverteidigungsanlagen.
- »Bis 2023 legt das Fähigkeitsprofil den Schwerpunkt auf die Aufgaben Deutschlands als Rahmennation der NATO-Speerspitze (VJTF), für die Deutschland eine vollausgestattete Brigade stellen muss.«

Die »Very High Readiness Joint Task Force« (VJTF) ist Teil der NATO Response Force. Deutschland übernimmt ab 2019 die Führung dieser schnellen Eingreiftruppe. Die VJTF gehört mit ihren rund 5 000 Soldat*innen in höchster Bereitschaft zu einer Eingreiftruppe für weltweite Einsätze, bestehend aus Land-, Luft-, See- und Spezialkräften. Bis zu 40 000 Soldatinnen und Soldaten soll die NATO Response Force (NRF) in Zukunft umfassen. Diese Truppe soll »innerhalb von drei Tagen« weltweit zu jedem Ort, an dem sie benötigt wird, verlegbar sein. Teile dieser schnellen Eingreiftruppe kommen auch aus dem neu gegründeten Bereich Cyber- und Informationsraum (CIR), dessen Ziel die »Eingriffsmöglichkeiten in die gegnerischen Kommando-Infrastruktur und die sozialen Medien« sein soll.

Hierfür will die Bundesregierung ein modernisiertes und komplett ausgestattetes Brigadeäquivalent stellen. Bis 2023 sollen ein Bataillon (ca. 5 000 Soldat*innen) und ab 2027 eine Division (ca. 20 000) als zusätzliche schwere Großverbände bereitgestellt werden.[10] Bis 2031 wären bereits drei Divisionen vorgesehen. Dazu gehören ein gemischter Einsatzverband »Luft« sowie maritime Fähigkeiten.[11]

Mit einem umfassenden Investitionsprogramm werden in der Bundeswehr »in den kommenden fünfzehn Jahren […] grundlegende Veränderungen in ihren Aufgaben und der Ausstattung«[12] vorgenommen. Ziel ist, »bis zum Jahr 2032 eine radikale Abkehr von der bisherigen Ausrichtung der Bundeswehr an Auslandseinsätzen« vorzunehmen und die Bundeswehr »wieder vor allem an der Landes- und Bündnisverteidigung ausrichten«. Jetzt wird die taktische Ausrichtung der Bundeswehr wieder auf eine angebliche Bedrohungslage aus Russland vorgenommen. Hierin liegt ein wesentlicher Grund für die Mängel in der Ausstattung der Bundeswehr. Sie hat keine klare Ausrichtung, sondern »leistet« sich gleichsam zwei Armeen.

Die Neuausrichtung der Bundeswehr nimmt eine Verschärfung im Rüstungswettlauf in Kauf. »Die Bundeswehr [soll] in den Bereichen Heer, Luftwaffe und Marine kräftig aufwachsen […], um den neuen Anforderungen gerecht zu werden. Diese sollen […] die vollständige Verteidigungsfähigkeit zu Land, zu Wasser, in der Luft, im Weltraum und im Cyberraum sein.«

Mit »34 sogenannten ›25 Millionen Euro-Vorlagen‹ und einem Gesamtvolumen von rund vierzehn Milliarden Euro haben 2017 so umfangreiche Rüstungsaufträge das Parlament passiert wie seit Jahrzehnten nicht«.[13] Dazu zählen auch die Militärausgaben, die im EU-Haushalt 2021 bis 2027 vorgesehen sind. Danach sind insgesamt 65,6 Mrd. Euro für Militärausgaben vorgesehen. Dazu gehören »dreizehn Mrd. Euro über den EU-Verteidigungsfonds (EVF) für die Erforschung und Entwicklung von Rüstungsgütern (über nationale Hebel ergeben sich bis zu 48,6 Mrd.). […] 6,5 Mrd. sollen in die ›Militärische Mobilität‹, also Infrastrukturmaßnahmen zur schnellen Verlegung von Truppen insbesondere nach Osteuropa, fließen.«[14]

»Abrüsten statt Aufrüsten« organisiert Widerstand

Mit der Kampagne »Abrüsten statt Aufrüsten« setzt die Friedensbewegung dieser massiven Aufrüstung Widerstand entgegen. Das Bundesverteidigungsministerium hat bis zum Jahr 2030 Rüstungsprojekte von mindestens 130 Mrd. Euro geplant.[15] Durch das Aufzeigen der Gefahren und Konsequenzen dieser Hochrüstung sowie konkreter Alternativen will die Friedensbewegung in enger Zusammenarbeit mit der sozialen und ökologischen Bewegung und den Gewerkschaften diese fatale Weichenstellung beenden. Nur gemeinsam kann es gelingen, den Aufrüstungsplänen innerhalb Deutschlands, der EU und der NATO eine klare friedliche Alternative entgegenzusetzen.

III. DIE KRISE UM DEN INF-VERTRAG

»Ich begreife eine Politik für den Frieden
als wahre Realpolitik der Epoche.«

(Willy Brandt)

RETTET DEN INF-VERTRAG! ES GIBT KEINE GEWINNER

Michail Gorbatschow

Dieser Text ist ein vom Autor bereitgestellter Auszug aus der deutschen Erstveröffentlichung, aus dem Englischen übersetzt von Wolfgang Biermann und Frieder Schöbel, in: »Neue Entspannungspolitik JETZT!«, http://neue-entspannungspolitik.berlin/michail-gorbatschow-den-inf-vertrag-retten/.

Englische Erstveröffentlichung in: Moscow Times, »A Nuclear Arms Race Will Produce No Winners – Despite everything, it is still in our power to avoid nuclear confrontation«, https://www.themoscowtimes.com/2019/02/14/mikhail-gorbachev-a-nuclear-arms-race-will-produce-no-winners-op-ed-a64491

Den INF-Vertrag retten[1]

Es liegt immer noch in unserer Macht, eine nukleare Konfrontation zu verhindern! Das Schicksal des INF-Vertrags beunruhigt Politiker ebenso wie ganz normale Menschen auf allen Kontinenten. Auch ich mache mir große Sorgen, und das nicht nur, weil ich diesen Vertrag im Dezember 1987 mit dem damaligen US-Präsidenten Ronald Reagan unterzeichnet habe. Wir erleben zurzeit destruktive und gefährliche Entwicklungen in der Weltpolitik.

Auf dem Weg zur Unterzeichnung des INF-Vertrags hatte Ronald Reagan und mich der Grundgedanke begleitet, den wir in einer gemeinsamen Erklärung beim ersten Treffen in Genf dargelegt haben: »Ein Atomkrieg kann nicht gewonnen werden und darf niemals geführt werden.« Der INF-Vertrag war der erste Schritt auf diesem Weg, und ihm folgten weitere Schritte, unter anderem der Vertrag über Abbau strategischer Waffen (START I) und Vereinbarungen, den Großteil aller taktischen Atomwaffen abzurüsten. Beide Staaten haben ihre Militärdoktrinen überarbeitet, um ihre Abhängigkeit von Atomwaffen zu reduzieren und ihre Anzahl gegenüber dem Höhepunkt des Kalten Krieges um mehr als achtzig Prozent zu verringern.

Der begonnene Abrüstungsprozess betraf nicht nur Atomwaffen. Die Konvention zum vollständigen Verbot von Chemiewaffen trat 1997 in Kraft, und die Länder Ost- und Westeuropas einigten sich auf einen drastischen Abbau ihrer Streitkräfte und Waffen. Dies war die »Friedensdividende«, von der alle – vor allem die Europäer – mit dem Ende des Kalten Krieges profitierten. Seitdem diente der INF-Vertrag der Sicherheit unseres Landes und schloss die Stationierung von Waffen in der Nähe unserer Grenzen aus, die zu einem »Enthauptungsschlag« in der Lage wären.

Ich möchte hier erwähnen, dass auch hochrangige russische Beamte den Vertrag zu Unrecht kritisierten und die Zerstörung der Raketen beklagten, weil diese für uns noch nützlich sein könnten. Ich fühlte mich immer wieder gezwungen, solche Auffassungen zurückzuweisen.

Dennoch hat sich das politische Klima geändert. In den letzten Jahren hat sich Russland klar für die Aufrechterhaltung des INF-Vertrags ausgesprochen. Ich hoffe, dass dies eine tiefe Einsicht in die Notwendigkeit des Vertrags widerspiegelt. Heute jedoch droht die große Gefahr des Zusammenbruchs für alles, was wir seit dem Ende des Kalten Krieges erreicht haben. Die Entscheidung der Vereinigten Staaten, sich aus dem INF-Vertrag zurückzuziehen, würde alle Fortschritte, die mit dem INF-Vertrag erreicht wurden, aufs Spiel setzen. Denn das wäre nur der erste Schritt. Die USA weigern sich weiterhin, das umfassende Verbot von Atomwaffentests (CTBT) zu ratifizieren, und bereits im Jahr 2002 kündigten sie einseitig den Vertrag gegen Raketenabwehrsysteme (ABM-Vertrag) auf.

Von den drei Säulen globaler strategischer Stabilität (ABM-Vertrag, INF-Vertrag und START I) existiert demnächst nur noch ein Abkommen, das vom ehemaligen russischen Präsidenten Dmitri Medwedew und dem ehemaligen US-Präsidenten Barack Obama im Jahr 2010 unterzeichnet wurde: der New-START-Vertrag. Sein Schicksal steht aber auch auf dem Spiel und nach Aussagen von Vertretern der US-Administration könnte er bald »der Vergangenheit angehören«.

Was ist passiert?

Welche vermeintliche oder tatsächliche Bedrohung zwingt die Vereinigten Staaten, das Rüstungskontrollsystem zur Begrenzung der Atomwaffen, das die Welt seit Jahrzehnten sicherer macht, außer Kraft zu setzen? Schauen wir uns den Wortlaut des INF-Vertrags genau an, so steht darin: »Jede Partei hat bei der Ausübung ihrer nationalen Souveränität das Recht, dann von diesem Vertrag zurückzutreten, wenn sie beschließt, dass durch außergewöhnliche Ereignisse im Zusammenhang mit den Festlegungen dieses Vertrags ihre höchsten Interessen gefährdet werden. Sie unterrichtet den anderen Vertragspartner sechs Monate vor dem Beschluss über den Rückzug von diesem Vertrag. Diese Mitteilung soll eine Darstellung der außergewöhnlichen Ereignisse enthalten, die die anmeldende Vertragspartei als ihre höchsten Interessen gefährdend betrachtet.«

Das heißt, ein Land, das den Schritt zum Verlassen des Vertrages unternimmt, muss der Weltgemeinschaft erklären, warum es sich aus dem Vertrag zurückzieht. Wo aber ist diese Bedrohung der »höchsten Interessen« für die Sicherheit der USA – eines Landes, dessen Militärausgaben mindestens dreimal so hoch sind wie die aller möglichen Rivalen? Haben die USA der Weltgemeinschaft, der Öffentlichkeit und dem UN-Sicherheitsrat eine Darstellung dieser Bedrohungen mitgeteilt? Nein, das haben sie nicht.

Stattdessen haben sie Beschwerden gegen Russland wegen angeblicher Verstöße erhoben und diese Vorwürfe in Form eines Ultimatums präsentiert. Die USA begründen ihre Position mit dem Hinweis, dass andere Länder – insbesondere China, Iran und Nordkorea – Mittelstreckenraketen besitzen. Dies ist kein überzeugendes Argument.

Die Arsenale der USA und Russlands machen immer noch mehr als neunzig Prozent der Atomwaffen der Welt aus. In diesem Sinne sind die beiden Länder tatsächlich immer noch die einzigen atomaren »Supermächte«.

Möglicherweise beruht Washingtons Entscheidung, sich vom Vertrag zurückzuziehen, nicht auf den von der US-amerikanischen Führung angegebenen Gründen, sondern auf etwas ganz anderem: dem Wunsch Washingtons, sich von jeglichen Beschränkungen seiner Waffen zu befreien und eine absolute militärische Überlegenheit zu erreichen. »Wir haben weitaus mehr Geld als jeder andere«, verkündete Präsident Trump kürzlich, »wir werden es [unser Atomarsenal] soweit ausbauen, bis sie zur Besinnung kommen.« Vermutlich wollen die USA erneut aufrüsten, um der Welt ihren Willen zu diktieren. Was könnte es sonst sein?

Das ist jedoch ein illusorisches Ziel, und eine aussichtslose Hoffnung. Es ist unmöglich, dass ein Land in der modernen Welt eine Hegemonie erreicht. Eine solch destruktiver Ablauf der Ereignisse würde zu einem völlig anderen Ergebnis führen: zur Destabilisierung der strategischen Situation der Welt, zu einem neuen Wettrüsten und zu mehr Chaos und Unberechenbarkeit in der Weltpolitik. Die Sicherheit aller Länder, einschließlich der Vereinigten Staaten, würde darunter leiden.

Donald Trump sagte, die USA hofften, »einen neuen Vertrag zu vereinbaren, der viel besser wäre«. Welche Art von Vertrag meint er – einer, der den Ausbau von Atomwaffen fördert? Niemand sollte auf so ein Versprechen reinfallen, ebenso wenig auf die Erklärung von US-Außenminister Mike Pompeo, dass »die USA keine Pläne für die sofortigen Stationierung neuer Raketenwaffen« haben.

Das bedeutet nur, dass die USA solche Raketen noch nicht haben. Und diese Aussagen konnten die verständlicherweise alarmierten Europäer nicht überzeugen. Jeder erinnert sich an die »Raketenkrise« der frühen Achtzigerjahre, als dort Hunderte von sowjetischen SS-20- und amerikanischer Pershing-Raketen stationiert wurden. Und alle wissen, dass eine neue Runde des Raketenwettlaufs heute noch gefährlicher sein könnte.

Das Ziel muss bleiben: Eine atomwaffenfreie Welt

Ich begrüße die Bemühungen der Länder Europas, den INF-Vertrag zu retten. Die Europäische Union forderte die USA auf, »sich über die Konsequenzen eines möglichen Austritts aus dem INF-Vertrag für ihre eigene Sicherheit, die Sicherheit ihrer Verbündeten und der ganzen Welt im Klaren zu sein.« Der deutsche Außenminister Heiko Maas, warnte, »eine Beendigung des Vertrages hätte viele negative Konsequenzen«, und reiste nach Moskau und Washington, um eine Lösung für das Problem zu finden. Es ist bedauerlich, dass dieser Vorstoß zu keinen Ergebnissen geführt hat, aber diese Bemühungen müssen fortgesetzt werden – zu viel steht auf dem Spiel.

Diejenigen, die den INF-Vertrag beenden möchten, behaupten, die Welt habe sich seit ihrem Abschluss grundlegend verändert und der Vertrag sei daher einfach überholt. Die erste Hälfte dieses Arguments ist sicherlich richtig, aber die zweite ist zutiefst irreführend. Die Veränderungen in der Welt erfordern nicht, den Vertrag abzuschaffen, der die Grundlagen für die internationale Sicherheit nach dem Ende des Kalten Krieges gelegt hat, sondern weitere Schritte in Richtung auf das vereinbarte Ziel zu unternehmen: die Beseitigung der Atomwaffen. Darauf sollten wir unsere Anstrengungen konzentrieren.

Ich wende mich an alle Amerikaner, insbesondere an die republikanischen und demokratischen Kongressmitglieder. Unglücklicherweise hat die innenpolitische Spaltung der USA in den letzten Jahren zu einem Zusammenbruch des amerikanisch-russischen Dialogs – auch über Atomwaffen – geführt. Es ist an der Zeit, die Gegensätze zwischen den Parteien zu überwinden und ernsthafte Gespräche zu beginnen.

Angesichts des Stilstands der Beziehungen brauchen wir neue Ideen, um sie wieder in Gang zu bringen. Die Experten-Community kann dabei eine wichtige Rolle spielen. In einem vor kurzem in der *Rossijskaja Gasjeta* und der *Washington Post* veröffentlichten gemeinsamen Artikel vom ehemaligen US-Außenminister George Shultz und mir forderten wir die Einrichtung eines nicht-staatliches Forums von russischen und US-amerikanischen Experten, um die sicherheitspolitischen Veränderungen der vergangenen Jahrzehnte zu diskutieren und Lösungsvorschläge für unsere Regierungen zu entwickeln. Es ist von höchster Dringlichkeit, dass Politiker ihr Denken ernsthaft ändern. Militarisierte

Denkweisen haben zu militärischen Konflikten sowie zu Interventionen in Jugoslawien, Irak, Libyen und anderen Ländern geführt, deren Auswirkungen noch lange zu spüren sein werden.

Politik, nicht Bewaffnung ist der Schlüssel zur Lösung von Sicherheitsproblemen. Wir müssen die Situation verstehen, wie sie sich entwickelt hat, und vor allem durch Handeln verhindern, dass die Welt in Wettrüsten, Konfrontation und letztendlich Krieg abgleitet. Trotz allem glaube ich, dass wir immer noch die Macht zum Handeln haben.

LEKTION VERSTANDEN?

Wolfgang Biermann

Mit dem INF-Vertrag von 1987 wurde die Voraussetzung für einen »begrenzten« Atomwaffeneinsatz im Rahmen der nukleare Eskalationsstrategie beseitigt. Ähnlich wie bei der Beendigung der Kuba-Krise 1962 führte die Entfernung von Mittelstreckenraketen aus dem »Hinterhof« des jeweiligen Gegners zur Beseitigung einer Hauptursache von Spannungen, wie auch das State Department bestätigte.[1]

Sowohl vor und während der Kuba-Krise (1958–1962) als auch während der »Nuklearen Konfrontationsphase« (um 1983) spielte die Stationierung von Mittelstreckenraketen eine Schlüsselrolle bei der Eskalation der Kriegsgefahr. Und in beiden Fällen war die politische Konfrontation nicht nur geprägt von der Demonstration militärischer Macht zur Abschreckung eines potentiellen Gegners, sondern auch durch mangelnde Kommunikation und Transparenz. Dadurch kam es auch zu einer Wahrnehmung der anderen Seite, als wären Manöver nur die Vorbereitung für den Übergang zum militärischen Angriff.

Die vom »National Security Archive«[2] der Georgetown University am 5. November 2018 veröffentlichten, kürzlich freigegebenen Dokumente aus sowjetischen Geheimarchiven belegen: Das Politbüro der KPdSU und ein Teil der sowjetischen Militärführung glaubten tatsächlich, dass die großen Militärmanöver der NATO im Jahre 1983 nur der Deckmantel für einen geplanten westlichen Erstschlag gegen die Sowjetunion wären.

Seit 2018 befinden wir uns erneut in der Eskalationsphase. Die zunehmenden Spannungen würden mit dem Ablauf der Kündigungsfrist des INF-Vertrags am 01. August 2019 und mit neuen Mittelstreckenraketen weiter vorangetrieben. Wann, wenn nicht jetzt, muss eine neue Entspannungspolitik das nukleare Wettrüsten und weitere Konfrontation stoppen?

GEFAHREN AUS DEM ENDE VON INF

Alexej Arbatov

Bei diesem Text handelt es sich um einen mit Genehmigung des Autors bereitgestellten Auszug aus der deutschen Erstveröffentlichung, aus dem Englischen übersetzt von Wolfgang Biermann und Frieder Schöbel, in: »Neue Entspannungspolitik JETZT!«, http://neue-entspannungs politik.berlin/alexej-arbatov-gefahren-durch-ende-des-inf-vertrags/.

Der ursprüngliche Text wurde unter dem Titel The Danger of Withdrawing From the INF Treaty am 28.10.2018 vom Carnegie Moscow Center veröffentlicht: https://carnegie.ru/commentary/77589

Der Verfall der Rüstungskontrolle

Die Krise im Zusammenhang mit dem INF-Vertrag ist ein Zeichen für den katastrophalen Zustand der amerikanisch-russischen Rüstungs-kontrollarchitektur. Seit einigen Jahren werfen sich Moskau und Wa-shington gegenseitig vor, den Vertrag zu verletzen, wenn sich auch ihre jeweiligen Haltungen dazu erheblich unterscheiden.

Die USA bezweifeln zwar nicht den Nutzen des INF-Vertrages (mit Ausnahme einiger Amtsträger und Politiker, die aus ideologischen Gründen gegen jedes Rüstungskontrollabkommen sind), aber keiner von ihnen betrachtet den Vertrag als Priorität, vielmehr halten sie ihn für die Sicherheit der europäischen und asiatischen Verbündeten wich-tiger als für die eigene Sicherheit der USA. Im Unterschied dazu hat die russische Führung in den letzten zehn Jahren gemeinsam mit den meisten Vertretern der politisch Verantwortlichen und ihrer Strategie-Experten immer wieder Zweifel am Wert des INF-Vertrags geäußert. Russlands 2016 veröffentlichtes außenpolitisches Konzept erwähnte den INF-Vertrag nicht einmal in seiner Liste der Rüstungskontrollab-kommen, zu deren Einhaltung sich Russland verpflichtet hat.

Ohne Rücksicht auf Moskaus Haltung hat die Trump-Regierung sich nicht nur auf die Seite des Vorwurfs der russischen INF-Vertragsverletzung gestellt, sondern auch erstmals wieder Mittel für die Erforschung und Entwicklung neuer nuklearer Mittelstreckenraketen verlangt, während sie gleichzeitig die Absicht verkündete, sich aus dem Vertrag zurückzuziehen und neue wirtschaftliche Sanktionen gegen Russland zu verhängen. Dies ist eine Abfolge von Ereignissen, die in der Abrüstungsgeschichte einmalig ist.

Die Welt steht vor einem neuen Wettrüsten mit atomaren Angriffswaffen, mit offensiv wie defensiv einsetzbaren, extrem treffgenauen nicht- nuklearen (»konventionellen«) strategischen Waffensystemen sowie mit Weltraum- und Cyberwaffen. Dieses mehrdimensionale bilaterale Wettrüsten würde höchstwahrscheinlich multilateral werden und China, die NATO-Mitgliedstaaten, Indien, Pakistan, Israel und Nordkorea einschließen. Außerdem würde es unvermeidbar die Weiterverbreitung von Atomwaffen zur Folge haben, die sich an den Grenzen Russlands konzentrieren und den Iran, die Türkei, Ägypten, Saudi-Arabien, Südkorea und Japan dazu zwingen, jeweils für ihre eigene Sicherheit zu sorgen.

Da die USA und Russland in den letzten Jahren die Zusammenarbeit bei der Sicherung von Nuklearmaterial und -techniken eingestellt haben, kann eine Atomwaffe früher oder später in die Hände von Terroristen geraten. Russland wird wahrscheinlich eines der wichtigsten Angriffsziele des Terrorismus werden, wegen seiner neuen Führungsrolle in den Kämpfen in Syrien, wegen der Verletzlichkeit seiner geopolitischen Lage und der Durchlässigkeit seiner südlichen Grenzen.

Obwohl der INF-Vertrag in Russland häufig kritisiert wurde, ist er heute für die Sicherheit des Landes noch wichtiger als vor dreißig Jahren. Als Reaktion auf die Stationierung russischer Waffensysteme, die nach dem INF-Vertrag verboten sind, werden die USA die Stationierung von Nuklearwaffen mittlerer Reichweite wieder aufnehmen – nicht wie in der Vergangenheit in Westeuropa, sondern in Polen, im Baltikum und in Rumänien, von wo aus sie bis hinter den Ural angreifen könnten. Die USA könnten auch ihre Programme der Pershing-II- und Cruise Missile-Mittelstreckenraketen wiederauflegen, weiterentwickeln und in Europa stationieren. Dies würde Moskau dazu zwingen, erhebliche Mittel bereitzustellen, um die Überlebensfähigkeit seiner Nuklearwaffen und seiner Befehls-, Kontroll- und Informationssysteme zu sichern.

Und das in einer Zeit, in der die ökonomische Situation Russlands den Abbau der Verteidigungslasten erforderlich macht.

Die USA werden alles tun, um Russland für das Ende des INF-Vertrags verantwortlich zu machen. Es wird auf jedem Forum zum Sündenbock erklärt werden, von der UN-Generalversammlung über die Gipfeltreffen der G7 und G20 bis hin zu den Treffen des NATO-Russland-Rats und den EU-Russland-Gipfeln. Diese Reihe von Ereignissen wird die NATO dazu veranlassen, die Verteidigungsausgaben zu erhöhen und die Entwicklung von offensiven wie defensiven Waffen einschließlich Raketenabwehrsystemen enger zu koordinieren.

Die internationale Gemeinschaft wird sich weiterhin an den INF-Vertrag als Symbol für die Beendigung des Kalten Krieges und den ersten Schritt zu tatsächlicher nuklearer Abrüstung erinnern. Das Ende des INF-Vertrags wird zum Symbol der Rückkehr zu Konfrontation und Wettrüsten des Kalten Krieges. Man kann sich unschwer vorstellen, wie die Länder, die 2020 an der Überprüfungskonferenz zum Atomwaffensperrvertrag (NVV) teilnehmen werden, darauf reagieren, zumal die UN-Generalversammlung im Juli 2017 den Vertrag über das Atomwaffenverbot beschlossen hatte.

Wie man Verifikationsprobleme lösen kann

Anstatt einander Vorwürfe zu machen, sollten die USA und Russland gemeinsam Verifikationsmaßnahmen entwickeln, um die gegenseitigen Verdächtigungen abzubauen. Moskau wirft Washington vor, mit »Hera« eine ballistische Rakete zu benutzen, die als Mittelstreckenrakete bezeichnet werden kann. Zudem behauptet Russland, bewaffnete US-Drohnen mit einer Reichweite von mehr als 500 Kilometern würden den INF-Vertrag verletzen.

Russlands größte Sorge sind aber die US-Raketenabwehrbasen, die 2016 in Rumänien aufgebaut wurden und die auch in Polen stationiert werden; vermutlich handelt es sich dabei um das »Mk 41 Vertical Launching System«, das auf US-amerikanischen Marineschiffen nicht nur für ballistische Raketenabwehrraketen, sondern auch für Tomahawk-Marschflugkörper mit einer Reichweite von bis zu 2 500 km eingesetzt wird.

Aus dem offiziellen Vorwurf des russischen Außenministeriums im Jahr 2017 die USA hätten den INF-Vertrag »grob verletzt«, kann man schlussfolgern, dass Russland unsicher ist, ob solche Startsysteme nicht auch genutzt werden können, um aus seegestützten Marschflugkörpern landgestützte zu machen. Die USA haben ihrerseits Russland vorgeworfen, es habe landgestützte Marschflugkörper mit einer angeblichen Reichweite von mehr als 500 Kilometern getestet und wahrscheinlich auf mobilen Trägersystemen für Iskander-Kurzstreckenraketen stationiert.

Mit etwas gutem Willen wäre es möglich, diese Fragen schnell zu klären, indem eine unabhängige Expertengruppe eingesetzt würde, die zusätzliche Überprüfungsmaßnahmen entwickelt. Gerade zu diesem Zweck – sich an die rasche Entwicklung der militärischen Hardware anzupassen, die 1987 von beiden Seiten nicht vorhersehbar war –, wurde die Special Verification Commission geschaffen.

Zu Russlands Beschwerden: Nach dem INF-Vertrag können Raketen mit mittlerer Reichweite benutzt werden, um ihre Raketenabwehrsysteme zu testen. Es hätte völlig ausgereicht, diese Regel in Bezug auf bestimmte Raketen zu präzisieren, die zum Testen von Raketenabwehrsystemen verwendet werden, und Regeln festzusetzen, wie viele solcher Raketen gelagert und wie häufig sie abgefeuert werden dürfen.

Langstrecken-Drohnen entsprechen in der Tat der Definition von landgestützten Marschflugkörpern im INF-Vertrag. Da Drohnen aber zur Basis zurückkehren, sind sie eher eine Analogie zu Militärflugzeugen als zu Marschflugkörpern. Das Verbot von Drohnen, die von den USA, Russland und anderen Ländern aktiv entwickelt werden, ist unmöglich. Daher ist es sinnvoller, die einschlägigen Artikel des Vertrags zu präzisieren und die Rechtsnormen an neue Waffensysteme anzupassen.

Die Raketenabwehrbasen in Rumänien und Polen sind ein komplizierteres Problem, das aber durchaus lösbar ist. Zum Beispiel könnten beide Seiten der Stationierung von Startsystemen der USA zustimmen, wenn sie sich erkennbar von denjenigen unterscheiden, die technisch mit Tomahawk-Marschflugkörpern kompatibel sind. Oder die USA könnten Russland erlauben, kurzfristig eine vereinbarte Anzahl von Inspektionen vor Ort durchzuführen, um zu belegen, dass die an den Stationierungsorten nur ballistische Abwehrraketen und keine landgestützten Marschflugkörper sind. Zugegeben, dies würde die Zustimmung auch der Stationierungsländer zu russischen Inspektionen erforderlich machen – eine Zustimmung, die sie wahrscheinlich nur geben würden, wenn die USA sie ernsthaft darum bitten.

Die Beschwerden der USA sind komplex, aber auch lösbar. Zum Beweis der Behauptung, dass die Reichweite der neuen Raketensysteme weniger als 500 km beträgt, könnte Russland die USA einladen, die gleiche Art von kurzfristigen Verdachts-Inspektionen bei seinen neuen landgestützten Marschflugkörper-Einheiten durchzuführen.

Die Haupthindernisse für solche Lösungen sind politischer Natur, dazu zählen der generelle Konfrontationscharakter der bilateralen Beziehungen und das feindselige Verhalten in beiden Ländern. In den USA erkennt praktisch niemand an, wie problematisch die Stationierung von US-Raketenabwehrbasen in Osteuropa ist. Jede Erwähnung von eigenen Verstößen wird als Versuch angesehen, von den Vorwürfen gegenüber Russland abzulenken, die aber von den USA nie ernsthaft nachgeprüft wurden. In der Tat wollen einige der dortigen Kreise keine einvernehmliche Lösung für die Probleme, instrumentalisieren sie lieber für ihre politischen Kampagne zur Diskreditierung von Wladimir Putin.

In Russland stoßen die vorgeschlagenen Lösungen – insbesondere jede US-Inspektion an Iskander-Stationierungsorten – auf heftigen Widerstand vor allem von Kritikern des INF-Vertrags und generell von Skeptikern der Rüstungskontrolle zwischen USA und Russland. Sollten aber die Nuklearen Rüstungskontroll- und Nichtverbreitungsverträge in den kommenden Jahren zusammenbrechen, könnten wirtschaftliche, militärische und andere Entwicklungen die nukleare Abschreckungs- und Verteidigungsmöglichkeit Russlands – die durch militärische Modernisierungsprogramme der letzten zehn Jahre aufgebaut wurde – ernsthaft schwächen.

Aber im Falle des Erhalts und der Verbesserung der US-amerikanisch-russischen Rüstungskontroll-Regimes könnten die militärischen Investitionen der letzten Jahre die Verteidigung und Sicherheit Russlands ebenso stärken wie sein internationales Ansehen als Großmacht. Anstatt auf einen Führungswechsel in Washington zu warten, kann Moskau konstruktiv zur Lösung dieser Krise beitragen, indem es selbst die Initiative ergreift. Aufgrund seiner entscheidenden Rolle für die Gesamtarchitektur der Nuklearen Rüstungskontrollverträge zwischen USA und Russland muss der INF-Vertrag an erster Stelle der bilateralen Agenda stehen, noch vor der Ukraine, Syrien und allen anderen Angelegenheiten, wie wichtig sie auch sein mögen.

Es ist viel einfacher, Rüstungskontrollabkommen zu brechen, als sie auszuhandeln und abzuschließen. Die Lehre aus der Geschichte ist jedoch, dass Ablehnung von Rüstungskontrollabkommen niemals die Sicherheit erhöht, sondern ihr nur schadet. Das ist eine historische Lektion, die Moskau und Washington beachten sollten.

(Übersetzung Wolfgang Biermann und Frieder Schöbel)

IV. ENTSPANNUNGSPOLITIK JETZT!

»Entspannung und Abrüstung wird im historischen Prozess aus anderen Gründen geschehen, aber nicht als Ergebnis von militärischem Druck.«

(Willy Brandt)

WIR WAREN SCHON WEITER![1]

Heidemarie Wieczorek-Zeul

Die Eine-Welt in Unordnung

Wer heute Willy Brandts *Nord-Süd Bericht* aus dem Jahr 1980 liest, der sieht darin die Vision einer »Weltinnenpolitik«, die trotz oder gerade wegen aller politischen, kulturellen und ökonomischen Unterschiede nach gemeinsamen Interessen und Regeln sucht. Der Bericht entstand in einer Zeit, in der die Welt noch in zwei große Blöcke gespalten war. Zwar ist zwischenzeitlich die Spaltung überwunden, aber die Konflikte sind nicht weg. Dennoch sucht die multipolare Welt von heute nicht nach gemeinsamen Interessen und Regeln, sie hat kein gemeinsames Verständnis von Verantwortung und auch keine Vision, die das gemeinsame Überleben der Menschheit sichert.

Stattdessen erleben wir global wachsende Gewalt und den Verlust an Rechtsstaatlichkeit. Die Auswirkungen der neoliberalen Machtspiele um Märkte, Geld und Informationen spiegeln sich wider im Verhalten der Staaten. Kein größerer Staat fragt, wenn er Krieg führt, nach einer Legitimierung durch die Vereinten Nationen.

Die USA unter Donald Trump brechen internationale Verträge wie das Pariser Klimaabkommen, sie ignorieren Vereinbarungen der Vereinten Nationen zur Migrationspolitik. Sie bekämpfen das Iranabkommen und propagieren eine neue, zum Teil auch eine nukleare Aufrüstung.

Russland versucht unter Wladimir Putin, in der Weltpolitik wieder neue »Größe« zu gewinnen. Es bricht das Völkerrecht, annektiert die Krim und greift militärisch in den Krieg in Syrien ein.

Gleichzeitig erleben wir den Aufstieg der neuen Weltmacht China, das im Inneren vielfach noch ein Entwicklungsland ist und immer wieder Menschenrechte missachtet. Ein Land, das ökonomisch rasant wächst und so für viele zu einem begehrten Absatzland oder einem preiswerten Zulieferer geworden ist. Und auch ein Land, das im Kampf gegen den Klimawandel mittlerweile ein zentraler Akteur ist.

Nicht zuletzt nehmen weltweit nationalistische Bewegungen und chauvinistische Vorurteile zu. Aber es gibt auch zwei Lichtblicke, die einen anderen Entwicklungspfad ausleuchten können. Dafür müssen aber die Chancen genutzt werden: Zum einen die Existenz der Europäischen Union als einer Institution, deren Gründungsidee vor allem auf der Sicherung des Friedens aufbaut und den sie auch heute als eine Union sichern will, die auf Zusammenarbeit und Verständigung setzt. Und zum anderen der Beschluss der UN-Generalversammlung aus dem Jahr 2015: die »Agenda 2030« mit ihren siebzehn Nachhaltigkeitszielen. Sie gibt die Richtung an für ein sozial-ökologisches Regelwerk, das eine gerechte Gestaltung der Globalisierung erreichen will.

Diese Errungenschaften müssen wir umsetzen, weiterentwickeln und aufwerten. Ich war von 1979 bis 1987 Mitglied des Europäischen Parlaments. Ich bin eine überzeugte Europäerin. Doch wir alle müssen uns viel stärker für eine progressive und nachhaltige Europäische Union engagieren. Sie muss sich durch mehr Demokratie und eine Politik der sozial-ökologischen Transformation auszeichnen, zu der auch der Einsatz für Frieden und Abrüstung gehört.

Handeln im Sinne von Willy Brandt

Die Politik muss den Willen zeigen zu gestalten, um in einem umfassenden Sinne kollektive Sicherheit zu schaffen. Auch müssen wir darauf pochen, dass jede militärische Aktion der Legitimation durch den UN-Sicherheitsrat bedarf, der allerdings auch reformiert und gestärkt werden muss. Wenn das Verhalten einer der Vetomächte notwendige Entscheidungen blockiert, muss nach der Vorgabe »Uniting for peace«

schnell der Weg in die UN-Generalversammlung gesucht werden. Wir haben es in der Hand, der »Stärke des Rechts« zum Durchbruch zu verhelfen, statt das »Recht des Stärkeren« zu akzeptieren.

Die weltweite Rüstungsdynamik beschleunigt sich, die Neubeschaffung von Waffensystemen und der starke Anstieg der Rüstungsausgaben sind bedrückende Signale. Eine vordringliche Aufgabe deutscher und europäischer UN-Politik muss es sein, die Initiative für ein vollständiges Verbot autonomer Waffensysteme zu ergreifen, statt selbst den Kauf bewaffneter Drohnen anzustreben. Eine zweite zentrale Aufgabe ist zu verhindern, dass mit dem INF-Vertrag ein zentraler Grundpfeiler der europäischen Sicherheitsarchitektur demontiert wird. Die EU muss jetzt alles tun, um ein neues nukleares Wettrüsten zu verhindern. Die Bundesregierung muss bei den europäischen NATO-Partnern darauf hinwirken, dass sie gemeinsam den Vertrag erhalten wollen und eine Neustationierung von Atomwaffen und neuer Trägersysteme in Europa ablehnen. Im Kern ist dies die Selbstbehauptung Europas, um die Souveränität zu stärken, ohne gleichzeitig eine neue Aufrüstungsspirale auszulösen.

In erster Linie geht es um ein europäisches Gesellschaftsmodell, das weltweit hohe Anerkennung findet. Insofern heißt europäische Souveränität nicht primär europäische Armee und europäische Verteidigungspolitik. Aber wenn sie verwirklicht werden, dann nicht als Anhängsel der USA oder der NATO. Die Perspektive einer europäischen Armee halte ich für sinnvoll. Schon, weil es sonst schwer zu erklären ist, warum in Europa zwei Millionen Soldaten unter Waffen stehen. Spannend sind die möglichen Schritte zu einer europäischen Armee. Eine Möglichkeit könnte die Zuordnung einzelner Truppenteile sein. Zentral ist aber die Frage, welche Ziele eine solche Armee hat und welche Aufgaben sie zu leisten hätte. Zur Perspektive gehört auch, Sicherheit in unserem südlichen regionalen Umfeld zu garantieren und UN-Missionen in diesem Bereich zu unterstützen.

Deutschland sollte bei den Vereinten Nationen ein Sondertreffen zur nuklearen Rüstungskontrolle und Abrüstung in Gang setzen. Das wäre ein wichtiger Impuls für die im Jahr 2020 anstehende Überprüfungskonferenz zum Nichtweiterverbreitungsvertrag. Die vollständige Abrüstung von Atomwaffen, die auch von Barak Obama gefordert wurde, muss eine europäische Perspektive bleiben. National müssen Atomwaffen abgerüstet werden. Eine Europäisierung von Atomarsenalen ist aus vielerlei Gründen abzulehnen. Zudem muss die konventionelle Rüstungskontrolle in Europa wieder aktiviert werden.

Wer die Ständige Strukturierte Zusammenarbeit (PESCO) voranbringen will, der muss klar sagen: Es bedarf auch einer restriktiven europäischen Rüstungsexportpolitik, die den bestehenden »Code of Conduct« tatsächlich anwendet. Gleichzeitig müssen wichtige Schritte zu einer gesamteuropäischen Friedensordnung angegangen werden. Dafür bedarf es der Schaffung ständiger Foren des Dialogs und der sicherheitspolitischen Kooperation.

Die Lähmung überwinden

Die Europäische Union kann in der globalen Ordnung eine gestaltende Rolle spielen, wenn es durch einen Regionalismus als strukturierendes Prinzip der Globalisierung zu einem stärkeren Gleichgewicht der Kräfte kommt. Dem Spannungsverhältnis zwischen globaler Vereinheitlichung und nationaler und regionaler Differenzierung sollte sich vor allem Deutschland massiv für die Umsetzung der Agenda 2030 einsetzen. Dann eröffnen sich neue Chancen der globalen Gestaltung.

Schon Georg Wilhelm Friedrich Hegel stellte heraus, dass zwischen der inneren Verfassung eines Gemeinwesens und den regulativen Prinzipien, die es der Welt vorschlägt, eine gewisse Übereinstimmung herrschen muss. Die sozial-ökologische Transformation kann also zur Schlüsselkompetenz der Europäischen Union werden. Eine derartige Sichtweise steht in der Tradition von Willy Brandt. Sie ist glaubwürdig, vorbildlich und zielt auf die weltweite Bekämpfung von Armut, Hunger, Krankheiten, Klimawandel und Ressourcenzerstörung, genauso wie auf die Beseitigung der Ungleichheiten in der Gesellschaft. Zu den Zielen der Agenda 2030 gehört auch eine tiefgreifende Transformation in der Verkehrs-, Wirtschafts-, Ressourcen- und Energiepolitik. Doch die Verpflichtungen, die sich aus diesen Zielen ergeben, werden von der Bundesregierung verschwiegen.

Für die Regionalisierung als strukturierendes Prinzip der Globalisierung muss zuerst der innere Zusammenhalt der EU gestärkt werden, auch indem es zu einer wirklichen Wirtschafts- und Währungsunion kommt. Global muss der Euro zu einer Leitwährung gemacht werden, um die

Abhängigkeit vom Dollar zu verringern. Auch wenn die Geldpolitik unser Land in der Finanzkrise von 2008/2009 vor einer Katastrophe geschützt hat, braucht es nach wie vor tiefgreifende Reformen der Finanzmärkte, um sie in die Rolle des Dienstleisters der Wirtschaft einzugliedern, anstatt eine kapitalistische Arbitrage-Ökonomie zu fördern, die, losgelöst von der Realwirtschaft, immer neue Spekulationsblasen auslöst. Eine wichtige Initiative sollte ein »Panel on systemic risks« in den Vereinten Nationen sein, das die UN-Generalversammlung schon im Juni 2009 gefordert hatte, um Transparenz über die Finanzmärkte zu schaffen.

Zur Verwirklichung einer gemeinsamen Außenpolitik der Europäischen Union bedarf es eines *Übergangs zu Mehrheitsentscheidungen*, allerdings unter der parlamentarischen Kontrolle des Europaparlamentes, besonders bezogen auf EU-Missionen und das Budget der außenpolitischen Aktionen. Es muss Schluss damit sein, dass die Sicherheitskooperation der EU mit anderen Regionen zulasten der Entwicklungszusammenarbeit finanziert wird. Das gilt insbesondere für die Kooperation mit den Nachbarregionen im Süden, vor allem im Nahen Osten und Westbalkan.

Im Sinne von Willy Brandt sollten gemeinsame Interessen zwischen der EU und Afrika gesucht und eine Allianz für Entwicklung, Frieden und Klimaschutz vereinbart werden. Statt Afrika als Bedrohung und Gefahr, insbesondere durch Flucht und Migration, wahrzunehmen, sollte die Europäische Union die enge Kooperation mit der Afrikanischen Union suchen. Die EU müsste ihre Handelspolitik gegenüber Afrika grundsätzlich ändern, zum Beispiel durch eine Änderung der europäischen Agrarordnung und durch bessere Exportchancen für afrikanische Produkte.

Russland muss als europäischer Staat wahrgenommen und anerkannt werden. Statt gebetsmühlenartig zu wiederholen, warum die Kooperation mit Russland gestört ist, sollten konkrete Wege gesucht werden, wo es gemeinsame Interessen gibt und wie sie für vertrauensbildende Maßnahmen genutzt werden können. Eine Möglichkeit könnten die Gespräche zwischen der EU und der Eurasischen Wirtschaftsgemeinschaft sein, um dem Ziel eines großen gemeinsamen Binnenmarktes näher zu kommen.

Ein Europa der Nachhaltigkeit, das ist ein großes Ziel, für das es sich zu kämpfen lohnt.

WANDEL DURCH ANNÄHERUNG

Eberhard Martin Pausch

Die Visionen von Willy Brandt und Egon Bahr

Nach der Katastrophe des Zweiten Weltkrieges, die zu weiten Teilen auch auf ein Versagen weltlicher und kirchlicher Eliten angesichts des Nationalsozialismus zurückzuführen war, entstanden in der evangelischen Kirche der jungen Bundesrepublik »Denklabore«, die es sich zur Aufgabe machten, nach innen die Demokratie und nach außen den Frieden zu wahren, zu sichern und zu erneuern.

Ein wesentlicher Beitrag der Evangelischen Kirche in Deutschland (EKD) zu Frieden und Versöhnung war 1965 die sogenannte *Ostdenkschrift* der Kammer für Öffentliche Verantwortung der EKD, deren ausführlicher Titel lautete: *Die Lage der Vertriebenen und das Verhältnis des deutschen Volkes zu seinen östlichen Nachbarn.*[1]

Bereits zwei Jahre vorher, am 15. Juli 1963, hatte in der Evangelischen Akademie Tutzing der SPD-Politiker und Vertraute des späteren Bundeskanzlers Willy Brandt, Egon Bahr, das Denklabor »Evangelische Akademie« genutzt, um eine folgenreiche Formel öffentlich zu Gehör zu bringen: »Wandel durch Annäherung«.[2] Diese Formel, geäußert zur Hoch-Zeit des Kalten Krieges, nicht lange nach der bedrohlichen Kuba-Krise 1962, war innovativ und befruchtete die damalige Politik, zunächst langsam und unmerklich, seit dem Regierungswechsel hin zur sozial-liberalen Koalition im Jahr 1969 aber mit einer unwiderstehlichen Dynamik.[3]

»Wandel durch Annäherung« – was besagt dies eigentlich? Es sei zunächst vermerkt, dass selbst in der SPD Vorbehalte gegen die Formel laut wurden. Herbert Wehner etwa bezeichnete sie seinerzeit als »bahren [!] Unsinn«. Nach und nach aber setzte die Formel sich durch und prägte die Politik der späten Sechziger- und der frühen und mittleren Siebzigerjahre. Die ihr zugrundeliegende Idee war: Wer will, dass sich die Dinge zum Guten verändern, der muss sich selbst bewegen. Der muss auf die je andere Seite zugehen, ihr die Hand zur Verständigung, wenn nicht sogar zur Versöhnung entgegenstrecken. Wer den Eisernen Vorhang in Europa und die Mauer aus Stacheldraht und Stein in Berlin überwinden will, der muss deutlich signalisieren, dass er Frieden und Entspannung wünscht und keine Ausdehnung oder gar Eskalation von Konflikten. Wer Frieden will, muss den Frieden vorbereiten – und nicht den Krieg, auch wenn ein lateinisches Sprichwort (»si vis pacem para bellum«) dies der Politik viele Jahrhunderte lang vorgab.

Als Willy Brandt 1971 den Friedensnobelpreis erhielt, war nur wenigen bewusst, dass der Architekt seiner Friedenspolitik der im Hintergrund agierende Egon Bahr war. Willy Brandt aber gelang es, in der stummen, symbolischen Geste des Niederkniens am Ehrenmal für die Toten des Warschauer Ghettos den Wandel durch Annäherung sichtbar zu machen. Die Geste zeigte: Da bittet ein Mensch, und zwar einer, der unstrittig an der Katastrophe des Dritten Reiches keine Schuld trägt, stellvertretend für sein Volk um Vergebung für die deutschen Verbrechen des Zweiten Weltkrieges. Da zeigt ein Politiker Demut und Friedfertigkeit, und es gelingt ihm, durch seine Symbolhandlung zu Frieden und Entspannung beizutragen.

Parallel zu dieser Geste wurde diplomatisch verhandelt und wurden rechtsverbindliche Verträge geschlossen. Die »Ost-Verträge« trugen zu einem Klima des wachsenden Vertrauens zwischen Ost und West bei. Ein wichtiger Schritt war 1975 die Schlussakte von Helsinki, die den Prozess der »Konferenz für Sicherheit und Zusammenarbeit in Europa« (KSZE) zu einem beachtlichen und folgenreichen Abschluss brachte. Die Annäherung bewirkte tatsächlich einen Wandel, und daraus wuchs Vertrauen zwischen den Menschen, Völkern und Staaten auf den beiden Seiten des Eisernen Vorhangs.

Vertrauen ist friedenspolitisch gesehen ein sehr kostbares Gut. Wo Vertrauen entsteht, da wird innerhalb einer potenziell konfliktiven Situation zumindest eine »Sicherheitspartnerschaft« möglich. Wer einander vertraut, der muss nicht gegeneinander aufrüsten. Abrüstung ist politisch möglich und wird in einem Klima des gegenseitigen Vertrauens wahrscheinlicher.

Ende der Siebzigerjahre begann allerdings aus unterschiedlichen Gründen eine neue Phase des Kalten Krieges. Die von der Sowjetunion nach und nach in Osteuropa stationierten SS-20-Raketen gefährdeten nicht nur nach Meinung des deutschen Bundeskanzlers Helmut Schmidt, der Willy Brandt 1974 im Amt nachgefolgt war, die Sicherheit im geteilten Europa. Schmidt gab mit einer Rede im Herbst 1977 den Anstoß für den sogenannten »NATO-Doppelbeschluss«, der am 12. Dezember 1979 gefasst wurde – übrigens zunächst durchaus gegen den Widerstand der US-amerikanischen Administration um Präsident Jimmy Carter.

Die dem Doppelbeschluss zugrundeliegende Idee lautete: Der Westen verhandelt mit dem Ostblock, um den Abzug der SS-20-Raketen zu erreichen. Sollte kein Abzug erfolgen, werde die NATO unter Führung der USA in Westeuropa Pershing II-Raketen und Cruise-Missiles stationieren. Es war also eine Konditionierung beschlossen worden: Wenn die Verhandlungen zwischen den zwei Blöcken nicht zum Erfolg führen, dann würde die Stationierung erfolgen. Die zeitliche und sachliche Priorität lag bei den Verhandlungen. Natürlich konnte diese Politik ihr Ziel nur erreichen, wenn die Verhandlungen mit ausreichender Ernsthaftigkeit betrieben wurden, um zu einer erfolgreichen Abrüstung zu gelangen.

Die Früchte der Entspannungspolitik

Weltpolitisch änderte sich zwischen 1980 und 1982 vieles: US-Präsident Carter wurde von Ronald Reagan abgelöst, der als »Falke« und Hardliner galt. Helmut Schmidt unterlag durch ein konstruktives Misstrauensvotum am 1. Oktober 1982 dem CDU-Vorsitzenden Helmut Kohl, der bis 1998 Bundeskanzler bleiben sollte. Auch verstarb am 10. November 1982 der »Kreml-Chef« Leonid Iljitsch Breschnew, sodass die Weltpolitik es mit vielen neuen Akteuren zu tun bekam.

In der Folge brachten die Abrüstungsverhandlungen kein Ergebnis, und die Stationierung der US-amerikanischen Waffensysteme erfolgte ab dem Herbst des Jahres 1983. Der »Wandel durch Annäherung« schien Vergangenheit geworden zu sein, Konfrontation war offenbar das Gebot der Stunde.

Seit Ende der Siebzigerjahre hatte sich in der Bundesrepublik als Reaktion auf den NATO-Doppelbeschluss eine immer breiter werdende Friedensbewegung formiert, die sich mit Demonstrationen, Unter-

schriften-Sammlungen, Menschenketten, Fastenaktionen, Sitzblocka-
den und vielen weiteren Aktionen dafür einsetzte, die Nachrüstung zu
verhindern. Dies gelang nicht. Die pazifistische Parole der Friedensbewegung »Frieden schaffen ohne Waffen« unterlag der realpolitischen
Formel Helmut Kohls »Frieden schaffen mit immer weniger Waffen«,
die von vielen Menschen indes nicht geglaubt wurde.[4]

Die weltpolitische Situation Mitte der Achtzigerjahre war komplex:
Die Sowjetunion und der Ostblock insgesamt hatten sich durch jahre-
lange militärische Aufrüstung, durch Korruption und Misswirtschaft
geschwächt. Der seit 1985 im Kreml regierende Michail S. Gorbatschow
setzte innenpolitisch auf »Glasnost« (Transparenz) und »Perestroika«
(wirtschaftlichen Umbau) und erreichte ausgerechnet im Zusammen-
spiel mit der konservativen Reagan-Administration Entspannung durch
Abrüstung. Das geteilte Deutschland und das geteilte Europa sollten
die Früchte dieser Bemühungen ernten.

Interessant war, dass sich auch in der DDR seit Beginn der Achtzigerjahre eine Friedensbewegung unter dem Motto »Schwerter statt
Pflugscharen« entwickelt hatte. Die jährlichen Friedensdekaden im
November gerieten zu Höhepunkten des gewaltfreien Widerstands
gegen das SED-Regime. Friedensgebete wurden 1989 zum Ausgangs-
punkt der Leipziger »Montagsdemonstrationen«. So konnte die DDR-
Friedensbewegung den Fall der Mauer und das Ende des Kalten Krieges
als ihren Erfolg verbuchen, während sich in Westdeutschland die eher
gegenläufige Sicht durchsetzte, die punktgenaue Durchführung des
NATO-Doppelbeschlusses und somit die Niederlage der Friedensbewegung habe den Zusammenbruch des Ostblocks bewirkt.

Die Wahrheit ist wohl differenzierter und gibt beiden Seiten ein Stück
weit Recht: Die grenzüberwindende Verbundenheit der deutsch-deutschen Friedensbewegung trug definitiv dazu bei, ein Stück Vertrauen in
das politische Gegenüber zu bewahren und somit Entspannungspolitik
fortzuschreiben. Dies diente letztlich auch dazu, den Boden für die
deutsche Einheit zu bereiten.[5] Das Vertrauen der Deutschen auf der
einen Seite der Grenze in den Friedenswillen der Deutschen auf der
anderen Seite war auch eine späte Frucht der Entspannungspolitik
der Siebzigerjahre. Mit einem Wort: Der »Wandel durch Annäherung«
war nachhaltig und wirkte fort bis 1989/90. Mit dem Ende des Kalten
Krieges und der Überwindung der Teilung Europas begann eine Zeit,

die mit dem Begriff »Friedensdividende« gekennzeichnet wurde. Abrüstung wurde möglich und auch tatsächlich umgesetzt.

Die Grundidee bleibt aktuell

Allerdings ergaben sich in der Folgezeit neue Herausforderungen. Der Politikwissenschaftler Samuel P. Huntington warnte seit 1993 vor einem »Clash of Civilizations« (Kampf der Kulturen), ein gefährlicher islamistischer Terrorismus breitete sich international aus. Die Anschläge vom 11. September 2001 zeigten dessen grenzenlosen Hass auf den Westen, und bis heute gelang es nicht, den Sumpf dieses Terrorismus auszutrocknen. Wer den tödlichen Kampf der Kulturen verhindern will, der muss heute den Dialog der Kulturen und Religionen fördern. Auch diese Aufgabe kann man unter das Stichwort »Wandel durch Annäherung« stellen. Wer miteinander redet und verhandelt, der sucht die Nähe des Anderen. Er respektiert die Andersheit des Anderen und ist wohl beraten, die Annäherung in einer »Politik der kleinen Schritte« zu vollziehen und mit »vertrauensbildenden Maßnahmen« zu verbinden. Aufrichtigkeit, Respekt und Augenmaß sind dabei unerlässlich.

Das Konzept »Wandel durch Annäherung« lässt sich politisch sehr gut verbinden mit dem Leitbild des »gerechten Friedens«, für das die beiden großen Kirchen in Deutschland werben. Es ist auch anschlussfähig an die Maxime: »Wenn du den Frieden willst, bereite den Frieden vor.«[6] Es bildet Vertrauen und führt zur Entspannung. Es macht (in bestimmten historischen Kontexten) Abrüstung möglich. Die »Bahr'sche Formel« ist somit alles andere als »bahrer Unsinn«. Sie ist nachhaltig. Sie verdient es, immer wieder neu politisch erprobt zu werden, und ist ein lohnendes Wagnis – so wie die Demokratie selbst.

WER DAS ATOMARE WETTRÜSTEN STOPPEN WILL, MUSS EUROPA STÄRKEN

Sigmar Gabriel

Ein epochaler Einschnitt

Am 2. Februar 2019 hat für uns Europäer eine neue Zeitrechnung begonnen – und wohl nicht nur für uns. Denn an diesem Tag ist die Sechzig-Tage-Frist verstrichen, die von den USA gegenüber Russland gesetzt worden war, um den INF-Vertrag über das Verbot landgestützter atomarer Mittelstreckenraketen in Europa zu retten. Nicht nur Russland ließ diese Frist – von ein paar Propagandashows seines Militärs abgesehen – ungenutzt verstreichen, sondern auch die Europäer und damit auch wir Deutschen. Dabei geht es um einen wahrhaft epochalen Abrüstungsvertrag, denn erstmals wurden zwischen dem damaligen US-Präsidenten Ronald Reagan und dem sowjetischen Präsidenten Michail Gorbatschow nicht nur Begrenzungen der Entwicklung und Stationierung nuklearer Waffenarsenale mittlerer Reichweite an Land in Europa vereinbart, sondern die Vernichtung aller bereits existierenden. Die Aufkündigung dieses Vertrages würde nicht nur Europa erneut zum Austragungsort nuklearen Wettrüstens machen, sondern es hätte eine fatale politische Signalwirkung weit darüber hinaus. Die Lehre wäre wohl, dass man sich auf Abrüstungsverträge besser nicht einlässt, weil sie ohnehin nur vorübergehender Natur sind.

So dürfte die Kündigung des INF Vertrages nur der Auftakt dafür sein, auch andere Vereinbarungen wie z. B. die Begrenzung der atomaren Langstreckenwaffen in den START-Verträgen zu beenden. Aber ohne einen vertraglichen Rahmen zur atomaren Abrüstung in den Vereinigten Staaten und Russland lässt sich das Verbot der Weiterverbreitung von Atomwaffen in der Welt – das »Nonproliferations-Abkommen« (NVV) – auf Dauer nicht halten. Die Nonproliferation ist untrennbar von der Abrüstungs- und Kontrollbereitschaft der beiden nuklearen Großmächte USA und Russland verbunden. Rüsten diese atomaren Großmächte erst einmal auf, werden kleinere Mächte es auch tun, weil sie glauben, sich damit unangreifbar zu machen. Nord-Korea und der Iran sind nur die ersten Beispiele dafür.

Der atomare Rüstungswettlauf ist also in vollem Gange. Im Gegensatz zum früheren sogenannten »Kalten Krieg« stehen sich in Zukunft aber nicht mehr zwei große und weitgehend berechenbare Blöcke gegenüber, sondern die nukleare Landkarte wird weit unübersichtlicher und unberechenbarer.

Die Rolle der Europäer

Es geht also bei der Aufgabe des INF-Vertrages um mehr als einen Vertrag: Es geht um die Frage, ob die existierenden Nuklearmächte und Bündnissysteme in der Lage sind, weltweit zumindest den Versuch zu unternehmen, die Weiterverbreitung atomarer Waffen zu kontrollieren und soweit wie möglich zu reduzieren. Oder ob sie sich ohne Rücksicht auf die internationale nukleare Sicherheitsarchitektur rücksichtslos in einen Wettlauf um nationale militärische Dominanz begeben.

Dabei ist es so wichtig, um diesen ersten und bislang weltweit einzigen wirklichen Abrüstungsvertrag zu kämpfen. Alle diplomatischen Ressourcen zu mobilisieren, Sondergipfel der europäischen Staats- und Regierungschefs einzuberufen und täglich zwischen den Hauptstädten Europas, Russlands und Moskaus unterwegs zu sein, um den Beginn eines neuen atomaren Wettrüstens in Europa zu verhindern, das wäre den Schweiß der Edlen wert.

Kein Zweifel: die Erfolgsaussichten aller denkbaren Bemühungen sind derzeit überschaubar. Zu sehr möchten sich sowohl die USA als auch Russland von allen Bindungen bei der Entwicklung von Nuklearwaffen befreien, denn beide Länder sehen den wahren Konkurrenten nicht untereinander, sondern in China. Abgesehen von der Tatsache, dass die strategische Bedeutung landgestützter atomarer Mittelstreckenraketen in den letzten Jahren drastisch abgenommen hat, weil sie längst seegestützt die gleiche Effizienz entwickeln können, geht es vor allem um die Atommacht China. Dieses Land war Ende der Achtzigerjahre nicht auf dem internationalen Radar nuklearer Abrüstungsverhandlungen und ist deshalb in alle existierenden internationalen Verträge zur Rüstungsbegrenzung und Abrüstung nicht einbezogen worden. Zugleich ist sein heutiges Atomwaffenpotential zu vermutlich achtzig Prozent in genau den mittleren Reichweiten, die für die USA und Russland nach dem INF Vertrag verboten sind. So sehr sich die beiden Genannten also öffentlich für die angeblichen oder tatsächlichen nuklearen Vertragsverletzungen kritisieren, in Wahrheit haben sie doch heimlich den gleichen Lehrplan: sich gegenüber China atomar aufzurüsten.

Wir Europäer sind für sie nur vordergründig wichtig und eine erneute atomare Aufrüstung bei uns eigentlich aus ihrer Sicht nur ein hinzunehmender Kollateralschaden. Deutschland und Europa haben es also mit zwei atomaren Supermächten zu tun, für die Europa zweitrangig geworden ist. Innerhalb Europas sehen das vor allem die osteuropäischen EU- und NATO-Mitgliedsstaaten mit Sorge, weil sie nicht daran glauben oder zumindest Zweifel daran haben, dass Westeuropa – insbesondere Deutschland und Frankreich – für ihre Freiheit zu sterben bereit wären. Exakt das aber ist der Inhalt der Beistandsverpflichtung im Artikel fünf des NATO-Vertrages, und da setzen diese Länder bislang lieber auf die USA als auf uns Deutsche.

Sollte es also tatsächlich wieder um die Stationierung atomarer Mittelstreckenraketen in Europa gehen, werden diese Länder dem Aufruf der USA ganz sicher folgen, wogegen in Deutschland und anderen Teilen Westeuropas vermutlich massive politische Auseinandersetzungen und Regierungskrisen ausgelöst werden würden. Die Debatte um den INF Vertrag birgt also auch einen gewaltigen Sprengsatz für die Europäische Union in sich, der schnell alle Träume von einer gemeinsamen europäischen Außen- und Sicherheitspolitik zum Platzen bringen könnte.

In der NATO konnte man schon einen Vorgeschmack davon bekommen. Dort stellte sich nämlich der NATO-Generalsekretär voll hinter den vom US-Präsidenten Donald Trump gemachten Vorwurf, nur Russland verletzte den Abrüstungsvertrag INF. Und das, obwohl es durchaus auch in den Dokumenten der NATO-Staaten – auch Deutschlands – deutliche Fragezeichen hinter mancher Behauptung aus den US-Geheimdienstkreisen gegeben hatte. Die letzte Sitzung des NATO-Russland-Rates am 25. Januar hat keine Annäherung gebracht. In der NATO im Moment für Rüstungskontrolle einzutreten, scheint deshalb wenig aussichtsreich. Zu groß ist wohl die Angst, den amerikanischen Präsidenten noch mehr zu verärgern und seine Bereitschaft zur Abkehr von der NATO damit zu befördern. Man mag sich ausmalen, wie die bundesdeutsche Debatte aussehen wird, wenn es dabei einmal ernst wird und Stationierungsorte der NATO für neue Nuklearwaffen mittlerer Reichweite ausgewählt werden.

Welche Möglichkeiten bleiben uns also noch, um wenigstens den jetzt laufenden Automatismus zu stoppen und Zeit für Verhandlungen zu gewinnen. Zuerst muss die Debatte innerhalb der EU beginnen. Diese steht bislang an der Seitenlinie, weil sie formell kein Verhandlungspartner für Abrüstungsverhandlungen ist und der amerikanische Präsident bei seinen Entscheidungen ja nicht mal die NATO-Mitglieder beteiligt. Schon der Sicherheitsberater von John F. Kennedy, McGeorge Bundy, hatte einst Konrad Adenauer lakonisch darauf hingewiesen, Europa werde zukünftig nicht von Frankreich, Großbritannien oder gar Deutschland geführt werden, sondern von den Vereinigten Staaten.

Deutschland in der Zwickmühle

Zu einer nüchternen Betrachtung gehört zuerst die Erkenntnis, dass die Globalisierung, die unserer exportorientierten Nation so viel wirtschaftliche Vorteile verschafft hat, zugleich die geopolitischen Interessengegensätze zwischen Europa und den USA schonungslos offengelegt hat. Die Zeiten, in denen die USA bereit waren, die dauerhaft steigenden Leistungsbilanzüberschüsse Deutschlands nicht nur zu akzeptieren, sondern mit eigenen Defiziten zu finanzieren, sind schlicht vorbei. Neben China wird sich der US-Präsident in seiner Bereitschaft zu Handelskriegen deshalb auch mit Nachdruck Europa und speziell Deutschland widmen.

Als Alliierte für die geostrategischen Interessen der USA erscheinen wir dagegen derzeit eher zweit- oder drittrangig zu sein. Die immer wieder von Trump geäußerten Zweifel an der Sinnhaftigkeit einer Mitgliedschaft der USA in der NATO beweisen das nachdrücklich. Nicht erst seit Donald Trump geht der Blick der USA über den Pazifik und nach China, und in diesem Kampf um die neuen pazifischen Machtachsen sind wir Europäer schlicht nicht zu gebrauchen. Auch wenn die NATO immer wieder als »Wertegemeinschaft« deklariert wurde, im Zentrum standen und stehen amerikanische Interessen. Lange Zeit waren sie identisch mit den europäischen, nun aber bewegen sie sich aus amerikanischer Sicht von der transatlantischen Achse zur pazifischen.

Neubestimmung der europäischen Politik

Muss Europa also resignieren und sich in seinem Schicksal als abhängige Variable US-amerikanischer Politik fügen? Ich denke nicht. Aber Europa muss nicht nur aktuell seine kurzfristigen Interessen in Zoll- und Handelsfragen in der Auseinandersetzung mit den USA im Blick haben, sondern auch eine langfristige, entschlossene Überlebensstrategie entwickeln.

Zu einer strategischen Souveränität Europas gehört vor allem eine weitaus größere wirtschafts- und finanzpolitische Unabhängigkeit. Die völkerrechtswidrigen Sekundärsanktionen der USA gegen europäische Staaten und Unternehmen, die das Atomabkommen mit dem Iran auch durch wirtschaftliche Kooperation aufrechterhalten wollen, zeigen das überdeutlich. Europa ist in solch großer Abhängigkeit vom Dollar, dass von Souveränität wohl kaum die Rede sein kann. Das Ziel muss deshalb sein, den Euro als wirkliche internationale Alternativwährung zum Dollar zu etablieren. Dazu aber müssen private und öffentlicher Anleger überzeugt sein, dass der Euro eine sichere Währung ist. Daran gibt es so lange erhebliche Zweifel, wie es an einer gemeinschaftlichen Haftung aller Euro-Mitgliedsstaaten für den Euro fehlt. Gerade Deutschland verhindert das seit Jahren. Europa muss deshalb langfristig Weichen stellen, um den Euro und seine internationale Verwendung so zu stärken, dass er als internationales Zahlungsmittel auch ohne Berührung des Dollarraumes eingesetzt werden kann.

Wegen der historisch bedingten Zweifel der Ost-Europäer an unserer Bereitschaft, für ihre Freiheit notfalls mit unserem Leben einzustehen, wird der erste Schritt sein müssen, noch deutlich mehr Verantwortung für die militärische Sicherheit dieser Mitgliedsländer der EU und der NATO zu übernehmen. Sprich: Wir werden mehr europäische und damit auch deutsche konventionelle Truppenverbände in Osteuropa stationieren müssen. Man kann als Deutscher durchaus mit vielen guten Argumenten der Überzeugung sein, dass von Russland für Europa und seine Mitgliedsstaaten keine militärische Bedrohung ausgeht. Wer aber Europa zusammenhalten will, der muss sich gerade als Deutscher immer in die Schuhe der Schwächsten in Europa stellen: in der Wirtschafts- und Finanzpolitik in die Schuhe Frankreichs und des europäischen Südens. In der Flüchtlingspolitik in die Schuhe Griechenlands und Italiens. Und in der Sicherheitspolitik in die Schuhe der Polen und der Balten. Man muss nicht zwangsläufig in diesen politischen Streitfragen immer die Haltung dieser Länder übernehmen, aber man muss sie kennen und Rücksicht auf sie nehmen.

Sichtbar für die Sicherheitsinteressen Polens und der baltischen EU-Mitglieder Verantwortung zu übernehmen, wäre für Deutschland eine ganz neue Rolle. Bislang tun dies nur die USA. Wie wäre es denn, wenn wir, statt zwei Prozent unseres Bruttoinlandsprodukts in die Bundeswehr zu investieren, dies nur mit 1,5 Prozent täten und die verbleibenden 0,5 Prozent für unsere osteuropäischen EU-Partner zur Verfügung stellten? Zwei Prozent des BIP jedes Jahr (!) in die Bundeswehr zu stecken, würde nach einigen Jahren ohnehin manche unserer Nachbarn verstören. Denn das hieße jedes Jahr mindestens achtzig Milliarden Euro für eine deutsche Armee auszugeben, während die Nuklearmacht Frankreich dafür gerade mal die Hälfte dieser gigantischen Summe aufbringt.

Mit der Zeit wüchse also in der Mitte Europas ein militärischer Koloss heran, der mit Blick auf die europäische Geschichte vielen Staaten in Europa Sorgen bereiten dürfte. Das außen- und sicherheitspolitische Credo der jungen Bundesrepublik nach zwei von Deutschland ausgehenden Weltkriegen war ja zu Recht nicht nur »Nie wieder«, sondern vor allem auch »Nie wieder allein«. Neben der Vernetzung unserer militärischen Fähigkeiten in Europa, die zu einer durchaus erwünschten gegenseitigen Abhängigkeit führen würde, könnte Deutschland mit diesem Beitrag für die Verteidigungsfähigkeit der osteuropäischen EU-Mitglieder zudem beweisen, dass wir bereit sind, Verantwortung für das öffentliche Gut Sicherheit in Europa zu übernehmen, und dies nicht länger den USA übertragen wollen.

Die Verstärkung der konventionellen Verteidigungsfähigkeit in den osteuropäischen EU- und NATO Mitgliedsstaaten dürfte jedenfalls die Voraussetzung für deren Bereitschaft sein, eine eigene europäische

Strategie für Rüstungskontrolle, Abrüstung und kollektive Sicherheit mit Russland zu entwickeln. Im Grunde gilt auch heute noch die Doktrin des Harmel-Berichts vom Anfang der Sechzigerjahre, die damals für den Umgang mit der Sowjetunion formuliert wurde: Verteidigungsfähigkeit und Stärke müssen Hand in Hand gehen mit dem Angebot zu Dialog, Abrüstung und gemeinsamer Sicherheit.

Was INF angeht, ist die Überprüfung des russischen Waffensystems SSC-8 (9M729) natürlich absolut vordringlich. Die Inspektionen haben bis 2001 die Anerkennung sowohl der USA wie Russlands gefunden. Eine Revitalisierung der sogenannten »Special Verification Commission« wäre der richtige Weg. Russland hat diese Öffnung seiner Arsenale zumindest verbal gerade angeboten, freilich im Gegenzug Einsicht in die amerikanischen verlangt. Das Problem: Es sieht nicht so aus, als ob die USA dazu bereit wären. Trotzdem sollte Europa und muss vor allem Deutschland innerhalb der NATO und gegenüber der USA unmissverständlich und unüberhörbar darauf drängen. Schon eine konditionierte Zustimmung Moskaus zur Verifikation wäre ein hoffnungsvoller Fortschritt.

Ein eigenes Profil entwickeln

Je weniger aber die USA innerhalb der NATO zu ernsthafter Abstimmung und Rücksichtnahme auf die europäischen Interessen bereit sind, desto mehr muss Europa außerhalb der NATO ein sicherheitspolitisches Profil entwickeln. Europa braucht eigene Dialoge und Verhandlungen über Rüstungskontrolle und Abrüstung mit Russland – und zwar ausdrücklich nicht nur im konventionellen Bereich, sondern auch im nuklearen Bereich. Auch hier stünde am Anfang die Rüstungskontrolle – ein Instrument gerade für schlechte Zeiten. Wo sich nicht vertraut wird, sollen Einladungen zur gegenseitigen Überprüfung der militärischen Fähigkeiten und Entwicklungen helfen, neues Vertrauen wachsen zu lassen. Das ist die zwingende Voraussetzung für die hoffentlich mögliche Rüstungsbegrenzung und Abrüstung.

Ob Russland bereit dazu ist, Rüstungskontrolle mit Europa auch im nuklearen Bereich zu vereinbaren, wird vermutlich nicht zuletzt von der Bereitschaft Frankreichs und Großbritanniens abhängen, im Gegenzug ebenfalls Rüstungskontrolle zuzulassen. Aber wer wie Frankreich wirklich will, dass Europa auch in seiner Sicherheits- und Verteidigungspolitik unabhängiger von den USA wird, der muss auch bereit sein, solche Schritte zu gehen.

Das Ziel muss es sein, wieder zu einer verlässlichen europäischen Sicherheitsarchitektur zurückzukommen, die spätestens seit dem Einmarsch Russlands auf der Krim und dem Bürgerkrieg in der Ost-Ukraine nicht mehr existiert. Deshalb dürfte es eine der zentralen Voraussetzungen für den Wiedereintritt in Rüstungskontrolle und Abrüstung sein, diesen Konflikt zu befrieden. Eine robuste UN-Blauhelmmission, die notfalls mit Waffengewalt einen Waffenstillstand gegenüber beiden Seiten – der Ukraine sowie den von Russland unterstützten Separatisten – durchsetzt und die schweren Waffen aus der Ost-Ukraine herausbringt, ist der Schlüssel dazu. Deutschland ist seit dem 1. Januar 2019 Mitglied im UN-Sicherheitsrat. Wenn es eine überragende Aufgabe für uns dort gibt, dann ist es, die Verhandlungen über diese Blauhelmmission zum Erfolg zu führen. Das würde den Weg zum Aufbau einer neuen Sicherheitsarchitektur in Europa frei machen.

UNSER FRIEDEN IM ZANGENGRIFF VON RECHTSPOPULISTEN

Ruprecht Polenz

Vertane Chancen

Wer heute über Friedenspolitik debattieren will, darf über die autoritäre Internationale von Trump bis Putin und ihre Helfer in Europa nicht schweigen. Gefahren drohen uns weniger durch Panzer oder Flugzeuge, sondern durch die Beeinflussung unseres Denkens.

Wenn wir in Europa von Frieden sprechen, meinen wir das Ergebnis des Helsinki-Prozesses, das nach dem Ende des Kalten Krieges am 21. November 1990 in der Charta von Paris niedergelegt wurde. 32 europäische Staaten, darunter die Sowjetunion sowie die USA und Kanada, unterzeichneten dieses grundlegende internationale Abkommen über die Schaffung einer neuen, friedlichen Ordnung in Europa. Weil die in der Charta niedergelegten Selbstverpflichtungen der richtige normative Bezugsrahmen sind, um friedensförderndes oder friedensgefährdendes Verhalten zu beurteilen, möchte ich ausführlicher aus dem Dokument zitieren:

»Wir verpflichten uns, die Demokratie als die einzige Regierungsform unserer Nationen aufzubauen, zu festigen und zu stärken. In diesem Bestreben werden wir an folgendem festhalten: Menschenrechte und Grundfreiheiten sind allen Menschen von Geburt an eigen; sie sind unveräußerlich und werden durch das Recht gewährleistet. […] Ihre Achtung ist wesentlicher Schutz gegen staatliche Übermacht. Ihre Einhaltung und uneingeschränkte Ausübung bilden die Grundlage für Freiheit, Gerechtigkeit und Frieden.

Demokratische Regierungen gründen sich auf den Volkswillen, der seinen Ausdruck in regelmäßigen, freien und gerechten Wahlen findet. Demokratie beruht auf Achtung vor der menschlichen Person und Rechtsstaatlichkeit. Demokratie ist der beste Schutz für freie Meinungsäußerung, Toleranz gegenüber allen gesellschaftlichen Gruppen und Chancengleichheit für alle. […] Wir [erneuern] unser feierliches Versprechen, uns jeder gegen die territoriale Integrität oder politische Unabhängigkeit eines Staates gerichtete Androhung oder Anwendung von Gewalt oder jeder sonstigen mit den Grundsätzen oder Zielen dieser Dokumente unvereinbaren Handlung zu enthalten. […] Wir bekräftigen unser Bekenntnis zur friedlichen Beilegung von Streitfällen. […]

Wir bekräftigen unsere tiefe Überzeugung, dass freundschaftliche Beziehungen zwischen unseren Völkern sowie Friede, Gerechtigkeit, Stabilität und Demokratie den Schutz der ethnischen, kulturellen, sprachlichen und religiösen Identität nationaler Minderheiten und die Schaffung von Bedingungen für die Förderung dieser Identität erfordern. […] Wir sind entschlossen, alle Formen von Hass zwischen Rassen und Volksgruppen, Antisemitismus, Fremdenfeindlichkeit und Diskriminierung irgendeines Menschen sowie von Verfolgung aus religiösen und ideologischen Gründen zu bekämpfen.«

Die Europäische Union hat die Charta von Paris umgesetzt. Sie hat den mittel- und osteuropäischen Ländern durch den EU-Beitrittsprozess geholfen, sich zu transformieren, von Ein-Parteien-Diktaturen und Zentralverwaltungswirtschaften hin zu Mehrparteiensystem, Marktwirtschaft, Rechtsstaat und Demokratie. Mit dem Beitritt der mittel- und osteuropäischen Staaten wurde der Raum von Demokratie und Recht in Europa erweitert. Welche Rolle die EU dabei spielte, macht am ehesten ein Vergleich mit den Ländern deutlich, die bei diesem Prozess nicht dabei waren: Ukraine, Moldau, Armenien, Georgien, Aserbaidschan, aber auch Weißrussland und Russland. Sie alle haben bis heute mit dem sowjetischen Erbe zu kämpfen.

Timothy Snyder beschreibt in seinem Buch *Der Weg in die Unfreiheit – Russland, Europa, Amerika*, wie man sich in Russland bis 2012 positiv über die europäische Integration geäußert hatte. Boris Jelzin habe Europa zumindest rhetorisch als Vorbild bezeichnet. Wladimir Putin habe es als Chance für die Zusammenarbeit gesehen, dass die EU näher an die russischen Grenzen heranrücke: »Die Osterweiterung der NATO 1999 wurde von Putin nicht als Bedrohung dargestellt. Er versuchte im Gegenteil, die Vereinigten Staaten oder die NATO für eine Zusammenarbeit in Sicherheitsfragen zu gewinnen, die seiner Ansicht nach gemeinsame waren … Auch die EU-Erweiterung 2004 stellte Putin nicht als Bedrohung dar. Stattdessen äußerte er sich in jenem Jahr positiv über die zukünftige EU-Mitgliedschaft der Ukraine. 2008 nahm Putin am NATO-Gipfeltreffen in Bukarest teil … Im Jahr 2011 war es nicht Leitlinie der russischen Außenpolitik, dass die Europäische Union und die Vereinigten Staaten Bedrohungen darstellten.«[1]

Michail Gorbatschow hatte vom »gemeinsamen europäischen Haus« gesprochen. Die EU hatte sich seit Anfang der Neunzigerjahre darum bemüht, rechtsstaatliche Reformen in Russland zu unterstützen. 1994 wurde ein Partnerschafts- und Kooperationsabkommen unterzeichnet, das 1997 in Kraft trat. Es bekannte sich zu den Grundsätzen von Demokratie und Menschenrechten und eröffnete Russland die Perspektive, an den Freiheiten des EU-Binnenmarktes teilzunehmen. Außerdem wurde ein politischer Dialog auf mehreren Ebenen, darunter halbjährliche Gipfeltreffen der EU-Troika mit der russischen Führung, institutionalisiert.

Der Tschetschenienkrieg, die Kriege im ehemaligen Jugoslawien und der russische Krieg mit Georgien 2008 überschatteten den Weg zu einer engeren Zusammenarbeit mit der EU. Erst ab 2012 lehnte Putin die Idee eines europäischen Russlands ab und damit alle von außen kommenden Impulse, den Rechtsstaat zu befördern. Russische Werte waren auf einmal europäischen Werten entgegengesetzt, Rechtsstaatlichkeit nicht länger erstrebenswert. Europa wurde als »Gayropa« diffamiert, dem russische Familienwerte gegenübergestellt wurden. Ziel war es jetzt, eine eurasische Union mit Kasachstan und Weißrussland unter russischer Führung zu bilden. Dazu Timothy Snyder: »Langfristig werde Eurasien die EU in Form einer größeren ›Union von Europa‹ überwinden, erklärte Putin. Ein ›Raum‹ zwischen Atlantik und Pazifik, ›von Lissabon bis Wladiwostok‹.«

»Lissabon bis Wladiwostok« ist auch manche westliche Vision überschrieben, die den ganzen Kontinent nicht nur wirtschaftlich, sondern auch unter den Prinzipien von Rechtsstaatlichkeit und Demokratie zusammenführen will. Das ist aber nicht Putins Vorstellung: Europa soll werden wie Russland, geführt von Russland. Es ist ein imperiales Denken, das Putin leitet, das nicht – wie die Charta von Paris – von der gleichen Souveränität aller Staaten ausgeht. Und es ist gegen die EU gerichtet, die die Existenz der in ihr verbundenen Nationalstaaten sichert.

Timothy Snyder zeigt, dass es bis 1918 nicht die Nationalstaaten waren, die die Geschichte bestimmten, sondern die Imperien (Russland, Osmanisches Reich, Habsburg-Ungarn, das British Empire, Deutsches Reich, Frankreich). Die aus ihrem Zerfall gegründeten Nationalstaaten hatten nie die Chance, ordnungsbestimmend zu werden, denn der Zweite Weltkrieg mündete in den Kalten Krieg, der nationale Souveränitäten ebenfalls einschränkte. Die einzige Chance für Nationalstaaten, nicht von Imperien vereinnahmt zu werden, ist ihr integrativer Zusammenschluss, wie in der EU. Die EU steht also nicht für die Aufgabe des Nationalstaats, sondern für seine Existenzsicherung. Putin würde die westeuropäischen Staaten nur zu gern in seinem Eurasien unter russischer Führung aufgehen lassen.

Angriff auf die liberale Demokratie

Erstmals seit dem Ende des Ersten Weltkriegs steht mit Donald Trump auch ein amerikanischer Präsident dem Projekt europäischer Einigung ablehnend gegenüber. Die nach dem Zweiten Weltkrieg unter amerikanischer Führung geschaffene liberale und multilaterale Ordnung habe nur den anderen, nicht aber Amerika Vorteile gebracht, glaubt Trump. Deshalb müsse diese Ordnung zerstört werden. »America first« bedeutet für ihn, statt multilateraler Beziehungen auf jeweils bilaterale Beziehungen zu setzen, in denen die USA auf Grund ihrer Stärke ihre Position leichter durchsetzen können.

Trump hat den Brexit begrüßt und Berichten zufolge dem französischen Präsidenten Emmanuel Macron bevorzugte Beziehungen zu den USA angeboten, falls er dem britischen Beispiel folgen würde. Richard Grenell, sein neuer Botschafter in Berlin, erklärte es öffentlich zu seiner Aufgabe, die rechtspopulistischen Kräfte in Deutschland und Europa zu unterstützen, die der EU ablehnend gegenüberstehen. Diese bereiten sich unter der Assistenz von Trumps früherem Chefberater Steve Bannon darauf vor, bei den nächsten Europawahlen die stärkste Fraktion zu werden.

Um Zerfallsprozesse in der EU zu befördern, braucht es keine Flugzeuge oder Panzer. Yoram Harari hat in seinem Buch *Eine kurze Geschichte der Menschheit* dargelegt, dass die jeweiligen Ordnungen für das Zusammenleben der Menschen entscheidend sind. An sie wird geglaubt, wie an die Gesetze der Schwerkraft. Aber anders als bei naturwissenschaftlichen Gesetzen, die auch weiterhin gelten, während man sie nicht für richtig hält, zerfällt eine politische Ordnung, wenn die Menschen nicht mehr an sie glauben.

Jahre vor dem Ende der Sowjetunion glaubte selbst die Nomenklatura der kommunistischen Partei nicht mehr an den historischen Materialismus und hatte die Hoffnung auf eine klassenlose Gesellschaft aufgegeben. Vor allem deshalb hat die Sowjetunion nicht überlebt. Auch eine liberale Ordnung besteht nur so lange, wie die Menschen daran glauben. Und dieser Glaube lässt sich gezielt erschüttern. Es ist deshalb kein Zufall, dass die Mittel zur Zerstörung der EU dieselben sind: Propaganda und Fake News. Putin lässt sie über »Russia Today« oder »Sputnik News« verbreiten, Bannon setzt auf Social Media wie Facebook. Dieser neuen Propaganda geht es nicht darum, dass sie geglaubt wird. Es reicht, dass die Menschen niemandem mehr glauben, sondern alles für möglich halten. Deshalb werden Tatsachen als Meinungen dargestellt. Es kommt zu Nebel im Kopf, mit der Folge, dass nur die schrillsten Stimmen durchdringen.

Weil wir das, was wir zu wissen glauben, nur zu einem ganz kleinen Teil auf eigene Erfahrung gründen können, sind wir zu 95 Prozent in unserem Weltverständnis von dem abhängig, was uns über Medien vermittelt wird. Die Diffamierung durch die Rechtspopulisten, es handle sich dabei um »Lügenpresse«, setzt genau an dieser Stelle an. Immer mehr Menschen geben an, ihre Informationen nahezu ausschließlich über soziale Medien wie Facebook zu beziehen. Dort stehen seriöse Quellen gleichberechtigt neben Obskurem oder gezielt verbreiteten Falschmeldungen. Zudem sorgt der Facebook-Algorithmus dafür, dass man »mehr vom selben« in seiner Timeline zu lesen bekommt. So entstehen Echokammern, die Geglaubtes bei den Insassen zu Gewissheiten werden lassen.

Bisher diskutieren wir diese Themen vordergründig unter Aspekten wie Debattenkultur, Informationsgewinnung oder Medienkompetenz. Die direkte Verbindung zu Frieden und Sicherheit wird selten gezogen. Sonst wäre der Gesetzgeber längst tätig geworden und hätte Facebook verpflichtet, die Funktionsweise seines Algorithmus offenzulegen, damit wenigstens jeder weiß, warum er dies und nichts anderes zu lesen bekommt. Und man hätte Facebook gesetzlich dazu verpflichtet, dafür zu sorgen, dass auch Informationen dabei sind, die nicht nach dem Motto generiert werden: »Kunden, die das gelesen haben, lesen auch ...«

Und der Gesetzgeber würde sich darum kümmern, dass Qualitätsjournalismus auch außerhalb der öffentlich-rechtlichen Rundfunkanstalten dauerhaft ausreichend finanziert wird. Denn eine funktionierende, vielfältige Presse ist der beste Schutz gegen Propaganda und Fake News. Hier liegt die Achillesferse unserer liberalen Ordnung. Hier liegen die großen Herausforderungen für unseren Frieden und unsere Sicherheit, so wie wir sie einer liberalen Ordnung verdanken. Um diesen Sicherheits-Herausforderungen begegnen zu können, müssen wir zuallererst ein Bewusstsein für die Gefahren entwickeln, damit wir uns vor ihnen schützen können. Ich hoffe, dieses Buch leistet einen Beitrag dazu.

ENTSPANNUNG JETZT!

Horst Teltschik

Bei diesem Text handelt es sich um einen mit Genehmigung des Autors bereitgestellten Auszug aus seiner Erklärung zum 08. Mai in: »Neue Entspannungspolitik JETZT!«, http://neue-entspannungspolitik.berlin/erklaerung-zum-08-mai-2017/

Eine Welt ohne Krieg

Seit dem 8. Mai 1945 Jahren können wir diesen Tag der Befreiung Europas vom Faschismus feiern. »Um künftige Geschlechter vor der Geißel des Krieges zu bewahren«, verabschiedeten am 26. Juni 1945 in San Francisco Vertreter von fünfzig Staaten die »Charta der Vereinten Nationen«. Damit wurde erstmals im Völkerrecht der Krieg als Mittel der Politik verboten und die friedliche Schlichtung aller Streitigkeiten zur Pflicht gemacht. Am 1. Dezember 1948 verabschiedete die Vollversammlung der Vereinten Nationen die UNO-Menschenrechtskonvention. Damit setzten die Vereinten Nationen die völkerrechtlichen Grundlagen für eine Zukunft ohne Krieg und Verfolgung.

Heute, dreißig Jahre nachdem die Entspannungspolitik erfolgreich zum Fall der Berliner Mauer und zum Ende des Kalten Krieges geführt hatte, stehen wir am Anfang eines neuen Kalten Krieges, der uns an den Rand eines großen Konflikts führen kann: Aus Anlass der Auseinandersetzung über das Atomwaffenprogramm Nordkoreas wiederholte der ehemalige US-Verteidigungsminister William Perry im Informationsdienst *The Hill* seine Warnung: »Die Atomkriegsgefahr ist heute größer als je zuvor! […] Heute, mit der andauernden Feindseligkeit zwischen den USA und Russland, schaffen wir erneut Voraussetzungen, die zu einem Atomkrieg auf Grund von Fehleinschätzungen führen können. […] Eine beunruhigende Rückkehr zu den Atomkriegsgefahren des Kalten Krieges zusätzlich zu den neuen Gefahren des nuklearen Terrorismus und regionaler Atomkriege führt mich zu dem Schluss, dass die Gefahren einer Atomkatastrophe heute größer sind als während des Kalten Krieges. Eines ist ganz klar: Unsere derzeitige Politik ist völlig ungeeignet zum Umgang mit diesen existentiellen Gefahren.«

Erinnern wir uns: Nach dem Zweiten Weltkrieg trug in Westeuropa die Zusammenarbeit ehemaliger »Erzfeinde« zu Frieden und Wohlstand bei. Aber Jahrzehnte des friedlichen Wiederaufbaus bis 1989 begleitet vom Kalten Krieg, der Deutschland und Europa spaltete und außerhalb Europas begleitet war von zahlreichen Kriegen – wie in Korea und Vietnam – und von einem beispiellosen, konventionellen wie atomaren, Wettrüsten. Der Konflikt eskalierte durch die Kubakrise bis an den Rand des Atomkrieges, der anschließende, von John F. Kennedy und Nikita Chruschtschow ausgehandelte Kompromiss über einen beiderseitigen Abzug von Mittelstreckenraketen beendete die Kuba-Krise und wurde – trotz der Ermordung Kennedys und der Entmachtung Chruschtschows – zum Grundmuster zahlreicher Verträge zwischen den USA und der UdSSR über Rüstungskontrolle und Krisenmanagement.

Die von Willy Brandt und Egon Bahr entwickelte Entspannungspolitik schaffte seit 1969 durch Ostverträge und KSZE-Schlussakte Vertrauen und Voraussetzungen für das Ende des Kalten Krieges in Europa. 1971, lange bevor der Erfolg der Entspannungspolitik absehbar war, erhielt Brandt den Friedensnobelpreis. Er erläuterte bei der Preisübergabe in Oslo am 11. Dezember 1971 seine »Realpolitik für den Frieden« unter anderem mit dem Satz: »Krieg ist nicht mehr die ultima ratio, sondern die ultima irratio. Auch wenn das noch nicht allgemeine Einsicht ist: Ich begreife eine Politik für den Frieden als wahre Realpolitik dieser Epoche.«

Große Hoffnungen und neue Rückschläge

Knapp zwanzig Jahre später, 1989/1990 vollzogen sich drei friedliche Revolutionen, die völlig neue Voraussetzungen für eine gesamteuropäische Friedensordnung schufen: Deutschland wurde geeint und erhielt seine volle Souveränität zurück. Europa wurde geeint. Der Kalte Krieg war zu Ende. Der Warschauer Pakt löste sich fast lautlos auf.

500 000 sowjetische Truppen kehrten aus Mitteleuropa nach Russland zurück. Zigtausende Panzer und tausende von Atomwaffen wurden aus Europa entfernt und vertraglich vernichtet. Das bi-polare Weltsystem und die weltweite Auseinandersetzung zweier antagonistischer Gesellschaftssysteme waren zum Ende gekommen.

Das alles hatte sich friedlich vollzogen. Im November 1990 unterschrieben alle 35 Staats- und Regierungschefs der KSZE – Staaten in Paris die »Charta für ein neues Europa«. Erklärtes gemeinsames Ziel war eine gesamteuropäische Friedens- und Sicherheitsordnung, die weit darüber hinaus von Vancouver bis Wladiwostok reichen sollte. 1995 wurde der Atomwaffensperrvertrag (NPT) unbefristet verlängert und von fast allen Staaten der Erde ratifiziert nachdem sich die Atommächte verpflichtet hatten, das ausgehandelte vollständige Atomtestverbot (CTBT) zu ratifizieren und schrittweise sämtliche Atomwaffen abzurüsten.

Aber kurz danach zeichnete sich bereits eine Abkehr von den Prinzipien der Entspannungspolitik ab, die Europa seit 1969 geprägt und verändert hatten. Die Welt wurde wiederholt von Krisen, Terroranschlägen und Kriegen erschüttert. Die Atommächte erfüllen ihre 1995 erklärten Abrüstungsverpflichtungen zur Abschaffung der Atomwaffen nicht. Wichtige Abrüstungsverträge wurden gekündigt oder bis heute nicht ratifiziert. US-Präsident Barack Obama gelang 2011 zwar die Ratifizierung eines neuen START-Vertrags zur Begrenzung der strategischen Atomwaffen, aber nur um den Preis eines hunderte Milliarden teuren Zehnjahresprogramm zur Modernisierung der US-Atomwaffen und Ausbau der Raketenabwehrsysteme. Heute betreiben beide Supermächte erneut eine umfassende Modernisierung ihrer Atomwaffen. Rüstungsexporte und Wettrüsten blühen wie in den Zeiten des Kalten Krieges, auch in Europa.

Internationale Krisenpolitik wird immer mehr durch Unilateralismus, Ausgrenzung, Konfrontation und Stellvertreterkriege geprägt. »Populismus« und Nationalismus vergiften das internationale Klima und untergraben die Möglichkeiten der Vereinten Nationen, der Europäischen Union und anderer internationaler Organisationen zur Lösung von Konflikten. Wettrüsten und riskante Militärmanöver auf beiden Seiten der russischen Grenzen steigern auch in Europa die Gefahr der militärischen Konfrontation »aus Versehen«. Verhandlungen über vertrauensbildende Maßnahmen und Rüstungskontrolle dringender denn je!

Neustart der Entspannungspolitik

Gerade heute, in einer Welt, die aus den Fugen gerät, inmitten all der Konflikte, muss für einen Neustart der Rüstungskontrolle als bewährtes Mittel für Transparenz, Risikovermeidung und Vertrauensbildung geworben werden.

Wir brauchen eine breite gesellschaftliche und parteiübergreifende Debatte über Entspannungspolitik, um die Konfrontation in Europa zu beenden, um mit Nutzen für die ganze Welt eine Zone gesamteuropäischer »gemeinsamer Sicherheit« zu verwirklichen. Aus meiner Sicht wären wichtige Forderungen:

- Ein Drängen auf sofortige Verhandlungen über vertrauensbildende Maßnahmen (wie sie alle schon einmal vereinbart waren), über deutliche Senkung der Schwellenwerte für die Ankündigung von Manövern und den Austausch von Manöverbeobachtern sowie eine Vereinbarung von Sofortmaßnahmen zur Vermeidung unbeabsichtigter Zusammenstöße zu Luft oder zu Wasser.
- Initiativen zur Wiederaufnahme von Abrüstungsverhandlungen über Nuklearwaffen und konventionelle Streitkräfte.
- Das Einbringen der Forderung nach einem Stopp der Modernisierung von Atomwaffen in der im Mai beginnenden »Vorbereitungskommission« für die Review Conference zum NPT 2020.
- Aktive Kooperationen auf zivilgesellschaftlicher Ebene mit Russland und zwischen Russland und seinen Nachbarstaaten: Städte-Partnerschaften; Jugend- und Studentenaustausch; Wissenschaftsaustausch; Kulturaustausch und vieles mehr.
- Aktive Nutzung des NATO-Russland-Rates, nicht nur auf Botschafterebene, sondern auch auf Ebene von Außen- und Verteidigungsministern, sowie von Spitzenmilitärs.
- Die Stärkung und Ausweitung der Beobachtermissionen zur Verwirklichung der Minsker Vereinbarung.
- Briefaktionen an die Regierungen in Kiew, Moskau und die Separatisten mit Forderungen zur Umsetzung der Minsker Vereinbarung.

ZUR ORDNUNG DER UNORDNUNG: PLÄDOYER FÜR EINE WERTEBASIERTE REALPOLITIK

Jürgen Trittin

»Die Welt ist aus den Fugen geraten«, sagte 2015 bereits der damalige Außenminister Frank-Walter Steinmeier. Leider hat er recht. Um nur ein paar Zahlen zu bemühen, die diese Aussage belegen: Das Stockholmer Friedensforschungsinstitut SIPRI zeigt auf, dass alle Atommächte – die offiziellen wie die inoffiziellen – ihr nukleares Potential modernisieren[1]. Zwar sank die Zahl der Atomsprengköpfe von 14 935 im Jahr 2017 auf 14 465 in 2018, doch es werden Unsummen in ihre Modernisierung und damit in ihre Schlagkraft investiert. Allein in den USA sind es 400 Milliarden Dollar im Zeitraum von 2017 bis 2026.

Doch nicht nur die Modernisierung der Atomwaffen muss uns beunruhigen. Die Überdehnung der Macht der USA, für die der selbsternannte Sheriff der Welt bereits von Vielen gescholten wurde, bringt Gefahren mit sich. Heute gibt es nicht mehr den einen, sondern viele Akteure. Auf den ersten Blick ist das gut. Die G20 sind nun das Forum für Entscheidungen internationalen Ausmaßes. Die G7 hat Trump – zeitweilig zumindest – zerstört. Auf den zweiten Blick muss man aber feststellen, dass, gerade in Fragen von Krieg und Frieden, regionale Warlords das Geschehen bestimmen. Sie fühlen sich zu nichts und niemandem verpflichtet. Gerade in Friedensprozessen führt dies zu erheblichen Komplikationen. Darauf hat das internationale System nach seiner falschen Fokussierung auf militärische Interventionen noch keine adäquaten Antworten gefunden. Ohne Einbindung dieser Akteure ist jedoch kaum ein globales Problem zu lösen (von der Finanzkrise bis zum Krieg in Syrien).

Doch wir haben es nicht nur mit zerrütteten Verhältnissen von einst Verbündeten und neuen Akteuren zu tun, sondern auch noch mit konkurrierenden politischen Systemen. Denn anders als Anfang der 1990er-Jahre angenommen, wurde nicht der demokratische Kapitalismus zur allein vorherrschenden Gesellschaftsform wie in Europa, in Nordamerika, Brasilien, Indien und Ozeanien. Mit ihm konkurrieren alte und neue autokratische, autoritäre Systeme – mal mehr (Xi Jinping) mal weniger erfolgreich (Recep Tayyip Erdo an, Wladimir Putin). Wir erleben, dass die Demokratie nicht sicher ist vor einem Rückfall in die Autokratie. Mitten in Europa zeigt sich dies etwa in Ungarn. Damit ist die multipolare Unordnung perfekt. Doch welche Folgen hat das für unser Handeln?

Das Verschwinden des Westens

Um der Unordnung Herr zu werden, bedarf es einer neuen, wertebasierten Realpolitik, auch wenn dies aus dem Munde eines links verorteten Grünen erstaunlich klingen mag. Diese wird aber dadurch erschwert, dass man mit gewissen traditionellen Verbündeten offenbar nicht rechnen kann. Dass Trump nichts von Europa hält, hat er mehr als deutlich gemacht. Er konstatierte, Europa wäre genauso schlimm wie China,[2] oder sogar schlimmer.[3] Dazu muss man wissen, dass Trump in seiner Nationalen Sicherheitsstrategie China (und Russland) als Rivalen bezeichnet.[4] Mit seinen Äußerungen und seinem erratischen Verhalten zerstört Trump die wichtigste Währung in den internationalen Beziehungen: das Vertrauen.

Transatlantische Gemeinsamkeit gründete siebzig Jahre lang auf den drei Maximen: gemeinsame Ideale, gemeinsame Interessen, gemeinsame Institutionen. Allerdings war das Verhältnis zwischen den USA und Europa nie ungetrübt. Genannt seien hier einerseits der Vietnamkrieg oder die von den USA organisierten Putsche im Iran 1953 und in Chile 1973. Andererseits beschädigten die Unterstützung des irakischen Giftgaskrieges gegen den Iran ab 1980 und der Regimewechsel in Libyen 2011 die Glaubwürdigkeit Europas. Gemeinsam war auf beiden Seiten des Atlantiks vor allem die Erosion der Ideale. Weshalb der Rest der Welt den Kopf schüttelt, wenn der Westen nun ausreiten soll, um die »liberale Ordnung« zu retten.[5]

Parallel dazu vollzog sich eine Entfremdung in den Institutionen. Schon lange bevor Donald Trump aus dem Pariser Klimaabkommen ausstieg und die NATO als »obsolet« bezeichnete, blockierten die USA eine gerechtere Verteilung der Stimmrechte bei Weltbank und IWF –

also jenen Institutionen, die sie einst selbst mitbegründet hatten. Die Europäer beteiligten sich dagegen zusammen mit China an neuen Institutionen wie der Asiatischen Investment Infrastruktur Bank (AIIB). Mit seiner America-First-Politik beschädigt Trump zudem massiv solche Interessen, die Europa und die USA lange gemein hatten: offene Märkte und die Herrschaft des Rechts. Das Ergebnis ist ein mit Zöllen, Steuerdumping und Sanktionen veranstalteter Wirtschaftskrieg zwischen den USA und Europa oder China.

Fromme Wünsche und falsche Strategien

Angela Merkel hat lange versucht, unter diesem Konflikt wegzutauchen. Die Bundeskanzlerin wollte Trump aussitzen und beschwichtigen. Die einseitige Kündigung des Iran-Abkommens und die erlassenen Zölle zeigen aber: Man kann Trump nicht aussitzen. Seine Präsidentschaft ist, wie jede andere in Demokratien, vorübergehend – aber niemand kann sagen, wie lange sie noch anhält. Und so betreibt die NATO nun genau das, was Trump möchte: Sie rüstet auf. Dabei zielten die Mitgliedsländer auf ihrer Gipfelerklärung in Wales zunächst nur darauf ab, ihre Verteidigungsausgaben innerhalb von zehn Jahren an zwei Prozent des Bruttoinlandprodukts anzunähern. Die Formulierung war absichtlich ungenau. Erst im Jahr 2016 hat Angela Merkel aus dieser Absichtserklärung eine Pflicht zur Aufrüstung gemacht. Das hat weniger mit Russland als mit Donald Trump zu tun.

Doch heute wissen wir, die Strategie, Trump durch erhöhte Rüstungsausgaben zu beschwichtigen, und so einen Handelskrieg abzuwenden, ist gescheitert. Im Gegenteil, die US-Politik dürfte mit dem Verlust des Repräsentantenhauses an die Demokraten noch erratischer und unkalkulierbarer werden und die Konfrontation mit Russland hat sich auch verschärft. Mit seinem völkerrechtswidrigen Vorgehen auf der Krim und in der Ukraine lieferte Putin hierzu zwar den Anlass, an beidem wird aber die neue Aufrüstung und Abschreckung der NATO nichts ändern. Der Konflikt zwischen Ost und West wird weiter verschärft.

Neben vertrauensbildenden Maßnahmen zur Rückversicherung innerhalb der NATO brauchen wir in Europa daher weitere Anstrengungen zur Rüstungskontrolle. Solange jedoch Russland sein Militär modernisiert und solange die NATO die Raketenabwehr in Osteuropa gegen Russland richtet, werden immer neue Hürden für Abrüstungsinitiativen, etwa im Rahmen der OSZE, aufgebaut.

Säule der europäischen Friedensordnung: Abrüstung

Damit untergräbt die neue Blockkonfrontation eine zentrale Säule der europäischen Friedensordnung: die Abrüstung. Sie ist neben der Eröffnung der KSZE, die heute mit der OSZE institutionalisiert ist, einer der Grundpfeiler für Frieden und Sicherheit in Europa. Bis Ende der Siebzigerjahre wurden das Verbot von Nuklearwaffenversuchen, der Atomwaffensperrvertrag, der SALT-I-Vertrag, das Abkommen über die Vorbeugung von Atomkriegen, und der SALT-II-Vertrag verabschiedet. Das alles waren, trotz ihrer jeweiligen Vor- und Nachteile, Meilensteine der Friedenspolitik, denen später weitere folgen sollten: der INF-Vertrag, der unter Ronald Reagan in Kraft trat, Start I und II unter Reagan und Bush und schließlich New Start unter Barack Obama.

Was spricht eigentlich gegen eine Initiative Deutschlands, Russland das Ende der nuklearen Teilhabe anzubieten und es aufzufordern, die Iskander-Raketen in Kaliningrad zurückzuziehen? Das Ende der nuklearen Teilhabe wurde immerhin 2010 einstimmig vom Bundestag gefordert. Stattdessen sollen die taktischen Atomwaffen jetzt modernisiert werden. Wo bleibt die europäische Initiative, die die Raketenabwehr in Frage stellt, statt bloß über russische Raketen zu schimpfen?

Ginge es nach Donald Trump und Angela Merkel, werden wir bald das Ende dieser Abrüstungsperiode erleben: Deutschland soll seinen Militärhaushalt verdoppeln. Dabei geben die europäischen NATO-Mitglieder alleine, ohne die USA, schon jetzt dreimal so viel für Rüstung aus wie Russland – die NATO insgesamt sogar mehr als vierzehnmal so viel. Das Erreichen des Zwei-Prozent-Ziels dient nicht der Schließung von Fähigkeitslücken, hier geht es um vorauseilenden Gehorsam gegenüber den USA bei einem neuen Kalten Krieg.

Abschreckung ist MAD

Das Prinzip der Abschreckung – konventionell und nuklear – erlebt derzeit ein trauriges Revival. Doch Aufrüstung schadet. Es war schon immer im Sinne der MAD-Doktrin (»mutually assured destruction«), Sicherheit mit der Androhung gegenseitigen Selbstmords schaffen zu wollen. Erst recht heute. Die Kriege von heute gehen von Staatszerfall aus, sie sind asymmetrisch. Heute bekämpfen sich Banden, Terroristen, Söldner und/oder Selbstmordattentäter. Gegen sie hilft keine Abschreckung, keine neuen Panzer und Raketen. Sie verstärken nur die Asymmetrie.

Wie verrückt die derzeitige Aufrüstungsspirale ist, lässt sich im Nahen und Mittleren Osten beobachten. Nach der Aufkündigung des Iran-Deals durch Donald Trump droht hier ein nukleares Wettrüsten. Denn wenn der Iran nach der Bombe strebt, will Saudi-Arabien auch eine Bombe, die es wohl sogar noch vor dem Iran hätte. Damit bestünde die Gefahr einer Kettenreaktion: Sollte Saudi-Arabien über Atomwaffen verfügen, wird Katar nachziehen wollen, und so weiter und sofort. Das zeigt, wie gefährlich die Ideologie der Abschreckung ist und wie sehr eine auf ein vermeintliches »Gleichgewicht des Schreckens« setzende Politik mittlerweile aus der Zeit gefallen ist.

Soziales Gleichgewicht als Voraussetzung für Frieden

Neben dem sicherheitspolitischen Ungleichgewicht gibt es jedoch noch zwei weitere Arten von Ungleichgewicht, die den internationalen Frieden bedrohen: das ökologische und das ökonomische. Diese fallen in der sicherheitspolitisch dominierten Debatte gerne unter den Tisch.

Was im Kleinen gilt, gilt auch im Großen: Soziale Spaltung und nationaler Egoismus führen im Extremfall zu Krisen und Krieg. Deshalb ist die aktuelle Entwicklung in Deutschland, in Europa, in der Welt so besorgniserregend.

Gesellschaften werden durch ökonomisches Ungleichgewicht nicht nur ungerecht, sondern auch instabil. Eine Welt, in der ein Prozent der Weltbevölkerung mehr Vermögen hat als die restlichen 99 Prozent, produziert regelmäßig Vermögensblasen. Denn die Reichen leihen den Armen ihr Geld – zu ihren Bedingungen natürlich! Das gilt für Menschen wie für Staaten.

Bei ungleicher Verteilung fließt also viel Geld in den Finanzmarkt. Dort wird es hochspekulativ und sehr oft unproduktiv angelegt. Und am Ende, wenn die Spekulationsblasen geplatzt sind, wird das Vermögen in Finanzkrisen vernichtet. Diesen Teufelskreis gilt es zu durchbrechen. Das ist auch mit Blick auf die Schuldenentwicklung notwendig. Denn eines haben wir in den letzten Jahren lernen müssen: Sparpolitik spart nicht. Angela Merkels Austeritätspolitik hat die Schulden in den Krisenstaaten vergrößert, nicht vermindert – mit den bekannten politischen Folgen.

Ökologisches Ungleichgewicht: Es ist fünf vor zwölf

Um es mit den Worten des Gründungsdirektors des Potsdam-Instituts für Klimafolgenforschung Hans Joachim Schellnhuber zu sagen: »Wenn wir den Klimawandel nicht in den Griff bekommen, wenn wir das Schiff nicht über Wasser halten können, brauchen wir über Einkommensverteilung, Rassismus und guten Geschmack nicht mehr nachzudenken.«[6]

Es ist also höchste Zeit für Taten. Die Extremwetterkatastrophen, die wir heute erleben, sind das Resultat der Klimaerwärmung von vor dreißig Jahren. Die Auswirkungen der jetzigen Umweltverschmutzung werden unsere Kinder zu spüren bekommen. Dann werden Fluten, Dürren und Eisschmelze ihre Lebensgrundlagen angreifen. Schon heute flüchten doppelt so viele Menschen vor Umweltkatastrophen wie vor Krieg und Gewalt. Die Internationale Organisation für Migration rechnet damit, dass in den nächsten dreißig Jahren 200 Millionen Menschen wegen der Klimaerwärmung flüchten werden müssen.

Wenn wir das Schlimmste verhindern wollen, müssen wir die globale Erwärmung also auf weniger als zwei Grad, besser noch 1,5 Grad, begrenzen. Das bedeutet aber: Wir dürfen nur noch ein Fünftel der heute förderbaren Reserven aus Öl, Kohle und Gas verfeuern. Wir alle, die Weltgemeinschaft und allen voran der weltweit größte Braunkohleverbraucher Deutschland, müssen uns fragen, was wir tun können, um die Klimakrise abzuwenden.

Europa ist ein Pol, Deutschland nicht

Keine der großen Krisen – seien sie ökonomisch, ökologisch oder sicherheitspolitisch – lassen sich unilateral lösen. Wo früher die USA die Rolle des Weltpolizisten einnahm, gibt es nun viele Player. Daher kommt es in einer multipolaren Welt auf das internationale Gewicht an. Fest steht: Die gegenwärtige multipolare Unordnung ist kein stabiler Zustand. Sie kann auch in einem neuen globalen Duo-Pol enden, gebildet von der aufsteigenden Supermacht China und der absteigenden Supermacht USA.

Deutschland ist kein Pol, Europa hingegen sehr wohl – wenn auch ein kleiner. Der größte Binnenmarkt der Welt und eine halbe Milliarde Europäer sind nicht einfach zu ignorieren. Das hat auch die Reise von Heiko Maas nach China gezeigt. Trotz Kritik von der chinesischen Seite an der Debatte im Deutschen Bundestag über die massiven Menschenrechtsverletzungen in der Region Xinjiang wurde der Außenminister von allen ranghohen Parteifunktionären – ausgenommen Präsident Xi – empfangen. Sogar Vizepräsident Wang Qishan war zu einem Treffen bereit. Doch in der multipolaren Welt kann deutsche Außenpolitik nur dann europäisch wirken, wenn sie wirkungsvoll ist – und nicht die Neutralität der Schweiz annimmt, wie es Peter Gauweiler und Oskar Lafontaine in trautem Einklang vorschlagen.[7]

Die Zukunft: Neue Allianzen und altes Recht

Um die internationale Herrschaft des Rechts wirkungsvoll zu sichern, muss die multilaterale Ordnung gestärkt werden. Den Rahmen für diese Ordnung können nur die Vereinten Nationen sowie multilaterale Organisationen wie etwa die WTO bieten. Der Weg dahin muss aber über neue Allianzen mit sehr unterschiedlichen Kräften gehen.

Diese neuen Allianzen beruhen auf gemeinsamen Interessen. Wenn es keine strategischen Verbündeten mehr gibt, macht es keinen Sinn, auf die Rezepte aus der Zeit der Bipolarität zurückzugreifen. Weder Kalter Krieg noch Neo-Entspannungspolitik gegenüber Russland helfen. Die neue globale Ordnung wird sich mithilfe von zeitweiligen Interessenskoalitionen einstellen.

Sichtbarster Ausdruck für die neue multipolare Welt ist der Aufstieg Chinas. Das Land drängt mit Macht auf die Weltbühne. Seit 2010 hat China seine Investitionen in Europa um 1500 Prozent gesteigert, in die Neue Seidenstraße (Belt-Road-Initiative) werden jährlich 800 Milliarden Euro investiert.[8] Doch auch Indien und Brasilien entwickeln regionale bis globale Ambitionen. Angesichts dieser neuen globalen Unübersichtlichkeit tauchen neue Optionen auf: mit China und Russland gegen die USA zur Rettung des Atomabkommens mit dem Iran, mit den USA gegen den diskriminierenden Marktzugang in China, und mit den ASEAN-Staaten gegen eine regionale Dominanz Chinas in Südostasien und mit China gegen die US-Schutzzölle.

Diese zeitweiligen Koalitionen brauchen jedoch zwei unverrückbare Säulen: Die sind das Völkerrecht und die bestehenden internationalen Verträge. Vielleicht müssen wir eine Zeitlang ohne die WTO auskommen, weil Trump sich von ihr lossagt. Vielleicht werden wir zwischenzeitlich wieder vermehrt auf bilaterale Handelsabkommen setzen müssen – jedoch nur, um diese später in eine neue WTO zurückzuführen. Denn langfristig gesehen gibt es keine Alternative zu multilateralen Institutionen.

Auch wenn es unbequem ist: Die Stärke des internationalen Rechts beruht auf starken multilateralen Institutionen. Nur so kann die neue multipolare Unordnung ein Stück weit geordnet werden. Alles andere hieße, eine umfassend gewordene Globalisierung nicht mitgestalten zu wollen, sondern vor ihr in den Nationalismus zu flüchten.

Nationalismus aber, das hat uns die Geschichte bitter gelehrt, ist keine Lösung, sondern nur der sichere Weg in die Spaltung – und in letzter Konsequenz in den Krieg. Heute ist eine nüchterne Abwägung der Interessen gefragt – multilateral und auf Basis der Menschenrechte und des Völkerrechts. So geht wertebasierte Realpolitik.

GLOBALISIERUNG UND GERECHTIGKEIT – PLÄDOYER FÜR EINE GEERDETE ENTSPANNUNGSPOLITIK

Klaus Dörre

Heute sehen wir uns mit einer »Krise des Kapitalismus« konfrontiert, der »nicht mehr die Bedürfnisse der Menschen befriedigt!«. Dieser Satz stammt vom französischen Finanzminister Bruno Le Maire. In der Presse wird er als Resümee des Weltwirtschaftsforums von Davos zitiert. Die Eliten, die sich dort ein Stelldichein geben, wirken ratlos. Zwar ist die Weltwirtschaft nach der großen Krise von 2008 rasch auf einen Wachstumskurs zurückgekehrt, doch die Zuwachsraten vor allem der früh industrialisierten Länder bleiben flach und sind durchschnittlich wieder im Sinken begriffen. Langsames Wachstum macht offenkundig »alles schwerer«.[1]

Folgerichtig ist die Globalisierung wieder zu einem umkämpften Projekt geworden. Sie erzeugt Hemmnisse und Gegenbewegungen, die scharfe Konflikte und politische Polarisierungen auslösen. In Davos blieb es dem italienischen Premierminister Guiseppe Conte, Chef einer rechtspopulistisch dominierten Regierung, vorbehalten, laut auszusprechen, was viele dachten: »Offene, weitweite Märkte, freier Kapitalverkehr und die technologische Revolution haben sich ausgezahlt. Aber nur für einige wenige«.[2] Es sind vor allem zwei Fehlentwicklungen, die unterschwellig innergesellschaftliches Aggressionspotenzial fördern – eine dramatisch zunehmende Vermögens- und Einkommensungleichheit und sich kumulierende ökologische Gefahren.

Wiederkehr der Klassen

Die erste Entwicklung hat der schwedische Soziologe Göran Therborn (2012) als Wiederkehr der Klassen (»return of class«) bezeichnet. Soziale Klassen waren nie verschwunden, Therborn zielt jedoch auf eine besondere zeithistorische Konstellation. Während die Unterschiede zwischen Nord und Süd vor allem wegen des Aufholens der großen

Schwellenländer abnehmen, prägen sich vertikale, klassenspezifische Ungleichheiten innerhalb der nationalen Gesellschaften seit den Achtzigerjahren weltweit wieder stärker aus. Hauptgewinner der Globalisierung sind die Oberklassen der alten kapitalistischen Zentren. 44 Prozent des absoluten Einkommenszuwachses, der zwischen 1988 und 2008 erzielt wurde, entfallen auf die reichsten fünf Prozent, nahezu ein Fünftel auf das reichste Prozent und damit auf Gruppen, die vorwiegend in den alten Zentren beheimatet sind. Die aufstrebenden Mittelklassen in den südlichen Schwellenländern verfügten lediglich über zwei bis vier Prozent der absoluten Zuwächse.[3] Zu den Hauptverlierern gehören die Industriearbeiterschaft der hoch entwickelten Kapitalismen, vor allem aber die ärmere Hälfte der Menschheit mit Niedrigeinkommen und hoher sozialer Verwundbarkeit.

Mit einigen Modifikationen findet sich diese Entwicklung auch in Deutschland. An Einkommen, Vermögen, Wohnverhältnissen, Gesundheit, Bildung und sozialer Distinktion gemessen, ist die reiche Bundesrepublik zu einer der ungleichsten Gesellschaften der OECD-Welt geworden.[4] Zwischen 2000 und 2009 war sie das einzige Land in Europa, in welchem die Reallöhne pro Kopf durchschnittlich um zwei Prozent gesunken sind. Während Stammbelegschaften in der Exportwirtschaft ihre Löhne in etwa halten oder steigern konnten, haben die unteren vier Einkommensdezile, also Niedriglöhner und prekär Beschäftigte, besonders stark verloren. Obwohl die Tariflöhne seit einigen Jahren wieder steigen, ist Ungleichheit zu einer prägenden Erfahrung auch jener Beschäftigten geworden, die nicht unmittelbar von Armut oder Prekarität betroffen sind.

Das Fazit liegt auf der Hand: Selbst während langanhaltender Prosperitätsphasen gelingt es nicht einmal in reichen Gesellschaften wie der Bundesrepublik, Bevölkerungsmehrheiten auch nur am Produktivitätsfortschritt zu beteiligen. Offenbar sind Gewerkschaften und politische Linke infolge der Prekarisierung von Arbeit und eines erfolgreichen Klassenkampfs von oben derart geschwächt, dass sie nicht einmal mehr systemstabilisierende Umverteilungsmaßnahmen durchzusetzen vermögen. Deshalb wächst die Einkommensungleichheit und auch die Vermögenkonzentration nimmt beständig zu.

Destabilisierung globaler Ökosysteme

Ungleichheit ist jedoch nur die eine Seite der Wachstums-Medaille. Die andere veranschaulicht die enorme *ökologische Zerstörungskraft* eines Wachstums, das noch immer vorwiegend auf fossilen Energieträgern basiert. Der Übergang zum Anthropozän, eines von der Menschheit als wichtigster »Naturkraft« gemachten neuen Erdzeitalters, ist eine Bezeichnung, die das historisch Neue der im Gange befindlichen Veränderungen signalisiert. Die jüngsten Berichte an den »Club of Rome« und das 1,5-Grad-Erderwärmungsszenario des Weltklimarates (IPPC) lassen wenig Zweifel daran, dass die Zunahme von Wetterextremen, Gletscherschmelze, Wassermangel und vermehrte Dürren bereits in der Gegenwart für viele Menschen lebensbedrohliche Konsequenzen nach sich ziehen werden. Schon im Falle einer Zwei-Grad-Welt könnte der Klimawandel außer Kontrolle geraten oder doch zumindest derart hohe Anpassungskosten verursachen, dass sie allenfalls von reichen Staaten zu bestreiten sein würden.

Viele natürliche Systeme bewegen sich bereits auf einen Punkt irreversibler Destabilisierung zu. Nehmen wir den Klimawandel als Beispiel: Rasches Abschmelzen des arktischen Packeises würde grell reflektierende Eisflächen durch dunkelblaues Meerwasser ersetzten. Das wiederum könnte zu einer größeren Absorption von Sonnenenergie führen, wodurch das Ansteigen der Temperaturen beschleunigt würde. Das Abschmelzen der gefrorenen Tundra wiederum setzt möglicherweise *Methangas* frei, das zuvor unter der Erdoberfläche eingeschlossen war – ein Prozess, der die Erderwärmung zusätzlich beschleunigt. Eine geringere Kohlestoffabsorption der Weltmeere, die auf eine zunehmende Übersäuerung der Ozeane zurückzuführen ist, löst möglicherweise schnellere Kohlestoffansammlungen in der Atmosphäre aus. Veränderte Klimazonen fördern das Artensterben.

Daraus folgt: Die Welt und vor allem die früh industrialisierten Länder befinden sich inmitten einer ökonomisch-ökologischen Zangenkrise. Das wichtigste Mittel zur Überwindung ökonomischer Krisen, die Generierung von Wirtschaftswachstum, wird unter den gegebenen Bedingungen ökologisch zu einem Gefahrentreiber ersten Ranges. Aus dem so bezeichneten Wachstumsdilemma führen im Grunde nur zwei Wege heraus. Entweder gelingt es, die gesellschaftliche Produktion sozial und ökologisch nachhaltig zu gestalten, oder es gilt, Gesellschaften zu stabilisieren, die bewusst auf permanentes Wirtschaftswachstum verzichten. Gleich welche Option gewählt wird, sie impliziert radikale gesellschaftliche Veränderungen.

Ökonomisch-ökologische Zangenkrise und autoritäre Versuchung

Mit dieser Entscheidungssituation sind die kapitalistischen Eliten offenkundig überfordert. Die Delegitimierung des Wirtschaftswachstums schlägt in Legitimationsverluste der politischen Klasse um. Mitterechts- und Mittel-links-Parteien verlieren an Zustimmung. Wut, Unsicherheit und Enttäuschung entladen sich hingegen in einer »Revolte von rechts«, die überwiegend innerhalb bestehender Institutionen die Entdemokratisierung vorantreibt. Diese schleichende Entwicklung hin zu einem autoritären Kapitalismus ist brandgefährlich.

Autoritäre Regimes tendieren immer wieder dazu, das unbewältigte Aggressionspotential, das im Inneren der Gesellschaften entsteht, nach außen zu lenken. Als Folge entsteht, was die ehemalige US-Außenministerin Madeleine Albright klar beim Namen nennt, eine ernst zu nehmende, faschistische Gefahr. »Die Angst ist der Grund, warum der Faschismus emotional alle gesellschaftlichen Ebenen durchdringen kann. Eine politische Bewegung kann nicht ohne Unterstützung aus der Bevölkerung heranwachsen, aber der Faschismus ist von den Reichen und Mächtigen ebenso abhängig, wie von dem Mann und der Frau auf der Straße – von jenen, die viel zu verlieren haben, und jenen, die überhaupt nichts haben.«[5]

Imperiale Rivalität, Militarismus, Kriegsgefahr

Zu einem neuen Faschismus muss es nicht kommen. Doch bereits jetzt ist offenkundig, dass die Gefahr von bewaffneten Auseinandersetzungen und Kriegen steigt. In gewisser Weise ähnelt die Situation der Spätphase des klassischen Imperialismus zu Beginn des 20. Jahrhunderts. Diesmal konkurrieren imperiale Mächte nicht um Kolonien, wohl aber um Absatzmärkte, Rohstoffe und Technologieführerschaft.

Und sie sind bestrebt, die – im Inneren äußerst ungleichen – Wohl-
fahrtszonen gegen Migrationsbewegungen und vor ökonomischer
Konkurrenz abzuschotten. In einer Welt ohne eindeutig hegemoniale
Führungsmacht ist nationale (oder transnationale, europäische) militä-
rische Stärke noch mehr als nur ein zentrales Mittel der Außenpolitik.
Struktur gewordener Militarismus, das wusste bereits Rosa Luxemburg,
treibt letztendlich zur Erprobung seiner Waffen und damit zum Krieg.
Es gehört zu den Paradoxien, dass sich in der Gegenwart ausgerechnet
Rechtspopulisten zum Sprachrohr einer »Friedensbewegung« erklären,
die sich eine Versöhnung des Westens mit Putins Russland auf die
Fahnen schreiben.

Eckpunkte für eine »geerdete« Entspannungspolitik

Eine progressive Entspannungspolitik, wie sie unter Willy Brandt stattfand, lässt sich unter diesen Bedingungen nicht einfach wiederholen.
Und doch wird eine realistische Außenpolitik, die auf Kriegsvermeidung und Abrüstung zielt, mehr denn je benötigt. Ohne Anspruch auf
Vollständigkeit halte ich vier Überlegungen für zentral.

1. Eine neue Entspannungspolitik muss innerhalb der nationalen
Gesellschaften »geerdet« werden, das heißt das Aggressionspotential,
das aus wachsender Ungleichheit und der Kumulation ökologischer
Gefahren resultiert, muss nachhaltig abgebaut werden. Dabei dürfen
die großen Schnittmengen nicht übersehen werden, die es bei sozioökonomischen Klassen- und ökologischen Gesellschaftskonflikten
gibt. Die »Reichsten dieser Welt«, verantworten einen »Großteil der
klimaschädlichen Emissionen« stellt Oxfam zurecht fest.[6] Zugleich
gilt: Einkommens- und Vermögensungleichheit blockieren ökologische
Reformen; egalitäre Gesellschaften erleichtern sie. Umverteilung ist
deshalb zwingender Bestandteil einer »geerdeten« Entspannungspolitik. In einer globalen Welt müssen Umverteilungspolitiken mehrdimen-
sional agieren. Es geht um Rückverteilung von Reich zu Arm, von Nord
nach Süd, von den europäischen Zentrumsstaaten an die europäischen
Krisenländer und von den stärksten zu den verwundbarsten Gruppen –
den mehr als sechzig Millionen Geflüchteten, von denen nur winzige
Minderheiten die kapitalistischen Zentren erreichen.

2. Vorschläge für gerechtes Um- und Rückverteilen liegen seit langem auf dem Tisch. Progressive Steuern insbesondere auf ererbte Vermögen würden das Recht auf Eigentum in ein Recht auf Zeit verwandeln. In der gleichen Logik, die von einer Sozialverpflichtung des Eigentums ausgeht, ließe sich eine Politik denken, die andere umverteilende Maßnahmen durchsetzt: die Abschöpfung der Digitalisierungsgewinne, eine progressive Einkommensteuer, globale Transparenz in den Steuerverwaltungen, Vermögensabgaben der Geldeigentumsbesitzer, eine einheitliche – zumindest europäische – Steuerpolitik und die Nutzung der so gewonnen Finanzmittel für globale Investitionen in den Klimaschutz, in die Bekämpfung von Hunger und absoluter Armut, sowie in eine Öffnung des Zugangs zu lebenswichtigen Gütern einschließlich elementarer Bildung auch in den armen Ländern des globalen Südens. Gerade in den kapitalistischen Zentren geht es aber nicht allein um materielle Umverteilung, benötigt wird Zeitwohlstand, Zeit für Muße und Arbeit an der Demokratie. Das geht nicht ohne Verkürzung und gerechte Verteilung von Erwerbsarbeitszeit, ohne eine kurze Vollzeit und eine bedingungslose »Grundzeit für alle«[7] – ein Projekt, das zu Bündnissen von Gewerkschaften, feministischen Care-Initiativen und Degrowth-Bewegungen geradezu einlädt.

3. Umverteilung bedeutet keineswegs, dass es genügt, sich auf alte wohlfahrtsstaatliche Rezepte zurückzubesinnen. Wir benötigen gesellschaftliche Regulationsweisen, die ökologische und soziale Destruktivität sichtbar machen und so auch einer Externalisierung von Folgekosten entgegenwirken. Dazu kann ein anderer Wachstumsbegriff beitragen, der unbezahlte Tätigkeiten einbezieht. Nötig ist eine globale Debatte über Produktionsformen, Produkte und Lebensweisen, die auch stofflich den Bruch mit überflüssigem Konsumismus vollziehen und das ethische Gebot des Maßhaltens als Ausweis von Lebensqualität begreifen. Die Förderung einer ressourcensparenden, schadstoffarmen Produktion langlebiger Güter gehört ebenfalls in diesen Kontext. Ein anderer Wachstumsbegriff könnte zu einer kollektiven Verständigung über ein Recht auf ein gutes Leben beitragen.

Deshalb geht es künftig nicht allein um die Verteilung materieller Güter, sondern vor allem um eine Neuverteilung von Entscheidungsmacht der Wirtschaft: »Im Kapitalismus über ihn hinaus – das ist, was heute vielerorts bereits passiert und was wir stärken wollen […].

Unsere Vision ist und bleibt diejenige einer sozialen und ökologischen Wirtschaftsdemokratie […]. Im Kern geht es darum, die Verteilungsfrage auszuweiten. Neben der steuerlichen Rückverteilung des gesellschaftlichen Reichtums im Nachhinein braucht es eine gerechte Verteilung wirtschaftlicher Entscheidungsmacht. Indem Betroffene zu Mitbestimmenden gemacht werden, wirkt man der Entstehung ungerechtfertigter und schädlicher Ungleichheiten entgegen«, heißt es in einem im Dezember 2016 beschlossenen *Wirtschaftsdemokratiepapier* der Sozialdemokratischen Partei der Schweiz.[8] Diese Einschätzung trifft den Nagel auf den Kopf. Weil Entscheidungen über das Was, Wie und Wozu der Produktion Überlebensinteressen der Menschheit tangieren, dürfen sie nicht kleinen Eliten vorbehalten werden. Um dergleichen zu ermöglichen, schlägt der Ökonom Anthony B. Atkinson die Einrichtung von Wirtschafts- und Sozialräten vor, an denen neben Unternehmen, Gewerkschaften und Politik auch Umweltverbände, Frauenorganisationen und wichtige NGOs beteiligt sein sollten. Aufgabe dieser Räte wäre es, Investitionsentscheidungen zu »vergesellschaften« und faire Einkommen zu ermöglichen.[9]

4. Entspannungspolitik muss von Staaten und Regierungen gemacht werden. Dabei gilt, dass Weichenstellungen zugunsten einer demokratisch-nachhaltigen Transformation heute letztendlich nur global erfolgen können. Ökologische Gefahren, ökonomische Krisen, Fluchtbewegungen und Kriege verlangen nach einer »Weltinnenpolitik« (Carl-Friedrich von Weizsäcker). Diese zu erreichen ist nur möglich, wenn Interessenunterschiede und Gegensätze zwischen Staaten und Weltregionen wechselseitig anerkannt und kooperativ, vor allem aber ohne militärische Gewalt bearbeitet werden. Ein Modus globaler Kooperation, der auch das innergesellschaftliche Aggressionspotential wirksam eindämmt, indem er soziale und ökologische Ungleichheit wirksam bekämpft, besitzt gegenwärtig kein Vaterland. Auch darin ähnelt die aktuelle Situation der spätimperialistischen Phase des frühen 20. Jahrhunderts. Für die Anhängerinnen und Anhänger einer gerechten, sozial und ökologisch nachhaltigen Transformation gilt gegenwärtig der alte Leitsatz: »Der Hauptfeind steht im eigenen Land!«

So richtig es ist, auf pragmatische zwischenstaatliche und multilaterale Abkommen zur Kriegsvermeidung und Abrüstung zu drängen, so notwendig ist es, außenpolitischen Pragmatismus von Staaten mit

Bewegungspolitik »von unten« zu verbinden. Die Notwendigkeit einer weltweiten sozialen Bewegung, die mehr Demokratie wagen will, die ökologische Nachhaltigkeit und soziale Gerechtigkeit einklagt, und so in der Lage ist, kapitalistische Eliten wirklich herauszufordern, hat inzwischen selbst der »Club of Rome« erkannt. Eine solche Bewegung ist gegenwärtig jedoch allenfalls in zaghaften Ansätzen existent. Das gilt es zu verändern. Eine globale Bewegung für ökologische Nachhaltigkeit und soziale Gerechtigkeit würde die Debatte um Systemfehler des Kapitalismus nicht den Rechtspopulisten überlassen. Ohne ein »Bündnis von Bratwurst und Tofu«, von Arbeiter- und Gewerkschaftsbewegungen einerseits, ökologischen, feministischen und wachstumskritischen Bewegungen anderseits, lässt sich eine globale soziale Kraft, die das ändern könnte, nicht hervorbringen. Es liegt an uns.

ENERGIEWENDE ALS FRIEDENSPROJEKT

Kai Niebert

Wer stoppt das Erdbeben?

Der Klimawandel ist menschengemacht, die Energiewende auch. Beide schreiten voran, aber das Ergebnis ist ein Wettlauf mit der Zeit. Der Ausgang dieses Wettlaufs entscheidet, ob die Zivilisation, wie wir sie kennen, überlebt. Das 21. Jahrhundert hatte gerade eben begonnen, als Klaus Töpfer die »ökologische Aggression« anprangerte, es werde »im übertragenen Sinne Erdbeben geben«, prophezeite er, der damals Direktor der UN-Umweltbehörde UNEP war. Er sollte Recht behalten. Die »Erdbeben« sind da.

Ihren dramatischsten Ausdruck finden sie in einer immer schnelleren Abfolge extremer Wetterereignisse, die nun auch die Wohlstandsinseln unseres Planeten erreichen – zuletzt 2018 mit den tödlichen Feuersbrünsten in Kalifornien und dem fast endlosen Hitze- und Dürresommer in Europa. In Deutschland blieb monatelang der Regen aus, und die daraus resultierende Dürre hatte erhebliche Ernteverluste zur Folge. Dass es in Europa nicht zu einer Katastrophe kam, ist auf die vergleichsweise guten Bewältigungskapazitäten zurückzuführen.

Ein Risikoindex als Maß für Konfliktpotenziale

Um den Einfluss von Umweltgefahren auf das Risiko eines Landes abzuschätzen, ist der *Weltrisikoindex* ein hilfreiches Maß: Er misst die Gefährdung gegenüber extremen Naturereignissen sowie die Fähigkeiten einer Gesellschaft, auf solche Ereignisse zu reagieren. Ein Blick hierauf ist bedeutsam für die Abschätzung von sich entwickelnden Konflikten, vor allem deshalb, weil sich verschlechternde Umweltbedingungen gegenwärtig die Hauptursachen für Flucht und Vertreibung von Menschen sind: Jährlich werden mehr als 26 Millionen Menschen aufgrund von Klimaveränderungen aus ihrer Heimat vertrieben, deutlich mehr als durch gewaltsame Konflikte.

Ein Blick auf den *Risikoindex* zeigt:

- Vanuatu, Tonga und die Philippinen sind die Länder mit dem höchsten Katastrophenrisiko. Unter den fünfzehn Ländern mit dem höchsten Risiko weltweit befinden sich neun Inselstaaten. Hierfür ist vor allem ihre hohe Gefährdung durch den Meeresspiegelanstieg verantwortlich, der durch die Erderwärmung entsteht.
- Der »Hotspot« der Vulnerabilität liegt in der Sahelzone und den tropischen Regionen Afrikas. Insgesamt befinden sich dreizehn der fünfzehn besonders gefährdeten Länder in Afrika.
- Der Mangel an Bewältigungskapazitäten konzentriert sich ebenfalls fast ausschließlich auf den afrikanischen Kontinent. Darüber hinaus sind Afghanistan, Haiti, der Irak und Syrien ebenfalls betroffen.
- Es fällt auf, dass es sich bei allen Ländern außer Haiti um Bürgerkriegs- bzw. Post-Bürgerkriegsländer handelt.

Dass aber eine hohe Exposition gegenüber Naturgefahren nicht notwendigerweise auch ein sehr hohes Risiko bedeutet, zeigen Länder wie Japan oder die Niederlande. Beide Länder sind zwar Naturgefahren ausgeliefert – aber eben nicht schutzlos. Politische Stabilität, gekoppelt mit ökonomischer Bewältigungsfähigkeit, sorgt dafür, dass nicht jedes Erdbeben zu politischen Erdbeben führt und jede Sturmflut die Regierung wegfegt.

Dass dies nicht immer so sein muss, zeigt der Syrienkonflikt: 2007 bis 2010 erlebte Syrien die schlimmste Dürre seit 900 Jahren. In der Folge fielen Ernten aus und 85 Prozent der Viehherden verendeten. So flohen schließlich 1,5 Millionen Menschen aus ländlichen Gebieten in die Peripherie der großen syrischen Städte wie Aleppo, Homs oder Daraa. In den durch Arbeitslosigkeit, Überfüllung, unzureichende Infrastruktur und Elend geprägten Vorstädten lag die Keimzelle der syrischen Revolte und der Flucht nach Europa. Die Rebellion wurde vom Assad- Regime mit großer Brutalität niedergeschlagen – so begann der bis heute tobende Krieg.

Die Dürre hat den Krieg nicht direkt verursacht, aber sie bildete den Zündfunken, der zum offenen Krieg führte. Klimabedingte Katastrophen erhöhen das Risiko für den Ausbruch bewaffneter Konflikte, besonders in Ländern, die verletzlich gegenüber den Auswirkungen des Klimawandels und ethnisch oder sozial zerklüftet sind. Zwischen 1980 und 2010 fielen in solchen Ländern – vor allem in Nord- und Zentralafrika sowie Zentralasien – 23 Prozent der Konfliktausbrüche mit dem Auftreten klimabedingter Katastrophen zusammen. Die globale Klimakrise als Risikoverstärker für den Ausbruch von Konflikten – das wird immer deutlicher.

Der Klimawandel wird zum Fluchttreiber

Woran Klaus Töpfer im Jahr 2002 vor allem dachte, war der ungebremste Ausstoß von Klimagasen in den industrialisierten Ländern, dessen Folgen – schon damals erkennbar – vor allem diejenigen zu tragen haben würden, die selbst am wenigsten dazu beitrugen. Ursache und Wirkung fallen hier auseinander. Das ist im Grundsatz bis heute so geblieben, obwohl die Kopie des nicht nachhaltigen westlichen Entwicklungsmodells durch China und andere bevölkerungsreiche Schwellenländer des Südens die Situation bezüglich der regionalen Verantwortlichkeiten binnen zweier Jahrzehnte grundlegend verändert hat. Die Vervielfältigung der maßgeblichen Treibhausgasquellen und ihre Verschiebung in Richtung Süden hat vor allem eine Konsequenz: Die Eindämmung der Klimaerhitzung, die ein friedliches Überleben der Menschheit auf dem Planeten Erde ermöglichen würde, geht ab sofort entweder im Weltmaßstab, also multilateral – oder gar nicht.

Die ökologische Aggression, die bis zur Jahrtausendwende in der Tat fast ausschließlich eine des globalen Nordens gegen den globalen Süden war, ist heute faktisch zu einer Aggression der dynamisch wachsenden, reichen und konsumfixierten Mittelschichten überall auf der Welt gegen die Ärmsten der Armen geworden. Die lassen sich nicht mehr gefallen und streben in immer größerer Zahl dorthin, wo ihr Elend seinen Ursprung hat, an das (vermeintlich) rettende Ufer. Armut, Krieg, Gewaltkriminalität und ökonomische Perspektivlosigkeit infolge ungleicher Machtverteilung und der Herrschaft korrupter

Eliten daheim – all dies befeuert die Migrationsbewegungen hin zu den Wohlstandsinseln der Welt.

Die Betroffenen fliehen vor Dürren, Ernteausfällen, Stürmen und Fluten. Dabei stehen wir erst am Anfang einer Entwicklung, denn aktuell sucht die Mehrheit der Vertriebenen und Geflüchteten noch im eigenen Land oder angrenzenden Regionen nach einer neuen.

Ein Blick ins Detail zeigt, dass bei den Naturkatastrophen klimabedingte Veränderungen mit achtzehn Millionen Flüchtlingen das absolute Gros der Katastrophen ausmachen: Überschwemmungen (8,6 Millionen Flüchtlinge), Stürme (7,5 Millionen Flüchtlinge) und Dürren (1,3 Millionen Flüchtlinge) führen die unrühmliche Hitliste der Fluchtursachen an, während z. B. geologische Katastrophen wie Erdbeben »weniger« als 0,5 Millionen Menschen im Jahr 2017 in die Flucht trieben. Nach Angaben des »International Displacement Monitoring Centre« (IDMC) sind in den Jahren 2010 bis 2017 aufgrund klimabedingter Naturkatastrophen durchschnittlich 21,4 Millionen Menschen zur Flucht aus ihren Häusern gezwungen worden.

IPCC 1.5 – Die Welt ist noch zu retten

Die Weltbank zeichnet für die Zukunft ein noch düstereres Bild, sollte es nicht gelingen, den Klimawandel einzudämmen. Bis zum Jahr 2050 rechnete sie für das südliche Afrika, Lateinamerika und Südasien mit insgesamt mehr als 140 Millionen Klimaflüchtlingen, die vor Dürren, Missernten, Sturmfluten und dem steigenden Meeresspiegel fliehen und ihre Heimat verlassen müssen, wenn der Klimawandel ungebremst fortschreitet. »Mit jedem Tag wird der Klimawandel zu einer größeren wirtschaftlichen, sozialen und existenziellen Bedrohung«, warnte Weltbank-Geschäftsführerin Kristalina Georgiewa.

Bitter bestätigt wurde diese Einschätzung im Sonderbericht des Weltklimarats IPCC vom Oktober 2018, der das Ziel des Klimaabkommens von Paris ausleuchtet, die globale Erhitzung möglichst auf 1,5 Grad Celsius zu begrenzen. Im Mittelpunkt dieses Weckrufs der Klimawissenschaft steht die Erkenntnis, dass die Folgen eines mittleren Temperaturanstiegs um zwei Grad gegenüber dem vorindustriellen Niveau weitaus gravierender ausfallen würden als bei einer Begrenzung auf das Paris-Ziel von 1,5 Grad. Insbesondere würde sich mit jedem zehntel Grad zusätzlich die Wahrscheinlichkeit erhöhen, dass das globale Klimasystem so genannte Kipppunkte überschreitet und endgültig aus den Fugen gerät.

Zu den befürchteten Kipppunkten zählen das Abschmelzen des grönländischen Eisschildes und der dadurch ausgelöste Meeresspiegelanstieg um mehrere Meter, das großflächige Auftauen des Permafrostes mit der Folge einer massiven Freisetzung des hochwirksamen Klimagases Methan, noch dramatischere Extremwetterereignisse mit verheerenden Stürmen und Überschwemmungen einerseits und anhaltender Dürre andererseits. Insgesamt würden immer größere Regionen des Planeten für den Menschen nicht nur zu einem unwirtlichen Ort, sondern im wahrsten Sinne des Wortes unbewohnbar werden. Das explosive Potential dieser Entwicklungen zeigt sich dabei in der Erkenntnis des IPCC, dass »diese Risiken am größten für Menschen sind, die mit vielfältigen Formen von Armut, Ungleichheit und Ausgrenzung konfrontiert sind.« Es werden genau diese marginalisierten und ausgegrenzten sein, die sich auf den Weg machen werden, um vor den Katastrophen zu fliehen.

Doch der Bericht enthält auch eine gute Nachricht: Es ist noch nicht zu spät. Ein Abbremsen des Klimawandels auf 1,5 Grad ist physikalisch machbar, die Technologien dafür sind vorhanden. Aber: Es bleiben maximal zwölf Jahre. Die CO_2-Emissionen müssten sehr schnell sinken – bis 2030 um die Hälfte im Vergleich zu 2010.

Die in diesem Beitrag aufgezeigten Folgen des Klimawandels für Flucht und Gewalt sollten Anlass geben, ernst zu machen mit dem Klimaschutz. Klimapolitik, wo auch immer sie stattfindet, ist vor allem eines: Friedens- und Sicherheitspolitik. Im Fall ihres Scheiterns werden die Konflikte und Kriege der Zukunft um schrumpfende Siedlungsgebiete, um knappes Wasser, um Ackerböden und den Zugang zu günstigen Energieressourcen geführt. In den Regionen der Welt, in denen Kriege anfangs ausbleiben und die Folgen des Klimawandels beherrschbar, werden die Probleme andersartig sein, nicht jedoch leichter beherrschbar. Denn die schrumpfenden Inseln des Reichtums werden zu Fluchtpunkten der globalen Krisen. Immer größere Anteile des dort angesammelten Reichtums werden für die Integration der Millionen Opfer des Klimawandels aufgewendet werden müssen – oder unter dem Schlachtruf »Rette sich, wer kann!« für die gewaltsame Abschottung gegen sie.

Migration gibt es schon seit Beginn der Menschheit. Sie war stets verbunden mit erheblichen Veränderungen. Gleichzeitig wurde Migration, wo sie in erfolgreiche Integration mündete, zu einem Motor gesellschaftlicher Entwicklung. Der Unterschied zu dem, was bevorsteht, wenn die globale Energiewende nicht zu einem Erfolg wird: Bisher waren Vertreibung und Flucht nie Phänomene, die zeitgleich überall auf der Erde stattfanden.

Die Dimension globaler Migration unter den Bedingungen des Klimawandels und vor dem Hintergrund einer Weltbevölkerung von zehn Milliarden Menschen oder mehr bis zur Mitte des 21. Jahrhunderts wird deshalb ohne Beispiel sein. Etwa vierzig Millionen Menschen flohen zwischen 1840 und 1930 vor Hunger und Not von Europa nach Amerika – eine gewaltige Zahl zu einer Zeit, als auf der Erde insgesamt nur 1,3 (1840) beziehungsweise 2,1 (1930) Milliarden Menschen lebten. Wenn die Klimaerhitzung im gegenwärtigen Tempo weitergeht, werden ungleich mehr Menschen von existenzieller Not betroffen sein und die dann einsetzenden, globalen Migrationsbewegungen werden sich nicht auf neunzig Jahre verteilen, sondern im Gegenteil im Zeitraffer beschleunigen.

Die Energiewende als Überlebensfrage – auch für den Westen

Die Energiewende wird so zur Überlebensfrage – auch für die Industrienationen, weil die Natur ohne ihr Gelingen zurückschlägt. Ohne Energiewende bleibt der einzige Ausweg aus diesem Teufelskreis die kalte Dezimierung der Weltbevölkerung auf einen Bruchteil des bisherigen, und das wäre nur um den Preis der voraussichtlich blutigsten und grausamsten Schlachten der Menschheitsgeschichte zu haben.

In der momentanen Eigenbrötelei vieler Nationen liegt die bedrohlichste Perspektive des aggressiven Unilateralismus, an dem sich immer mehr autoritäre Führer in immer mehr Regionen der Welt infizieren: Der Rückfall in die nationale Kleinstaaterei erfolgt ausgerechnet in einem historischen Moment, in dem eine multilateral getragene, faktenbasierte Politik der Zusammenarbeit dringlicher gebraucht wird, als je zuvor.

Noch bleibt es bei der Kernbotschaft des Weltklimarats IPCC in seinem Sonderbericht: »So kann es, aber so muss es nicht kommen.« Der Klimawandel ist keine Naturkatastrophe. Er ist eine unmittelbare Konsequenz des Anthropozäns. Die heutige Generation ist zugleich Auslöserin und Leidtragende des globalen Experiments, mit dem sie die Stabilität ihrer Lebensgrundlagen einem weltumspannenden Test unterzieht. Der Mensch hat dieses Experiment in Gang gesetzt, doch noch – sagen die Klimawissenschaftler – hat er Einfluss auf den weiteren Fortgang. Vorausgesetzt, er ändert jetzt sehr schnell die Versuchsanordnung.

Es fehlt nicht an Vorschlägen. Was zu tun ist, ist im Grundsatz bekannt. Was fehlt, ist der unbedingte politische Wille, den Kampf gegen die Beharrungskräfte des alten zerstörerischen Systems aufzunehmen. Auch in Deutschland und Europa. Dabei fordern die Zivilgesellschaften in vielen industrialisierten Ländern mehr entschlossenen Klimaschutz von der Politik, ohne sich jedoch entscheidend durchsetzen zu können. Der Klimakatastrophe noch zu entgehen, ist ein starkes Argument für die Energiewende – doch momentan scheint es nicht auszureichen.

Noch wichtiger als die Mahnung vor der Katastrophe ist in dieser Situation der Hinweis auf die Alternative, die zu gewinnen ist, falls die globale Energiewende tatsächlich gelingt. Denn es geht bei ihrer Umsetzung um mehr als die Abwendung einer Katastrophe. Zur Debatte steht auch ein nächster, ein progressiver Zivilisationssprung.

Konkret: Wenn es gut geht, wenn sich also ein Energiesystem auf Basis Erneuerbarer Energien, Energieeffizienz und eines neuen, vom Wachstumszwang befreiten Wohlstandsmodells im globalen Maßstab durchsetzt, dann wird es keinen Krieg mehr geben um Öl, Erdgas oder andere fossile Ressourcen. Weil das Angebot die Nachfrage dauerhaft und bei weitem übertrifft, weil das »schwarze Gold« kein schwarzes Gold mehr sein wird und sein Wert in dem Maße sinkt, in dem die nachhaltigen Energiequellen aus Sonne, Wind, Wasserkraft, Erdwärme übernehmen.

Wenn es gut geht, wächst die Erkenntnis, dass die Sonne gerade dort im Überfluss scheint und der Wind dort besonders kräftig bläst, wo bisher Energiearmut und in der Folge Hunger, Not und dauerhafte Perspektivlosigkeit herrschen. Um dies zu erkennen, genügt ein kurzer Blick auf jene eindrucksvollen Darstellungen der Erdoberfläche, die zeigen, wo sich die Weltregionen befinden, die mit Erneuerbaren Energien reich gesegnet sind und Chancen haben, irgendwann die reichen Ölstaaten zu beerben. Es sind zu einem großen Teil die heute am wenigsten entwickelten Länder, die im bisherigen Energiesystem nie eine ernsthafte Chance hatten.

Die globale Energiewende entpuppt sich so als ein Instrument, das nicht nur der Stabilisierung des Weltklimas dient, sondern auch geeignet ist, die Welt gerechter, sicherer, gesünder und friedlicher zu machen.

EINE NEUE WELTORDNUNG BRAUCHT EINE NEUE ENTSPANNUNGSPOLITIK

Jörg Sommer

Schon einmal hat sich Deutschland erfolgreich als Treiber einer Entspannungspolitik für Frieden engagiert. Es war die von Willy Brandt vertretene Idee der »gemeinsamen Sicherheit«, die letztlich zum Ende des Kalten Krieges führte. Diese gründete auf der Bereitschaft, die Positionen des Anderen zu verstehen und gemeinsam Entscheidungen zu treffen, die eine langfristige Friedenslösung möglich machen. Dass wir eine neue Entspannungspolitik brauchen, ist offensichtlich, doch wie soll diese aussehen?

Die Entspannungspolitik Willy Brandts ist konzeptionell vor einem halben Jahrhundert erdacht worden. In einer Welt, die nahezu vollständig in zwei konkurrierende Systeme geteilt war. In einer Welt ohne Internet, ja ohne verbreitete Computertechnologie. In einer Welt, die Umwelt nur als Ressourcenweide kannte. In einer Welt mit weniger als der Hälfte der heutigen Bevölkerung. Wie anders sieht die Weltordnung heute aus: Mit Russland und den USA stehen sich dieselben Kulturen wie vor fünfzig Jahren gegenüber, allerdings heute beide mit demselben raubtierkapitalistischen Wirtschaftssystem. Ideologische Fronten wurden abgelöst durch machtpolitische, ökonomische, ethnische und religiöse Motive. Hinzu kommt die Erkenntnis, dass wir zwischenzeitlich in einer »vollen Welt« leben, wie der »Club of Rome« in seinem neusten Bericht schreibt,[1] und dass wir längst an den planetaren Grenzen kratzen. Der »Erdüberlastungstag«, an dem die Weltbevölkerung die gesamten nachhaltig nutzbaren Ressourcen eines Jahres verbraucht hat, rutscht immer weiter nach vorne. 2018 war er am 1. August – es wären also 1,7 Erden nötig, um den Bedarf zu decken.

Die Grundlagen des heute weltweit dominierenden Wirtschaftssystems wurden im 19. und 20. Jahrhundert zu Zeiten einer »leeren Welt« geschaffen. Als John Maynard Keynes seine ökonomische Theorie entwickelte, lebten weniger als 2,5 Milliarden Menschen auf der Erde. Sie produzierten im Vergleich zu heute wenig, natürliche Ressourcen waren in der Regel noch reichlich vorhanden, und die Erde konnte die Auswirkungen der nicht nachhaltigen Lebens- und Wirtschaftsweise ihrer menschlichen Bewohner gut verkraften. In der Welt von heute, mit fast acht Milliarden Menschen, einem hohen Grad der Industrialisierung und zerstörerischem Ressourcenverbrauch, funktioniert das System nicht mehr.

Zudem ist die globale Politik heute zunehmend eine globale Wirtschaftspolitik geworden. Transnationale Konzerne verfügen über ökonomische Ressourcen, die jene mancher Staaten übersteigen. Sie agieren global, haben oft völlig andere politische Partner und Interessen als die Regierungen ihrer formellen Heimatländer – und nur allzu oft ist Entspannungspolitik in einer Region definitiv nicht in ihrem Interesse.

Unter Anspannungspolitik leiden aber auch die einzelnen Menschen. Neue Medien und Kommunikationstools lassen uns einerseits in Echtzeit an Entwicklungen teilhaben, sind andererseits aber nicht immer verlässliche Transporteure der Wahrheit, sondern auch erstklassige Katalysatoren für Manipulation, Hass, Rassismus und religiösen Eifer. Was sie aber verlässlich bewirken: Mehr sozialen Druck, mehr Überforderung, mehr Anspannung für jeden Einzelnen.

Eine neue Entspannungspolitik ist also nicht nur nötig, sie muss auch die hier skizzierten Entwicklungen berücksichtigen. Der »Club of Rome« fordert eine »neue Aufklärung für eine volle Welt«. Diese braucht es ohne Zweifel. Es braucht aber auch eine neue Entspannungspolitik für eine neue Weltordnung. Eine Entspannungspolitik, die sich auf Brandt und seine Mitstreiter beruft, die aber Antworten auf neue Herausforderungen entwickelt, neue Bedrohungen antizipiert, neue Erkenntnisse berücksichtigt, neue Methoden und Möglichkeiten nutzt. Wie könnte eine solche neue Entspannungspolitik aussehen?

Sechs Säulen einer neuen Entspannungspolitik

50 Jahre nach der Entspannungspolitik der Regierung Brandt ist die Weltordnung komplexer geworden. Es gibt mehr Akteure, Konfliktmuster, Kommunikationsmöglichkeiten, Interessenslagen. Eine neue

Entspannungspolitik muss dieser Komplexität Rechnung tragen. Die folgenden sechs Handlungsfelder sind von besonderer Bedeutung, sie alle müssen berücksichtigt werden, soll eine neue Entspannungspolitik im 21. Jahrhundert nachhaltig sein.

1. Sicherheit als Primat: Schon für Willy Brandt war die Prämisse der »Gemeinsamen Sicherheit« zentrales Element seiner Entspannungspolitik. Dieser wichtige Baustein ist für eine Entspannungspolitik auch heute unverzichtbar. Das Bedürfnis nach Sicherheit ist nicht nur allen Menschen, sondern auch allen Staaten unabhängig vom Gesellschaftsmodell zuzubilligen. Wer seine eigene Sicherheit über die der anderen stellt, der schafft keinen Frieden, sondern Konflikte. Denn wenn der andere sich unsicher fühlt, wird er den Status quo nicht akzeptieren.

Die Ideologie des »Friedens durch Stärke« hat noch nie funktioniert und wird es auch in Zukunft nicht. Sicherheit kann also niemals gegen den anderen erreicht werden. Ein Wettlauf um Sicherheit endet unvermeidbar in einer Rüstungs-, Konflikt- und letztlich in einer Kriegsspirale. Die logische Schlussfolgerung ist: Die Sehnsucht nach Sicherheit ist legitim. Sie ist legitim für alle. Und sie kann nur gemeinsam erarbeitet werden. Gemeinsame Sicherheit ist eine unverzichtbare Grundlage für jedes Bemühen um Frieden.

2. Konflikte als Treiber: Sicherheit anzustreben, heißt nicht, Konflikte zu ignorieren. Das Gegenteil ist der Fall. Konflikte existieren und entstehen täglich neu – selbst zwischen befreundeten Staaten. Eine Welt ohne Konflikte ist eine Illusion. Konflikte neigen immer dann zu einer Eskalation, wenn sie ungleich gewichtet werden, das heißt wenn sie für eine Seite erheblich bedeutsamer sind als für die andere. Wirkliche Entspannung kann nur erreicht werden, wenn grundsätzlich jeder Konflikt in der jeweils größten wahrgenommenen Bedeutsamkeit eines Beteiligten anerkannt wird. Nur dann besteht eine Chance, diesen Konflikt zu bearbeiten, zu deeskalieren, im Idealfall zu lösen oder eine Situation zu erreichen, die allen Beteiligten einen Umgang mit dem Konflikt jenseits militärischer Gewalt ermöglicht.

Eine erfolgreiche Entspannungspolitik sucht aktiv die Ursachen von Konflikten, um diese in einer frühen Phase einzuschätzen und zu bearbeiten. Sie bedarf eines breiten, unter allen Beteiligten akzeptierten Portfolios von Methoden der friedlichen Konfliktaustragung.

Dabei lautet die unumstößliche Wahrheit: Nicht jeder Konflikt wird sofort beigelegt werden können. Mit manchen Konflikten muss sich eine erfolgreiche Entspannungspolitik lange Zeit beschäftigen. Auch wird nicht immer eine Konfliktbeendigung auf Augenhöhe möglich sein. Eine wirksame Entspannungspolitik must so resilient sein, dass sie dies aushält. Sie muss so intelligent sein, dass der Verlierer andere Optionen des Umgangs als militärische hat. Denn die militärische Konfliktaustragung kennt keine Sieger.

Kluge Entspannungspolitik setzt im Übrigen für die Konfliktbearbeitung kein unbedingtes Vertrauen voraus. Konflikte sind von Misstrauen geprägt. Erfolgreiches Konfliktmanagement ist dann erfolgreich, wenn Vertrauen vorherrscht. Eine neue Entspannungspolitik schafft Vertrauen gerade durch die Etablierung einer internationalen Konfliktkultur. Konflikte anzuerkennen und nicht zu ignorieren, ist also ein wesentliches Element einer neuen Entspannungspolitik in einer vollen Welt.

3. Dialog als Chance: Die Akzeptanz von Konflikten und gleichwertigen Sicherheitsinteressen ermöglicht den Eintritt in einen Dialog auf Augenhöhe. Das klingt einleuchtend, ist aber bereits eine große Hürde. So hat die NATO auf ihrem Gipfel 2016 in Warschau ihre Russland-Politik unter das Motto »Abschreckung und Dialog« gestellt. Allein die Kombination dieser Begriffe zeigt die Unfähigkeit oder den Unwillen, die Grundvoraussetzung für erfolgreiche Dialogprozesse zu akzeptieren. Nicht Abschreckung schafft die Dialogmöglichkeit, sondern die Akzeptanz von Sicherheitsinteressen und Konflikten.

Die Etablierung eines Dialoges war ein wesentlicher Erfolgsfaktor der Brandt'schen Entspannungspolitik: »Die Grunderfahrung bestand darin, dass kommunikative Signale erwidert wurden. Auch stieg die Fähigkeit zur vorurteilsfreien Bewertung von Informationen der jeweils anderen Seite.«[2] Genau diese Fähigkeit – und der Wille dazu – ist die Voraussetzung für Entspannung. Der Theologe Christian Polke hat dafür den Ausdruck der »Konvivenz in Differenz« geprägt, »die den Diskurs um Wahrheit eröffnet, bleibende Dissense zulässt und die Kooperation ermöglicht«.[3] Vertrauen ist keine Vorbedingung, Erfolgsaussichten sind kein Hinderungsgrund. Dialog ist am dringendsten, wo er unmöglich erscheint. Dialog bedeutet, in Kommunikation zu kommen und zu bleiben, auch wenn es schwerfällt.

Anders als vor einem halben Jahrhundert haben sich die Kommunikationsmöglichkeiten und -kulturen heute völlig verändert. Über den Eisernen Vorhang hinweg gab es früher kaum Kommunikation, nicht einmal auf Regierungsebene. Heute sind nicht nur Regierungen, sondern auch Politiker, Firmen, Wissenschaftler, Journalisten und Milliarden von Bürgern nur wenige Klicks von einer Echtzeitkommunikation mit Akteuren auf der ganzen Welt entfernt. Informationen, Wahrheiten und Lügen verbreiten sich mit unglaublicher Geschwindigkeit. Regierungen haben längst das Informationsmonopol gegenüber dem eigenen Volk verloren. Das schafft neue Optionen, aber auch neue Risiken. In der Kakophonie der interessensgesteuerten Kommunikation beteiligen sich heute Akteure mit völlig unterschiedlichen politischen, ökonomischen, religiösen Interessen. Die Wirkung ist oft unberechenbar. Die Chance der direkten Kommunikation der Völker ist ein unglaublich starker, neuer Faktor in der Entspannung. Bislang wird er von NGOs und Friedensaktivisten noch zu wenig und kaum strategisch genutzt, es überwiegen staatliche, halbstaatliche, geheimdienstliche, rassistische, populistische oder terroristische Kampagnen.

4. Kooperation als Pfad: Anfang 2009, zum Amtsantritt von Präsident Obama, mahnte Egon Bahr gemeinsam mit Helmut Schmidt, Richard von Weizsäcker und Hans Dietrich Genscher in einem *Appell für eine atomwaffenfreie Welt*: »Das Schlüsselwort unseres Jahrhunderts heißt Zusammenarbeit. Kein globales Problem ist durch Konfrontation oder durch den Einsatz militärischer Macht zu lösen.«[4] Kooperation wird im Aufruf der politischen Urgesteine nicht ohne Grund als »Schlüsselwort unseres Jahrhunderts« beschrieben. Denn sie ist letztlich der Schlüssel nicht nur zur internationalen Entspannung, sondern zugleich auch wesentliches Element der notwendigen sozial-ökologischen Transformation. Ebenso wie eine neue Ökonomie in der Postwachstumsgesellschaft nur kooperativ und nicht kompetitiv funktionieren kann, so kann auch globale Sicherheit nur kooperativ realisiert werden.

Dialogische Prozesse auf Grundlage der Anerkennung aller Sicherheitsinteressen sowie unterschiedlicher Konfliktbewertung führen zu Kooperationsbereitschaft. Diese Möglichkeit, Konflikte durch Kooperation und nicht durch Konfrontation zu bewältigen, ist der Pfad, den eine neue Entspannungspolitik erschließen kann und muss. Erst wenn aus dem »miteinander sprechen« ein »miteinander handeln« wird, kann Entspannung verstetigt werden.

5. **Balance als Prinzip:** Wenn Kooperation der Pfad zu einer friedvollen und nachhaltigen Zukunft ist, so ist Balance das Prinzip, nach dem diese Kooperation gedacht werden muss. Balance ist das Prinzip, nach dem in der vollen Welt Widersprüche überwunden werden können. Auch für den »Club of Rome« ist Balance der Schlüssel zu einer neuen Aufklärung: »Die Aufklärung des 17. und 18. Jahrhunderts ist allzu oft zu einer Rechtfertigungslehre für Individualismus, Egoismus, Utilitarismus und Freiheitsdogmen mit Staatsverachtung verkommen. Die neue Aufklärung soll nicht etwa die Tugenden der alten Aufklärung […] verdrängen. Vielmehr soll sie dem neuen Dogmatismus, einem schwach reflektierten Neoliberalismus und den genannten Fehlzitierungen ein frisches Denken gegenüberstellen, das es sich leistet, Balancen zu betonen, statt Dogmen zu zementieren. Es geht um die Balance zwischen Mensch und Natur, zwischen Staat und Markt, zwischen Kurzfrist und Langfrist, zwischen Leistungsanreiz und Gerechtigkeit, zwischen Herz und Verstand.«

In der langen Geschichte der Menschheit waren reale oder gefühlte Disparitäten regelmäßig Auslöser für Kriege, beispielsweise die beiden Weltkriege. Balance der Interessen ist deshalb das Prinzip einer neuen Entspannungspolitik, die Ungleichgewichtigkeit erkennt und überwindet. Balance bedarf der Akzeptanz der Sicherheitsinteressen, Anerkennung der Konflikte, Verständigung durch Dialog und kooperativer Deeskalationsmodelle.

6. **Zivilgesellschaft als Akteur:** Wenn Dialog nicht mehr delegierbar ist, wenn die Entspannungspolitik nicht mehr eine gouvernementale Domäne ist, dann ist eine Selbstermächtigung der Zivilgesellschaft das Gebot der Stunde. Agierten in der Entspannungspolitik der Brandt'schen Ära nur einzelne zivilgesellschaftliche Gruppen, zum Beispiel im Rahmen eines wohl dosierten und gelenkten, oft auch streng überwachten Jugendaustausches über den Eisernen Vorhang hinweg, so sind heute die Möglichkeiten unvergleichlich umfangreicher. Die Zivilgesellschaft ist nicht nur Treiber, sondern auch wichtiger Akteur der neuen Entspannungspolitik. Hier sind neue Bündnisse, Aktionsformen, Netzwerke und Strategie nötig.

Tatsächlich ist diese Entwicklung im Übrigen kein Widerspruch, sondern eine logische Fortsetzung auch den Ideen von Willy Brandt. Neuer Frieden komme nicht als »Geschenk von einzelnen großen Männern«, formulierte er bereits in seinem Buch über *Die Kriegsziele der Großmächte* 1940. An dem Diskurs sollten sich möglichst viele so früh irgend möglich beteiligen.

Die Möglichkeiten der Menschen zur politischen Teilhabe sind nach wie vor je nach Nation, Ethnie, Geschlecht und Bildungsgrad unterschiedlich ausgeprägt. Für die »Erhaltung und Wiedererlangung von Zukunftsfähigkeit«[5] ist eine aktive, partizipative Bürgergesellschaft jedoch eine wichtige Bedingung. »In der entschlossenen Öffnung der Gesellschaft für mehr politische Teilhabe liegt die Chance, verengte Sichtweisen und organisationsegoistische Interessen zu überwinden sowie die Phantasie und den Sachverstand der Menschen für konstruktive Lösungen zu nutzen.«[6]

Mehr Partizipation ist deshalb auch ein zentrales Feld in der Auseinandersetzung um eine sozial-ökologische Transformation, ebenso ist eine neue Entspannungspolitik nur partizipativ zu denken. Das Zitat des französischen Staatsmanns Georges Clemenceau (»Krieg ist ein zu ernstes Geschäft, als dass man ihn den Generälen überlassen dürfte.«) hat noch heute seine Richtigkeit. Für eine neue Entspannungspolitik in einer neuen Weltordnung gilt ergänzend: Der Frieden ist ein zu wichtiges Geschäft, als dass man ihn den Regierungen überlassen dürfte.

Eine neue Entspannungspolitik ist nötig und möglich

Die Herausbildung dieser neuen Ordnung in der »vollen Welt« des »Club of Rome« stellt uns vor ungeheure Herausforderungen. Die Die ist aber ohne eine neue Entspannungspolitik nicht denkbar. »Umgekehrt ist Frieden umso gesicherter, je mehr die Widersprüche und Ungerechtigkeiten aufgehoben werden, die Gewalt und Krieg befeuern«. brachte es Siegfried Lenz schon 1988 zum Ausdruck.[7] Seine Worte haben noch heute Gültigkeit.

Eine neue Entspannungspolitik für eine neue Weltordnung basiert auf dem Wirken Willy Brandts, berücksichtigt die Notwendigkeit einer sozial-ökologischen Transformation und sieht die Menschen als

Subjekte an, nicht als Objekte des Prozesses. Die Selbstermächtigung der Zivilgesellschaft ist ein zentraler Schlüssel. Die Notwendigkeit war niemals dringender. Die gemeinsame Maxime ist klar: Eine Weltordnung, die Krieg akzeptiert, ist nicht zu akzeptieren.

V. FRIEDENSPROJEKT EUROPA

»Ohne Frieden ist alles andere nichts.«

(Willy Brandt)

FRIEDEN IST MEHR ALS DIE ABWESENHEIT VOM KRIEG

Katarina Barley

Die Europäische Union als Friedensprojekt

Die Europäische Union ist seit ihrer Gründung ein Friedensprojekt. Das wird in der öffentlichen Debatte über die Zukunft Europas oft verschwiegen. Allzu häufig konzentriert man sich auf wirtschaftliche Fragen und vergisst, dass die Urheber und Urheberinnen der europäischen Idee bereits von Anfang an den Frieden als obersten Daseinszweck der immer engeren Zusammenarbeit der Staaten Europas verstanden.

Am 9. Mai 1950 formulierte der französische Außenminister Robert Schuman diese Idee: Die europäischen Staaten sollten wirtschaftlich so stark zu einer Gemeinschaft im Dienste des Friedens verbunden werden, dass Kriege zwischen ihnen nicht mehr möglich seien.

Das Vergessen des Friedensaspektes der europäischen Einigung geschieht in den meisten Fällen nicht mutwillig. Es resultiert aus der Tatsache, dass der Frieden in Europa als selbstverständlich wahrgenommen wird. Im Zuge des Brexits zeigt sich jedoch, welche Aktualität Europa als Friedensprojekt besitzt. Durch offene Grenzen zwischen der Republik Irland und dem zu Großbritannien gehörenden Nordirland wird der Frieden auf der irischen Insel nachhaltig gesichert. Allein die Aussicht auf eine neue harte Grenze hat dies wieder infrage gestellt. Das zeigt: Selbstverständlich ist der Frieden in

Europa nicht. Er kann nur nachhaltig durch eine starke Europäische Union gesichert werden.

Manch einer mag einwenden: Warum soll die Europäische Union das leisten? Wir haben mit der NATO doch schon eine Organisation, die uns den Frieden in Europa sichert. Doch wir müssen uns nur den seit langem schwelenden Konflikt zweier NATO-Partner, der Türkei und Griechenland, ansehen, um zu erkennen, dass die Europäische Union ein anderes Verständnis von nachhaltigem Frieden hat: In der EU haben wir das Bewusstsein entwickelt, dass Frieden mehr ist als die Abwesenheit von Krieg. Frieden bedeutet, in ständigem Kontakt miteinander zu stehen, einen Dialog auf Augenhöhe zu führen, den Kompromiss nicht als eigene Niederlage oder die des anderen zu bewerten, sondern als ein nachhaltiges Mittel zum Ausgleich verschiedener, manchmal unvereinbarer Interessen zu sehen. Das hat Europa in der Vergangenheit stark gemacht. Dieser Geist ist es, der für die Zukunft der EU als Friedensmacht nach innen und nach außen entscheidend sein wird.

Natürlich stellt uns dieses umfassende Verständnis von Frieden in Europa vor große Herausforderungen. Denn allzu oft scheinen die Mitgliedstaaten untereinander uneinig zu sein, allzu häufig scheint unsere gemeinsame Wertebasis zu bröckeln.

Das geschieht beispielsweise, wenn wir unterschiedliche Vorstellungen beim Thema Rechtsstaatlichkeit haben wie derzeit zwischen der Europäischen Kommission und den Regierungen in Polen und Ungarn. Was bedeutet unser Friedensverständnis in solchen Konfliktsituationen? Es verpflichtet uns zu einem klaren, aber respektvollen Handeln. Die Grundprinzipien der Rechtsstaatlichkeit sind nicht verhandelbar.

Auf der anderen Seite bedeutet ein respektvoller Umgang auch, die historischen und gesellschaftlichen Umstände in den Mitgliedstaaten zu verstehen und diese mitzudenken. Oftmals stehen sich beide Positionen unvereinbar gegenüber. Und oftmals ist kein Kompromiss möglich, da sonst die genannten Grundpfeiler der Rechtsstaatlichkeit infrage gestellt würden.

Doch ich glaube, dass bereits die Art und Weise, wie wir den Dialog über schwierige Fragen in Europa führen, ein Gradmesser für unser Verständnis von Frieden ist.

Einen echten Dialog auf Augenhöhe zu führen heißt, empathisch zu sein – nicht zwingend mit jeder Regierung, aber auf jeden Fall mit der

Bevölkerung. Es heißt, sich in andere Positionen hineinzudenken und zu -fühlen. In vielen Bereichen führt das zu Ausgleich und Kompromiss. Und auch in den Bereichen, die für uns in Europa nicht verhandelbar sind, ist es essentiell, den ständigen Dialog nicht abreißen zu lassen. Dabei muss klarwerden, dass der Dialog ebenso zu unserer gemeinsamen Wertebasis gehört wie die Grundprinzipien von Rechtsstaat und Demokratie.

Bei allen Differenzen, die wir in Europa haben, sollten wir uns immer vor Augen halten, dass die meisten Menschen auf unserem Kontinent dieses Europa der Offenheit und gegenseitigen Verständigung tagtäglich leben. Wenn wir den Frieden in Europa also nachhaltig sichern wollen, ist es wichtig, dass wir das Grundbedürfnis der Menschen nach Anerkennung, Zusammenhalt und Respekt ernstnehmen. Oftmals ist das Bedürfnis in den Gesellschaften nach gesamteuropäischem Zusammenhalt nämlich größer als es sich in der Regierungspolitik ausdrückt.

Grundprinzip Solidarität

Diesem Ziel können wir mit einem genuin sozialdemokratischen Konzept Rechnung tragen: der Solidarität. Solidarität bedeutet, Hilfe zu geben, wenn man selbst in einer Position der Stärke ist. Es bedeutet aber auch, Hilfe in Anspruch nehmen zu können, wenn man sie benötigt. Dieses menschliche Urbedürfnis müssen wir in Europa leben, um Konflikte zwischen den Staaten zu vermeiden. Dafür sind zwei Schritte notwendig:

Als erstes müssen wir weg von der »Wir-gegen-sie«- Rhetorik. Der Brexit mahnt uns dazu. Denn über Jahrzehnte hinweg wurde von Politkern und Journalisten im Vereinigten Königreich ein Bild von Brüssel als einem Ort bemüht, den man nur aufsucht, um das Beste für sein Land herauszuschlagen. Kaum ein Verantwortungsträger in Großbritannien hat von Europa als Ort des gemeinsamen Erfolges und der Solidarität gesprochen.

Zweitens braucht es konkrete Maßnahmen, um das Selbstverständnis der europäischen Bürgerinnen und Bürger weiterzuentwickeln. Europa darf nicht als reines Wirtschaftsprojekt wahrgenommen werden, sondern muss sich den Lebensrealitäten der Menschen stellen. Denn wenn wir im Frieden wirklich mehr sehen als die Abwesenheit von Krieg, müssen wir dafür sorgen, dass Europa für die Menschen da ist, ihnen Schutz und Ordnung bietet und begreifen, dass dieses Europa tagtäglich ihre Lebensrealität berührt.

Wir müssen diesen Frieden jedoch nachhaltig festigen. Die Generationen, die die Grauen der beiden Weltkriege nicht miterleben mussten, müssen für die EU als Friedensprojekt sensibilisiert werden und sich dafür begeistern können. Dafür müssen wir ein Europa der Bürgerinnen und Bürger schaffen.

Europa als globaler Friedensakteur in einer multipolaren Welt

Dass wir in Europa im Frieden mehr sehen als lediglich die Abwesenheit von Krieg muss unsere Rolle in der zunehmend unsicher gewordenen Welt bestimmen. Die globale Ordnung gerät ins Wanken. Zentrale Elemente des Multilateralismus, dem sich die EU verschrieben hat, werden infrage gestellt. Als mahnende Beispiele dienen hier der Ausstieg der USA aus dem Pariser Klima-Abkommen und dem Atom-Abkommen mit dem Iran. Mit der Aufkündigung des INF-Vertrags durch die USA wird ein zentraler Pfeiler der europäischen Sicherheitsarchitektur angegriffen. Die Globalisierung und der Anstieg internationaler Verflechtungen haben zu einer multipolaren statt zu einer multilateralen Welt geführt. Das bedeutet: Anstelle des Ausgleichs der Interessen durch Dialog und internationales Recht gilt eher das Recht des Stärkeren.

In dieser schwierigen Gemengelage scheint die Europäische Union derzeit wenig geeignet, zu einem Friedensakteur zu werden – ob innerhalb des europäischen Kontinents oder auf globaler Ebene. Denn Sicherheit und militärische Macht sind keine Kernkompetenzen der EU.

Wir müssen die EU in diesem Bereich neu denken: Die Europäische Armee wäre nicht nur in vielerlei Hinsicht kostengünstiger für die Mitgliedstaaten als ihre eigenen Armeen. Sie wäre darüber hinaus die ultimative Garantie dafür, dass die Staaten Europas nie wieder Krieg gegeneinander führten. Zugleich würde sie die EU international handlungsfähiger machen, beispielsweise bei UN-Friedensmissionen. Auch ein europäischer Sitz im Weltsicherheitsrat wäre eine Möglichkeit, unser Verständnis von Frieden auf globaler Ebene mit Leben zu füllen.

Dennoch müssen wir so ehrlich sein anzuerkennen, dass Integrationsfortschritte im Bereich der gemeinsamen Sicherheits- und Verteidigungspolitik zu neuem Dissens innerhalb der Mitgliedstaaten führen können. Das Beispiel der Bundeswehr als Parlamentsarmee gewinnt hier an Aktualität. Auch gemeinsame europäische Rüstungsexportrichtlinien werden zu neuen Unstimmigkeiten zwischen den Mitgliedstaaten führen. Dem müssen wir uns stellen. Und alle erreichbaren Ziele müssen wir an unseren langfristigen Visionen messen.

Trotz dieser Schwierigkeiten kann die EU gerade jetzt einen wichtigen Beitrag zur Sicherung des Friedens in der Welt leisten. Nicht als Ersatz für bestehende Organisationen wie die NATO oder die OSZE, sondern als konsequente Ergänzung jener Organisationen, die deren Defizite beseitigt. Denn gerade in unsicheren Zeiten gewinnen Diplomatie und Dialog mit internationalen Partnern an Bedeutung. Was es in der aktuell angespannten Sicherheitslage braucht, in der sich durch das Beharren auf eigenen Positionen und Sichtweisen eine neue Eskalationsspirale anbahnt, ist eine Sicherheitsordnung, die folgendes leisten und berücksichtigen soll:

- die Prävention von Konflikten durch Vermittlung (statt Aufrüstung)
- das Verständnis für die Interessen des anderen
- die Bekräftigung gemeinsamer Interessen

Wir können aus der europäischen Einigungsgeschichte schöpfen: Integrationsschritte waren nur im Konsens erfolgreich, eine Erfahrung, die die EU auf die internationale Ebene übertrug. Die EU bewies langen Atem zum Ausgleich – ob in den zehn Jahren, in denen sie beharrlich am Zustandekommen des Iran-Deals gearbeitet hatte oder zuletzt im Rahmen der UN-Klimakonferenz von Paris, bei der ihre vermittelnde Rolle hervorgehoben wurde. Hier wird deutlich, dass Ausgleich und Diplomatie in der DNA der Europäischen Union liegen.

Diese Fähigkeit zum Interessensausgleich kann einer Entspannungspolitik dienen, die die Belange anderer einbezieht und neue Spannungen vermeidet. Willy Brandt wusste, dass jede Zeit eigene Antworten will. Und der Dialog auf Augenhöhe, der Respekt und die Empathie für den anderen und die Suche nach Gemeinsamkeiten sind Voraussetzung für eine Politik, die auf der Höhe ihrer Zeit sein will. Brandts Botschaft, die wir in Europa realisieren müssen und die uns als Richtschnur für die Zukunft dienen soll, lautet: Ohne Frieden ist alles nichts.

EUROPA – DIE ANTWORT AUF KRIEG

Toni Hofreiter

Europa – das Friedensprojekt

Dieser Text entstand zum 100. Jahrestag des Ersten Weltkriegs, der Urkatastrophe des 20. Jahrhunderts. Ein unfassbares Gemetzel, dem Millionen von Soldat*innen und Zivilist*innen zum Opfer fielen und an dessen Ende die Hoffnung auf bessere Zeiten und vor allem auf Frieden in Europa stand. Eine Hoffnung, die sich nur wenige Jahre später – mit dem Zweiten Weltkrieg und den grausamsten Taten, die Menschen einander antun können – zerschlagen sollte. Es ist eine Lehre aus der Geschichte der ersten Hälfte des 20. Jahrhunderts, dass der Frieden fragil und keine Selbstverständlichkeit ist. Wir müssen die Erinnerung an diese düsteren Zeiten europäischer Geschichte als Mahnung wachhalten, denn sie zeigt uns auch, welchen Wert die Gründung der Europäischen Union hatte.

Sie war die Antwort auf die Zerstörung und die Millionen von Toten des Ersten und Zweiten Weltkriegs. Die EU ist das Friedensprojekt, das Generationen von Europäerinnen und Europäern seit über 70 Jahren ein Leben in Frieden ermöglicht hat, wie es in den Jahrhunderten davor undenkbar gewesen ist. Die europäischen Staaten haben dabei etwas Einzigartiges geschafft und aus Feinden Freunde gemacht. 2012 ist dies auch international mit der Verleihung des Friedensnobelpreises gewürdigt worden. Dieser Preis formuliert auch einen Auftrag für die Zukunft.

Rollback – neue Gefahren von innen

Leider tritt diese wichtige Erkenntnis derzeit mehr und mehr in den Hintergrund. Überall in der EU erstarken nationalistische Kräfte, die eine Rückabwicklung des europäischen Projekts befürworten. In Großbritannien haben sie den Brexit vorangetrieben. Auch in anderen EU-Staaten gibt es Bewegungen, die die europäische Idee und Einigung infrage stellen oder gar ablehnen. Sie propagieren einen EU-feindlichen Kurs, schüren Angst und Hass und versprechen den Menschen das große Heil durch den Rückzug ins nationale Klein-Klein.

In Polen, Ungarn, Rumänien und Italien haben Rechtspopulisten und Nationalisten die Macht übernommen, regieren in autoritärem Stil und bauen den Rechtsstaat ab. In Österreich ist die FPÖ dabei, die Pressefreiheit massiv zu beschneiden. Auch bei uns sitzt inzwischen eine antidemokratische, in Teilen rechtsextreme Partei im Bundestag. Der rechte Rollback ist in Europa allgegenwärtig. Wir sind in einer Situation, um die EU kämpfen zu müssen.

Ein Zurück Europas in nationale Abschottungspolitik wäre fatal, denn es braucht eine starke und handlungsfähige EU, um die globalen Herausforderungen, von der Klimakrise bis hin zu den zahllosen kriegerischen Konflikten, bewältigen zu können. Europa steht vor der großen Aufgabe, nach innen Geschlossenheit zu zeigen und nach außen globale Verantwortung zu übernehmen. Die Europäische Union zäumt nun das Pferd von hinten auf und will durch den gemeinsamen Ausbau militärischer Kapazitäten die Geschlossenheit wiederherstellen. Sie setzt dabei die falschen Prioritäten. Aus friedenspolitischer Perspektive ist dies eine verhängnisvolle Entwicklung: die EU auf dem Weg zur Militarisierung.

Die EU als Militärmacht?

Die derzeitige Anpassung der Außen- an die Verteidigungspolitik befördert eine gefährliche Schieflage im auswärtigen Handeln der Europäischen Union. Durch den einseitigen Fokus auf den Ausbau militärischer Kooperation, Migrationsabwehr und Grenzschutz schlägt die EU einen Weg ein, der vor allem darauf abzielt, Symptome zu bekämpfen, statt die tiefliegenden Ursachen von Krisen, Krieg und Klimawandel anzugehen.

Grundsätzlich ist es richtig, dass die Kooperation im Verteidigungsbereich zu einem Abbau von Überkapazitäten führt und Geld einspart, das beispielsweise für Krisenprävention und globale Strukturpolitik ausgegeben werden könnte, was schließlich zu mehr Effizienz und Sicherheit in Europa führte. Unter diesen Gesichtspunkten haben wir Grüne eine stärkere Harmonisierung des Verteidigungsbereichs auf europäischer Ebene auch stets befürwortet. Die Leitlinie dafür muss aber immer das Primat des Zivilen sein. Doch bereits jetzt ist absehbar, dass die nun angestrebte Zusammenarbeit auf Kosten der Entwicklungszusammenarbeit und Krisenprävention geht. Denn die Mittel, die für diese Bereiche im EU-Haushalt eingeplant waren und dringend benötigt werden, werden nun im Rahmen der Ständigen Strukturierten Zusammenarbeit (PESCO) und des Europäischen Verteidigungsfonds für militärische Belange zweckentfremdet.

Die unschwer zu erkennende Motivation ist auch industriepolitisch begründet. Aus dem Verteidigungsfonds können im Rahmen von Kooperationen mehrerer Mitgliedstaaten Gelder im Bereich der Verteidigungsforschung, Entwicklung von Prototypen und Beschaffung von Verteidigungsgütern direkt an die Industrie ausgezahlt werden. Die einseitige Begünstigung der Rüstungsindustrie wird als allgemeine Förderung der Wirtschaft kaschiert. Die Verfahren zur Geldvergabe sehen keinerlei parlamentarische Kontrolle vor, was sie für Missmanagement und Korruption anfällig macht.

Daneben birgt diese Konstruktion auch rechtliche Schwierigkeiten. Der Lissaboner Vertrag der EU untersagt ausdrücklich, dass EU-Gelder für Maßnahmen mit militärischem Bezug verwendet werden dürfen. Dieses Prinzip darf aus unserer Sicht nicht angetastet werden – schon gar nicht in Form eines intransparenten Subventionsprogramms für die europäische Rüstungsindustrie. Gleichzeitig ist geplant, die Mittel für die zivile Krisenprävention im mehrjährigen Finanzrahmen der EU deutlich zu kürzen. Damit werden genau die falschen Prioritäten gesetzt. Anstatt die zivilen Ausgaben zugunsten des Militärs zu kürzen, ist es dringend notwendig, sie weiter anzuheben – konkret, sie im kommenden mehrjährigen Finanzrahmen mindestens zu verdoppeln.

Fehlende Rüstungsexportkontrolle

Offenbar wollen die EU-Mitgliedstaaten über den Verteidigungsfonds die Produktion von europäischen Rüstungsgütern deutlich steigern. Dabei kommt ein wichtiger Aspekt zu kurz: die Exportkontrolle. Erklärtes Ziel ist eine »wettbewerbsfähige« europäische Rüstungsindustrie. Das heißt: Früher oder später wird sich die Frage nach Exporten ins Ausland stellen. Solange es in Europa keine einheitliche Exportkontrolle gibt, werden wir damit konfrontiert werden, dass Rüstungsgüter in Krisengebieten und Ländern mit hochproblematischer Menschenrechtslage ausgeführt werden. Das Beispiel Saudi-Arabien zeigt, dass ein Land, das vor 20 Jahren gar nicht in der Lage gewesen wäre, einen Krieg im Jemen zu führen, dank modernster Rüstungslieferungen Mitverursacher einer humanitären Katastrophe ist. Und Waffen sind langlebiger als die meisten Partnerschaften mit vermeintlichen »Stabilitätsankern« oder »strategischen Freunden«.

Notwendig wären eine restriktive EU-Rüstungsexportpolitik und die europaweite Durchsetzung eines sofortigen Waffenlieferstopps an autoritäre Regime sowie in Krisen- und Konfliktgebiete. Die EU würde außenpolitische Handlungsfähigkeit und Verantwortung zeigen, wenn sie der Forderung des Europaparlaments Folge leisten und einen sofortigen Stopp von Rüstungsgütern an Saudi-Arabien verhängen würde.

Die EU als Zivilmacht

Allein mit militärischen Mitteln wird die EU die aktuellen und künftigen Krisen ebenso wie die globalen Herausforderungen – Klimakatastrophe, Armutsbekämpfung, Umgang mit fragiler Staatlichkeit, internationaler Terrorismus – nicht bewältigen können. Daher gehören zivile Krisenprävention und Konfliktbearbeitung ins Zentrum einer zukunftsfesten europäischen Friedens- und Außenpolitik, die frühzeitig zivile und präventive Maßnahmen einleitet.

Grundsätzlich ist die Europäische Union optimal aufgestellt, da sie von Anfang an nicht als militärische Organisation gedacht war, sondern sich von einer Wirtschaftsunion zum entscheidenden Akteur in der Entwicklungszusammenarbeit, Demokratieförderung und Nachbarschaftspolitik entwickelt hat. Darüber hinaus ist sie der größte Geber von humanitärer Hilfe. Auf diesen Gebieten finden Projekte und Maßnahmen statt, die Konflikten vorbeugen oder deren Auswirkungen abmildern sollen. Es ist bedauerlich, dass dieser hohe Mehrwert der gemeinsamen Sicherheits- und Verteidigungspolitik so wenig Anerkennung findet. Dabei waren es mehr zivile Missionen in der gemeinsamen Außen- und Sicherheitspolitik als militärische.

Obwohl die Zahl der außenpolitischen Krisen in den vergangenen Jahren angestiegen ist, haben die Mitgliedstaaten ihr Engagement im zivilen Bereich heruntergefahren. Trotz vereinbarter Ziele gibt es zu wenig nationale Expertinnen und Experten, z. B. Jurist*innen und Polizist*innen, die entsandt werden könnten. Dabei ist es dringend notwendig, analog zum Aufbau einer EU-Kampfgruppe zivile Einsatzteams aufzubauen, die sich aus staatlichen und nicht staatlichen Akteuren, wie Richter*innen, Polizisten*innen, Mediatoren oder Verwaltungsexperten zusammensetzen und im Krisenfall schnell in die jeweilige Region entsandt werden können.

Wir wissen längst, dass militärisches Engagement irgendwann an seine Grenzen stößt. Gewalt nimmt zu statt ab. Die Ursache liegt häufig in der Vernachlässigung friedenspolitischer Maßnahmen. Der manchmal erforderliche Einsatz von Militär – der in gewaltsamen Konflikten übergangsweise eine gewisse Stabilisierung bringen soll – läuft ins Leere, wenn es nicht gelingt, staatliche funktionierende Institutionen in Krisen- und Konfliktgebieten aufzubauen. Für den Aufbau derartiger Strukturen oder auch bei der Unterstützung von Friedensverhandlungen braucht es jedoch vor allem mehr zivile Expert*innen statt bewaffneter Soldat*innen.

All diese Punkte machen deutlich, warum im nächsten mehrjährigen Finanzrahmen der EU eine finanzielle Stärkung der zivilen Instrumente zwingend notwendig ist.

EU-Diplomatie stärken

Die EU hat die Voraussetzungen, als Vermittlerin und anerkannte Größe zu agieren. Das zeigte sich bereits beim Zustandekommen des Iran-Abkommens. Auch wenn sich die Trump-Administration von dem Abkommen wieder zurückgezogen hat, war es ein wichtiger Erfolg und sollte Vorbild sein. Um dieses Potenzial zu vergrößern, muss der Europäische Auswärtige Dienst als wichtiges Instrument weiter ausgebaut werden, ebenso die Aus- und Weiterbildung von Diplomat*innen.

Verhandlungen sind ein zähes und zumeist unsichtbares Geschäft und es ist nicht immer einfach, die oben genannten Maßnahmen und Ziele im Konsens mit den verbleibenden 27 Mitgliedstaaten zu verwirklichen. In unser aller Interesse sollten wir dennoch nicht aufhören, uns für ein friedliches Europa und somit für eine globale Friedensordnung einzusetzen. In der jetzigen Weltlage werden wir das ohne die Stärkung Europas als Zivilmacht nicht erreichen.

FRIEDENSMACHT AM ENDE? DAS UNEINGELÖSTE VERSPRECHEN EINFORDERN!

Kathrin Vogler

Ein wirkliches Friedensprojekt ist notwendig

Der Begriff »Europa« wird in Politik und Medien überwiegend als Synonym für die Europäische Union verwendet. In ihren Außenbeziehungen ist die EU längst ein Gewaltakteur eigener Art geworden. Deswegen sind unkritische Pro-EU-Appelle ebenso wenig im Sinne einer europäischen Friedensordnung wie eine exklusive Sichtweise des »Wir hier drinnen – die da draußen«. Diese Denkweisen müssen überwunden werden, wenn wir ein wirkliches europäisches Friedensprojekt schaffen wollen.

Die EU durchläuft in den letzten Jahren einen rasanten Militarisierungskurs. Was mit der Gemeinsamen Außenpolitik und der Gemeinsamen Sicherheits- und Verteidigungspolitik begann, hat inzwischen mit der ständigen strukturierten Zusammenarbeit (PESCO), der koordinierten jährlichen Überprüfung der Verteidigung (CARD) und dem Europäischen Verteidigungsfonds eine materielle Gestalt angenommen. Mit diesen Aufrüstungsinstrumenten setzen die teilnehmenden Mitgliedsstaaten ihre selbst gegebene Verpflichtung aus Artikel 42(3) des Lissabon-Vertrags um, ihre militärischen Fähigkeiten schrittweise auszubauen.

Maßgebend für die militärische Kooperation in der EU ist die vertiefte Kooperation zwischen Deutschland und Frankreich, die auch im Aachener Vertrag von 2019 eine deutlich militärische Komponente hat. Diese Zusammenarbeit ist nicht etwa gegen die NATO gerichtet, sondern verhält sich komplementär. Dennoch ist zu erkennen, dass etwa in Mali die EU-Staaten, insbesondere die ehemalige Kolonialmacht Frankreich, eigene, von den USA abgekoppelte Interessen verfolgen, denen die Bundesregierung mit militärischer Unterstützung bereitwillig Hilfe leistet.

Instrumente der zivilen Hilfe und Konfliktbearbeitung bleiben nur noch dem Namen nach dem Frieden verbunden. Stattdessen verlagert die EU ihre Kapazitäten in den Bereich des militärischen »Capacity Building« und in die beschönigend »Migrationskontrolle« genannte Flüchtlingsabwehr. Die Ertrunkenen im Mittelmeer werden nicht etwa zufällig nicht gerettet, sie sind Opfer einer zynischen Abschreckungspolitik, die sich zur Abwehr von Einwanderung und zur Abschottung gegen Kriegs-, Klima- und Wirtschaftsflüchtlinge mit den übelsten Menschenrechtsverletzern verbrüdert, sie auf- und ausrüstet und deren so genannte »Sicherheitskräfte« ausbildet.

So wurde mit der »Europäischen Friedensfazilität« (schon der Name allein ist pure Propaganda) 2018 ein außerbudgetärer Finanzrahmen in Höhe von jährlich 10,5 Milliarden Euro aufgelegt, dessen Zweck »die Finanzierung der gemeinsamen Kosten von militärischen Missionen und Operationen der EU im Rahmen der Gemeinsamen Außen- und Sicherheitspolitik« ist. Er soll »der Union ermöglichen, zur Finanzierung militärischer friedensfördernder Maßnahmen beizutragen, die von internationalen Partnern weltweit durchgeführt werden. Bisher war im Rahmen der »Friedensfazilität für Afrika« lediglich die Finanzierung friedenssichernder Maßnahmen unter afrikanischer Führung möglich.«[1]

In einem »Pakt für die zivile GASP« vom Mai 2018 wurden die zivilen Einsätze der EU mit neuen Schwerpunkten versehen, darunter Migrationskontrolle, Grenzsicherung, Cybersicherheit und Terrorismusabwehr. Der »Migrationskontrolle«, gerne auch »Schleuserbekämpfung« genannt, dienen auch die EU-Missionen in Mali und im Mittelmeer. Zu letzterer, »EU NAVFOR MED«, schreibt die Bundeswehr auf ihrer Website: »Kernauftrag der Operation ist die Bekämpfung krimineller Schleusernetzwerke vor der libyschen Küste«.[2] Zu diesem Zweck werden Einheiten der libyschen Küstenwache ausgebildet sowie Haftanstalten (Detention Centers) finanziert, angeblich um die humanitäre Lage der auf der Flucht aufgegriffenen Menschen zu verbessern. Faktisch geht es darum, sie mit allen Mitteln aufzuhalten und abzuschrecken.

In einem Positionspapier vom September 2018 berichtet die UN-Flüchtlingshilfe UNHCR: »Es gibt konsistente Berichte vom weit verbreiteten Gebrauch verlängerter willkürlicher und ungesetzlicher Verhaftung und endemischen Menschenrechtsverletzungen in Gefängnissen und Haftanstalten unter Kontrolle des Staates, aber auch teilweise oder vollständig unter der Kontrolle bewaffneter Gruppen, ebenso in Einrichtungen, die von bewaffneten Gruppen ohne jede formale Verbindung zu staatlichen Institutionen oder mit Verbindung zu der nicht anerkannten ›Interimsregierung‹ und verbundenen Institutionen [...]. Folter und andere Formen von Misshandlung werden als »systematisch« dargestellt, vor allem am Anfang der Haft und während Befragungen, und sie haben schon Todesfälle verursacht. Es gibt auch glaubwürdige Berichte über Massenexekutionen gefangener oder verhafteter Personen in der Hand bewaffneter Gruppen. Die Haftbedingungen werden sowohl in offiziellen als auch in nicht offiziellen Haftanstalten als inhuman berichtet.«[3] Bilder gequälter Menschen in libyschen Haftzentren und auf Sklavenmärkten sind kein Geheimnis.

In dieser Umgebung will die zivile EU Mission »EUBAM« nun mit einem Jahresbudget von vierzig Millionen Euro »die libyschen Autoritäten sowohl dabei unterstützen, Grenzmanagement und Sicherheit an den Land-, See-, und Luftgrenzen des Landes zu entwickeln als auch auf dem Feld der Rechtsdurchsetzung und Strafjustiz.«[4] Unter anderem sollen die libyschen Behörden darin geschult werden, gefälschte Pässe und Schengen-Visa zu erkennen, Autos und Personen zu durchsuchen. Von einer menschenrechtsbasierten Justiz oder gar der Verhinderung von illegitimen Festnahmen, Misshandlungen und Tötungen ist nicht die Rede.

Schauen wir zu einer weiteren, diesmal militärischen, EU-Mission: »EUTM Mali«. Diese diente ursprünglich zur Ausbildung der sogenannten Sicherheitskräfte in Mali und inzwischen soll sie das auch in Burkina Faso, Niger, Mauretanien und im Tschad tun, den sogenannten »Sahel G5«. Warum »sogenannte Sicherheitskräfte«? Weil Armee, Polizei und Geheimdienste in diesen Ländern nicht dazu eingesetzt werden, die Sicherheit der Bevölkerung zu verbessern. Zum Tschad etwa schreibt »Brot für die Welt«: »Im westafrikanischen Tschad veruntreut Präsident Idriss Déby Itno die Milliarden aus dem Ölgeschäft. Teile des Geldes investiert er in die Sicherheitskräfte, mit denen er die Zivilgesellschaft unterdrückt.«[5]

Oder Mauretanien. Dort leben etwa 43 000 Menschen in Sklaverei. Wer diese illegale Ausbeutung kritisiert, wird inhaftiert und gefoltert –

von den sogenannten Sicherheitskräften, die von der EU ausgebildet und aufgerüstet werden. Dabei geht es weder um die Menschen vor Ort noch um die Schaffung eines Rechtsstaats, sondern einzig und allein darum, Flüchtlinge aus den Ländern südlich der Sahara schon in Mauretanien aufzuhalten.

Im Niger ist die Zahl der Proteste und Demonstrationen in den letzten Jahren steil angestiegen. Die *Washington Post* meint dazu, das liegt an der privilegierten Position des nigrischen Präsidenten Issoufou, dem der Westen den Rücken freihält.[6]

Und auch in Mali wachsen der Widerstand der Bevölkerung gegen die ausländischen Truppen und die Proteste gegen die eigene Regierung, die diese im Land duldet und trotzdem keine Sicherheit für die eigenen Leute garantieren kann. Tiefgreifende Reformen des Sicherheitssektors bleiben aus, die Sicherheitslage hat sich verschlechtert. Die Umsetzung des Friedensabkommens kommt nicht voran und es gibt keine Maßnahmen, die verhindern, dass die ausgebildeten Soldaten zu bewaffneten Milizen überlaufen oder selbst welche gründen.

Ähnlich stellt sich die Lage des EU-Engagements auf der Westseite des afrikanischen Kontinents dar: Dort werden im Rahmen des »Khartum-Prozesses« für besseres »Migrationsmanagement« ebenfalls mit Millionen Euro Steuergeldern Soldaten, Polizisten und Grenzschützer aus den Teilnehmerstaaten ausgebildet und mit Sicherheitstechnik ausgerüstet. Die EU kooperiert hier unter anderem mit dem Sudan, Eritrea und *Äthiopien*, wo es immer wieder zu systematischen und schweren Verletzungen der Menschenrechte kommt. Amnesty International beklagt insbesondere, dass auch Soldaten und Offiziere der »Sudanese Rapid Forces« sowie des Geheimdienstes NISS geschult werden, die »für schwere Menschenrechtsverletzungen verantwortlich« seien und teilweise 2003/2004 als Mitglieder der Janjaweed-Milizen am Völkermord in Darfur beteiligt gewesen waren.

Das Fazit: Containment, also Eindämmung von bewaffneten Konflikten und Fluchtbewegungen ist die aktuelle Marschroute der EU, nicht Peacebuilding, Versöhnung und die Sicherung der Menschenrechte. Statt Fluchtursachen zu bekämpfen, werden Menschen auf der Flucht bekämpft. Die EU legt in ihrer Nachbarschaftspolitik mit den afrikanischen Staaten großen Wert auf die Auf- und Ausrüstung der dortigen Machthaber und ihrer Streitkräfte. Bei ziviler Konfliktbearbeitung, wie sie derzeit etwa in Kamerun, im Kongo oder in Guinea sinnvoll und noch erfolgversprechend wäre, zeigt sich eine klaffende Leerstelle.

Es liegt nun an den Völkern, das uneingelöste Versprechen des gemeinsamen Hauses Europa zu erkämpfen, das seine eigenen Konflikte konstruktiv und politisch löst und in der Welt als Vorreiter des Gewaltverzichts und der zivilen Krisenprävention auftritt.

FRIEDENSPROJEKT EUROPA

Reiner Hoffmann

Das doppelte Gründungsversprechen des Friedensprojekts Europa

»Ohne Frieden ist alles nichts«, sagte Willy Brandt einmal. Besser lässt sich das Leitmotiv der Politikergeneration nach dem Zweiten Weltkrieg kaum umschreiben, das sie dazu bewog, den europäischen Einigungsprozess mit der Gründung der »Montanunion« (Europäische Gemeinschaft für Kohle und Stahl) im Jahr 1951 auf den Weg zu bringen. Aus ihrer Sicht bot nur das Zusammenwachsen Europas dauerhaft Gewähr dafür, dass sich die Katastrophen des 20. Jahrhunderts nicht wiederholen würden. Das Gründungsversprechen der Europäischen Union war ein doppeltes: Gegen Faschismus und Krieg, für Demokratie und Frieden; gegen Armut und Arbeitslosigkeit, für sozialen Fortschritt und ein gutes Leben in Wohlstand.

Von Anfang an war das Friedens- und Demokratieversprechen dabei untrennbar mit dem Versprechen auf sozialen Fortschritt und Wohlstand verbunden. Ziel des Einigungsprojektes war es, durch die gemeinsame wirtschaftliche Entwicklung der Mitgliedstaaten die Arbeits- und Lebensbedingungen aller Bürgerinnen und Bürger zu verbessern und so über nationale Grenzen hinaus sozialen Frieden und gesellschaftlichen Zusammenhalt zu stiften. Nach außen verkörperte das geeinte Europa eine Wertegemeinschaft, die sich geschlossen und mit friedlichen Mitteln für die Achtung der Menschenwürde, Demokratie, Freiheit, Gleichheit, Rechtsstaatlichkeit und die Wahrung der Menschenrechte einsetzte – also für jene Werte, die in Artikel 2 des EU-Vertrages verankert sind und durch die EU-Grundrechtecharta konkretisiert werden. Gleichzeitig gelang es im Zuge des Einigungsprozesses einen gemeinsamen Besitzstand an sozialen Rechten aufzubauen und die Konturen eines europäischen Sozialmodells herauszuarbeiten, so dass Europa von vielen als wirtschaftlich und sozial erfolgreiches »Referenzmodell« für eine faire Globalisierung betrachtet wurde.

All dies hat dazu beigetragen, dass die Europäische Union über Jahrzehnte als Hort der Demokratie und als Garant wirtschaftlichen Aufschwungs und gesellschaftlichen Fortschritts galt, während sie zugleich international eine Vorbildfunktion für andere Staaten oder Staatenorganisationen als internationale Friedensmacht erfüllte. Am deutlichsten wird dies an den diversen Erweiterungsrunden der EG: Nachdem sich Griechenland, Spanien und Portugal in den Siebziger- jahren von der Diktatur befreit hatten, ebnete die Süderweiterung ihnen den Weg in die Demokratie. Das Ende des Ost-West-Konflikts und die Herstellung der deutschen Einheit zogen den EU-Beitritt der mittel- und südosteuropäischen Staaten nach sich und markierten damit ein weiteres Kapitel in der friedens-und demokratiepolitischen Erfolgsgeschichte der EU. Mit Ausnahme des Jugoslawienkriegs in den Neunzigerjahren hat die europäische Integration den Frieden beinahe siebzig Jahre lang ununterbrochen gesichert, das heißt wir erleben die längste Friedensperiode in der Geschichte unseres Kontinents. Für diese großartige Bilanz wurde die EU im Jahr 2012 mit dem Friedens- nobelpreis ausgezeichnet.

Europa im Krisenmodus

Freilich erfolgte die Preisverleihung zu einem Zeitpunkt, zu dem sich das soziale Fortschritts- und Friedensprojekt Europa in keiner guten Verfassung befand. So hatten die Europäer bei den Erweiterungsrun- den der Länder Mittelost- und Südosteuropas unterschätzt, wie stark dadurch die Unterschiede in der ökonomischen Integrationsfähigkeit und politischen Integrationswilligkeit zwischen den Mitgliedstaaten zunehmen würden. Hinzu kamen und kommen die bis heute nicht korrigierten Webfehler der europäischen Währungsunion mit ihrer ausschließlichen Fixierung auf die Geldpolitik, durch die die dringend notwendige Koordinierung der Wirtschafts- und Finanzpolitik weit- gehend außen vor blieb. Und schließlich zeigte sich bereits zum da- maligen Zeitpunkt eine wachsende Neigung der Europäischen Kom- mission, den Binnenmarkt durch einseitige Marktliberalisierung und

Deregulierung zu verwirklichen. Nach und nach hat sich ein Wettbewerbsverständnis durchgesetzt, das Konkurrenzfähigkeit vor allem an Lohn- und Lohnstückkosten festmacht und dadurch den Abwertungsdruck auf die Arbeits- und Sozialkosten in den Mitgliedstaaten drastisch erhöht.

Statt den Anspruch zu erfüllen, Vorbild für eine faire Globalisierung zu sein, wirkt Europa mehr und mehr als Vorreiter eines neoliberal ausgerichteten Globalisierungsprozesses. Gemessen an seinen Gründungsversprechen befand sich der Integrationskurs also bereits auf Abwegen als 2008 der Zusammenbruch von Lehman Brothers die Welt in die Finanz- und Wirtschaftskrise stürzte und auch die EU schwer in Mitleidenschaft zog.

Bis heute sind die Folgen dieser Krise nicht überwunden. Nicht zuletzt forciert durch das falsche Krisenrezept einer rigiden Austeritätspolitik, die maßgeblich von der deutschen Bundesregierung durchgesetzt wurde, kollabierten im Süden Europas, wie etwa im Falle Griechenlands und Spaniens, die Sozial-, Renten- und Tarifsysteme. Die Wirtschaftskrise schlug in vielen Teilen Europas in eine massive Sozialkrise um. Seit gut zehn Jahren wächst die wirtschaftliche und soziale Divergenz in und zwischen den Ländern der EU und der Eurozone. Mit ihr bröckelt die Solidarität zwischen den Mitgliedstaaten.

Wir erleben die Renaissance einer Politik der Kleinstaaterei, die nationalistische Stereotypen und Egoismen befeuert. Das Ergebnis: Das Vertrauen der Bürger in das große Integrationsprojekt Europa und in seine Institutionen nimmt immer mehr ab, während das Misstrauen gegenüber dem politischen Establishment und dem demokratischen System in den Mitgliedstaaten kein Halten mehr kennt. Die wachsenden Zweifel vieler Bürgerinnen und Bürger am sozialen Fortschritts- und Wohlstandsversprechen der europäischen Integration haben den Nährboden bereitet für den Wiederaufstieg rechtskonservativer, nationalpopulistischer und europafeindlicher Parteien. Zusätzlich angeheizt wurde diese Entwicklung in den letzten Jahren durch die wachsende Zahl von Menschen, die weltweit vor Krieg, politischer Verfolgung und Armut geflohen sind und von denen viele Schutz und Aufnahme in Europa suchen. Mit ihrer erfolgreichen Inszenierung einer vermeintlichen »Flüchtlingskrise« ist es den Rechtspopulisten und völkisch Nationalen gelungen, daraus Kapital zu schlagen.

Das Nebeneinander von Wirtschafts-, Sozial-, Vertrauens- und politischer Legitimationskrise hat sich zu einem solchen Flächenbrand ausgeweitet, dass Europa heute eine schwere Identitätskrise durchlebt. Sichtbarster Ausdruck dafür ist der Brexit. Mit ihm verliert die heutige EU-28 Großbritannien als zweitgrößten Nettozahler und bevölkerungsmäßig drittstärksten Mitgliedstaat nach Deutschland und Frankreich. Die multiplen Krisen der EU erweisen sich inzwischen als ernstzunehmende Gefahr für die Überlebensfähigkeit des europäischen Einigungswerkes.

Europa im Sog einer neuen Aufrüstungsspirale

Erweitern wir den Blick auf die aktuelle internationale Lage, so zeigt die EU ihre inneren Auflösungserscheinungen zu einem Zeitpunkt, in dem wir mit der Entstehung einer neuen Weltunordnung konfrontiert sind. Die internationale Nachkriegsordnung ist aus den Fugen geraten. Die Hoffnung, dass das Ende des Kalten Krieges ein Zeitalter der Entspannung einläuten würde, hat sich unlängst als Illusion erwiesen. Nicht nur in Europa und seiner Nachbarschaft, sondern weltweit breiten sich rechtspopulistische, autokratische und autoritäre Regime aus.

Starken Anteil daran hat eine neoliberale Globalisierungspolitik, die durch eine zunehmend ungerechte Verteilung ihres Wohlstandsgewinns immer weniger Gewinner und mehr Verlierer hervorbringt und dadurch in eine Sackgasse führt. Als Reaktion darauf feiern Nationalismus und Protektionismus ihre Auferstehung. Gleichzeitig haben die liberale Demokratie und die soziale Marktwirtschaft für viele Länder als Modell für die eigene Entwicklung an Strahlkraft verloren. Neue Formen eines autoritären Staatskapitalismus, wie er vor allem in China praktiziert wird, gewinnen hingegen an Attraktivität.

Das Weltgeschehen ist durch wachsende Instabilität, zunehmende Handelskonflikte und verschärfte Verteilungskämpfe um knappe Ressourcen geprägt. Das Risiko von militärischen Auseinandersetzungen ist so groß wie seit 1989 nicht mehr. Rund um den Globus toben mehr als dreißig Kriege und bewaffnete Konflikte. Darüber hinaus haben Klimawandel und Umweltzerstörung in den letzten Jahrzehnten zu einer massiven Zunahme von Naturkatastrophen geführt. Infolge all dieser Entwicklungen ist die Zahl der Menschen, die weltweit auf der Flucht sind, binnen zehn Jahren von 37 Millionen auf 68,5 Millionen angestiegen. Ein Großteil von ihnen hat ihre Heimat verlassen, weil dort Krieg oder Bürgerkrieg herrschen.

Angesichts dieser extrem angespannten Weltlage ist es definitiv die falsche Antwort, eine neue Aufrüstungsspirale in Gang zu setzen. Und doch sind die globalen Rüstungsausgaben mit über 1,7 Billionen US-Dollar so hoch wie seit dem Ende des Kalten Krieges nicht mehr. Die Annexion der Krim durch Russland und seine militärische Präsenz in der Ostukraine gießen ebenso Öl ins Feuer wie der einseitige Ausstieg der USA aus dem Atomabkommen mit dem Iran und ihre Aufkündigung des INF-Vertrags. Gleichzeitig werden wir Zeuge eines atomaren Wettrüstens zwischen Nuklearmächten wie den USA, Russland, China, Nordkorea, Indien und Pakistan.

Statt sich gegen diese fatalen Fehlentwicklungen zu stemmen, hat es sich auch die NATO – nicht zuletzt unter dem wachsenden Druck des amtierenden US-Präsidenten – auf die Fahnen geschrieben, die Verteidigungsausgaben der Bündnispartner wesentlich zu steigern. Bis 2024 sollen ihre Rüstungsetats auf zwei Prozent des nationalen Bruttoinlandsprodukts anwachsen. Alleine für die europäischen Bündnispartner würde dies einen Anstieg ihrer Militärausgaben von derzeit 500 auf 800 Milliarden Euro bedeuten.

Aber auch die aktuellen Haushaltsplanungen der EU für die Jahre 2021 bis 2027 stehen im Zeichen einer »doppelten Aufrüstung«: die des Militärs und der EU-Außengrenzen. In ihren Vorschlägen zum sogenannten mehrjährigen Finanzrahmen für diesen Zeitraum schlägt die Europäische Kommission vor, die Mittel für Migrationskontrolle und den Grenzschutz annähernd zu verdoppeln und die Ausgaben im Bereich der Verteidigung durch die Gründung eines sogenannten »Verteidigungsfonds« praktisch zu verzwanzigfachen. Und dies zum Preis von massiven Einsparungen bei den Mitteln für die europäische Struktur- und Kohäsionspolitik. Gerade die Umverteilung von Mitteln an ökonomisch schwächere EU-Länder im Rahmen der europäischen Struktur- und Kohäsionspolitik ist aber essenziell, um zu große Abweichungen in der wirtschaftlichen Leistungsfähigkeit zu verhindern und die Lebensstandards auch in schwächeren Mitgliedstaaten auf ein angemessenes Niveau zu bringen.

Aufgrund ihrer Haushaltspläne verlieren die sozialen Fortschritts- und Wohlfahrtsversprechen der EU-Kommission also erneut an Glaubwürdigkeit. Gleichzeitig plant die Kommission aber auch die verfügbaren Mittel für das internationale Engagement der EU in der zivilen Konfliktprävention und der Förderung von Frieden, Demokratie und Menschenrechten um zwei Drittel zurückzufahren. Sie schwächt damit weiter die Rolle der EU als zivile Friedensmacht – eine Rolle auf der Weltbühne, die ohnehin unterentwickelt geblieben ist, weil die Europäer es bislang versäumt haben, im Rahmen ihrer gemeinsamen Außen-, Sicherheits-, Handels- und Entwicklungspolitik ihr volles diplomatisches und ökonomisches Gewicht als friedens- und demokratiefördernde »Soft Power« zur Geltung zu bringen.

Notwendige Kurskorrekturen

Angesichts der tiefgreifenden Umbrüche durch Globalisierung, Digitalisierung und Klimaschutz, die unsere heutige Arbeitswelt und Gesellschaft prägen und die bei immer mehr Menschen Verunsicherung, Abstiegsängste und Zukunftssorgen auslösen, kann es sich Europa nicht leisten, immer mehr Mittel in Rüstung und Militär zu stecken. Das Geld aus den mitgliedstaatlichen Etats und dem europäischen Haushalt wird an anderer Stelle viel dringender gebraucht: für Investitionen in Bildung, für den Bau von bezahlbarem Wohnraum, für kommunale und digitale Infrastruktur, für eine gerechte und ökologische Gestaltung der Verkehrs- und Energiewende, für mehr soziale Sicherheit und die Bekämpfung von Fluchtursachen.

Um seinen inneren Zusammenhalt zu sichern, muss sich Europa auf sein Gründungsversprechen zurückbesinnen, sozialen Fortschritt zu ermöglichen. Dafür brauchen wir ein Europa, das mit hohen Sozial-, Umwelt- und Verbraucherschutzstandards bessere Arbeits- und Lebensbedingungen für all seine Bürgerinnen und Bürger schafft, für soziale Gerechtigkeit und damit auch für Frieden sorgt. Wir brauchen aber auch ein Europa, das in seine Menschen investiert, statt sich mit Unsummen an einem neuen Rüstungswettlauf zu beteiligen.

Auf internationaler Bühne müssen sich die Union und ihre Mitgliedstaaten wieder verstärkt zur politischen Verantwortung Europas als zivile Friedensmacht bekennen und gezielt die gemeinsamen Fähigkeiten zur Konflikt- und Krisenprävention strategisch weiterentwickeln. Eine solche zivile Strategie für die EU muss bei den Ursachen von Kriegen und bewaffneten Konflikten ansetzen. Sie muss soziale Spannungen abbauen und mit friedlichen Mitteln dafür sorgen, dass politische, wirtschaftliche und ökologische Krisen frühzeitig erkannt und abgewendet werden. Wir brauchen eine solidarische europäische Friedenspolitik, in deren Mittelpunkt eine gerechtere Verteilung des weltweiten Reichtums sowie ökologische Entwicklungs- und Klimaschutzprojekte stehen. Wir brauchen eine EU, die den Einsatz der Vereinten Nationen für eine stabile globale Friedensordnung geschlossen unterstützt. Dabei muss das Ziel einer weltweiten Ächtung von Kernwaffen mit an vorderster Stelle stehen.

»Ohne Frieden ist alles nichts.« Das ist wahr. Wahr ist aber auch: Um dauerhaft Frieden zu schaffen, brauchen wir mehr denn je ein soziales Europa, das sich wieder auf das Vertrauen seiner Bürgerinnen und Bürger stützen kann und erst dadurch handlungs- und gestaltungsfähig wird. Dafür notwendig ist eine EU, die sich als Wertegemeinschaft versteht und die nach innen wie nach außen glaubwürdig für Demokratie und Rechtsstaatlichkeit, für mehr soziale Gerechtigkeit, eine nachhaltige Entwicklung und eine faire Globalisierung eintritt.

DIE UNION WEITERENTWICKELN

Martina Fischer

Vor einer Schwerpunktverschiebung?

Die Europäische Union (EU) entstand aus den Trümmern des Zweiten Weltkriegs, zunächst als westeuropäisches, wirtschaftliches Kooperationsprojekt, das schließlich um zahlreiche süd- und osteuropäische Staaten erweitert wurde und eine Integration in unterschiedlichen Politikbereichen erfuhr. Mit den Römischen Verträgen verpflichteten sich Staaten, die gegeneinander Krieg geführt hatten, zu einer Zusammenarbeit, die sie vor nationalistischen Alleingängen und militärischer Konfrontation bewahrte. Laut des Vertrags von Lissabon (Artikel 3) ist es Ziel der Union, »den Frieden, ihre Werte und das Wohlergehen ihrer Völker zu fördern«. Trotz aktueller Erosionen kann die EU für sich in Anspruch nehmen, nach innen als Friedensprojekt gewirkt zu haben.

Aber wie gestaltet sie ihre auswärtigen Beziehungen? Lässt sich aus dem Auftrag auch ein Beitrag der EU zu einer europäischen wie globalen Friedensordnung ableiten? Gelingt es ihr, Liberalität, Demokratie, Menschenrechte und Frieden, für die sie als »Wertegemeinschaft« eintritt, in ihren internationalen Aktivitäten zu garantieren? Für AktivistInnen, die sich im globalen Süden für Frieden, Menschenrechte und Entwicklung engagieren, war und ist die EU ein wichtiger Referenzrahmen. Deren Politik ist aktuell jedoch von einer Schwerpunktverschiebung geprägt, die an ihrer Ausrichtung als »Friedensprojekt« zweifeln lässt: Die Pläne für einen milliardenschweren Verteidigungsfonds und umfangreiche Investitionen in militärische Mobilität im Haushalt 2021–27, zusätzlich zu den nationalen Budgets und den Ausgaben der Mitgliedstaaten für eine Ständige Strukturierte Zusammenarbeit (PESCO), militärische Eingreiftruppen und Programme für »Ertüchtigung« von Polizei und Armeen in Nordafrika und den Sahelstaaten sind Bausteine einer neuen Entwicklung, bei der Kooperationen im militärischen Bereich rasant vorangetrieben werden. Damit einher geht ein Trend zur »Versicherheitlichung« ziviler Politikbereiche und zur Vermischung der Ausgaben für Entwicklung, migrations- und sicherheitspolitische Aufgaben.

»PESCO« und »Militärische Mobilität«: Unterstützung der NATO?

Im November 2017 verabredeten 23 EU-Mitgliedstaaten eine »Ständige Strukturierte Zusammenarbeit« (PESCO) in der Sicherheits- und Verteidigungspolitik, an der inzwischen 25 Länder beteiligt sind. Sie verpflichten sich, ihre Streitkräfteplanung regelmäßig durch die Europäische Verteidigungsagentur prüfen zu lassen, ihre Verteidigungsausgaben zu steigern, militärische Einheiten für gemeinsame Missionen bereitzuhalten und eine schnellere Verlegung von Truppen und Rüstungsgütern zu ermöglichen. Zu den PESCO-Projekten gehören die Entwicklung gemeinsamer Waffen- und Trägersysteme, Kooperationen in der Überwachungstechnologie und Cyber-Security, EU-Kampftruppen (»Battlegroups«) zur Krisenreaktion und Maßnahmen in der Ausbildung und Ausrüstung für Armeen in Drittstaaten. Letztere zielen vor allem auf Einsätze in Afrika ab. Zudem beschloss der Europäische Rat im November 2018, die Kompetenzen der EU-Operationszentrale (OPSCEN) zu erweitern. Bislang hat diese nur sogenannte »nicht exekutive Einsätze« geleitet (z. B. EU-Militärmissionen in Somalia, Mali und der Zentralafrikanischen Republik). Ab 2020 soll sie exekutive militärische Operationen in der Größenordnung von bis zu einer »EU Battlegroup« leiten.

Die Kooperationen werden von den EU-Institutionen nicht als Konkurrenz zur NATO verstanden, sondern sollen »Synergien« erzeugen. Eine gemeinsame Erklärung mit dem NATO-Generalsekretär im Juli 2016 betont den Ausbau der »strategischen Partnerschaft« zwischen EU und NATO. Gleichzeitig schlägt die EU-Kommission vor, im nächsten mehrjährigen Finanzrahmen der Union (2021–27) 6,5 Milliarden Euro in militärische Mobilität zu investieren: den Ausbau des Schienen- und Straßennetzes für eine schnellere Verlegung von Truppen sowie Waffen und Material in mögliche Einsatzgebiete, bis an die Grenzen

Russlands. Diesem Vorschlag müssen das EP und die Mitgliedstaaten noch zustimmen. Staaten wie Irland und Österreich, die einer Militärunion EU skeptisch gegenüberstehen, meinen, die NATO solle für die Finanzierung solcher Maßnahmen aufkommen.

Die PESCO wird mit der Verbesserung sicherheitspolitischer Abstimmung und einer effektiveren militärischen Ausgabenplanung begründet. Ein Mechanismus, der zu Effizienz und Einsparungen bei den Militärausgaben führen würde, wäre durchaus zu begrüßen, allerdings sind Entscheidungen im Rahmen der PESCO dem Einfluss des Parlaments entzogen, und mit der gleichzeitigen Verpflichtung der Mitgliedstaaten zur Erhöhung der Verteidigungsausgaben wird eine gegenteilige Richtung eingeschlagen. Die Kooperation im Rahmen der PESCO geht schließlich einher mit dem Aufbau eines »Europäischen Verteidigungsfonds«.

Subventionsschub für die Rüstungsindustrie

Dreizehn Milliarden Euro sollen laut Kommission und Europäischem Parlament im nächsten Finanzrahmen 2021–27 für einen »Europäischen Verteidigungsfonds« eingeplant werden. Zusammen mit den erwähnten 6,5 Milliarden Euro für militärische Mobilität würden dann insgesamt 19,5 Milliarden Euro aus dem EU-Gemeinschaftshaushalt für militärische Zwecke ausgegeben werden. Bei dem Verteidigungsfonds, der von einer industrienahen Expert*innengruppe[1] konzipiert wurde, handelt es sich um ein ambitioniertes Programm zur Subventionierung der europäischen Rüstungswirtschaft. Dabei soll deren Wettbewerbsfähigkeit erhöht werden, heißt es im Verordnungstext.

Durch solch umfangreiche öffentliche Förderung werden jedoch zusätzliche industrielle Kapazitäten geschaffen und es ist zu befürchten, dass dies zu einer erhöhten Exportfreudigkeit der Branche beiträgt. Davor hat das »European Network Against Arms Trade« gewarnt.[2] Schon in der letzten Dekade begann die EU, Sicherheitsforschung zu subventionieren. 2017 ebnete sie mit einer »vorbereitenden Maßnahme« den Weg für einen gemeinsamen Rüstungsforschungshaushalt. Dafür wurden zunächst neunzig Millionen Euro veranschlagt. Weitere

500 Millionen Euro jährlich sollen die Mitgliedstaaten bereitstellen. In diesem Zusammenhang steht auch die Verordnung zum »European Defence Industry Development Programme« (EDIDP), die von der Kommission als Bestandteil des Verteidigungsfonds im Juni 2017 vorgelegt wurde. Dieses Programm soll 2019 und 2020 mit jeweils 500 Millionen Euro ausgestattet werden, eine geplante Nachfolgeverordnung (ab 2021) strebt Ausgaben von einer Milliarde Euro jährlich an.

»Versicherheitlichung« ziviler und entwicklungspolitischer Aufgaben

Während die Mittel für militärische Zwecke völlig überhöht angesetzt werden, sollen die Töpfe für zivile Krisenprävention und Friedensförderung nach den aktuellen Haushaltsplanungen von 2,3 Milliarden Euro auf eine Milliarde Euro reduziert werden.

Sollten die Pläne umgesetzt werden, ist zu befürchten, dass Entwicklungsgelder in erster Linie an Länder transferiert werden, die im Bereich der Migrationsabwehr kooperieren, indem sie die Vorverlagerung der EU-Grenzen bis auf den afrikanischen Kontinent betreiben. Das Stichwort »Migration« hat in dem neuen Außeninstrument nämlich einen sehr hohen Stellenwert. In Artikel 15 wird der »Migrationsdruck« erwähnt, unter dem die Union und ihre Nachbarn stünden. Artikel 17 kündigt an, dass zehn Prozent der Mittel für »Nachbarschaftspolitik« an Kriterien geknüpft werden, darunter »cooperation on migration«. Außerdem sollen zehn Prozent des Gesamtbudgets des NDICI auf »Migration« gerichtet werden. Auch der »Sicherheit« wird ein zentraler Stellenwert beigemessen. Allerdings wird diese weitgehend militärisch definiert: Auch die Ausbildung und Ausrüstung von Armeen in Drittstaaten soll über das NDICI finanziert werden. Weitere Militärhilfe soll (»off-budget«) über die European Peace Facility erfolgen.

Militärkooperationen mit Diktaturen

Die European Peace Facility (EPF) wurde im Entwurf für den Finanzrahmen mit vorgestellt, ist aber nicht Teil des Gemeinschaftshaushalts. Damit sollen Einsätze, die vormals im Rahmen der African Peace Facility durchgeführt wurden, von den Mitgliedstaaten zusätzlich finanziert werden. Auch Ausbildungs- und Ausrüstungshilfen für Armeen in Drittstaaten (von der Bundeswehr und dem Verteidigungsministerium mit »Ertüchtigung« umschrieben) sollen damit gefördert werden. Anders als bei der Finanzierung aus dem Gemeinschaftshaushalt kann diese im Rahmen der EPF auch mit dem Transfer von Waffen und Munition verknüpft werden. Friedensaktivist*innen kritisieren die Bezeichnung »Peace Facility« daher als Etikettenschwindel.

Im Juni 2018 forderte der Rat die Kommission auf, Vorschläge zur Ausgestaltung von Kooperationen im Rahmen der EPF zu erarbeiten. Dabei geht es um Fortführung bzw. Erweiterung von Missionen für Training und Ausrüstung von Sicherheitspersonal in den Sahelstaaten und Nordafrika. Viele dieser Programme werden in Analysen der Friedensforschung als äußerst problematisch eingestuft. Das Friedensgutachten 2018 der deutschen Friedensforschungsinstitute kommt zu dem Schluss, dass dadurch teilweise Staaten gestärkt werden, die Menschenrechte missachten.[3] Das gilt insbesondere für Libyen, wo Angehörige der (mit EU-Mitteln ausgebildeten) Küstenwache Flüchtlinge in Lagern interniert und misshandelt haben, aber auch für Mali. Mit der finanziellen Unterstützung der EU für die G5 Sahel Joint Force, einer Eingreiftruppe, die von Mali, Tschad, Niger, Mauretanien und Burkina Faso bereitgestellt wird, geht das Friedensgutachten besonders kritisch ins Gericht.

Seit der Veröffentlichung der Global Strategy[4] hat die EU eine deutliche Schwerpunktverlagerung hin zur militärischen Dimension vollzogen. Im Bereich der zivilen Krisenprävention und Friedensförderung ist eine ähnliche Dynamik nicht erkennbar. Weiterhin fehlt es an einem verlässlichen ExpertInnenpool für zivile EU-Missionen.[5] Gleichzeitig ist geplant, die Finanzierungsarchitektur so zu »flexibilisieren«, dass zivile und entwicklungspolitische Mittel noch stärker als bisher für Grenz- und Migrationskontrollen umfunktioniert werden können. So setzt die EU ihre einstigen Stärken – Brücken zu bauen, Friedensprozesse durch Mediation, diplomatische Verhandlungen und wirtschaftliche Anreize zu begleiten und Zivilgesellschaft zu stärken – langfristig aufs Spiel.

Afrikapolitik kohärent gestalten

Bislang konnten sich die Mitgliedstaaten nicht auf eine gemeinsame Migrationspolitik einigen, die mehr Möglichkeiten für legale Einwanderung eröffnen und Schutzbedürftigen aus Bürgerkriegsregionen eine sichere Einreise und faire Asylverfahren gewähren soll. Stattdessen richten sie ihre Politik auf Migrationsverhinderung mit polizeilichen und militärischen Maßnahmen in den Herkunfts- und Transitländern, wo sie aber lediglich Symptome und keine Ursachen bekämpfen. So erhalten afrikanische Staaten inzwischen finanzielle Vorteile sowie Handels- oder Visaerleichterungen, wenn sie dafür Grenzen sichern und sich zur Rücknahme von Migrant*innen verpflichten. Außerdem werden sie mit EU-Geldern für die Ausrüstung ihrer Polizei und Armeen belohnt.

Von West- bis Ostafrika erkauft sich die EU die Zusammenarbeit mit den Staatschefs in der Migrationsabwehr. Mit ihrer Politik der Vorverlagerung von Grenzen und Abschottung riskiert sie ihre Glaubwürdigkeit als »Wertegemeinschaft für Liberalität, Menschenrechte und Demokratie«. Weder die nachbarschaftlichen noch die Entwicklungsinstrumente sollten dafür zweckentfremdet werden. Um ein glaubwürdiger Referenzrahmen für AktivistInnen im globalen Süden zu bleiben, müsste die EU ihre Afrikapolitik kohärenter gestalten (z. B. Rüstungsexporte eindämmen und eine faire Handels- und Agrarpolitik gestalten) und konsequent auf die Beseitigung von Konfliktursachen ausrichten.

OSZE stärken

Auch mit Blick auf die Nachbarschaftsbeziehungen zum Osten sollte sich die EU auf ihre bisherigen Stärken – Diplomatie und Dialog, wirtschaftliche und kulturelle Kooperation – besinnen, statt vorrangig auf die militärische Karte zu setzen. Die Mitgliedstaaten sollten endlich die zivile Dimension der Gemeinsamen Sicherheits- und Verteidigungspolitik (GASP) zügig ausbauen.

Die EU muss sich dringend für die Stärkung der Organisation für Sicherheit und Zusammenarbeit in Europa (OSZE) einsetzen. Diese bildet ein bewährtes gesamteuropäisches System kollektiver Sicherheit, das auf Diplomatie und Vertrauensbildung setzt, Schiedsgerichtsverfahren und Einrichtungen zur Krisenverhütung, Konfliktbearbeitung und Rüstungskontrolle vorhält. Das OSZE-Büro für demokratische Institutionen und Menschenrechte bildet Staatsbeamt*innen und NGOs im Menschenrechtsmonitoring aus, ein Hochkommissariat überwacht die Minderheitenrechte. Diese Strukturen sollte die EU materiell und finanziell stärken, anstatt in die Unterstützung (oder gar Dopplung) von NATO-Strukturen zu investieren.

Dass die EU-Mitglieder angesichts von mangelndem Einigungsvermögen in anderen Politikbereichen ausgerechnet militärische Kooperation ganz oben auf die Agenda setzen, ist bedauerlich, zumal Nationalstaaten am wenigsten zum Aufgeben von Souveränität neigen, wenn es um die Streitkräfte geht.

Wenn die EU »nicht ihre Raison d'être aufs Spiel setzen« will, so darf sie sich »nicht zugleich jenseits ihres liberalen Grundverständnisses definieren«, so Tobias Debiel Schlussfolgerung.[6] Vielmehr sei eine »neue Diplomatie« gefragt, die an multilateralen Absprachen festhält und die Deutschland und Frankreich eine Führungsrolle zuspricht.

Statt Ausgabenerhöhung ist eine »kontrollierte Effizienzrevolution« erforderlich, die der Protektion nationaler Industrieinteressen Einhalt gebietet, und so »dürfte sich auch kostengünstig Verteidigungsfähigkeit herstellen lassen – plus Kapazitäten, mit UN-Mandat auch zu Friedensoperationen nennenswert beitragen zu können«.[7] Die Unterstützung der Vereinten Nationen und ihrer Regionalorganisationen, so lässt sich zusammenfassen, bildet das friedenspolitische Gebot der Stunde, nicht Investition in bestehende oder neue Militärbündnisse. Militärische Abstimmung sollte zu Einsparungen und nicht zu Steigerungen der Rüstungsausgaben oder gar industriellen Kapazitäten genutzt werden, damit zivile und entwicklungspolitische Ansätze endlich umfassend gestärkt werden können.

FRIEDEN AUS ÖKUMENISCHER SICHT

Ulrich Frey

Europa und der Rechtspopulismus

Gängige Münze vor den Wahlen zum Europaparlament ist die negative Einschätzung, dass die Europäische Union (EU) gegenwärtig mehrere Krisen gleichzeitig bewältigen muss, die sich gegenseitig verstärken: Wirtschaftskrise seit 2007/2009, Brexit und die Folgen, Flüchtlinge und Asyl, Terrorismus, Krieg in der Ukraine, Klimawandel und die Gefährdung der europäischen Idee und von Demokratie durch Rechtspopulismus.[1]

Noch verfügen die christlich-konservative EVP mit 219, die sozial-demokratische/sozialistische Fraktion mit 189 Mandaten sowie die Grünen und Liberalen über eine deutliche Mehrheit im Europaparlament. Aber die Gefahr droht, dass rechtspopulistische Parteien in Ungarn, Slowakei, Tschechien, Italien, Frankreich, nordischen Staaten, Niederlande und Deutschland eine Mehrheit gewinnen und das Friedensprojekt Europa kippen können. Deshalb sind Aktivitäten auch der Kirchen in Europa für den Erhalt und Ausbau der EU von entscheidender politischer und friedensethischer Bedeutung.

Eine Reihe von großen Europäischen Ökumenischen Versammlungen (EÖV) hat den europäischen Gedanken begründet und in der Gesellschaft und in Kirchen breit gestreut: die 1. EÖV in Basel mit dem Motto »Frieden in Gerechtigkeit«, die 2. EÖV in Graz zum Thema »Versöhnung – Gabe Gottes und Quelle neuen Lebens« und die 3. EÖV in Sibiu mit der Botschaft »Das Licht Christi scheint auf alle. Hoffnung für Erneuerung und Einheit in Europa.«

Im Jahre 2001 einigten sich die Konferenz Europäischer Kirchen (KEK) und der Rat der Europäischen Bischofskonferenzen auf Leitlinien für die wachsende Zusammenarbeit unter den Kirchen in Europa, die *Charta Oecumenica*: »Die Kirchen fördern eine Einigung des europäischen Kontinents. Ohne gemeinsame Werte ist die Einheit dauerhaft nicht zu erreichen. Wir sind überzeugt, dass das spirituelle Erbe des Christentums eine inspirierende Kraft zur Bereicherung Europas darstellt. Aufgrund unseres christlichen Glaubens setzen wir uns für ein humanes und soziales Europa ein, in dem die Menschenrechte und Grundwerte des Friedens, der Gerechtigkeit, der Freiheit, der Toleranz, der Partizipation und der Solidarität zur Geltung kommen. Wir betonen die Ehrfurcht vor dem Leben, den Wert von Ehe und Familie, den vorrangigen Einsatz für die Armen, die Bereitschaft zur Vergebung und in allem die Barmherzigkeit.«[2]

Alle diese Versammlungen zielten auf einen umfassenden Frieden, der mehr ist als die Abwesenheit von militärischer Gewalt. Die in der Ökumene weitgehend akzeptierte Definition dessen, was als Frieden angestrebt werden soll, ist dem *Ökumenischen Aufruf zum Gerechten Frieden* für die zehnte Vollversammlung des Ökumenischen Rates der Kirchen 2013 in Busan/Republik Korea zu verdanken: »Im Bewusstsein der Grenzen von Sprache und Verstehen schlagen wir vor, gerechten Frieden als einen kollektiven und dynamischen, doch zugleich fest verankerten Prozess zu versehen, der darauf ausgerichtet ist, dass Menschen frei von Angst und Not leben können, dass sie Feindschaft, Diskriminierung und Unterdrückung überwinden und die Voraussetzungen schaffen können für gerechte Beziehungen, die den Erfahrungen der am stärksten Gefährdeten Vorrang einräumen und die Integrität der Schöpfung achten.«[3]

Einmischen und Spaltungen überwinden

Die Synode der Evangelischen Kirche in Deutschland (EKD) hat im November 2018 der Öffentlichkeit Bitten zur Europawahl auf den Weg gegeben: »Die Synode bittet den Rat der EKD, die Gliedkirchen sowie die Gemeinschaft der Evangelischen Kirchen in Europa und die Konferenz Europäischer Kirchen, erstens sich aktiv an der Debatte um die Zukunft der EU zu beteiligen und innerhalb der Kirchen Foren für Diskussion über die Frage zu schaffen, welches Europa wir vor dem Hintergrund christlicher Grundüberzeugungen wollen. Zweitens ökumenische Partnerschaften und grenzüberschreitende Netzwerke einzubinden, um Spaltungen zu überwinden und Nationalismus und Extremismus entschieden zu begegnen, drittens auf die politische Bedeutung der Europawahlen im Mai 2019 aufmerksam zu machen, und zur Beteiligung an den Wahlen aufzurufen sowie viertens insbesondere junge Menschen als Erstwählerinnen und Erstwähler zur Teilnahme an den Wahlen zu motivieren.«[4]

Zu »Sicherheit und EU-Politik« spricht die KEK einige Mahnungen und Forderungen aus: »›Und sie werden sicher wohnen‹ (Micha 5,4). Sicherheit ist ein grundlegendes menschliches Bedürfnis. Jeder Mensch sehnt sich nach und braucht Sicherheit, persönlich, sozial und politisch. Die internationale Gemeinschaft hat ein Verständnis von Sicherheit entwickelt, das sowohl die individuelle als auch die gemeinschaftliche, die lokale und globale Sicherheit umschließt, denn diese sind voneinander abhängig. Grundvoraussetzung eines sich stetig vertiefenden Verständnisses von Sicherheit ist die Anerkenntnis und das Bewusstsein der eigenen Verletzbarkeit und der anderer. […]

Wir beobachten die Entwicklungen auf europäischer und internationaler Ebene mit tiefer Besorgnis. Gewaltsame Konflikte, Terrorismus und die Zerstörung von Infrastruktur und Kultur nehmen zu, […] Sicherheit ist häufig die Chiffre, mit der diese Fragen diskutiert und begründet werden, insbesondere was den Terrorismus, die nationale Verteidigung und den Schutz der europäischen Grenzen angeht.

Der Vorschlag für den mehrjährigen Finanzrahmen (2021–2027), den die Europäische Kommission vorlegt, wird diese Entwicklungen verstärken. Er beinhaltet den Vorschlag zum Aufbau eines einzigen »externen Instruments« anstelle von zwölf unterschiedlichen Haushaltslinien, unter anderem für Entwicklung, Nachbarschaftspolitik, Menschenrechte und Demokratie, Konfliktprävention und Friedensstiftung. Es besteht die Gefahr, dass die Ziele der Außenpolitik der EU untergraben und auf interne Prioritäten wie Grenzverwaltung und Migrationskontrolle hin umorientiert werden. Ein solches Einzelinstrument birgt das Risiko, dass Sichtbarkeit und Kapazitäten der EU in Bezug auf Friedensförderung, zivile Konfliktprävention und Versöhnung verschwinden. […]

Die KEK kritisiert heftig die Produktion und den Export von Waffen: Waffenentwicklung, -forschung und -export, die unter Missachtung von nationalen, europäischen und internationalen Vorschriften und

Gesetzen erfolgen, sind ein zentraler Grund für den Ausbruch, die Verstetigung und die Fortdauer bewaffneter Konflikte und Kriege. Die Waffenindustrie, die exportierenden Länder und viele andere profitieren unmittelbar von diesem Handel. Die globalen Prioritäten sind eindeutig. Die Ausgaben für Waffen sind höher als zu irgendeinem Zeitpunkt seit dem Zweiten Weltkrieg und verschlingen das 35-fache der Gesamtkosten des kompletten UN-Systems.«

Zum Thema »Gerechter Frieden und Gewaltfreiheit« setzt die KEK-Vollversammlung einen starken friedenstheologischen und friedensethischen Akzent im Sinne eines argumentativen Pazifismus: »In ökumenischer Gemeinschaft vertiefen wir unser Verständnis der herausfordernden Dimensionen des »gerechten Friedens« in Bezug auf alle Aspekte unsres privaten und politischen Lebens …. Wir sind uns bewusst, dass selbst wenn gewaltsame Mittel nur als letztes Mittel (Ultima Ratio) bereitgehalten werden, dies die Planung ziviler Maßnahmen während der früheren Phasen des Konfliktes beeinflusst. Selbst wenn in aussichtslos erscheinenden Situationen, in denen Gewalt so allgegenwärtig ist, das Forderungen, ihr mit weiterer Gewalt zu begegnen, seitens der Opfer und auch bei uns selbst laut werden, beharren wir auf dem Einsatz gewaltloser Mitte gegenüber jedem Menschen – Mittel, die uns in der Nachfolge Christi in reichem Maße zur Verfügung stehen.

Die Konferenz der evangelischen Kirchen gelangt zu der Einsicht, dass »Gewaltfreiheit die primäre und stets bevorzugte Antwort sein soll. Dies schließt ein, dass jede militärische Option immer die absolut letzte Lösung sein sollte. […].«

DIE SACHE DARF NICHT ZUR RUHE KOMMEN

Götz Neuneck

Die Rückkehr der Nuklearrüstung?

Egon Bahr schrieb in seinen Analysen: »Vergesst die Nuklearwaffen nicht!« Wie war das gemeint? Nuklearwaffen sind nicht einsetzbar, aber wenn man sich nicht um sie kümmert, nicht abrüstet oder Sicherungen gegen ihren Einsatz einführt, werden sie wieder in die Weltpolitik zurückkehren, möglicherweise sogar eingesetzt werden. Genau das geschieht jetzt: Nicht nur der Streit um Nordkorea und Iran, sondern auch die neuen nuklearen Modernisierungen der USA und Russlands zeigen dies auf, ebenso wie fortgesetzte Rüstungswettläufe in Südasien (Indien und Pakistan) oder die Debatte im Mittleren Osten. Die nukleare Rhetorik der nuklearen Supermächte birgt ein risikohaftes Eskalationspotenzial in sich. Zum ersten Mal seit 1967 wird nicht mehr über weitere Abrüstung verhandelt. Schlimmer noch: Zentrale Verträge, die den Abbau der Nuklearwaffen vorangetrieben haben, wie der INF-Vertrag von 1987 oder der START-Prozess zur Reduktion der strategischen Arsenale zwischen Russland und den USA, werden infrage gestellt, vielleicht sogar beendet.

Ohne Zweifel hat es nach Ende des Kalten Krieges massive Reduktionen und Rückzüge von Nuklearsprengköpfen in Lager gegeben, aber die nukleare, erweiterte Abschreckung ist geblieben. Von den ca. 70 000 Nuklearwaffen aus dem Jahre 1986 waren 2017 laut SIPRI-Jahrbuch weltweit in den Arsenalen der neun bekannten Kernwaffenstaaten noch 14 465 Kernwaffen vorhanden; ungefähr 3 750 davon sind stationiert und 1 800 sofort einsatzbereit. Die USA und Russland verfügen immer noch über 92 Prozent aller Kernwaffen. Sie modernisieren ihre nuklearen Streitkräfte zu Land, zur See und in der Luft (Triade) sowie deren Infrastruktur bis weit in die Mitte des 21. Jahrhunderts hinein, während Nuklearwaffenbesitzer wie China, Indien und Pakistan ihre Streitkräfte ausbauen.

Angesichts der katastrophalen Zerstörungskraft einer einzelnen Kernwaffe sind diese Zahlen alleine aber wenig aussagekräftig, denn entscheidend ist die enorme Zerstörungskraft und ihr Eskalationspotenzial. Ein Nuklearkrieg zerstört in kurzer Zeit Städte, ganze Regionen und hat unabsehbare globale Konsequenzen, wie Simulationen zum »nuklearen Winter« eindrucksvoll gezeigt haben. Die Gefahr eines Unfalls ist ebenso weiterhin gegeben wie ein Nukleareinsatz aufgrund einer Fehleinschätzung oder »aus Versehen«. Beispiele solcher »Beinahe-Einsätze« im Kalten Krieg gibt es zuhauf – sie sind aber meist in Vergessenheit geraten.

Nuklearwaffen sollen einen nuklearen Opponenten von einem Nuklearwaffeneinsatz »abschrecken«. Werden sie aber eingesetzt, hat die Abschreckung versagt. Zur Abschreckung reichen geringe Nukleararsenale und der Verzicht auf ihren Ersteinsatz. Die katastrophalen Schadenspotenziale der Nukleararsenale machten im Kalten Krieg eine rationale Planung nötig, um einen Einsatz in der Krise und ein fortschreitendes Wettrüsten zu verhindern, eben Rüstungskontrolle. Die Fortsetzung des Abrüstungsprozesses war eine zentrale Säule der »nuklearen Weltordnung« und der Entspannungspolitik.

Rüstungskontrolle ist weiter notwendig

Um das Risiko eines Nuklearwaffeneinsatzes so gering wie möglich zu halten und das kostenverschlingende Wettrüsten nicht vollständig ausufern zu lassen, haben die beiden Supermächte im Laufe der letzten Jahrzehnte Verträge zur Begrenzung und Abrüstung ihrer Arsenale ausgehandelt. Die ermutigende Rede von US-Präsident Obama in Prag 2009 weckte weltweit die Hoffnung, dass das Ziel einer nuklearwaffenfreien Welt in Sichtweite gekommen sei.

Dieser Optimismus hat sich verflüchtigt. Der letzte Vertrag über die strategischen Arsenale Russlands und der USA, New START, konnte immerhin 2011 in Kraft treten. Er begrenzt die Zahl der stationierten strategischen Kernsprengköpfe auf 1 550 je Seite und die Zahl der Trägerwaffen mit interkontinentaler Reichweite auf 800. Wichtig ist die dabei vereinbarte Verifikation. Sie verschafft beiden Seiten Transparenz, Berechenbarkeit und Einblick in die Planung der jeweils anderen

Seite. New START läuft aber 2021 aus, wenn er nicht schnellstens verlängert wird.

Die nuklearen Supermächte rüsten auf

Erstmalig seit über fünfzig Jahren werden keine Verhandlungen mehr für ein Fortsetzungsregime zur strategischen Abrüstung zwischen Russland und den USA geführt. Besorgte Stimmen sprechen bereits von einem Ende der klassischen Rüstungskontrolle. Bei ihrem Gipfel am 16. Juli 2018 hatten sich Trump und Putin zwar bereit erklärt, die Gespräche zur strategischen Stabilität und Abrüstung wieder aufzunehmen. Aber der zentrale Artikel VI des Nichtverbreitungsvertrages (NVV), dessen nächste Überprüfungskonferenz 2020 ansteht, verlangt von den Nuklearwaffenstaaten »Verhandlungen in redlicher Absicht« mit dem Ziel »der frühzeitigen Beendigung des nuklearen Rüstungswettlaufs und der nuklearen Abrüstung, sowie über einen Vertrag über generelle und vollständige Abrüstung unter strenger und wirksamer internationaler Kontrolle«. Und eben solche Gespräche finden zurzeit nicht statt.

Weitere Säulen der »nuklearen Weltordnung« bilden der »Umfassende nukleare Teststoppvertrag« (CTBT), der bisher nicht in Kraft gesetzt werden konnte, und ein »Vertrag zur Beendigung der Produktion von Spaltmaterial für Kernwaffenzwecke« (Fissile Material [Cutoff] Treaty, FMCT), der seit 1994 erfolglos bei der Genfer Abrüstungskonferenz verhandelt wird. Zudem wird der multilaterale NVV durch den im Ratifikationsprozess befindlichen »Treaty for the Prohibition of Nuclear Weapons« (TPNW) herausgefordert, da dieser für manche Nichtnuklearwaffenstaaten eine Alternative bilden könnte, was den NVV schwächen könnte. Die Verabschiedung eines vollständigen Nuklearwaffenverbots (»Nuclear Prohibition Treaty«) durch 122 UN-Mitglieder 2017 ist ein klares Votum für den Wunsch der Staatenwelt nach weiterer, tiefgreifender nuklearer Abrüstung. Der vor fünfzig Jahren unterzeichnete NVV von 1968 steht damit zunehmend von mehreren Seiten unter Druck.

Neue technologische Entwicklungen wie die fortschreitende Raketenabwehr, zielgenaue konventionelle Präzisionswaffen, die Möglichkeiten von Cyberwaffen und neuen Trägersystemen mit Überschall sind zudem rüstungskontrollpolitisch kaum reguliert sowie nicht vertraglich eingebunden und können so die strategische Stabilität der Abschreckung massiv untergraben. Ein neues technologisches und sicherheitspolitisches Wettrüsten mit Nuklearwaffen steht bevor.

Europa ist gefordert

Die europäischen Staaten und deren Staatschefs, allen voran Deutschland und die NATO, müssen nicht nur mit einer Stimme für den Erhalt des INF-Vertrages eintreten, sondern auch neue Rüstungskontrollregelungen für nukleare INF-Systeme wie zum Beispiel Marschflugkörper erarbeiten. Mehr Transparenz bezüglich der Nuklearstreitkräfte und der Raketenabwehr könnte durch gegenseitige Demonstrationen und Inspektionen geschaffen werden. Insbesondere müssen die europäischen Staatschefs die Präsidenten Trump und Putin dazu drängen, den New-START-Vertrag bis 2026 zu verlängern und, wie beim Gipfel in Helsinki angekündigt, direkte Gespräche zur strategischen Stabilität aufzunehmen, um die kommenden Jahre für ernsthafte Rüstungskontrolle und Abrüstung zu nutzen. Vertrauensbildend wäre auch eine gemeinsame Erklärung, in der die Supermächte unterstreichen, dass ein Atomkrieg nicht gewonnen werden kann und nicht geführt werden darf.

Vertrauensbildende Schritte sind möglich

Entfällt der INF-Vertrag, wird insbesondere in den USA der Druck steigen, New START nicht bis 2026 zu verlängern. Präsident Putin hat bereits bei einigen Gelegenheiten die Verlängerung angeboten. Aber auch beim New-START-Vertrag werden vermehrt Stimmen laut, die mögliche Vertragsverletzungen konstatieren. So drängt Russland im Rahmen von New START auf eine Verifikation bezüglich einer irreversiblen Konversion strategischer nuklearer Träger der USA hin zu Systemen mit konventioneller Nutzlast und großer Reichweite.

Ein neuer Vertrag (New-START II oder START IV), der eine Halbierung der aktuellen Arsenale anstrebt, könnte einige neue zentrale Elemente enthalten, so beispielsweise die Einbeziehung taktischer

Nuklearwaffen, die Begrenzung der strategischen Raketenabwehr, die Einbeziehung von Marsch- und Hyperschallflugkörpern sowie von Weltraumkapazitäten. Ein weiteres Problem stellt die fortschreitende Vermischung (»entanglement«) von nuklear und konventionell bestückten Trägersystemen großer Reichweite dar. Die Stabilität in einer Krise wird durch diese Ununterscheidbarkeit gesenkt, denn ein Land kann nicht erkennen, ob ein Trägersystem, das sein Territorium überfliegt, nuklear oder konventionell bestückt ist. Auch die anderen Nuklearwaffenstaaten müssen sich an nuklearer Rüstungskontrolle beteiligen, indem sie verbindliche Verpflichtungen abgeben, ihre aktuellen Nukleararsenale nicht zu erhöhen, solange es die beiden Supermächte nicht tun. Die Einführung eines Ersteinsatzverzichts erhöht zudem die Einsatzschwelle von Nuklearwaffen. Dies verringert die Erstschlags-Ängste und würde nicht mehr eine zweifelhafte Antwort auf einen konventionellen Angriff darstellen.

Diesen Rüstungskontrollbemühungen stehen aber aktuelle Entwicklungen von neuen see- und luftgestützten Marschflugkörpern und von Kernwaffen mit geringer Ladungsstärke entgegen. Ein weltweites Verbot von nuklearbestückten Marschflugkörpern, die kaum detektierbar und sehr treffergenau sind, wäre eine weitere zentrale Begrenzungsmaßnahme. Weitere Probleme entstehen durch die fortschreitende Entwicklung der künstlichen Intelligenz und durch Cyberangriffe auf die nukleare Kommandostruktur und müssen die Nuklearmächte zu Gesprächen zur Risikominderung und Rüstungskontrolle bringen. Der für die globale Ordnung zentrale Nichtverbreitungsvertrag stockt in erster Linie wegen der Weigerung der Nuklearwaffenstaaten, ihre Abrüstungsverpflichtung ernst zu nehmen und umzusetzen. Bei der Überprüfungskonferenz in New York 2020 droht eine weitere Polarisierung. Europa muss sich hier klar für weitere tiefgreifende Abrüstung aussprechen und dies auch umsetzen.

Deutschland, das nun eine Zeit lang im UN-Sicherheitsrat vertreten ist, kann hier eine konstruktive Rolle spielen. Karl Jaspers, dessen sechzigster Todestag 2019 ist, schrieb einmal: »Wir haben eine Atempause, wie sie oft in der Geschichte war. Wenn diese Pause heute nicht genutzt wird, um den Krieg überhaupt zu verhindern, scheint der Untergang der Menschheit unausweichlich. Jetzt geht es um alles. Die Sache darf nicht zur Ruhe kommen. Jetzt kann die Menschheit durch den Atombombenkrieg sich selbst ohne Rest auslöschen.«

EUROPA BRAUCHT DIE WENDE ZUM GESELLSCHAFTLICHEN FRIEDEN

Stephan Hebel

In Frieden mit sich selbst

Wenn vom »Friedensprojekt Europa« die Rede ist, werden die meisten zunächst an den äußeren Frieden denken, und auch Willy Brandt hat das sicher getan, als er sagte: »Frieden ist nicht alles, aber ohne Frieden ist alles andere nichts.« Hier soll jedoch die folgende Frage im Mittelpunkt stehen: Wie friedlich kann Europa sein, ohne in Frieden mit sich selbst zu leben?

Diese Formulierung mag zunächst überraschen, denn es ist ja nicht falsch, was in jeder europäischen Festrede betont wird: dass die Nationen des Kontinents alte Feindschaften überwunden und kriegerische Auseinandersetzungen untereinander so unwahrscheinlich gemacht hätten wie nie zuvor. Ja, das stimmt, und ohne diese erfreuliche Entwicklung wäre tatsächlich »alles nichts«, auch in Europa. Aber richtig ist auch: Dieser Friede kann nicht alles sein. Wenn Europa als »Friedensmacht« stark bleiben – oder wieder stark werden – will, dann wird es die innere Stärke brauchen, die nur entsteht, wenn man die Werte, die man propagiert, auch selbst lebt.

Es wäre zwar verfehlt, die ersten vierzig Jahre der Bundesrepublik als uneingeschränkt leuchtendes Beispiel für solch vorbildliches Verhalten heranzuziehen. Zu groß waren auch damals die inneren Brüche und Konflikte, als dass man die gesellschaftlichen Verhältnisse im Westdeutschland der Vorwende-Zeit idealisieren könnte. Aber dennoch verfügte das Wohlstandsversprechen, auf dem die vergleichsweise hohe Stabilität des Gemeinwesens beruhte, noch über eine relativ große Glaubwürdigkeit. Das musste es auch: Ein Kapitalismus, der nicht wenigstens in Teilen sozialstaatlich eingehegt worden wäre, hätte in der Systemkonkurrenz mit den autoritär-sozialistischen Modellen des Ostens kaum bestehen können. Dass es der

68er-Bewegung gelang, diesem Wohlstandsversprechen eine weitgehende Befreiung aus autoritären Mustern hinzuzufügen, dürfte der vergleichsweise hohen Attraktivität des Sozialstaatsmodells zusätzlich Auftrieb verliehen haben – ebenso wie die Ökologie-Bewegung, die den Hauptkonkurrenten DDR mit seinen Braunkohle-Abgasen zunehmend »abstinken« ließ.

Es war, wie gesagt, längst nicht alles gut, weder in Deutschland noch in Europa. Aber die Erkenntnis, dass ein gewisser gesellschaftlicher Zusammenhalt – man könnte auch sagen: sozialer Friede – auch der Stabilität und Attraktivität eines Gemeinwesens nach außen hin dient, darf aus der Geschichte ruhig abgeleitet werden.

Dass diese Erkenntnis nicht erst nach der Wende an Boden verlor, ist bekannt: Ronald Reagan und Margaret Thatcher mit ihrer geradezu asozialen Ideologie des marktgängigen Individualismus gab es schon vor dem Fall der Mauer, ebenso wie einen gewissen Otto Graf Lambsdorff, der den Neoliberalismus auf Deutsch buchstabierte und die Absetzung von Helmut Schmidt vorbereitete. Aber erst nach 1989 kam diese Entwicklung zu ihrer vollen Entfaltung. Der soziale Anspruch wurde und wird zwar weiterhin proklamiert, aber in der Realität fiel er in weiten Teilen einem Dogma von »Wettbewerbsfähigkeit« zum Opfer, das die innere Friedensfähigkeit Stück für Stück unterhöhlte.

Frieden erfordert Freiheit, Gleichheit und Solidarität

»Die Völker Europas sind entschlossen, auf der Grundlage gemeinsamer Werte eine friedliche Zukunft zu teilen.« So lautet der erste Satz der EU-Grundrechtecharta aus dem Jahr 2000, und die gemeinsamen Werte, auf deren Grundlage die friedliche Zukunft gedeihen soll, werden gleich anschließend genannt: Die Europäische Union, so heißt es da, gründe sich »auf die unteilbaren und universellen Werte der Würde des Menschen, der Freiheit, der Gleichheit und der Solidarität«.[1]

Diesem Bekenntnis entsprechend, benennen die 54 Artikel der Charta nicht nur Freiheitsrechte – von der körperlichen Unversehrtheit über die Meinungsfreiheit bis zum Datenschutz –, sondern sie füllen auch den Gedanken »der Gleichheit und der Solidarität« mit Inhalt: »Jede Person hat das Recht auf Bildung sowie auf Zugang zur beruflichen Ausbildung und Weiterbildung«, heißt es zum Beispiel in Artikel 14. Artikel 34 »anerkennt und achtet das Recht auf Zugang zu den Leistungen der sozialen Sicherheit und zu den sozialen Diensten, die in Fällen wie Mutterschaft, Krankheit, Arbeitsunfall, Pflegebedürftigkeit oder im Alter sowie bei Verlust des Arbeitsplatzes Schutz gewährleisten«, und er verspricht: »Um die soziale Ausgrenzung und die Armut zu bekämpfen, anerkennt und achtet die Union das Recht auf eine soziale Unterstützung und eine Unterstützung für die Wohnung, die allen, die nicht über ausreichende Mittel verfügen, ein menschenwürdiges Dasein sicherstellen sollen.«[2]

Das klingt, als habe die EU verstanden, dass sozialer Friede nach innen und Glaubwürdigkeit als Friedensmacht nach außen in einem unauflöslichen Zusammenhang stehen. Aber schon wer die entsprechenden Artikel zu Ende liest, wird an der Ernsthaftigkeit der Versprechungen zu zweifeln beginnen. Denn zu den beiden zitierten Sätzen aus Artikel 34 gibt es jeweils eine Ergänzung. Sie lautet: »… nach Maßgabe des Unionsrechts und der einzelstaatlichen Rechtsvorschriften und Gepflogenheiten«.[3] Man nennt so etwas in der Regel einen »Gesetzesvorbehalt«, und der setzt den gewährten Grundrechten Grenzen. Das Recht auf Bildung, das Recht auf Zugang zu Sozialleistungen, das Recht auf ein »menschenwürdiges Dasein«: Sie alle können eingeschränkt werden nicht nur durch »Unionsrecht«, sondern auch durch »einzelstaatliche Rechtsvorschriften und Gepflogenheiten«. Zynisch gesagt: Einen Zustand, in dem jeder zweite Jugendliche arbeitslos ist, muss man dann wohl als »griechische Gepflogenheit« betrachten.

Jenseits der feierlichen Versprechungen, für die die Grundrechte-Charta nur ein Beispiel darstellt, erweist sich die Europäische Union in wirtschaftlicher und sozialer, ja selbst in militärischer Hinsicht als eine Art Dachorganisation für den Wettbewerb nationaler Volkswirtschaften. Und das trotz des gemeinsamen Währungsraums, dem die meisten ihrer Mitglieder angehören. Natürlich gibt es Regeln für diesen Wettbewerb. Aber sie laufen, wie die Griechenlandkrise gezeigt hat, vor allem auf Folgendes hinaus: Jeder Staat hat dafür zu sorgen, dass er von »den Märkten« gute Noten und damit auch Kredite erhält. Der Weg dorthin besteht in Einsparungen bei den Leistungen für die Bürgerinnen und Bürger und in Kostensenkungen für die Unternehmen. Die gemeinsame Währung hindert die einzelnen Staaten daran, sich durch Abwertung »konkurrenzfähiger« zu machen, aber andere Mechanismen zur Linderung regionaler Unterschiede in der »Wettbewerbsfähigkeit« – vergleichbar dem deutschen Länderfinanzausgleich – gibt es nicht. Wenn Europa »hilft«, dann nur unter der Bedingung, dass das betreffende Land seine Austeritätspolitik bis zur ökonomischen und vor allem sozialen Strangulierung verschärft. Siehe Griechenland.

Das baufällige Haus Europa

Der Soziologe Elmar Altvater hat genau beschrieben, was Europa eigentlich bräuchte: »Eine Angleichung der Lebensbedingungen der Menschen (bei gleichzeitiger Akzeptanz der Sprach- und Kulturunterschiede) ist die Voraussetzung dafür, dass diese – als Wirtschaftsbürger gleichgestellt – auch die gleichen staatsbürgerlichen Rechte und Pflichten im gemeinsamen Europa ausüben können. Das aber stellt sich nicht als Nebeneffekt der Markt- und Geldintegration her, sondern muss politisch aktiv angestrebt werden. Dasselbe gilt für die sozialen Rechte in der Arbeitswelt oder für den Umweltschutz.«[4]

Die fehlende Vollendung des »Hauses Europa« ist nicht nur höchst ungerecht, sondern sie birgt jede Menge ökonomisch-sozialen Sprengstoff. Womit wir wieder beim Thema Frieden sind: Europa ist nicht zum Identifikationsraum für die eigenen Bürgerinnen und Bürger geworden. Das dürfte entscheidend dazu beigetragen haben, dass viele – in der EU und außerhalb – sich andere Projektionsflächen für ihre Sicherheitsbedürfnisse suchen. Und zwar nicht zuletzt die irrige Idee von national autonomen, ethnisch möglichst sortenreinen, in Abgrenzung und Abschottung gegenüber »den anderen« sich definierenden Gesellschaften. Die Erfolge rechtsnationaler Parteien stehen dafür ebenso beispielhaft wie die erfolgreiche Kampagne vor der Abstimmung zum Brexit in Großbritannien.

Jürgen Habermas hat beschrieben, wozu eine ausschließlich auf die Organisation des ökonomischen Wettbewerbs reduzierte Europapolitik führt. Es ist das Bild eines Teufelskreises, in dem die Verantwortlichen nicht nur mutige Schritte zu einer weiteren Europäisierung unterlassen, sondern sogar die wenigen Maßnahmen, die sie ergreifen, vor den selbstverursachten anti-europäischen Ressentiments zu verstecken versuchen: »Die Regierungen werden die nötigen Befugnisse auf europäischer Ebene konzentrieren, um ›die Märkte‹ zu befriedigen; aber gleichzeitig wollen sie versuchen, die wahre Bedeutung dieses Integrationsschrittes vor dem heimischen Wählerpublikum herunterzuspielen, weil sie für die Vertiefung der Politischen Union nicht einmal mehr in den Ländern Kerneuropas mit der bisher üblichen passiven Folgebereitschaft rechnen dürfen.« [5]

Habermas fügte eine wenig optimistische Prognose zur Entwicklung der Demokratie hinzu: »Nach diesem Szenario befinden wir uns auf dem postdemokratischen Wege zu einem marktkonformen, das heißt auf Finanzmarktimperative zugeschnittenen Exekutivföderalismus. Dabei würde nicht nur die Demokratie auf der Strecke bleiben; wir würden gleichzeitig die Chance verspielen, die Finanzmärkte, wenn auch zunächst nur innerhalb eines Wirtschaftsraums kontinentalen Ausmaßes, zu regulieren.«[6]

Kurz zusammengefasst: Die Konzentration europäischer Politik auf nationale Wettbewerbsfähigkeit und das Fehlen sozialer Kohärenz haben genau die anti-europäischen Reflexe befördert, auf die die Verantwortlichen jetzt – mit noch weniger Mut zu Europa – reagieren. Und sie werden dem Teufelskreis nicht entgehen, indem sie für dieses kapitalfixierte Europa mit großen Worten werben. Das heißt aber auch: Der fundamentale europäische Gedanke – nationale Interessengegensätze in friedlicher Kooperation aufzulösen – ist längst so rissig geworden, dass das ganze Gebäude der »Friedensmacht« zusammenzubrechen droht. Und die Anti-Demokraten in vielen Teilen der Welt – von Orbán und Erdoğan bis Putin und Trump, von der deutschen AfD über die österreichische FPÖ bis zu Marine Le Pens »Rassemblement National« in Frankreich – werden den Menschen schon einzureden wissen, dass nicht etwa die europäische Fehlkonstruktion, sondern der europäische Gedanke insgesamt bekämpft werden müsse.

Wer dagegen etwas tun will, wird mit dem stetigen Propagieren einer Globalisierung (und Europäisierung) für Besserverdienende nicht weiterkommen – mit dem ebenso unrealistischen Versprechen einer Rückkehr zum national eingehegten Sozialstaat allerdings auch nicht. Europa braucht eine Wende hin zum gesellschaftlichen Frieden: europäisch, sozial und gerecht. Sonst wird es auch den äußeren Frieden auf Dauer nicht wahren können.

VI. PARTNERSCHAFT MIT RUSSLAND

»Ein Volk der guten Nachbarn«

(Willy Brandt)

EINE FRAGE DES VERTRAUENS

Gernot Erler

Die Hoffnungen haben sich nicht erfüllt

»Wir wollen ein Volk der guten Nachbarn sein, im Innern und nach
außen.« Diese programmatische Aussage machte Willy Brandt in
seiner ersten Regierungserklärung 1969. Bald wurde klar, was er
damit meinte. Im Zuge der Ost- und Entspannungspolitik der neuen
sozialliberalen Koalition wurden zwischen 1970 und 1973 die Ost-
verträge mit der Sowjetunion, Polen, der DDR und der SSR auf den
Weg gebracht. Parallel dazu machte sich der KSZE-Prozess ab 1972
daran, das Regelwerk einer »Europäischen Friedensordnung« zu
verhandeln, das dann in der »Schlussakte von Helsinki« (1975) und
später in der »Charta von Paris für ein Neues Europa« (1990) ver-
bindlich festgelegt wurde. Diese Prozesse ebneten den Weg heraus
aus dem Kalten Krieg und aus der Blockkonfrontation und schufen
die Rahmenbedingungen für die deutsche Wiedervereinigung. Aus
dem Misstrauen der Systemrivalität sollte das Vertrauen wachsen,
auf das sich gute Nachbarschaft stützt. Im Rahmen der OSZE ab
1994 spielten dann nicht zufällig »Vertrauens- und Sicherheitsbildende Maßnahmen« (VSBM) eine wichtige Rolle. Es gab Konsens
darüber, dass Sicherheit und Vertrauen untrennbar zusammenge-
hören.

Es ist üblich geworden, auf diese Zeiten mit einer gewissen Nostalgie zurückzublicken. Was das Verhältnis zwischen Russland und dem Westen angeht, hat der Ukraine-Konflikt ab 2014 tiefgreifende Veränderungen ausgelöst. Häufig ist die Rede von der schwersten Krise seit dem Ende des Kalten Krieges. Aus westlicher Sicht stellt die Annexion der Krim und die Unterstützung der Separatisten in der Ostukraine eine schwere Verletzung der »Europäischen Friedensordnung« dar: Missachtung der Staatensouveränität und der Unantastbarkeit der Grenzen sowie Verstoß gegen das Gewaltverbot. Es wäre aber ein Fehler, den Ukraine-Konflikt als Stunde null der Krise zu betrachten.

Ein längerer Entfremdungsprozess

Tatsächlich lässt sich der Konflikt ohne einen Blick auf den vorangegangenen langjährigen Entfremdungsprozess zwischen Russland und dem Westen gar nicht verstehen. Wo die EU auf das »Partnerschafts- und Kooperationsabkommen« von 1997 ebenso verwies wie auf die regelmäßigen Regierungskonsultationen, auf die enge wirtschaftliche Verflechtung, die wechselseitige Abhängigkeit bei den Importen von Energieressourcen, die zahlreichen Dokumente zur »Strategischen Partnerschaft mit Russland« bis hin zu einer »Modernisierungspartnerschaft« zwischen Deutschland und Russland, da konstatierte die russische politische Elite ein durchweg russlandfeindliches Verhalten des Westens.

Extremer kann ein Vertrauensverlust nicht ausfallen. Der eine betont das Positive und Konstruktive in den bilateralen Beziehungen, der andere unterstellt die böse Absicht der anderen Seite und sieht sich zur Abwehr genötigt. Genau das führte zum Ukraine-Konflikt: Die EU bot der Ukraine und anderen Staaten der »Östlichen Partnerschaft« ein Assoziierungsabkommen an, als Ersatz für eine gewünschte, aber unrealistische EU-Beitrittsperspektive. Die russische Führung sah darin aber gerade die entscheidende Türöffnung für einen Eintritt Kiews in EU und NATO – und reagierte mit der Annexion der Krim und der Unterstützung der Separatisten in der Ostukraine.

Die EU schloss eine militärische Lösung des Konflikts aus und bemühte sich im Rahmen des Normandie-Formats um einen politischdiplomatischen Ausweg. Die Sanktionen übernehmen dabei die Rolle des einzigen Druckmittels. Sie müssen für jedes neue Halbjahr im vollen Konsens von den Mitgliedsstaaten verlängert werden. Moskau unternimmt erhebliche Anstrengungen, um diesen Konsensprozess aufzubrechen, und schreckt nicht davor zurück, rechtspopulistische und EU-feindliche politische Kräfte verdeckt oder offen zu unterstützen. Zum Erfolg hat das bisher nicht geführt, wohl aber zu weiterem Vertrauensverlust.

Und das ist leider auch der Fall bei den konkreten politischen Friedensbemühungen. Das Minsk II-Abkommen vom 12. Februar 2015 hat sich auf einen Fahrplan mit dreizehn Stationen festgelegt, beginnend mit einem kompletten Waffenstillstand als Punkt eins. Immer wieder treffen sich die Diplomaten, die Außenminister und die Staatschefs der vier Staaten, und jedes Mal hören wir feierliche Bekenntnisse zum Waffenstillstand und zu dem gesamten Minsk-Fahrplan – aber vor Ort wird einfach weitergeschossen. Die Bekenntnisse sind ohne Wert und werden zum Ärgernis. Wieso setzt Präsident Poroschenko die Feuereinstellung bei seinen eigenen Truppen nicht durch? Warum nutzt Putin nicht seine Macht und die Abhängigkeit der Separatisten von der Moskauer Unterstützung, um den verabredeten Waffenstillstand zu erzwingen?

Im November 2018 mussten wir lernen, dass der Normandie-Prozess eine Ausweitung der Kampfhandlungen in der Ostukraine zwar verhindern konnte, nicht aber eine neue Krise, die mit der Krim-Annexion in Verbindung steht. Am 25. November brachte die russische Küstenwache bei der Brücke von Kertsch mit Waffeneinsatz zwei ukrainische Patrouillenboote und einen Begleitschlepper auf, der dabei absichtlich gerammt wurde. 24 ukrainische Besatzungsmitglieder wurden festgenommen und nach Moskau gebracht. Der Vorwurf lautet provokatives Eindringen in russisches Hoheitsgebiet. Die Ukraine erkennt die Annexion der Krim nicht an und damit natürlich auch nicht die russische Reklamation einer Zwölf-Meilen-Zone. Zusätzlich kann Kiew auf einen russisch-ukrainischen Vertrag von 2003 verweisen, der beiden Ländern die freie Durchfahrt durch die Straße von Kertsch in das Asowsche Meer garantiert.

Aber erst die politische Reaktion in Kiew offenbarte das gesamte Gefahrenpotenzial dieses ernsthaften Zwischenfalls. Präsident Poroschenko ließ von der Rada die Verhängung des Kriegsrechts in zehn der 24 Regionen des Landes für dreißig Tage beschließen. Er sprach zudem von einer unmittelbar bevorstehenden russischen Großoffensive, auch wenn es keine Anzeichen dafür gab.

Über die deutsche *Bild*-Zeitung drückte der Präsident seine Hoffnung aus, dass jetzt die NATO-Staaten starke Marinekräfte ins Asowsche Meer schicken würden. Der ukrainische Botschafter in Berlin Andrij Melnyk verlangte ein deutsches Ultimatum an Moskau zur Freilassung der festgenommenen Marinesoldaten, regte an, mit dem Stopp der Einfuhr von russischem Öl und Gas nach Deutschland zu drohen, und setzte sich für die Entsendung der deutschen Marine ins Schwarze Meer ein. Der ukrainische Marinechef Admiral Ihor Worontschenko machte den Vorschlag, den Bosporus für russische Schiffe zu sperren.

Keiner dieser Vorschläge wurde aufgegriffen. Zu offensichtlich ließ sich hinter den ukrainischen Forderungen das schon lang gehegte Ziel erkennen, den Ukraine-Konflikt zu internationalisieren. Das hielt den Westen aber nicht davon ab, die Schuld für die Vorfälle ausschließlich bei der russischen Seite zu suchen und laut über erweiterte Sanktionen nachzudenken. Präsident Trump hatte sich für den 29. November am Rande des G20-Gipfels in Buenos Aires mit Präsident Putin verabredet, sagte die Begegnung aber mit der Begründung ab, die ukrainischen Seeleute seien nicht freigelassen worden.

Moskau nimmt eine weitere Verschlechterung im Verhältnis zum Westen bewusst in Kauf, vor allem, wenn es um die Krim geht. Niemals werde man diese »Wiedervereinigung« wieder infrage stellen und notfalls jeden in Grund und Boden rammen, der sich dem entgegenstellt. Für diese Einstellung gibt es eine breite gesellschaftliche Zustimmung in Russland.

Und dann müssen wir uns mit einer bedrohlichen Situation auf dem Feld der Rüstungskontrolle auseinandersetzen. Schon seit einiger Zeit gibt es hier praktisch nur noch Rückschritte. Der Prozess der konventionellen Rüstungskontrolle (KSE) liegt auf Eis, nachdem einige NATO-Staaten den »Angepassten Vertrag« (A-KSE) nicht ratifiziert haben und Russland 2007 erst die Aussetzung der Implementierung verkündete und im Mai 2015 dann den faktischen Austritt aus dem Prozess erklärte. Schon im Juni 2002 hat Amerika seinen einseitigen Austritt aus dem ABM-Vertrag zur Begrenzung von Raketenabwehrsystemen vollzogen, um den Weg für das eigene Raketenabwehrprogramm mit Stationierungen in Polen und Rumänien frei zu machen.

Präsident Trump kündigte am 8. Mai 2018 das seit 2015 gültige Abkommen zum iranischen Nuklearprogramm (JCPOA), über das zwölf Jahre lang verhandelt worden war. Und nun wird der wichtigste wirkliche Abrüstungsfortschritt der letzten Zeit, nämlich der INF-Vertrag, von beiden Seiten infrage gestellt.

Stirbt der INF-Vertrag an dem gegenseitigen Misstrauen und der Unfähigkeit, sich auf ein gemeinsames und neutrales Verifikationsregime zu verständigen, dann steht auch die Fortführung des New-Start-Abkommens von 2010 auf der Kippe, das das Arsenal von ballistischen Waffen auf beiden Seiten auf 1 550 Sprengköpfe und 800 Trägersysteme reduzierte. Das Abkommen steht Ende 2020 zur Verlängerung an.

Das Eskalationspotenzial der beschriebenen Entfremdungsprozesse, des anhaltenden Ukraine-Kriegs, der ungelösten Asow-Krise, des Niedergangs der Rüstungskontrolle und des Heraufziehens eines neuen atomaren Wettrüstens stellt eine komplexe politische Herausforderung dar. Die »Europäische Friedensordnung« sieht sich gleich von mehreren Seiten her infrage gestellt.

Der Blick zurück auf die historische Entspannungspolitik zeigt, welche entscheidende Rolle dort der Aufbau wechselseitigen Vertrauens gespielt hat. Entspannung braucht Vertrauen, nicht als Ergänzung, sondern als Voraussetzung. Die Suche nach neuen, zeitgemäßen »Vertrauens- und Sicherheitsbildenden Maßnahmen« (VSBM) hat begonnen, muss aber intensiviert werden. Das Ziel der »guten Nachbarschaft« liegt in der Zukunft, verdient aber eine Rolle als Leitstern beim Aufbau neuen Vertrauens.

BLICK ZURÜCK NACH VORN

Matthias Platzeck

Das 20. Jahrhundert ist nicht nur das Zeitalter der Weltkriege, sondern auch das eines Kalten Krieges, der die Menschen auf dem gesamten Erdball und besonders uns in Mitteleuropa über Jahrzehnte in Atem gehalten hat. Mit der Auflösung der Sowjetunion schien die Auseinandersetzung zwischen Ost und West ein für alle Mal beendet. Heute, keine dreißig Jahre später, erleben wir eine neue Konfrontation zwischen Russland und der westlichen Welt, die ein kaum kalkulierbares Eskalationspotenzial in sich birgt.

Der Leiter der Münchner Sicherheitskonferenz, Wolfgang Ischinger, warnte 2016, dass die Gefahr, dass sich »aus Eskalationsschritten […] militärische Kampfhandlungen ergeben könnten«, größer sei als im letzten Jahrzehnt des Kalten Krieges.[1] Wir müssen uns wieder ernsthaft um den Frieden auf unserem Kontinent sorgen und uns fragen, wie es erneut so weit kommen konnte.

Der amerikanische Diplomat George F. Kennan hat es eine der großen Enttäuschungen seines Lebens genannt, dass nach Ende des Zweiten Weltkrieges, nach dem Erfolg der Berliner Luftbrücke, die dem Sowjetregime zeigte, dass Amerika bereit war, sich für Berlin und Europa einzusetzen, weder die amerikanische Regierung noch die westeuropäischen Alliierten auch nur irgendein Interesse zeigten, mit der Sowjetunion über die Gestaltung des zukünftigen Europas zu sprechen: »Was sie und die anderen von Moskau wollte war im Grunde die ›bedingungslose Kapitulation‹. Sie waren bereit, darauf zu warten. Und das war der Beginn des vierzigjährigen Kalten Krieges.«[2] Die westliche Welt hatte den Krieg gewonnen, aber den Frieden verspielt.

Der Westen hat den Zusammenbruch der Sowjetunion als endgültigen Triumph der eigenen liberalen Ordnung wahrgenommen und leitete daraus deren Allgemeinheits- und Allgegenwartsanspruch ab: Demokratie, Marktwirtschaft und westliche Werte würden sich nun, gleichsam als natürliche Ordnung, in den Ländern des Ostens und in Russland – ja, überall auf der Welt – verbreiten. Sieger zweifeln nicht.

So ging der Kalte Krieg ohne Friedenskonferenz zu Ende und einmal mehr ohne einen Dialog mit Russland über eine künftige Ordnung für Europa. Die politische Vorstellungskraft im siegesstolzen Westen reichte nicht aus, um nach der Auflösung der bipolaren Ordnung eine Neugestaltung der Beziehungen überhaupt zu denken. Spätestens aber als die Sowjetunion ihre 500 000 Soldaten aus Deutschland, Polen, Ungarn und der Tschechoslowakei abzog, war die Zeit gekommen, über eine Sicherheitsarchitektur zu verhandeln, welche Russland gleichberechtigt einbezieht. Die russische Politik hat seitdem ihren Wunsch nach einem gemeinsamen Sicherheitsraum vom Atlantik bis zum Pazifik immer wieder bekräftigt. Doch im Westen, auch in Deutschland, das eine eigene leidvolle Geschichte mit Russland verbindet, fanden die Vorstöße kein Gehör.

Europa baute unverändert auf den Schutz der NATO und dehnte die militärische Allianz auf Staaten des ehemaligen Warschauer Pakts und die neuen baltischen Republiken aus. An Warnungen vor den Folgen der NATO-Ausweitung für die internationalen Beziehungen wie auch für die innere Entwicklung der jungen Russischen Föderation hat es nicht gefehlt.

Egon Bahr mahnte: »Es gibt keine Stabilität in und für Europa ohne die Beteiligung Russlands«, eine immer weitere Expansion des westlichen Bündnisses bedeute, »dass wir mindestens für die nächsten zehn Jahre eine Gegnerschaft zu Russland aufbauen«.[3]

Russland: Partner oder Gegner?

War Russland für die sich nach Osten ausdehnende NATO der Gegner aus der Vergangenheit oder der Partner für die Zukunft? Zu dieser entscheidenden sicherheitspolitischen Frage, die die Russen immer wieder aufwarfen, hüllte sich der Westen in Schweigen.

Seit den kriegerischen Auseinandersetzungen im Osten der Ukraine und der Vereinnahmung der Krim stellen sich für die Regierungen in der Europäischen Union und den Vereinigten Staaten gar keine solchen Fragen mehr. Sie blicken nicht zurück: Wie ist es eigentlich zu dem neuen Ost-West-Zerwürfnis gekommen? Und nicht nach vorn: Wie wollen wir eigentlich mit einem Russland als Gegner auf dem europäischen Kontinent zusammenleben? Sie haben nur noch Antworten, die kaum Handlungsspielraum für einen konstruktiven Krisendialog lassen: Der Westen setzt auf Härte, Säbelrasseln und Sanktionen.

In Sachen Russland gibt es auch in Deutschland für viele nichts mehr zu verstehen. Analytische Kompetenz, historischer und politischer Sachverstand sind kaum noch gefragt. Dass der Begriff »Russland-Versteher« diffamierend gemeint ist, sagt viel.

Denn Europäer, Deutsche und Russen stehen vor einem außen- und sicherheitspolitischen Trümmerhaufen. Und die Gräben sind tiefer geworden, denn, in der Tat, Russland hat sich verändert, in einer Weise, die »so gar nicht nach unserem Geschmack ist«. Das Land hat den nach dem Zusammenbruch der Sowjetunion eingeschlagenen Kurs verlassen und ist seinen eigenen Weg gegangen, wurde nationalistischer und autoritärer. Der Westen ist heute für die russische Nation nicht mehr der Sehnsuchtsort, der er einmal war. Mehr noch: Der Antagonismus zwischen der westlichen Welt und Russland scheint sich auf dem europäischen Kontinent fest etabliert zu haben.

Wir können uns unsere Nachbarn nicht aussuchen: Russland liegt zusammen mit uns auf einem Kontinent – »unverrückbar«, wie Egon Bahr es einmal ausgedrückt hat. Unsere Nachbarschaft friedlich zu organisieren, kann nur mit, nicht gegen Russland gelingen, in einem Europa, das Verständigung und Ausgleich sucht. Die Macht im Osten mit einer Politik der Stärke in die Knie zwingen zu wollen, ist eine wahnwitzige Illusion – ein Blick ins Geschichtsbuch genügt, um das festzustellen.

»Kooperative Vernunft« könnte man vielleicht das Erfolgsrezept im Nachkriegseuropa nennen, welches, wie Egon Bahr argumentierte, darauf gründet, »dass Europa aus der schrecklichen Geschichte seiner Kriege schmerzhaft und leidvoll gelernt hat und seine militärische Schwäche zu seiner Stärke gemacht hat: Das Wunder seines Lebensstandards wie seine Attraktivität verdankt es der friedlichen Zusammenarbeit.« Lassen wir diese Vernunft auch mit Russland walten!

Richten wir den Blick auf die gemeinsamen Interessen – die Schnittmenge ist groß. Enge wirtschaftliche Verflechtungen und ein großes Handelsvolumen sind stabilisierende Faktoren für die gegenseitigen

Beziehungen. Ein großes Infrastrukturvorhaben wie »Nord Stream 2« kann ein echtes Schlüsselprojekt werden und die Vision eines gesamteuropäischen Wachstums- und Wohlstandsraums ein Stück näher rücken lassen.

Auch der zwischengesellschaftliche Austausch kann gerade in politisch schwierigen Zeiten für mehr gegenseitiges Verständnis sorgen. Deutsche und Russen haben in intensiver Zusammenarbeit viel Vertrauenskapital angehäuft: im Schüleraustausch und in Jugendbegegnungen, in der Kooperation in Bildung, Forschung und Kultur, in den zahlreichen kommunalen und regionalen Partnerschaften.

Dass Deutsche und Russen sich heute als Freunde und nicht als Feinde begegnen, ist eine große Friedens- und Versöhnungsleistung unserer Gesellschaften. Zu Recht hat Bundespräsident Steinmeier bei seinem Moskaubesuch im Oktober 2017 gesagt: »Wir sind es unseren Völkern schuldig, einer weiteren Entfremdung zwischen Deutschen und Russen entgegen zu wirken.« [4]

FRIEDENSORDNUNG, WIE?[1]

Hans-Jürgen Misselwitz

Diametral abweichende Positionen

Die »Organisation für Sicherheit und Zusammenarbeit in Europa«
(OSZE) ist kein internationaler Gerichtshof, aber dazu da, sich in bestehenden Konflikten für Lösungen einzusetzen und durch Vermittler-
tätigkeit und vertrauensbildende Maßnahmen eine Gesprächsbasis
zwischen politischen Akteuren zu schaffen. Zu diesem Zweck wurde
unter der deutschen OSZE-Präsidentschaft eine Untersuchung im Dezember 2017 veröffentlicht, die anhand von Dokumenten und Aussagen von Beteiligten systematisch die »radikal voneinander abweichen-
den Sichten auf die Zeit von 1990 rekonstruiert, wie und warum sich
der Konflikt so entwickelte« – und zwar auch unter Berücksichtigung
der These, »dass die Ukraine-Krise ein Symptom und eine Folge der
Entwicklung war, aber nicht die tiefere Ursache *für den Rückzug Russlands von der gesamteuropäischen Sicherheitsordnung von 1990«*.[4]

Der zentrale Befund der Untersuchung ist: Der Streit über die Frage,
ob und wann der Führung der Sowjetunion 1990 konkret eine Nicht-
Ausdehnung der NATO versprochen wurde, trifft nicht den Kern der
Sache. Es wurde etwas viel Grundsätzlicheres versprochen und später
gebrochen: Zeithistoriker sprechen vom »gebrochenen Geist der kooperativen Sicherheit«. Anstatt sich auf das »gebrochene Versprechen«
einer Nicht-NATO-Erweiterung zu konzentrieren, stimmen westliche
Historiker überein, dass der Sowjetunion 1990 eine inklusive und kooperative europäische Sicherheitsordnung versprochen wurde.

Zu diesem Ergebnis kommt auch die Studie *NATO Expansion: What
Gorbachev Heard* der Washingtoner Georgetown University.[5] In dieser
weisen Historiker anhand bisher klassifizierter Dokumente nach, dass
der sowjetischen Führung von allen maßgeblichen westlichen Repräsentanten jener Zeit versichert wurde, dass sie eine gleichberechtigte

Einbindung Russlands in ein künftiges gesamteuropäisches Sicherheits-system anstreben. Tonangebend war Bundesaußenminister Hans Dietrich Genscher, der in seiner Tutzinger Rede vom 31. Januar 1990 erklärte: »Sache der NATO ist es, eindeutig zu erklären: Was immer im Warschauer Pakt geschieht, eine Ausdehnung des NATO-Territoriums nach Osten, das heißt, näher an die Grenzen der Sowjetunion heran, wird es nicht geben.«[6]

Der damalige CIA-Direktor Robert Gates behauptete in einem spä-teren Interview allerdings eine andere Lesart der damaligen Bekun-dungen, dass »die Absicht, die NATO 1990 nach Osten zu erweitern«, schon existierte, »als Gorbatschow und andere in dem Glauben gelassen wurden, das würde nicht so kommen«[7], die entscheidende Aussage ist hier: »[sie] wurden im Glauben gelassen.«

Russland seinerseits hat spätestens in der Ukraine-Krise mit dem »Geist der Zusammenarbeit« von 1990 gebrochen. Regeln und Prinzi-pien, wie sie in der »Schlussakte von Helsinki« und in der »Charta von Paris« niedergelegt sind, sowie multilaterale Vereinbarungen mit der Ukraine, wie die von Budapest 1994, wurden demonstrativ missachtet oder von Russland einseitig neu interpretiert. Berechtigt dies zu dem Urteil, Russland habe die europäische Friedensordnung verlassen?

Die Frage setzt die Existenz einer Friedensordnung als Russland einschließende, bindende Tatsache voraus. Soweit es sie gibt, hatte Russland aber darin keinen gleichberechtigten Platz.[8] Im NATO-Russ-land-Rat von 1997 sitzt Russland 29 Mitgliedern des Bündnisses ge-genüber – ohne Einfluss auf die Entscheidungen. In der Grundakte von 1997 gab es sich mit einem Versprechen eines Nichtvorrückens von NATO-Truppen zufrieden, das jederzeit unter Hinweis auf eine veränderte Sicherheitslage widerrufen werden kann.[9] Angesichts der zugesagten NATO-Ausdehnung nach Polen, Tschechien und Ungarn si-gnalisierte Russland mit seiner Unterschrift einen Vertrauensvorschuss gegenüber dem Westen. Zehn Jahre später, nach Präsident Putins Rede auf der Münchner Sicherheitskonferenz 2007, nahm man im Westen zwar Russlands Kritik wahr, dennoch legte man nach: Der Bukarester NATO-Gipfel vom April 2008 beschloss, dass auch Georgien und die Ukraine Nato-Mitglieder werden sollen.[10]

Seither begann Russland, sich demonstrativ als regionale Ord-nungsmacht zu profilieren und das Völkerrecht für sich neu zu in-terpretieren. Es gab vor, das zu tun, was der Westen schon seit 1991 getan hatte. Damals stimmte man in Teilen der KSZE überein, dass die Achtung der Souveränität der Staaten zurückstehen müsse und internationale Interventionen erlaubt seien, wenn gravierende Menschenrechtsverletzungen vorlägen. Das war eine Neuinterpretation der Helsinki-Schlussakte. Demgegenüber bestand Russland damals auf seiner Auffassung vom Vorrang des Prinzips der Achtung der Souveränität der Staaten und ihrer territorialen Integrität. Entsprechend kritisierte Russland die vom UN-Sicherheitsrat nicht mandatierte NATO-Intervention 1999 in Serbien und Kosovo als völkerrechtswidrig und erkennt dessen Abtrennung von Serbien 2008 und seine Unabhängigkeit nicht an. Dementsprechend wurde die Intervention in Georgien mit einer Auslegung des Völkerrechts gerechtfertigt, die die NATO ihrerseits für ihr Eingreifen in Jugoslawien herangezogen hatte. Dagegen argumentierte nun der Westen mit dem Vorwurf der Verletzung der territorialen Integrität und der Einmischung in die inneren Angelegenheiten von Staaten.[11]

So sieht es die Mehrheit der in der OSZE vertretenen Staaten im Blick auf die Ukraine-Krise.

Die Gespenster der Vergangenheit und die deutsche Frage

Für die USA hatte die NATO von Anfang an absoluten Vorrang vor der KSZE. Der Verbleib Deutschlands in der NATO war für die USA nicht verhandelbar.[12] Gegenüber Kanzler Kohl machte US-Präsident George Bush in einem Gespräch am 24. Februar 1990 in Camp David geltend, dass die NATO-Mitgliedschaft Deutschlands auch ein Argument sei, um die mit Blick auf die deutsche Vereinigung besorgten Staaten in Europa für die deutsche Einheit zu gewinnen.

Diese Hintergründe muss man sehen, um die westliche Position in der NATO-Frage von 1990 zu verstehen und damit einen der Gründe für die Etablierung der westlichen Sicherheitsstrukturen in Mittel- und Osteuropa. Die NATO, der Garant für die militärische Präsenz der USA in Europa, wurde als Rückversicherung vor einem erneut mächtigen Deutschland – nicht vor der Sowjetunion – ins Spiel gebracht. Die Sowjetunion hatte selbst das Thema auf die Tagesordnung gesetzt, allerdings mit ihrem Plädoyer für eine künftige Neutralität

Deutschlands. Ende 1989 fragte der damalige sowjetische Außenminister Eduard Schewardnadse: »Wo sind die politischen, rechtlichen und materiellen Garantien, dass die deutsche Einheit auf lange Sicht keine Bedrohung für die nationale Sicherheit anderer Staaten und für den Frieden in Europa werden kann? Die Geschichte selbst verlangt eine erhöhte Umsicht Europas.«

Die sich Anfang 1990 abzeichnende Erosion der Stabilität der DDR, aber auch der unterschiedlichen Interessen in Bezug auf die Lösung der deutschen Frage, begünstigte das Versprechen von Kontinuität statt einer ganz neuen und in ihren Konsequenzen unvorhersehbaren Mächtekonstellation in Europa. Das nutzten die NATO-Befürworter. Die NATO fungierte schließlich als »Sicherheitsgarant« angesichts eines drohenden Vakuums im vormals sowjetisch dominierten europäischen Osten. Entwicklungen wie die Jugoslawienkriege der Neunzigerjahre stützten diese Wahrnehmung und das Beitrittsbestreben mittel- und osteuropäischer Staaten.

Die deutsche Frage bestimmte den europäischen Prozess. Dass die Lösung der nationalen Frage vor der internationalen kam, hatte weitreichende Folgen. Das deutsche Vorbild, die Wiedervereinigung der Nation als Einheit von demokratischem Aufbruch und nationaler Selbstbestimmung, führte im Osten Europas dazu, dass der Gewinn von Freiheit mit der Wiederherstellung nationaler Souveränität und Identität politisch gleichgesetzt wurde.[13] Es begünstigte auch ein Verständnis von Nationalstaat, in dem historische Identität und ethnische Herkunft zunehmend in den Vordergrund traten. Diese »Gespenster der Vergangenheit« sind inzwischen in ganz Europa wach.

Was ist die gemeinsame Basis?

Die Entfremdung ist weit gediehen, das Misstrauen sitzt tief.

Was wäre, wenn von westlicher Seite anerkannt würde, dass die russische Erwartung an den Westen, der wechselseitig beteuerte »Geist der Kooperation«, der Punkt der größten Annäherung war und die Erfahrung, im Blick auf seine Sicherheitsinteressen praktisch immer weniger beteiligt gewesen zu sein, ein Grund nachvollziehbarer Distanzierung ist?

Was wäre, wenn von russischer Seite die westliche Position anerkannt würde, dass im Gefolge der Ereignisse von 1989/90 das Interesse an der Erhaltung von Frieden und Stabilität in Europa – angesichts des Zerfalls des Warschauer Paktes und der Sowjetunion – ein gewichtiger Grund war, an der NATO festzuhalten – und nicht, wie in dem OSZE-Bericht gezeigt wurde, die vorsätzliche Ablehnung einer Zusammenarbeit?

Im Blick auf die Bewertung der vor allem im letzten Jahrzehnt zunehmenden Differenzen wäre es angebracht, die vorgebrachten rechtlichen oder moralischen Standards mit der eigenen Praxis zu überprüfen, vor allem, wenn es um Völkerrecht und Vereinbarungen geht. Das gilt insbesondere für den Westen, dessen Politik einen universellen Wertekodex beansprucht, der aber dann von allen internationalen Akteuren gleichermaßen abzuverlangen ist.

Die Überwindung dieser Situation betrifft den ideologischen Kern des Konflikts zwischen dem Westen und Russland: voneinander abweichende, sich gegenseitig ausschließende Rechtspositionen. Diese Gegensätze erinnern an die Konstellation vor Paris 1990 und noch mehr an die vor Helsinki 1975. Ein Ansatz wäre also, diese Gegensätze in einem multilateralen Dialog auf OSZE-Ebene zu bearbeiten. Alles spricht dafür, die OSZE in ihrer Bedeutung für eine gesamteuropäische Friedensordnung zu stärken.

GEMEINSAME SICHERHEIT MIT RUSSLAND:
Kern einer europäischen Friedensordnung

Wolfgang Schwarz

Mit Russland Sicherheit schaffen

Dass die jeweils herrschende politische und militärische Elite eines Landes außen- und sicherheitspolitisch aus der Geschichte in der Regel wenig bis nichts lernt, ist die frustrierende Erkenntnis oder Erfahrung vieler, die sich länger mit der Materie befasst haben oder darin involviert sind. Das ist jedoch kein Grund, es nicht immer wieder zu versuchen – wie etwa Herfried Münkler es getan hat. Mit Blick auf die Versailler Nachkriegsordnung, hebt er als konstituierend hervor: »Eine stabile politische Ordnung Europas, die nicht auf eine außereuropäische Macht als Garanten rekurrieren kann, darf keine europäische Großmacht exkludieren, sondern muss alle zu deren langfristiger Zufriedenheit einschließen. Konkret betrifft dieser Imperativ Russland, das zwar keine ausschließlich europäische, aber doch mit dem Gros seiner Bevölkerung und den Zentren seiner Macht eine wesentlich europäische Macht ist.« [1]

1990 bestand die reale Chance, Russland entsprechend zu inkludieren: Der Kalte Krieg war einvernehmlich beendet und die Charta von Paris war als Basisdokument einer neuen europäischen Friedensordnung verabschiedet worden. Tatsächlich jedoch geschah anschließend etwas völlig anderes: Die Sowjetunion zerfiel und Russland stürzte in innenpolitische Turbulenzen, die es für knapp zehn Jahre auch außen- und sicherheitspolitisch weitgehend handlungsunfähig machten. Kein westeuropäisches Land unternahm es, die praktische Umsetzung der Charta von Paris voranzutreiben. Auch Deutschland nicht.

In den USA war selbst nach dem Ende des Kalten Krieges nur eine Minderheit der herrschenden Kreise zu einer nachhaltigen Kooperation mit Moskau bereit, und das auch nur temporär.

Als Russland ab 2000 in die internationale Arena zurückkehrte und heftiges Interesse an einer neuen Stufe der Kooperation mit dem

Westen signalisierte, war im Westen niemand bereit, substanziell darauf einzugehen. Auch Deutschland nicht. Auf Putins zwischenzeitliches Warnsignal auf der Münchner Sicherheitskonferenz 2007 folgte nichts.

Was seit 1990 passiert ist, fasste die amerikanische Historikerin Mary Sarotte treffend zusammen: »Es wurde ein großes Europäisches Haus gebaut, aber keines der Zimmer hat Russlands Namen an der Tür.«[2] Die Folgen haben wir heute täglich vor Augen: erneute Konfrontation zwischen dem Westen und Russland, Aufrüstung und gegenseitiges militärisches Muskelspiel inklusive.

Deshalb ist es höchste Zeit, daran zu erinnern, was ab den Achtzigerjahren schon einmal zum sicherheitspolitischen Einmaleins in Ost und West gehörte – nämlich was passieren würde, wenn beim Spiel mit dem Feuer etwas schief ginge und ein Krieg ausbräche: Sollte es etwa im Baltikum zu einem (selbst einem ungewollten) Zusammenstoß kommen, dann wären die in dieser Region lokal überlegenen russischen Kräfte wahrscheinlich tatsächlich in der Lage, in höchstens sechzig Stunden die Außenbezirke von Tallin (Estland) und Riga (Lettland) zu erreichen, wie das 2016 bei der RAND Corporation durchgespielt worden ist,[3] und durch Abriegelung der sogenannten »Suwalki Gap« zwischen der russischen Exklave Kaliningrad und Weißrussland die Landverbindung des Baltikums zum NATO-Verbündeten Polen zu unterbrechen. Mehr als ein höchst fragwürdiges Fait accompli hätte Russland damit jedoch nicht gewonnen. Denn der eigentliche Großkonflikt mit der NATO begänne ja überhaupt erst danach.

Würden deren konventionell insgesamt hoch überlegene Streitkräfte dabei russische Grenzen erreichen und überschreiten, könnte aus Moskauer Sicht eine Situation eintreten, für die Putin in seiner Rede an die Nation im *März 2018 aus der russischen Militärdoktrin zitierte*, »*dass Russland sich das Recht, Kernwaffen einzusetzen, [...] als Antwort vorbehält auf [...] eine Aggression [...] mit konventionellen Waffen, die die Existenz des Staates gefährden*«.[4]

Das meint den atomaren Ersteinsatz für den Fall einer drohenden konventionellen Niederlage. Ob sich daran, wovor Experten im Kalten Krieg immer wieder gewarnt haben, eine Eskalation bis zum allgemeinen thermonuklearen Schlagabtausch und bis zur weitgehenden Zivilisationsvernichtung anschlösse, mag eine Glaubensfrage sein.

Entscheidend ist, dass bisher niemand auch nur annähernd beweisen konnte, dass das nicht der Fall sein wird. Wer vor diesem Hintergrund in Abrede stellt, dass dauerhafte Sicherheit in Europa nicht ohne oder gar gegen, sondern nur als gemeinsame Sicherheit mit Russland zu haben ist, dem ist nicht zu helfen.

Einer Atommacht wie Russland einen militärischen Stolperdraht in Gestalt von vier multinationalen NATO-Bataillonen im Baltikum und in Polen vor die Haustür zu spannen, mag eine Illusion von Sicherheit bedienen. Der Wirklichkeit von Sicherheit dient so ein Draht mitnichten, denn er signalisiert militärische Gegnerschaft, wo das Problem als solches nur politisch und kooperativ gelöst werden kann.

Ihren höchstmöglichen Ausprägungsgrad fände gemeinsame Sicherheit in einer vertraglich geregelten Sicherheitspartnerschaft. Wie könnte eine solche im Hinblick auf Russland künftig gedacht werden? Das Rad ist hier nicht unbedingt neu zu erfinden. Wenigstens drei bekannte Ansätze liegen vor:

1. Sicherheitspartnerschaft mit Russland könnte zum einen im Rahmen einer politisch aufgewerteten, mit mehr Kompetenzen ausgestatteten und mit substanzielleren Aufgaben betrauten OSZE gedacht werden, weil in diesem Kontext alle relevanten Akteure bereits eingebunden sind und ein organisatorischer Rahmen vorhanden ist.
2. Andererseits wäre auch ein System kollektiver Sicherheit im Raum von Wladiwostok bis Vancouver denkbar, durch eine einheitliche Sicherheitsarchitektur, die neben den Staaten auch allen in diesem Raum vorhandenen internationalen Organisationen offenstehen müsste. Solches hatte Russland 2008 vorgeschlagen und mit dem bereits erwähnten Vertragsentwurf untersetzt.
3. Und letztlich wäre auch eine Öffnung der NATO für eine Mitgliedschaft Russlands vorstellbar. Diese Idee ist während seiner ersten Präsidentschaft von Wladimir Putin in Erwägung gezogen und vor Jahren auch in Deutschland zur Debatte gestellt worden.

Für alle drei Ansätze fehlen allerdings derzeit in Deutschland, vom Westen insgesamt gar nicht zu reden, durchsetzungsfähige politische Entscheidungsträger, und tragfähige politische Mehrheiten dafür sind auf absehbare Zeit eher schwer organisierbar. Auch in Russland sind für solche Ansätze aufgeschlossene Ansprechpartner momentan kaum mehr zu finden.[5] Das entspricht ziemlich genau der Ausgangslage im Juli 1963, als Egon Bahr seine berühmte Rede an der Evangelischen Akademie in Tutzing hielt.

HOCH DIE INTERNATIONALE SOLIDARITÄT
Oder: Mehr Weltinnenpolitik wagen!

Albrecht von Lucke

Entspannungspolitik in einer veränderten Welt

Wenn heute, angesichts einer fundamentalen Zerrüttung der globalen
Staatengemeinschaft und Friedensordnung, zu Recht die Forderung
nach einer »neuen Entspannungspolitik« erhoben wird, dann stellt
sich die entscheidende Frage, wie eine solche auszusehen hätte. Denn
gut fünfzig Jahre nach der von Egon Bahr und Willy Brandt entworfenen »Neuen Ostpolitik« hat sich die Lage fundamental geändert. Und
bereits damals erklärte sich die Entspannungspolitik nicht aus sich
selbst heraus, sondern auch aus dem spezifischen Kontext. Umso erforderlicher ist es, die damals und auch später leitenden Ideen und
Motive von Willy Brandt herauszuarbeiten.

Am wohl klarsten kommt beides – Kontext wie Leitidee – in seiner
großen Nobelpreisrede vom Dezember 1971 zum Ausdruck. »Unter der
Drohung einer Selbstvernichtung der Menschheit ist die Koexistenz
zur Frage der Existenz überhaupt geworden. Koexistenz wurde nicht
zu einer unter mehreren akzeptablen Möglichkeiten, sondern zur einzigen Chance zu überleben«. Hier zeigt sich: Die Idee der friedlichen
Koexistenz und ihre fundamentale Absage an das Militärische erwuchs
in erster Linie aus der Lage des Kalten Krieges.

Diese Überzeugung mündete in dem bekannten Satz: »Krieg ist nicht
die Ultima Ratio, sondern die Ultima Irratio«. Es greift jedoch viel zu
kurz, wenn – wie von Teilen der Linkspartei – Brandts Entspannungspolitik auf diesen einen Satz seiner Nobelpreisrede reduziert wird. Mit
dieser völlig ahistorischen Dekontextualisierung wird versucht, dem
Friedensnobelpreisträger die eigene Überzeugung unterzuschieben.

Diese Gefahr der Instrumentalisierung – wie auch der Denunziation – seiner Positionen sah Brandt schon 1971 selbst, weshalb er auf
die längeren Linien seiner Friedenspolitik verwies. Ja, mehr noch, er

betonte ausdrücklich: »Das Etikett ›Ostpolitik‹ sagt mir nicht zu. […] In Wirklichkeit ist es so: Unsere Entspannungspolitik fing im Westen an und bleibt im Westen verankert. Wir wollen und brauchen die Partnerschaft mit dem Westen und die Verständigung mit dem Osten. Niemand sollte übersehen: Die westeuropäische Einigung, an der wir aktiven Anteil haben, behält für uns Priorität. Das Atlantische Bündnis ist für uns unverzichtbar.« Und obwohl er am Ende seiner Nobelpreisrede an den Krieg in Vietnam erinnerte und damit implizit Kritik an den Amerikanern übte, betonte er die Verbundenheit des Westens, wenn auch in klarer Abgrenzung von bloßer Gefolgschaft: »Europa und Amerika sind nicht zu trennen. Sie brauchen einander als selbstbewusste, gleichberechtigte Partner.«

Hier zeigt sich: Brandt ging es bei seiner Osloer Rede – wie auch in seiner ganzen politischen Karriere – im Kern um etwas Anderes, Grundlegenderes als um Gewaltverzicht gegenüber dem Osten. Das zeigt sich bereits daran, dass er 1971 auch an den »naiven Humanismus« seiner ganz jungen Jahre erinnerte, als er für Bertha von Suttners *Die Waffen nieder* schwärmte. Doch als reifer Mann wusste er: »Der Frieden ist so wenig wie die Freiheit ein Urzustand, den wir vorfinden: Wir müssen ihn machen, im wahrsten Sinne des Wortes.«

Damit wird klar, dass es Brandt nicht nur auf das Unterlassen von Gewalt ankam, sondern auf die aktive Herstellung des Friedens als einer Friedensordnung im Sinne Immanuel Kants. Auch das hat eine Kontinuitätslinie: Denn dass Brandt sich nie als Pazifist im Sinne absoluten Gewaltverzichts verstand, geht bereits aus seiner Teilnahme am Spanischen Bürgerkrieg hervor.

Das wichtigste Ziel und Mittel seiner Friedenspolitik benannte Brandt durchaus pathetisch: »Ich bekenne mich nachdrücklich zu den universellen Prinzipien des allgemeinen Völkerrechts, so oft sie auch missachtet werden. Sie haben in den Grundsätzen der Charta der Vereinten Nationen ihren verbindlichen Ausdruck gefunden: Souveränität – territoriale Integrität – Gewaltlosigkeit – Selbstbestimmungsrecht der Völker – Menschenrechte. Die Grundsätze sind unabdingbar, auch wenn es an ihrer Erfüllung so oft mangelt.«

Weltinnenpolitik als Grundlage des Friedens

Aus dieser Definition bestimmte sich für Brandt auch die Aufgabe der Bundesrepublik als »Friedensmacht«, nämlich den »Übergang [zu leisten] von der klassischen Machtpolitik zur sachlichen Friedenspolitik«. Statt der Durchsetzung nationaler Interessen gehe es um deren Ausgleich. Damit benannte Brandt das eigentliche Ziel seiner Politik: »Vom geheiligten Egoismus der Nation soll sie zu einer europäischen und globalen Innenpolitik führen, die sich für ein menschenwürdiges Dasein aller verantwortlich fühlt.«

Hier aber zeigt sich die größere, nämlich post-nationale Aufgabe: »Ein menschenwürdiges Dasein aller« zu schaffen, bedeutet im Kern Weltinnenpolitik. Das war für Brandt der Inbegriff der internationalen Solidarität und das eigentliche Leitmotiv seiner gesamten politischen Tätigkeit, von der Teilnahme am Spanischen Bürgerkrieg über die Entspannungspolitik bis zu seiner Funktion als Vorsitzender der Sozialistischen Internationale.

»Kein nationales Interesse lässt sich heute noch von der Gesamtverantwortung für den Frieden trennen. Jede Außenpolitik muss dieser Einsicht dienen. Als Mittel einer europäischen und weltweiten Sicherheitspolitik hat sie Spannungen abzubauen und die Kommunikation über die Grenzen hinweg zu fördern.«

Dabei spielte Europa für Brandt eine ganz entscheidende Rolle. Ein guter Deutscher könne – gerade nach 1945 – kein Nationalist sein und sich einer europäischen Bestimmung nicht versagen: »Durch Europa kehrt Deutschland heim zu sich selbst und den aufbauenden Kräften seiner Geschichte. Unser Europa, aus der Erfahrung von Leiden und Scheitern geboren, ist der bindende Auftrag der Vernunft.« Diese Chance der Heimkehr Deutschlands nach Europa zu nutzen, könne die originäre Chance Europas sein in einer Welt, »in der erwiesen ist, dass sie nicht allein von Washington, von Moskau – oder von Peking – regiert werden kann.«

Brandt verfolgte also bereits 1971 das Ziel einer eigenständigen nationalen und zugleich europäischen Politik, auch und gerade als Emanzipation von den Großmächten. Schlagend deutlich wurde dies nach dem Ende des Kalten Krieges. Anders als der Großteil der jüngeren Generation in seiner Partei stellte sich Brandt nach der friedlichen

Revolution von 1989 und der deutschen Wiedervereinigung umgehend den neuen Realitäten. Eine Politik des Rückzugs auf das bloße Innenpolitische oder gar der »Verschweizerung« entsprach in keiner Weise seiner politischen Vorstellung.

»Deutschland muss darauf drängen, dass es eine andere Art Vertretung Europas im Sicherheitsrat der Vereinten Nationen gibt, bei allem Respekt vor unseren französischen und britischen Nachbarn. Man ist nicht Vetomacht für alle Generationen. […] Warum sollen die beiden ständigen Europa-Sitze nicht rotieren? Warum sollen wir dann nicht mit dabeisein? Ich halte dies für angemessen.«[1]

Brandt ging es dabei gerade nicht um nationale Machtpolitik, sondern um eine größere internationale Verantwortung Deutschlands. Ein »normaler Nationalstaat« müsse bereit sein, »mit gleichen Rechten und Pflichten wie alle anderen an friedenssichernden Aktionen der Vereinten Nationen teilzunehmen«.

Frieden aktiv schaffen

Hier wird der Kern der Brandt'schen Friedens- und Entspannungspolitik deutlich: das Pochen auf die deutsche Verantwortung im Rahmen der europäischen und der Weltgemeinschaft. Das ist die bemerkenswerte Kontinuitätslinie der internationalen Solidarität, die sich von seiner Jugendzeit bis zum Ende seines Lebens zieht. Wenn Brandt 1971 in Oslo sagte: »Wir müssen der Gewalt und der Androhung von Gewalt im Verkehr der Staaten entsagen, endgültig und ohne Ausnahme. Das schließt die Unverletzlichkeit bestehender Grenzen notwendig ein«, dann wäre dies für ihn heute mit der russischen Annexion der Krim und den Provokationen in der Ostukraine zweifellos ebenso unvereinbar wie mit der verheerenden und völkerrechtsignoranten US-Politik unter Donald Trump.

Friedenspolitik und Pazifismus bedeuteten für Brandt eben nicht Gewaltverzicht, bis zu völliger Wehrlosigkeit, sondern standen für jenen Strang, der Pazifismus seinem Wortsinne nach als aktive Handlung begriff: »Pacem facere«, sprich: Frieden machen. Spätestens mit Immanuel Kant begann diese Denktradition. Dieser zufolge muss in einer Welt des Krieges, den Kant ganz im Geiste Thomas Hobbes' als den menschlichen Naturzustand begriff, der Frieden aktiv »gestiftet« werden.

Wer darüber hinwegschaut und passiv bleibt, ohne auf eine Wiederbelebung des Völkerrechts und der Vereinten Nationen zu drängen, macht sich auch schuldig. Das ist die Lehre aus den furchtbaren Verbrechen des 20. Jahrhunderts. Insofern kann Intervention im Notfall sogar geboten sein. Diese Intervention aber – das ist die Lehre des fatalen letzten Vierteljahrhunderts und seiner verheerenden Kriege, vom Irak bis Syrien – kann im 21. Jahrhundert nur auf dem Boden des Völkerrechts gerechtfertigt sein.

Wenn Staaten immer häufiger zerfallen und Bürgerkriege zum Normalfall werden, nicht selten mit religiösen Motiven als Katalysator, dann haben wir es mit einer zunehmend gesetzlosen Situation zu tun. Worauf es daher ankommt, ist der Kampf für eine neue, friedliche Weltordnung – und die Vision einer Weltinnenpolitik, die die Verhinderung von massiven Menschenrechtsverletzungen als eine Sache der gesamten Menschheit begreift. Das wäre eine Friedens- und Entspannungspolitik, die den Namen Willy Brandts wirklich verdiente.

ENTSPANNUNGSPOLITIK DARF NICHT UNTERWERFUNG SEIN

Marcus Bensmann

Um das Dilemma der Entspannungspolitik zu verstehen, gehe ich zurück in den Hörsaal der Universität von St. Petersburg im Sommer 1994. Während der weißen Nächte hielt damals Egon Bahr, der Architekt der deutschen Ostpolitik, dort einen Vortrag. Dies war die Zeit des demokratischen Aufbruchs in Russland, die Medien und die Zivilgesellschaft waren frei, doch anders als in Deutschland nach dem Zweiten Weltkrieg ging die Demokratisierung Russlands nicht mit wirtschaftlichen Wohlstand und einem Erstarken eines demokratischen Gemeinwesen einher, sondern mit dem Zerfall der wirtschaftlichen und politischen Ordnung.

… außer für die Polen

Menschen standen vor dem Nichts, die Idee der Privatisierung schuf ein Voucher-System, das über eine Volksaktie die Anteile an der russischen Wirtschaft gerecht auf die Bevölkerung verteilen sollte. Die Realität jedoch sah anders aus. Sowjetbürokraten, Geheimdienstler, Abenteurer und Banditen teilten die Pfründe des Landes unter sich auf. Aber gleichzeitig gab es wohl kaum eine Zeit, in der in Russland Menschen so offen und angstfrei in Medien und auf Plätzen diskutierten und debattierten. Die Zivilgesellschaft war erwacht.

Egon Bahr begann seinen Vortrag wie folgt: Immer, wenn Russland und Deutschland in Frieden gelebt haben, sei es Europa gut gegangen. Der Satz klingt gut, aber er müsste um den Zusatz »… außer für die Polen« ergänzt werden. Denn das Erste, was die jeweiligen Regierenden von Deutschland und Russland gemacht haben, wenn sie in Frieden lebten, war, Polen zwischen sich aufzuteilen.

Entspannungspolitik, ein Erfolg

Und genau hier liegt das Dilemma der Ostpolitik, dass die Menschen und Staaten zwischen Russland und Deutschland in der Geschichte allzu oft unter die Räder gekommen sind. Die Entspannungspolitik von Brandt und Bahr ist einer der größten Erfolge der deutschen Außenpolitik. Die geknüpften Gesprächskanäle und der KSZE-Prozess haben mit dazu beigetragen, dass die Führungsschicht der Sowjetunion im Angesicht des Kollapses nicht Amok lief, sondern dass dank des Entspannungsprozesses mit Michail Gorbatschow ein Politiker die Macht erlangte, der aus dem Freund-Feind-Schema heraustreten konnte und die Sowjetunion abwickelte, ohne die Welt in Flammen zu stecken,

Ohne die Entspannungspolitik wäre auch die deutsche Wiedervereinigung nicht denkbar gewesen. Allerdings fand die damalige Entspannungspolitik in einem Umfeld statt, das mit einer heutigen Russlandpolitik nicht zu vergleichen ist. Denn zum einen bildeten die Sowjetunion und die osteuropäischen Staaten einen monolithischen Block, der den Vorgaben des Zentralkomitees und dessen jeweiligen Vorsitzenden im Kreml unterworfen war.

Und zum anderen gab es neben der Entspannungspolitik ein klares Bedrohungsszenario, in erster Linie den Atomkrieg und das Wettrüsten. Sollte es zu einem Konflikt kommen, so war es klar, dass auch die zwei Führungsmächte der beiden Blöcke diesen Krieg nicht überleben würden. Der NATO-Doppelbeschluss mit der Aufrüstung der Pershing II-Raketen hatte zwei Folgen. Zum einen trieb er die Sowjetunion und den Warschauer Pakt in einen ruinösen Rüstungswettlauf und zum anderen stellte er sicher, dass die USA noch nicht mal die theoretische Möglichkeit hatten, einen zukünftigen Konflikt auf Europa zu begrenzen.

Die Entspannungspolitik der Siebziger- und Achtzigerjahre schuf in diesem Spannungsfeld die notwendigen Gesprächskanäle, aber sie hatte schon damals ein Problem: Gesprächspartner waren vor allem und beinahe ausschließlich die jeweiligen Herrscher in Moskau. Die Staaten dazwischen und die dortigen Bürgerrechtsbewegungen wie der Prager-Frühling oder die »Solidarność«-Bewegung in Polen waren für die Akteure der Entspannungspolitik im Westen nicht relevant.

Das große Missverständnis

Das große Missverständnis besonders vieler Sozialdemokraten liegt darin, die Erfahrungen der Entspannungspolitik auf die heutige Russlandpolitik zu übertragen. Das ist nicht statthaft. Als Resultat des Zusammenbruches der Sowjetunion und des Warschauer Paktes ist Russland nicht mehr der einzige Spieler.

Russland hat nach den Zeiten des Niedergangs dank der stark anwachsenden Preise für Erdöl unter Wladimir Putin wirtschaftlich wieder Fuß fassen können. Aber anstatt die wirtschaftliche Kraft zu nutzen, das Land und die Gesellschaft zukunftsfähig zu machen, setzt Putin auf einen gefährlichen Revanchismus. Er sieht den Zerfall der Sowjetunion als »Katastrophe« an und will diese Scharte wieder auswetzen. Das ist ein Problem. Denn diese Strategie funktioniert nur, wenn die Staaten, die nach dem Zerfall der Sowjetunion ihre Unabhängigkeit erlangt haben, diese teilweise wieder verlieren. Getragen wird diese russische Reconquista von der Argumentation, dass der Westen ein angebliches Versprechen, die NATO nicht nach Osten zu erweitern, gebrochen habe. Russland sei daher eingekreist worden und habe keine andere Möglichkeit gehabt, als sich selbst zu verteidigen.

Frozen Conflicts

Dazu gilt festzuhalten: Die Sowjetunion ist nicht untergegangen, weil sie dem Westen einen Gefallen getan hat, sondern weil sie wirtschaftlich nicht mehr konnte. Sie hat die Staaten der Sowjetunion und des Warschauer Paktes nicht aus Nettigkeit in die Freiheit entlassen, sondern weil sie nicht mehr die Kraft hatte, das Zwangssystem aufrechtzuerhalten.

Viele Staaten, die es danach nicht geschafft haben, in die NATO zu kommen, hat Russland schon zu Beginn der Neunzigerjahre mit sogenannten Frozen Conflicts überzogen. Die Konflikte in Moldavien, Aserbaidschan, Georgien und jetzt in der Ukraine fanden und finden mit tatkräftiger Unterstützung des russischen Geheimdienstes und russischen Militärs statt.

Die NATO-Mitgliedschaft hat die baltischen Staaten bisher davor bewahrt, dass ein selbsternannter Führer mit Waffen die Rechte der dortigen russischen Minderheit beansprucht. Die NATO-Mitgliedschaft ist somit der einzig wirksame Impfstoff gegen Frozen Conflicts auf dem Gebiet der ehemaligen Sowjetunion und des Warschauer Paktes. Nicht die Osterweiterung war der Fehler. Sie war notwendig und der einzige Vorwurf ist ihr zu machen, dass diese nicht konsequent zu Ende geführt wurde, solange es noch möglich gewesen war.

Wenn man von einem Fehler sprechen kann, dann vielleicht davon, dass der Westen es versäumte, in Russland nach dem Zerfall der Sowjetunion mit einer Art Marschallplan den wirtschaftlichen Aufstieg der Menschen zu fördern. Die NATO-Osterweiterung war aber keine Einkreisung Russlands, sondern ein notwendiger Schutzschirm für die neuen Staaten.

Denn genau in der Zeit, in der die Staaten Mittel- und Osteuropas Mitglied der NATO und der EU wurden, wuchs Russland zum wichtigsten Energielieferanten für Deutschland und Europa heran. Diese schlichte Tatsache entzieht der Einkreisungsthese den Boden. Denn wenn der Westen Russland wirklich hätte einkreisen wollen, dann hätte diese wirtschaftliche Verbindung, die dazu führte, dass Russland endlich die wirtschaftliche Misere der Jelzin-Ära überwinden konnte, doch offensichtlich keinen Sinn gemacht.

Die Putin-Grätsche von Vilnius

Es war die EU, die Bedingungen für das Abkommen mit der Ukraine stellte. Die Verhandlungen um die damals verhaftete Oppositionspolitikerin Julia Timoschenko gingen über Jahre. All das war Putin bekannt. Aber im Sommer 2013 machte der russische Präsident in Zentralasien eine wichtige Erfahrung. Mit Drohungen und Versprechungen konnte er den Einfluss des Westens in einer ehemaligen Sowjetrepublik erfolgreich zurückdrängen. Mit Investitionsversprechungen in mehreren Milliarden US-Dollar Höhe und indirekten Drohungen, die Stabilität des Landes in Frage zu stellen, schaffte es Putin, dass Kirgistan im Sommer 2013 den Luftwaffenstützpunkt der US Airforce unweit der Hauptstadt aufkündigte.[1]

Doch die Versprechungen Putins, in die Wasserkraft des Landes Milliarden US-Dollar zu investieren, ließ die kirgisische Führung einknicken, sie wiesen den US Militärs die Tür und begaben sich zurück in den russischen Hinterhof. Die von Putin versprochene Milliardeninvestition in die kirgisischen Wasserkraftwerke ist bis heute nicht erfolgt. Der Rauswurf der USA aus Bischkek hat Putin gezeigt, wie eine hochkorrupte Herrschaftsclique einer ehemaligen Sowjetrepublik mit Drohungen und Versprechungen auf Kurs gebracht werden kann. Der Erfolg aus Bischkek beflügelte Putin, dasselbe Spiel kurz vor der Unterzeichnung des EU-Abkommens in Vilnius mit dem ukrainischen Präsidenten zu wagen.[2] Und Janukowitsch knickte ein, doch anders als in Kirgistan verweigerte der entscheidende Teil der Bevölkerung in der Ukraine Janukowitsch die Gefolgschaft. Die Folge waren der Maidan und der Sturz Janukowitschs, die Annexion der Krim und der Konflikt in der Ostukraine. Während die EU und Deutschland Russland als Partner sahen, betrachtete Putin die EU damals schon als Gegner.

Was über die Entspannungspolitik mit Gorbatschow in der Endphase der Sowjetunion erreicht wurde, ist mit Putin verloren gegangen. Daraus ergibt sich folgende Konsequenz: Deutschland und die EU müssen den osteuropäischen Staaten und vor allem Polen und den baltischen Staaten die Gewissheit geben, dass es mit Russland keine Vereinbarung auf deren Kosten geben wird. Putin darf noch nicht mal hoffen, dass es ihm gelingen könnte, über die Köpfe in Prag, Warschau oder Riga mit Berlin reden zu können.

»Nord Stream II« kann ein gutes Projekt werden, aber nur dann, wenn Polen, die baltischen Staaten und ja auch die Ukraine ebenfalls aktive Nutznießer dieses Projektes sind. Das müsste die Bedingung an Russland sein. Nur wenn diese Staaten das Projekt unterstützen, wird es realisiert. Denn genau hier liegt der Schlüssel. Die russische Wirtschaft ist trotz aller Pipelines nach China von dem Export nach Deutschland und Europa abhängig. Wirtschaftliche Abhängigkeit kann Stabilität garantieren, wenn diese zum Teil der Geschäftsgrundlage wird. Aber diese wirtschaftliche Beziehung ist nur zu haben, wenn Russland zu einer zivilen Politik in Europa zurückkehrt.

Eine Russlandpolitik in der heutigen Zeit ist nur aus der Position der Stärke und in fester Verbundenheit mit den osteuropäischen Staaten möglich. Nur dann besteht die Chance, dass der Kreml endlich die Reconquista aufgibt und Europa und Deutschland als das ansieht, was sie sind, starke und selbstbewusste Partner und nicht Feinde. Und dann kann es wieder ein friedliches Miteinander geben, das gut für Europa und auch für die Polen ist.

VON METUS PUNICUS ZU METUS PUTINUS: Mediales Abrüsten als Vorbedingung für reales

Daniela Dahn

Abrüsten gegenüber Russland heißt vor allem auch medial abrüsten. Das kostet nichts und man sollte meinen, das könnte mit gutem Willen zu schaffen sein. Es ist quasi ein Besinnen auf die ursprüngliche Wortbedeutung: Ein Medium ist ein Vermittler, der bei Streitigkeiten beide Seiten zu Wort kommen lässt und das Urteil nicht vorgibt, sondern friedfertig im öffentlichen Austausch fällt. Ein Mediator hilft, Konflikte nicht eskalieren zu lassen.

Der Kampf um die medialen Botschaften

Da aber Medien inzwischen zu den wichtigsten Waffen gehören, erweist sich das Eindämmen ihres Missbrauchs als genauso schwer, wie das der eigentlichen Kanonen. Mächtige Netzwerke schützen dollarschwere Interessen. Feindbilder legen nahe, dass es nicht lohnt, den Gegner mit mehr als einem aus dem Zusammenhang gerissenen Satz zu Wort kommen zu lassen. Anfang Februar 2019 sah sich sogar das russische Außenministerium genötigt, sich über russlandfeindliche Kampagnen deutscher Medien zu beschweren. Genannt wurden die *Bild,* die Deutsche Welle und die Nachrichtendienste auf t-online. Die Bundesregierung hat die Kritik umgehend zurückgewiesen. Wer sich derart beschwere, habe »wenig Ahnung von Pressefreiheit«. Faktenbasierter, kritischer Journalismus sei das Lebenselixier für Demokratie.

Faktenbasiert? Die *Mittelbayrische Zeitung* vom 29. Januar 2019 titelte: »Putins gefährlicher Geheimplan. Wenn nicht alles täuscht, setzt der Kremlchef auf eine kontrollierte militärische Offensive im Osten Europas«. Offenbar verlässt sich die Zeitung darauf, dass ihre Leser über Überschriften nicht hinauskommen. Denn würden sie weiterlesen, würde die Panik-Mache allzu peinlich in sich zusammenfallen. Von einem Geheimplan ist im ganzen Artikel keine Rede mehr. Einziger Beleg für die unterstellte Kriegsbereitschaft ist eine Spekulation des Kreml-kritischen Journalisten Andrej Gurkow: Durch sinkende Umfragewerte und ökonomische Schwierigkeiten könnte Putin »neue militärischen Abenteuer« ins Visier nehmen – so in der Ukraine und in Weißrussland. Kein einziger faktischer Anhaltspunkt dafür. Hier offenbart sich wenig Ahnung von Pressefreiheit, die nämlich nicht die Freiheit ist, mit Feindbildern Propaganda zu machen.

Wer meint, Derartiges sei eben journalistische Provinz, dem sei ein Blick auf ein hauptstädtisches Qualitätsmedium empfohlen. Seit 2014 suche Russland die militärische Konfrontation mit den westlichen Staaten, behauptete im *Tagesspiegel* (5. Dezember 2018) der Direktor des Instituts für Sicherheitspolitik an der Universität Kiel, Joachim Krause. Um Kaliningrad baue Putin eine Drohkulisse mit Raketen auf, die zwar gerade noch unter dem INF-Vertrag erlaubt seien, die aber nur Sinn machen würden »als Teil eines Plans für einen regionalen Krieg im Baltikum, bei dem Russland nach erfolgreicher Besetzung der baltischen Staaten und vielleicht auch anderer Territorien die NATO von der Rückeroberung dieser Gebiete abschrecken will […]. Entscheidend ist, dass das militärpolitische Kalkül Moskaus durchkreuzt wird, welches darauf abzielt, wieder einen erfolgreichen Angriffskrieg in Europa möglich werden zu lassen.«

Wieder? Wie geschichtsvergessen kann man denn sein? Von wem gingen denn die beiden Vernichtungs-Kriege in Europa aus? Und wer musste im Zweiten Weltkrieg seine Verteidigung mit 27 Millionen Menschenleben bezahlen. Das kann man selbst als Sieger kaum »erfolgreich« nennen. Auch der NATO-Krieg im Kosovo war ein klassischer Angriffskrieg ohne UN-Mandat. Ziel war ein Verbündeter Russlands, Serbien. Der angebliche Grund, einen drohenden Völkermord zu verhindern, war genauso erlogen wie später die Massenvernichtungswaffen im Irak. Vor zwanzig Jahren bombardierte die Nato 78 Tage und Nächte eine europäische Hauptstadt, zerstörte 235 Fabriken im ganzen Land, dazu 476 Schulen, 131 Krankenhäuser und 61 Brücken … sinnlos und tödlich, eine Elend schaffende Mission, mit verheerenden Folgen bis heute.

Als Reaktion auf die Verlegung von vier NATO-Bataillonen in die baltischen Staaten und nach Polen sowie auf die US-Abwehrsysteme, die auch mit Angriffsraketen bestückt werden können, hat die russische Regierung die Abwehrmaßnahmen in Kaliningrad lange angekündigt. Das bedeute, so Direktor Krause, dessen Institut sich die Beratung von Politik, Medien und Wirtschaft zum Ziel gesetzt hat, »dass in absehbarer Zeit Berlin und Warschau einer direkten Bedrohung durch russische nicht-strategische Kernwaffen ausgesetzt sind«. Darauf müsse die NATO mit effektiven militärischen Reaktionen reagieren und die EU mit Sanktionen. Was muss eigentlich noch vorgebracht werden, um den Tatbestand der Kriegspropaganda zu erfüllen?

Welcher Lobby der Direktor zu Diensten ist, lässt sich denken. Auf die Frage, ob durch die Kündigung des INF-Vertrages durch die USA ein neues atomares Wettrüsten drohe, wiegelte er ab: Man solle nicht »geradezu reflexhaft und ohne vertiefte Kenntnisse der Zusammenhänge von der Gefahr eines angeblich gefährlichen Rüstungswettlaufes sprechen«. Er warnte vor Apokalyptik und wies Dank seiner vertieften Kenntnis darauf hin, »wie wenig sinnvoll« der Atomwaffensperrvertrag ist. Das hat die Weltöffentlichkeit in den letzten dreißig Jahren allerdings ganz anders gesehen.

Doch wer erfolgreich im Anwerben von sogenannten Drittmitteln sein will, darf da nicht zimperlich sein. Von 2005 bis 2012 hat die Universität Kiel von der NATO und dem Verteidigungsministerium 2,7 Millionen Euro bekommen.[1] Dabei trägt die Universität seit ihrer Gründung 1665 das Motto: »Pax Optima Rerum« – Frieden ist das höchste Gut. Sein Sicherheits-Institut scheint aber offenbar eher eine direkte Abwandlung des römischen Kriegstreiber-Motivs »metus punicus« (Furcht vor den Punisch-Karthagischen), hin zu »metus putinus«. Karthago wurde bekanntlich dem Erdboden gleichgemacht.

Das russische Außenministerium verwahrte sich auch gegen die massive Verleumdungskampagne, von der die russländischen Auslandssender »RT Deutsch« und »Sputnik News« betroffen sind. Diese wurden 2014 als Reaktion auf die unübersehbar einseitige westliche Berichterstattung zum gelenkten Putsch in der Ukraine gegründet. Seither versuchen sie, dem Info-Krieg und der Dämonisierung von Präsident Putin die staatliche Sicht entgegenzusetzen. Mit Originaltönen und Fakten, die man sonst nicht hört oder sieht, mit Boulevard und demselben Maß an Propaganda, die den genetischen Code jedes staatlich finanzierten Auslandssenders prägen.

RT musste sich übrigens im November 2017 in den USA als »ausländischer Agent« registrieren lassen, sonst hätte ein Strafverfahren gedroht. Das erste »Komitee für unamerikanische Umtriebe« hat 1938 den Foreign Agents Registration Act erlassen, der damals gegen die Propaganda des Dritten Reichs schützen sollte und bis heute gilt. Eine angemessene Analogie zur heutigen Überwachung?

Die Fähigkeit zu erkennen und zu bewerten

Für Arthur Schopenhauer war Verstand die Fähigkeit zum Erkennen von Ursache und Wirkung. Solchen Verstand zu beweisen, sollte der Ehrgeiz aller Medien sein. Ein erfolgversprechendes Mittel, Erkenntnis zu hintergehen, besteht dagegen darin, den Anfang einer Kausalkette an dem Punkt zu setzen, der Störendes ausblendet und so dem erwünschten Ergebnis entgegenkommt.

Gibt es denn nur gegenseitige Vorwürfe, kein Ort für Verständigung, nirgends? Doch. Eine erfreuliche Überraschung war im Oktober 2018 die Arbeitsgruppe Medien des in Moskau tagenden Petersburger Dialogs. Ich war mit eher unguten Erwartungen der Einladung gefolgt. Erinnerte ich mich doch, mit welcher Häme und Arroganz vor zwölf Jahren, als der Dialog in Anwesenheit Putins in Dresden stattfand, die versammelte Journalistenprominenz über ihre russischen Kollegen hergefallen war. Kurz zuvor war in Moskau die mutige Kollegin Anna Politkowskaja brutal ermordet worden. Die Angereisten wurden behandelt, als seien sie höchstpersönlich die Drahtzieher hinter dem Mordkomplott oder würden diese zumindest decken. Putins betroffener Hinweis darauf, dass die tote Politkowskaja dem Land viel mehr schade, als es von ihrer Kritik immer behauptet wurde, fand genauso wenig Gehör wie seine Beschreibung der Medien-Situation: »Im Land arbeiten mehrere tausend Fernsehanstalten. Sosehr sich die Machthaber auf allen Ebenen das auch wünschen mögen – so ein riesiges System kann man nicht kontrollieren. Die Zahl der Printmedien ist noch größer. Es sind 35 000, mehr als die Hälfte davon mit ausländischer Beteiligung. Wenn wir aber auf den Medienmärkten des Westens Fuß fassen wollen, dann ist das kaum möglich. Unter bürokratischen Vorwänden wird das jahrelang hinausgezögert.«

Inzwischen hat der Petersburger Dialog Jahre der Diffamierung und der Krisen hinter sich, und die Besetzung ist nicht mehr so prominent. Aber die Aufteilung von Lehrmeistern auf der einen und Belehrten auf der anderen Seite war, zumindest in der Arbeitsgruppe Medien, völlig entfallen. Im Vorfeld war von Journalisten beider Seiten eine gemeinsame Zeitung herausgegeben worden, was wie ein Wunder begrüßt wurde. Unter der umsichtigen Moderation von Johann Michael Möller, ehemaliger *FAZ*-Korrespondent und Hörfunkdirektor, räumten fast alle deutschen Teilnehmer den Glaubwürdigkeitsverlust ihrer Medien ein und beschrieben einen Journalismus in der Krise. Und je mehr sie sich öffneten, desto offener beschrieben auch die russischen Kollegen ihre Defizite.

»Wir Journalisten wählen Fakten aus, aber ist das Unerwähnte keine Tatsache?«, fragte Leonid Mietschin vom Öffentlichen Fernsehen Russlands. Profijournalisten lügen nicht, das sei selbstverständlich, aber ihre Auswahl des Berichteten bringe sie in die Nähe der Lüge. Wolfgang Kenntemich, langjähriger Chefredakteur des MDR, stimmte zu: Eine Institution wie das Fernsehen verleite zu permanenter Manipulation, durch verkürzte Zitate und Ausschnitte, durch Weglassen des Relevanten als angeblich Falschem. Auch die Tagesschau manipuliere. Möller ergänzte, er sei schockiert, dass in deutschen Medien oft erst geurteilt und dann recherchiert würde.

Natürlich gab es auch kritische Fragen an die Partner. Wiktor G. Loschak von der Tageszeitung *Kommersant* versicherte, er befürworte nicht die russische Politik gegenüber den Minderheiten in der Ukraine. Aber er verstehe nicht, warum israelische und polnische Medien protestierten, wenn in der Ukraine ständig neue Denkmäler, Gedenkmünzen, Briefmarken und Straßennamen Kriegsverbrecher und Holocausttäter wie Stepan Bandera oder Roman Schuchewytsch ehrten, aber gerade deutsche Medien dazu schwiegen.

Und auf deutscher Seite hatte sich die Vorstellung verfestigt, es gäbe in Russland die Kluft zwischen den zensierten Staatsmedien und den unabhängigen Medien. Ich erlaubte mir zu erwähnen, dass ich in dreißig Jahren Erfahrung mit westdeutschen Zeitungen, die ja alle nicht staatlich sind, durchaus auch auf Abhängigkeiten gestoßen bin. Darauf antwortete Sergej L. Agafonow, Chefredakteur und Besitzer der Zeitschrift *Ogonjok*, mit einer Ehrlichkeit, die in Deutschland undenkbar ist. »Ich bin hundertprozentiger Inhaber der Zeitung, aber ich würde nie behaupten, dass ich unabhängig bin. Ich bin sehr abhängig, nämlich von mir persönlich. Ich werde nie eine nachteilige Information über einen Freund veröffentlichen. Und wenn ich eine Werbung von Coca-Cola bekomme, werde ich nicht schlecht über den Konzern schreiben.« Das Verlagshaus »Kommersant« (zu dem *Ogonjok* gehört) sei abhängig von seinem Besitzer. Wo sei der Unterschied zwischen der Abhängigkeit vom Staat und der von einem Milliardär? »Wir sollten uns nicht selbst täuschen – alles in der Welt ist sehr bedingt.«

Am Ende hatte zumindest ich das Gefühl, eine Art kollegiales Vertrauen sei doch möglich. Und Medien sollten dies bestärken und auch in Bezug auf Politiker thematisieren. Am 9. August 2014 fragte *Neues Deutschland* Egon Bahr, ob man dem russischen Präsidenten noch trauen könne und er antwortete: »Das ist eine sehr komplexe Frage. Aber man darf nicht vergessen, dass er vor einigen Jahren vor dem Bundestag gesprochen hat und interessante Angebote der Kooperation gemacht hat. Putin hat frühzeitig betont, wenn das mit der Ausweitung der NATO so weitergeht, ist das ein unwiederbringlicher Vertrauensverlust. Ich bin der Auffassung, dass Putin ein kalkulierender Staatchef ist, der sich überlegt, ob er eigentlich Partner für verlässliche Abreden der Zusammenarbeit hat. Für den Westen geht es jetzt um die Frage, ob er Sicherheit mit Russland oder Sicherheit vor Russland anstreben will.«

Die großen deutschen Medien nehmen in dieser Frage nicht die Rolle des Mediators ein. Sie stehen stramm auf NATO-Linie, die vor lauter Bedrohung nur noch Sicherheit vor Russland anstrebt. Es gibt aber durchaus eine Gegenöffentlichkeit, meist in kleinen Nischen, zu der auch dieses Buch gehört. Wird diese Gegenöffentlichkeit Kräfte mobilisieren können, die die Eskalation des Konflikts stoppen?

Die Herausgeber

Brandt, Peter, geb. 1948. Historiker. Professor für neuere Geschichte.
Braun, Reiner, geb. 1952. Co-Präsident des Internationalen Friedensbüros (IPB), Arbeitsausschuss »Abrüsten statt Aufrüsten« und der Kampagne »Stopp Air Base Ramstein«.
Müller, Michael, geb. 1948. Ehem. Parl. Staatssekretär im Bundesumweltministerium, Bundesvorsitzender der NaturFreunde Deutschlands.

Die Autoren

Arbatov, Alexei, geb. 1951. Direktor des Programms zur Nichtverbreitung im Moskauer Zentrum der Carnegie Endowment for International Peace; 1993–2003 Abgeordneter der Duma; Teilnehmer an den START-1-Verhandlungen 1990.
Barley, Katarina, geb. 1968. Bundesjustizministerin a. D., Mitglied des Europäischen Parlaments, Spitzenkandidatin der SPD.
Bensmann, Marcus, geb. 1969. Journalist von 1994 bis 2014 in Zentralasien, Kaukasus, Afghanistan und Irak.
Biermann, Wolfgang, geb. 1948. Politologe, ehemaliger Mitarbeiter von Egon Bahr, Gründungsmitglied der Initiative »Neue Entspannungspolitik Jetzt!«
Bsirske, Frank, geb. 1952. Vorsitzender der Gewerkschaft Ver.di.
Dahn, Daniela, geb. 1949. Schriftstellerin und Journalistin.
Dörre, Klaus, geb. 1957. Professor für Soziologie an der Universität Jena.
Ellsberg, Daniel, geb. 1931. Ökonom und Friedensaktivist.
Erler, Gernot, geb. 1944. Ehemaliger Staatsminister im Auswärtigen Amt, Russlandbeauftragter der Bundesregierung.
Feaux de la Croix, Guy, geb. 1948. Diplomat und Künstler.
Fischer, Martina, geb. 1958. Politikwissenschaftlerin, Referentin für Frieden und Konfliktbearbeitung bei »Brot für die Welt«.
Frey, Ullrich, geb. 1937. Früherer Geschäftsführer der Aktionsgemeinschaft Dienst für den Frieden (AGDF), publiziert u. a. zu Friedensethik in der Evangelischen Kirche im Rheinland, in der EKD und ist Grün-

dungsmitglied der Initiative »Neue Entspannungspolitik JETZT!«

Gabriel, Sigmar, geb. 1959. Mitglied des Bundestages, Bundesaußenminister a. D., früher Vorsitzender der SPD.

Gorbatschow, Michail, geb. 1931. Ehemaliger Generalsekretär des
ZK der KPdSU und Staatspräsident der UdSSR, Unterzeichner des
INF-Vertrags.

Haydt, Claudia, geb. 1966. Mitglied des Vorstand Die Linke.

Hebel, Stephan, geb. 1956. Journalist und Buchautor.

Heuvel, Katrina vanden, geb. 1959. Herausgeberin und Chefredak-
teurin von The Nation, schreibt eine wöchentliche Kolumne für die
Washington Post.

Hiksch, Uwe, geb. 1964. Mitglied im Bundesvorstand der Natur-
Freunde Deutschlands, seit mehr als dreißig Jahren in der Friedensbewegung tätig.

Hofreiter, Anton, geb, 1970. Mitglied des Bundestages. Fraktionsspre-
cher von Bündnis 90/Die Grünen.

Hoffmann, Reiner, geb. 1955. Vorsitzender des DGB.

Hofmann, Gunter, geb. 1942. Früher Leiter der Parlamentsredaktion
und Chefkorrespondent der ZEIT.

Kellner, Michael, geb. 1977. Bundesgeschäftsführer von Bündnis 90/
Die Grünen.

Krumeich, Gerd, geb. 1945. Historiker. Professor für neuere Geschichte.

Lucke, Albrecht von, geb. 1967. Journalist für die Blätter für Deutsche
und Internationale Politik.

Manos Meisen, geb. 1961. Fotograf, zahlreiche Architekturdokumen-
tationen und Veröffentlichungen in Fachzeitschriften.

Misselwitz, Hans, geb. 1950. Biochemiker, Theologe. Engagiert in
der unabhängigen Friedensbewegung der DDR. Staatssekretär im Außenministerium der DDR, Leiter der DDR-Delegation bei den 2+4
Verhandlungen, Mitglied des Deutschen Bundestages.

Mützenich, Rolf, geb. 1959. Mitglied des Bundestages, stellvertretender Vorsitzender der SPD-Fraktion

Neu, Alexander S., geb. 1969. Mitglied des Bundestages. Sprecher im
Verteidigungsausschuss für Die Linke.

Neuneck, Götz, geb. 1954. Friedensforscher bei den Peace and Security Studies an der Universität Hamburg.

Niebert, Kai, geb. 1979. Präsident des Deutschen Naturschutzringes (DNR).

Ooyen, Willy von, geb.1947. Pädagoge und Friedensaktivist.

Pausch, Eberhard Martin, geb.1961. Evangelischer Theologe.

Platzeck, Matthias, geb. 1953. Ministerpräsident a. D., Vorsitzender des Deutsch-Russischen Forums.

Polenz, Ruprecht, geb. 1946. 1994 bis 2013 Mitglied des Deutschen Bundestages und 2005 bis 2013 Vorsitzender des Auswärtigen Ausschusses. Früher Generalsekretär der CDU. Präsident der Deutschen Gesellschaft für Osteuropakunde (DGO).

Rösch-Metzler, Wiltrud, geb. 1958. Journalistin und Vizepräsidentin von Pax Christi.

Scheffran, Jürgen, geb. 1957. Friedens- und Klimaforscher. Universität Hamburg.

Schwarz, Wolfgang, geb. 1952. Politologe. 1990 seitens der DDR an den 2+4-Verhandlungen beteiligt

Sommer, Jörg, geb. 1963. Autor und Vorsitzender der Deutschen Umweltstiftung.

Stobbe, Heinz-Günther, geb. 1948. Katholischer Theologe und Ethiker.

Teltschick, Horst, geb. 1940. Politikberater, Wirtschaftsmanager und früher Leiter der Münchener Sicherheitskonferenz.

Trittin, Jürgen, geb. 1954. Mitglied des Bundestages. Bundesminister a. D.

Voges, Jürgen, geb. 1952. Journalist.

Vogler, Kathrin, geb. 1963. Mitglied des Bundestags, friedenspolitische Sprecherin der Fraktion Die Linke.

Wagenknecht, Sahra, geb. 1969. Sprecherin der Fraktion Die Linke.

Hubert Weiger, geb. 1947. Vorsitzender des BUND.

Weizsäcker, Ernst Ulrich von, geb. 1939. Naturwissenschaftler. Ehemaliges Mitglied des Bundestages und Präsident Wuppertal-Institut.

Wieczorek-Zeul, Heidemarie, geb. 1942. Bundesministerin a. D., ehemalige stellvertretende Vorsitzende der SPD.

Zimmermann, Burkhard, geb. 1950. Geschäftsführer von »Neue Entspannungspolitik jetzt!«.

Anmerkungen

ZWEI AUFRUFE ZUR FRIEDENSPOLITIK

1 Gramsci, Antonio (1991): *Zu Geschichte, Politik und Kultur.* Hrsg. Von Guido Zamis. Leipzig.
2 Hegel, G. F. W. (4. Aufl. 1961 – 1968): *Werke.* Stuttgart.
3 Hauff, Volkler (1987*): Unsere Gemeinsame Zukunft.* Greven.
4 Bartosch, Ulrich/Klaudius Ganscyk (Hrsg./2009): *Weltinnenpolitik für das 21. Jahrhundert.* Berlin.
5 Charta von Paris (1990): Bulletin, Presse- und Informationsamt der Bundesregierung. Nr. 137. 24.11.90.
6 Stoltenberg, Jens (2019): *Ich gehe davon aus, dass die Deutschen ihre Versprechen einhalten.* In: *Der Spiegel* Nr. 14.
7 Lessenich, Stephan (2016): *Neben uns die Sintflut. Die Externalisierungsgesellschaft und ihr Preis.* Berlin.
8 Erler, Gernot (2018): *Weltordnung ohne den Westen?* Freiburg.
9 UNO Generalversammlung am 18.09.15 in New York.
10 Koalitionsvertrag zwischen CDU, CSU und SPD (2018). 19. Legislaturperiode. Berlin.
11 Abrüsten statt Aufrüsten wird koordiniert von einem sechsköpfigen Arbeitsausschuss, verantwortlich für »Neue Entspannungspolitik jetzt!« sind Wolfgang Biermann und Burkhard Zimmermann.

DAS JAHRHUNDERT DER EXTREME

1 Hobsbawm, Eric (1992): Das Jahrhundert der Extreme. München.
2 Blom, Philipp (2011): Der taumelnde Kontinent. München.
3 Blom, Philipp (2014): Die zerrissenen Jahre 1918–1938. München.
4 George F. Kennan sprach 1979 von »The great semmial catastrophe«.
5 Lamszus, Wilhelm (1912/Neuauflage 1980): Das Menschenschlachthaus – Bilder vom kommenden Krieg. München.
6 Hobsbawm, Eric (1995): Jahrhundert der Extreme. München.

WAS IST ZU LERNEN AUS DER URKATASTROPHE?

1 Bebel, August (1911) Rede im Deutschen Reichstag, November 1911. Zitiert nach Mommsen. *Der Topos vom unvermeidlichen Krieg. Außenpolitik und öffentliche Meinung im Deutschen Reich im letzten Jahrzehnt vor 1914.* In: Jost Dülffer / Karl Holl (Hg./1986), *Bereit zum Krieg. Kriegsmentalität im Wilhelminischen Deutschland 1890–1914*, Göttingen, S. 194–224.S. 205.
2 Zit. nach: Jehuda Wallach (1970), *Das Dogma der Vernichtungsschlacht*, München, S. 119.
3 Näheres hierzu bei Gerhard Hirschfeld /Gerd Krumeich (2018): *Deutschland im Ersten Weltkrieg*, Kap. 8: Die Industrialisierung des Krieges, mit den zeitgenössischen Quellen. Köln.
4 Clausewitz, Carl von (Auflage von 1994): *Vom Kriege.* Ditzingen

5 *Chronik des deutschen Krieges* (1914). München, S. 76 f.
6 Clausewitz, Carl von. *Vom Kriege*, 19. Auflage. Ebd.

FRIEDENS- UND ENTSPANNUNGSPOLITIK
1 Nach Gustav Stresemann (1926), Ludwig Quidde (1927), Carl von Ossietzky (1935) und Albert Schweitzer (1952).

ZUR GENESE DER ENTSPANNUNGSPOLITIK
1 Krüger, Peter (1963*): Die Außenpolitik der Republik von Weimar.* Darmstadt.
2 Brandt, Peter (2017): *Die europäische Friedenspolitik der Sozialdemokratie in der Weimarer Republik – Nationalstaat, Europa und Weltgemeinschaft im Konzept der SPD.* In: ders.: *Freiheit und Einheit, Band 2: Beiträge zu Fortschritt und Reaktion in Deutschland während des 20. Jahrhunderts – das Nationale und das Universale.* Neuruppin.
3 Groh, Dieter/Peter Brandt (1992): *»Vaterlandslose Gesellen«. Sozialdemokratie und Nation 1860 – 1990.* München.
4 Niedhart, Gottfried (2014): *Entspannung in Europa. Die Bundesrepublik Deutschland und der Warschauer Pakt.* München.
5 Potthoff, Heinrich (1999): *Im Schatten der Mauer. Deutschlandpolitik 1961 – 1990.* Berlin.
6 Siebenmorgen, Peter (1990): *Gezeitenwechsel. Aufbruch zur Entspannungspolitik.* Bonn.
7 Vogtmeier, Andreas (1996): *Egon Bahr und die deutsche Frage.* Bonn.

DIE DRITTE PHASE DER ENTSPANNUNGSPOLITIK
1 So der spätere Verteidigungsminister Manfred Wörner in *Europäische Wehrkunde*, Nr. 12/1977.
2 Vgl. Reagans Fernsehansprache vom 23.03.1983.
3 https://thehill.com/blogs/pundits-blog/foreign-policy/330418-have-we-forgotten-the-cold-war-nuclear-threat-more-real, 25.04.19.
4 https://nsarchive2.gwu.edu/NSAEBB/NSAEBB426, 25.04.19.

AUSBLICK AUF DAS GLOBALE JAHRHUNDERT
1 Le Carrè, John (1991): *Der heimliche Gefährte.* Köln.
2 Zitiert nach Mathias Greffrath (1997): *Der Brei vom Paradies.* Berlin.
3 Masala, Carlo (2016): *Weltunordnung. Die globalen Krisen und das Versagen des Westens.* München.
4 Brandt, Willy (1992): *Message to the Socialist International Congress* am 15.09.92. Berlin.

PERSPEKTIVEN DER FRIEDENSPOLITIK
1 AASA (2011): *Towards a Sustainable Asia – Green Transition an Innovation.* Peking.
2 Hauff, Volker (1987): *Unsere Gemeinsame Zukunft.* Greven.
3 Jonas, Hans (1979): *Das Prinzip Verantwortung.* Frankfurt am Main.
4 Müller, Michael/Matthias Zimmer (2011): *Die Ideengeschichte des Fortschritts.* In: *Deutscher Bundestag. Abschlussbericht der Enquete-Kommission Wachstum, Wohlstand, Lebensqualität.* Berlin.
5 Galbraith, J.K. (2005): *Die Ökonomie des unschuldigen Betrugs. Vom Realitätsverlust der heutigen Wirtschaft.* München.
6 Streeck, Wolfgang (2013): *Gekaufte Zeit.* Berlin.
7 Zürn, Michael (1998): *Regieren jenseits des Nationalstaates.* Frankfurt am Main.

170 EUROPAKREUZE

1 Dieser Beitrag geht in besonderer Weise auf Guy Féaux de la Croix zurück, der das Projekt ebenso kreativ wie engagiert gefördert hat.

WIR BRAUCHEN EINE DEBATTE ÜBER SICHERHEITS- UND AUSSENPOLITIK1

1 Heuvel, Katrina vanden (2018): *Why We Need a Wider Foreign-Policy Debate – The establishment consensus has failed. Citizen intervention can change that.* In. *The Nation.* https://www.thenation.com/article/why-we-need-a-bigger-debate/
2 Vgl. Bacevich, Andrew (2018): Twilight of the American Century. Notre Dame. Indiana.
3 Frank Walter Steinmeier in der Begründung seiner im August 2016 ergriffenen Initiative für einen umfassenden Neustart der Rüstungskontrollen. Vgl. http://neue-entspannungspolitik.berlin/mehr-sicherheit-fuer-alle-in-europa-fuer-einen-neustart-der-ruestungskontrolle sowie http://www.auswaertiges-amt.de/DE/Infoservice/Presse/Interviews/2016/160826_BM_FAZ.html

KRIEGSURSACHEN: VERTEIDIGUNGSWAHN UND ANDERE LÜGEN

1 Krösus deutete diese Worte falsch, indem er davon ausging, dass seine Feinde die Perser, zerstört werden würden. Stattdessen ging sein eigenes Reich unter.

EUROPAS EGOISTISCHER HEGEMON

1 Walter Hallstein. *Der unvollende Bundesstaat. Europäische Erfahrungen und Erkenntnisse.* Düsseldorf und Wien 1969. S. 252.
2 Ebenda. S. 226.
3 24. Bundesparteitag der CDU – Europatag. Europäisches Manifest der Christlich Demokratischen Union Deutschlands.
4 Grundsatzprogramm der Sozialdemokratischen Partei Deutschlands. Beschlossen am 20. Dezember 1989 in Berlin.
5 So die Direktorin des Wirtschafts- und Sozialwissenschaftlichen Instituts der Hans-Böckler-Stiftung in den *Blättern für deutsche und internationale Politik.* Nr. 10/2018. Berlin
6 Willy Brandt, Rede des Präsidenten der Sozialistischen Internationale beim Parteitag der Norwegischen Arbeiterpartei in Oslo am 10. Mai 1977. In: *Willy Brandt (2006). Berliner Ausgabe Bd. 8. Über Europa Hinaus – Dritte Welt und Sozialistische Internationale.* Bonn.

UMWELTKONFLIKTE, KLIMAWANDEL UND SICHERHEIT IM ANTHROPOZÄN

1 Scheffran; Jürgen (2016) Klimawandel als Risikoverstärker in komplexen Systemen. In: Brasseur G., Jacob D., Schuck-Zöller, S. (Hrsg.), *Klimawandel in Deutschland.* Heidelberg.
2 Carius A, Tänzler D, Winterstein J (2006) Weltkarte von Umweltkonflikten. Berlin. Auch unter: wbgu.de
3 Scheffran, Jürgen (2011): *Globaler Klimawandel und Gewaltkonflikte: Befunde und Perspektiven der Friedens- und Konfliktforschung.* In: Brzoska M. et al. (Hrsg.) *Klimawandel und Konflikte,* Baden-Baden.
4 IPCC (2014): *Climate Change: Impacts, Adaptation, and Vulnerability, Contribution of WG II to the Fifth Assessment. Report of the Intergovernmental Panel on Climate Change.* Genf.
5 WBGU (2007): *Sicherheitsrisiko Klimawandel. Wissenschaftlicher Beirat der Bundesregierung Globale Umweltveränderungen.* Berlin.
6 Scheffran, Jürgen et al. (2012): *Climate Change, Human Security and Violent Conflict: Challenges for Societal Stability.* Berlin.

7 Scheffran, Jürgen (2015): *Klimakonflikte.* In: Bauriedl S. (Hrsg.): Wörterbuch Klimadebatte. 179–186.

8 Scheffran Jürgen/Christiane Fröhlich (2017): *Klima-Gewalt-Flucht: Das Beispiel Syrien.* Wissenschaft & Frieden.

9 DoD (2014): *Climate Change Adaptation Roadmap.* Department of Defense.

10 Rüttinger Lukas et al. (2015): *A New Climate for Peace.*

11 Scheffran Jürgen (2019): Verbrannte Erde: Militär als Verursacher von Umweltschäden und Klimawandel. In: *Friedensforum* 01/2019.

12 Scheffran Jürgen/Wolfgang Vogt (Hrsg.): (1998) *Kampf um die Natur – Umweltzerstörung und die Lösung ökologischer Konflikte.* Darmstadt.

13 Brauch, Hans Günter et al. (2016): *Handbook on Sustainability Transition and Sustainable Peace.* Berlin.

14 Fischedick Manfred/ Hans-Jürgen Luhmann (2018) Internationale Energiepolitik – Veränderungen im letzten Jahrzehnt. In: *Zeitschrift Außen- & Sicherheitspolitik* 11.

EXISTENZBEDROHENDE RISIKEN ALS THEMA DER FRIEDENSFORSCHUNG

1 Kurzweil, Ray (2006): The Singularity.Is Near. When Humans Transcend Biology. New York

2 Vgl. Bostrom, Nick (2014): Superintelligence: Paths,Danger, Strategie. New York

DOOMSDAY MACHINE

1 In *Science* machte die TTAPS-Studie in einer Modellrechnung auf die direkten und indirekten Schäden von Kernwaffenexplosionen aufmerksam. Sie stellte ein Szenario mit einer mehrwöchigen Abkühlung auf − 15 bis − 25 Grad Celsius beim Einsatz mehrerer tausend Megatonnen vor. Bereits ab hundert Megatonnen könnte über Großstädten eine merkliche Temperaturabkühlung auf wenige Grade über dem Gefrierpunkt eintreten. Im selben Jahr kam eine sowjetische Forschergruppe um Wladimir W. Alexandrow zu ähnlichen Ergebnissen. 1990 legten die TTAPS-Forscher eine Folgestudie vor, die weitreichende Klimaänderungen prognostizierte.

2 Crutzen Paul J./John Birks (1982): The atmosphere after a nuclear war: Twilight at noon. In: *Ambio* 11.

WELTUNTERGANGSUHR IN WASHINGTON

1 Perry, J. Willam (2017): In: The Hill, 25.04.2017

2 Richter, Wolfgang: Die USA wollen nukleare Einsatzoptionen und globale Eskalationsdominanz stärken. In: swp-berlin.org

ABRÜSTEN STATT AUFRÜSTEN

1 PESCO steht für »Permanent Structured Cooperation«, zu Deutsch: »Ständige Strukturierte Zusammenarbeit der Mitgliedsstaaten der EU im Rüstungs- und Wehrbereich.« Sie wurde am 11. Dezember 2017 von 25 EU-Mitgliedsstaaten gegründet.

Neue Entspannungspolitik JETZT! Détente NOW!

1 08. Oktober 2015, »Gemeinsame Erklärung über Ergebnisse des Gedankenaustauschs von Friedensinitiativen«. https://www.paxchristi.de/meldungen/view/5770259873136640/Für%20eine%20neue%20Friedens-%20und%20Entspannungspolitik%20JETZT!, 20.05.19.

2 IPPNW: Für eine neue Friedens- und Entspannungspolitik, Transatlantischer Appell, in: https://www.ippnw.de/relaunch/frieden/konflikte-kriege/artikel/de/fuer-eine-neue-friedens-und-entspan.html, 20.05.19.

TEURE UND GEFÄHRLICHE GROSSMACHTTRÄUME

1 https://www.bmvg.de/resource/blob/24638/
ad31d5c94515e9bf8457db835090e09f/20180516-rede-der-ministerin-data.pdf
2 https://www.deutschlandfunk.de/militaerausgaben-2019-bundestag-streitet-
ueber.1783.de.html?dram:article_id=422077
3 Plenarprotokoll Deutscher Bundestag, 8.11.2018; http://dipbt.bundestag.de/
dip21/btp/19/19061.pdf
4 Matthias Monroy, EU researches drone swarms for maritime surveillance,
12.10.2018; https://digit.site36.net/2018/10/12/eu-researches-drone-swarms-
for-maritime-surveillance/
5 European Commission, Action Plan on military mobility: EU takes steps towards
a Defence Union
Brussels, 28 March 2018; http://europa.eu/rapid/press-release_IP-18-2521_
en.htm
6 Unterrichtung durch den Bundesrechnungshof, 12.11.2018; http://dip21.
bundestag.de/dip21/btd/19/055/1905500.pdf
7 https://www.bundeswehrexclusive.de/

WÜRDE STATT WAFFEN

1 Ziegler, Jean (2005): *Das Imperium der Schande.* München 2005.
2 Zitiert nach: Friedman, Thomas. In: *New York Times Magazine*, 28.3.1999.
3 Zwar sanken die globalen Militärausgaben zwischen 1987 und 1994 um
rund dreißig Prozent. Der größte Teil dieses Rückgangs entfiel jedoch
auf die ehemaligen Staaten des Warschauer Pakts, dagegen sanken die
Rüstungsausgaben in den westeuropäischen Staaten nur geringfügig, in den USA
und Großbritannien stiegen sie im Zusammenhang mit dem Zweiten Golfkrieg
1991 sogar an.
4 Vgl. https://www.tagesschau.de/ausland/usa-atomwaffen-hiroshima-101.html
5 Ergebnis einer repräsentativen Umfrage von TNS Emnid vom 12./13. Januar
2016.
6 Laut einer repräsentativen Umfrage des Meinungsforschungsinstituts YouGov
aus dem Juni 2018. Vgl. https://www.icanw.de/wp-content/uploads/2018/07/
YouGov-Umfrage_Atomwaffen_2018.pdf
7 Vgl. http://www.spiegel.de/politik/deutschland/russland-deutsche-wollen-
engere-partnerschaft-laut-umfrage-a-1089428.html oder https://www.welt.
de/politik/ausland/article174648662/WELT-Trend-Mehrheit-der-Deutschen-
wuenscht-politische-Annaeherung-an-Russland.html

AUF UND AB DER RÜSTUNGSKONTROLLE

1 Address by President Kennedy at The American University, Washington, D. C.,
June 10, 1963, deutsche Version: https://www.jfklibrary.org/JFK/Historic-
Speeches/Multilingual-American-University-Commencement-Address/
Multilingual-American-University-Commencement-Address-in-German.aspx,
2 The President's News Conference March 21, http://www.presidency.ucsb.edu/
ws/?pid=9124
3 Brandt, Willy (1971*): Friedenspolitik in unserer Zeit.* Vortrag am 11. Dezember
1971 zur Verleihung des Friedensnobelpreises. Oslo.
4 Bahr, Egon/ Hans-Dietrich Genscher, Helmut Schmidt, Richard von Weizsäcker
(2011): *Zum 40. Jahrestag der Rede Willy Brandts.* Berlin.
5 Kennedy's American University Speech Echoes Through Time, Arms Control
Today, Juni 2013

6 Tagesschau an 21.05.2012: »Gipfel in Chicago Nato – startet eigene Raketenabwehr«, www.tagesschau.de/ausland/natogipfel264.html.
7 Deutscher Bundestag (2016): *Jahresabrüstungsbericht der Bundesregierung.* Bundestagsdrucksache 18/11968
8 http://www.bpb.de/internationales/weltweit/osze/239864/konventionelle-ruestungskontrolle-in-europa
9 http://www.n-tv.de/politik/Steinmeier-erntet-Kritik-fuer-Russland-Vorstoss-article18630431.html
10 Richter, Wolfgang: Neubelebung der konventionellen Rüstungskontrolle in Europa. In: *SWP-aktuell 76.*

WIDERSTAND IST NOTWENDIG

1 Bardt, Hubertus (2018) Deutsche Verteidigungsausgaben seit dem Ende des Kalten Krieges, in: *Wirtschaftsdienst*, Jahrgang 2018, Heft 9.
2 Vakulina, Oleksandra/: Nato-Streit um die 2 Prozent: Wer hält das Ziel ein – und wer nicht?, In: euronews, hier: Nato 2017, Defence Expenditure (% of GDP), 10.07.2018, siehe: https://de.euronews.com/2018/07/10/nato-streit-um-die-2-prozent-wer-halt-das-ziel-ein-und-wer-nicht-
3 Zeit online, Reuters, mbn, Bundeswehr soll mindestens 20 Milliarden Euro mehr bekommen, in: Zeit online, 15.10.2016
4 SIPRI/Friedrich-Ebert-Stiftung/Berghof Foundation (Hrsg.), *SIPRI Yearbook 2018 – Armaments, Disarmament and International Security* – Kurzfassung auf Deutsch, Berlin.
5 IMI (2018), *Deutschlands Aufrüstung: An allen Fronten – Auf allen Ebenen!,* in: *IMI-Standpunkt* 2018/040.
6 Wagner, Jürgen (2018): *Rüstung gegen Russland – Die Bundeswehr steuert in einen neuen Kalten Krieg*, in: graswurzelrevolution, 29.11.2018.
7 Bundesministerium der Verteidigung (2018): *Neues Fähigkeitsprofil komplettiert Konzept zur Modernisierung der Bundeswehr.* 04.09.2018
8 IMI, *Deutschlands Aufrüstung: An allen Fronten – Auf allen Ebenen!,* a. a. O.
9 Zeit online, dpa (2018): Modernisierte Bundeswehr: Von der Leyen legt Masterplan vor, in: Zeit online, 04.09.2018
10 IMI, Deutschlands Aufrüstung: An allen Fronten – Auf allen Ebenen!, a. a. O.
11 Bundesministerium für Verteidigung (o. D.): *VJTF – Speerspitze der NATO.* Berlin
12 Mkl, Bundeswehr-Pläne: Heer soll drei volle Divisionen bekommen, in: *Deutscher Bundeswehr-Verband*, 19.04.2017.
13 O.A., Rüstungsbericht März 2018 – substanzielle Schritte nach vorn, in: *Bundesministerium für Verteidigung*, 19.03.2018.
14 IMI, *Deutschlands Aufrüstung: An allen Fronten – Auf allen Ebenen!,* a. a. O.
15 Abrüsten statt Aufrüsten, Eine Übersicht über Rüstungsausgaben und Rüstungspolitik -Stand Juli 2018, in: *Abrüsten statt Aufrüsten*, Juli 2018.

RETTET DEN INF-VERTRAG! ES GIBT KEINE GEWINNER

1 Dieser Beitrag basiert auf: https://www.themoscowtimes.com/2019/02/05/a-forced-decision-why-the-us-withdrew-from-the-inf-treaty-op-ed-a64406, *Übersetzung durch Wolfgang Biermann und Frieder Schöbel.*

LEKTION VERSTANDEN?

1 U. S. Department of State (1987): »Intermediate-Range Nuclear Forces Treaty (INF Treaty), Washington
2 http://www.nsarchive.org und The 1983 War Scare: »The Last Paroxysm« of the Cold War Part I

WIR WAREN SCHON WEITER!

1 Der Beitrag beruht auf einen Beitrag in *Neue Gesellschaft/Frankfurter Hefte*.

WANDEL DURCH ANNÄHERUNG

1 Vgl. zu dieser Denkschrift etwa Weizsäcker, Richard von (1967): *Vier Zeiten. Erinnerungen*. Berlin.

2 Bahr, Egon (2014): *»Das musst du erzählen«: Erinnerungen an Willy Brandt*. Berlin.

3 Wolfrum, Edgar (2006): *Die geglückte Demokratie: Geschichte der Bundesrepublik Deutschland von ihren Anfängen bis zur Gegenwart*. Stuttgart. Wolfrum weist auf einen weiteren programmatischen Begriff hin, der mit der Formel »Wandel durch Annäherung« von Anfang an verbunden wurde: Die »Politik der kleinen Schritte«. Ein weiteres Element der Umsetzung waren die 1975 in Helsinki erstmals namentlich benannten »vertrauensbildenden Maßnahmen«.

4 Sowohl in den Debatten vor der Bundestagswahl 1983 als auch in den parlamentarischen Aussprachen des Jahres 1983 herrschte ein konfrontativer Stil. Wenn Bundeskanzler Kohl etwa die Bundeswehr als »größte deutsche Friedensbewegung« bezeichnete, fühlten die Gegner des NATO-Doppelbeschlusses sich verhöhnt und verletzt. Wenn der damalige CDU-Generalsekretär Heiner Geißler im Bundestag die These vertrat, der »Pazifismus der Dreißigerjahre« habe Auschwitz erst möglich gemacht, dann verwechselte er nicht nur »Appeasement«-Politik und Pazifismus miteinander, sondern beleidigte Menschen, die sich damals als Pazifistinnen und Pazifisten verstanden, sei es aus christlicher oder aus säkularer Motivation.

5 Pausch, Eberhard Martin (2006): *Frieden, Friedensbewegung*, in: *Evangelisches Staatslexikon, Neuausgabe*. Hrsg. Werner Heun, Martin Honecker, Martin Morlok, Joachim Wieland.

6 Zur Konvergenz des Leitbildes vom gerechten Frieden vgl. die Friedensdenkschrift der EKD aus dem Jahr 2007: *Aus Gottes Frieden leben – für gerechten Frieden sorgen*. Hrsg. vom Rat der EKD, Gütersloh.

UNSER FRIEDEN IM ZANGENGRIFF VON RECHTSPOPULISTEN

1 Snyder, Timothy (2018): *Der Weg in die Unfreiheit, Russland, Europa, Amerika*. München.

ZUR ORDNUNG DER UNORDNUNG: PLÄDOYER FÜR EINE WERTEBASIERTE REALPOLITIK

1 Zu diesen und den folgenden Zahlen vgl. *SIPRI Yearbook 2018*, www.sipri.org.

2 Vgl. Houck, Caroline (2018): *Trump calls Europe »as bad as China« on trade*. www.vox.com, 01.07.2018.

3 Vgl. Korade, Matt/ Elise Labott (2918): *Trump told Macron EU worse than China on trade*. www.cnn.com, 11.07.2018.

4 Vgl. https://www.tagesschau.de/ausland/sicherheitsstrategie-trump-103.html

5 Gabriel, Sigmar/Wolfgang Ischinger/Christoph von Marschall (2018): *Wir müssen die liberale Ordnung schützen*. In: *FAZ* 8.August 2018

6 https://www.sueddeutsche.de/kultur/hans-joachim-schellnhuber-der-klimawandel-ist-der-einschlag-eines-asteroiden-1.3979674

7 Gauweiler, Peter: *Die Kreuzritter der Moderne*. In: *FAZ*. 25.08.2018; sowie Lafontaine, Oskar: *Die letzte Unvernunft*. In: *FAZ* 01.10.2018.

8 Dorloff, Axel: Das Megaprojekt neue Seidenstraße, in: »Deutschlandfunk«, 25.08.2018.

GLOBALISIERUNG UND GERECHTIGKEIT – PLÄDOYER FÜR EINE GEERDETE ENTSPANNUNGS-POLITIK

1 Eichengreen, Barry (2018); *The Populist Temptation*. Oxford.
2 *Süddeutsche Zeitung* (2019): Ratlos in Davos. 26-/27. Januar 2019.
3 Milanovic, Branko (2016): *Die Ungleiche Welt. Migration, das Eine Prozent und die Zukunft der Mittelschicht*. Berlin.
4 Kaelble, Hartmut (2017): *Mehr Reichtum, mehr Armut: soziale Ungleichheit in Europa vom 20. Jahrhundert bis zur Gegenwart*. Frankfurt/New York.
5 Albright, Madeleine K. (2018): *Faschismus. Eine Warnung*. Köln.
6 Oxfam (2019): *Im öffentlichen Interesse. Ungleichheit bekämpfen, in soziale Gerechtigkeit investieren*. Oxfam Deutschland.
7 Dörre, Klaus (2019): *Weniger arbeiten, besser leben. Grundzeit für alle – eine Zukunftsperspektive gewerkschaftlicher Politik*. In: Schröder, Lothar/Gans Jürgen Urban: *Gute Arbeit. Transformation der Arbeit – ein Blick zurück nach vorn*. Köln.
8 Positionspapier SP Schweiz (2016): *Eine Zukunft für alle statt für wenige. Eine demokratische, ökologische und solidarische Wirtschaft zum Durchbruch bringen*. Bern.
9 Atkinson, Anthony B. (2015): *Ungleichheit. Was wir dagegen tun können*. Stuttgart.

EINE NEUE WELTORDNUNG BRAUCHT EINE NEUE ENTSPANNUNGSPOLITIK

1 Von Weizsäcker, Ernst Ulrich et al, (2017): *Wir sind dran. Was wir ändern müssen, wenn wir bleiben wollen. Bericht des Club of Rome*. Gütersloh.
2 Niedhart, Gottfried (2005): *Sozialliberale Ostpolitik: Kommunikation als Deeskalationsstrategie*. In: *Wissenschaft & Frieden* 2005-2.
3 Polke, Christian (2009): *Gottes Friede – gerechter Friede? Ethisch-Theologische Bemerkungen zum Status des Friedens aus Anlass einer neuen Denkschrift*. In: *Gerechter Krieg – gerechter Frieden. Religionen und friedensethische Legitimationen in aktuellen militärischen Konflikten*. Wiesbaden.
4 Schmidt, Helmut/ Richard von Weizsäcker, Hans-Dietrich Genscher und Egon Bahr (2009): *Für eine atomwaffenfreie Welt. Erklärung*. Berlin
5 Kreibich, Rolf (2002): *Herausforderungen der Bürgergesellschaft*. Berlin.
6 Sommer, Jörg, Müller, Michael (2017): *Repräsentative Demokratie und Bürgerbeteiligung*. In: *Kursbuch Bürgerbeteiligung*. Berlin.
7 Lenz, Siegfried (1988): *Friedenspreis des Deutschen Buchhandels. Dankesrede*. Frankfurt am Main.

FRIEDENSMACHT AM ENDE? DAS UNEINGELÖSTE VERSPRECHEN EINFORDERN!

1 Factsheet unter https://bit.ly/2GijVaV, 08.02.2019.
2 https://bit.ly/2TzMmUS Website der Bundeswehr, 08.02.2019
3 UNHCR Position on Returns to Libya (Update II), September 2018. https://bit.ly/2MVIQSg. 09.02.19
4 https://bit.ly/2GvrDhi, 09.02.19
5 https://bit.ly/2UKwRti, 9.02.19
6 Niger's Protests are ramping up. Here's why. In: *Washington Post*, 26.03.18/ https://wapo.st/2RR5j3R

DIE UNION WEITERENTWICKELN

1 https://www.eda.europa.eu/info-hub/press-centre/latest-news/2015/06/18/high-level-group-of-personalities-on-defence-research-issues-statement, 25.04.19.
2 http://enaat.org/eu-defence-fund, 25.04.19.

3 3 https://www.friedensgutachten.de/user/pages/02.2018/01.stellungnahme/
FGA_2018_Stellungnahme.pdf, 25.04.19.

4 Mogherini, Federica (2016*): Shared Vision, Common Action: A Stronger Europe. A Global Strategy for the EU's Foreign And Security Policy*. Brüssel.

5 Zwar haben sich die EU-Mitgliedstaaten im November 2018 zur Stärkung der zivilen EU-Missionen in einem »Compact for Civilian CSDP« verpflichtet, jedoch findet man dazu nichts in den Haushaltsplanungen.

6 Debiel, Tobias (2018): *Die Scherben einer ziemlich besten Freundschaft. Wie sich die EU in Zeiten von Donald Trump aufstellen muss.* In: *Blätter für deutsche und internationale Politik* (7). Berlin.

7 Ebd. S. 47.

FRIEDEN AUS ÖKUMENISCHER SICHT

1 Noll, Rüdiger (2018): *Europa vor den Wahlen.* In: *Westfalen Welt Weit.* Dortmund.

2 https://www.oekumene-ack.de/uploads/media/charta-oecumenica.pdf, 25.04.19.

3 Schmitthenner, Ulrich/Konrad Raiser (2013): *Gerechter Friede. Ein ökumenischer Aufruf zum gerechten Frieden.*

4 https://www.ekd.de/synode-beschluesse-uebersicht, 25.04.19.

EUROPA BRAUCHT DIE WENDE ZUM GESELLSCHAFTLICHEN FRIEDEN

1 Charta der Grundrechte der Europäischen Union, in: *Amtsblatt der Europäischen Union* vom 30.03.2010.

2 Ebd.

3 Ebd.

4 Altvater, Elmar: »Das falsche Modell«, in: *Le Monde diplomatique*, deutsche Ausgabe vom 14.09.2012.

5 Habermas, Jürgen: »Politik und Erpressung. Rede bei der Entgegennahme des Georg-August-Zinn-Preises der hessischen SPD«, in: *Die Zeit* vom 06.09.2012.

6 Ebd.

BLICK ZURÜCK NACH VORN

1 Ischinger, Wolfgang (2016): Interview mit der ARD am 23. Juni 2016. Siehe: https://www.securityconference.de/news/article/verteidigung-und-vertrauensbildung, 26.04.19

2 Kennan, George F. (1994): *The Failure in Our Success*. In : *The New York Times*.

3 Bahr, Egon (1997): »*Es wäre ein riesiger Fehler*«. In: *Die Zeit*.

4 Steinmeier, Frank Walter (2017): Interview mit der russischen Tageszeitung *Kommersant* am 24.10.17.Siehe: https://www.bundespraesident.de/ SharedDocs/Reden/DE/Frank-Walter-steinmeier/Interviews/2017/171025Schri ftinterview-Kommersant.html, 26.04.19.

FRIEDENSORDNUNG, WIE?

1 Dieser Beitrag basiert auf einem Vortrag vom 3.11.18 in der Reihe »Potsdamer Außenpolitischer Dialog 2018« des Welttrends-Instituts für Internationale Politik, Potsdam.

2 Bundesministerium der Verteidigung (2016): *Weißbuch 2016. Zur Sicherheitspolitik und zur Zukunft der Bundeswehr.* Berlin.

3 *Brussels Summit Declaration (2018).* Issued by Heads of State and Government participating in the meeting of the North Atlantic Council 11-12 July 2018.

4 OSCE Network of Think Tanks and Academic Institutions (2017): »The Road to the Charta of Paris – Historic Narratives and the Lessons for the OSCE Today«, Vienna,

5 *NATO Expansion: What Gorbachev Heard.* Siehe: https://nsarchive.gwu.edu/

briefing-book/russia-programs/2017-12-12/nato-expansion-what-gorbachev-heard-western-leaders-early, 24.10.18.

6 Genscher, Hans Dietrich (1990): Rede des Bundesaußenministers zur deutschen Einheit im europäischen Rahmen am 31.01.1990. Tutzing.

7 https://nsarchive.gwu.edu/briefing-book/russia-programs/2017-12-12/nato-expansion-what-gorbachev-heard-western-leaders-early, 26.04.19.

8 Jaberg, Sabine: *Der Pariser Gipfel 1990. Der Westen blockierte eine Friedens- und Sicherheitsordnung in Europa.* In: *Friedensforum 4/2016,*

9 *Grundakte über Gegenseitige Beziehungen, Zusammenarbeit und Sicherheit zwischen der Nordatlantikvertrags-Organisation und der Russischen Föderation.* Paris, 27.05.97.

10 *Gipfelerklärung von Bukarest,* Punkt. 23.

11 https://www.gcsp.ch/News-Knowledge/News/Does-international-law-serve-as-bone-of-contention-or-common-denominator-for-current-tensions-between-Russia-and-Europe, 22.10.18.

12 Zelikow, Philip/Condolezza Rice (1997): *Sternstunde der Diplomatie.* Berlin.

13 Kohl, Helmut (1991): »Ein Symbol des Eintretens für Freiheit und Selbstbestimmung«, Rede am 10. Oktober 1991. In: *Presse- und Informationsamt der Bundesregierung,* 116/1991.

GEMEINSAME SICHERHEIT MIT RUSSLAND:
Kern einer europäischen Friedensordnung

1 Münkler, Herfried (2018): *Eine neue Sicherheitsarchitektur für Europa?* In: *Merkur.* Ausgabe 07/18.

2 Zit. nach Ischinger, Wolfgang/Cornelsen, Claudia (2018): Welt in Gefahr. Deutschland und Europa in unsicheren Zeiten. Berlin

3 Shlapak, David A./Johnson, Michael W. (2016): *Reinforcing Deterrence an NATO's Eastern Flank. Wargaming the Defense of the State.* RAND-Cooperation.

4 *Presidential Address to the Federal Assembly.* Moskau.

5 Richard, Hèléne (2018): *Als Moskau von Europa träumte.* In: *Le Monde Diplomatique,* 13.09.18.

HOCH DIE INTERNATIONALE SOLIDARITÄT Oder: Mehr Weltinnenpolitik wagen!

1 *Warum sollen wir nicht dabeisein? SPIEGEL-Gespräch mit dem SPD-Ehrenvorsitzenden Willy Brandt über den Golfkrieg und den Beitrag der Deutschen.* In: *Der Spiegel,* 11.02.91.

ENTSPANNUNGSPOLITIK DARF NICHT UNTERWERFUNG SEIN

1 Vgl. http://www.taz.de/!5040830/, 27.04.19.

2 Vgl. https://www.zeit.de/politik/ausland/2013-11/janukowitsch-osteuropa-europaeische-union, 27.04.19.

VON METUS PUNICUS ZU METUS PUTINUS: Mediales Abrüsten als Vorbedingung für reales

1 Vgl. *Der Spiegel* vom 02.07.2013.